VIRGILIO

LA ENEIDA

Traducción, biografía, bibliografía, prólogo,
sumarios, referencias y notas de
EMILIO GÓMEZ DE MIGUEL y
JUAN BAUTISTA BERGUA

Colección La Crítica Literaria
www.LaCriticaLiteraria.com

Copyright del texto: ©2011 Ediciones Ibéricas
Ediciones Ibéricas - Clásicos Bergua - Librería Editorial Bergua
Madrid (España)

Copyright de esta edición: ©2011 LaCriticaLiteraria.com
Colección La Crítica Literaria
www.LaCriticaLiteraria.com
ISBN: 978-84-7083-188-1

Imagen de la portada: Virgilio Romano. La Eneida. Primera mitad del siglo
quinto. Biblioteca Apostólica Vaticana.

Ediciones Ibéricas - LaCriticaLiteraria.com
Calle Ferraz, 26
28008 Madrid
www.EdicionesIbericas.es
www.LaCriticaLiteraria.com

Impreso por LSI (Internacional) y SAFEKAT S.L. (España)

ÍNDICE

BIOGRAFÍA DE VIRGILIO

El 15 de octubre del año 70 antes de Jesucristo, correspondiente al 684 de la fundación de Roma, y en la aldea de Andes (hoy Piétola), cercana a Mantua, nació el que había de ser inmortal poeta latino, Publio Virgilio Marón (Vergilius, como parece que los romanos escribían). La precisión de la fecha se debe, más que a sus biógrafos, a la devoción de un lector suyo que todos los años celebraba el aniversario del poeta.

Según Suetonio (otros biógrafos fueron Servio y el gramático Valerio Probo), el padre de Virgilio era modesto colono administrador de un tal Magio, empleado de cierto magistrado de Mantua, el cual prendose de su celo e inteligencia, y lo casó con su hija, Magia Pola. Nació de ellos el poeta, y por la holgada situación de los padres, pudo recibir la educación que era común entonces en los hijos de familia.

Empezó el pequeño Publio por estudiar en Cremona, donde ingresó en la escuela de gramáticos, y luego en Milán, que fue su residencia algún tiempo, y a donde su padre le llevó al día siguiente de vestirle con el traje viril, pero año y medio antes de la edad ordinariamente fijada para tal ceremonia (era el 17 de marzo del 55 y tenía quince años el futuro vate), el día mismo en que se suicidó otro gran poeta latino, y maestro suyo, Lucrecio.

¿Existió efectivamente esta coincidencia, o se inventó después para añadir un encomio más a Virgilio, y explicar mejor su preponderancia en las letras latinas, que se privaron de un poeta grande, para abrir paso a quien había de superarle aún? No está confirmado; como no lo está que Virgilio estudiase en la escuela de Epidio, de Roma, y que en ella tuviera por condiscípulo al propio Octavio; ni que se instruyera en la escuela filosófica del epicúreo Sirón, a quien elogia Cicerón, el príncipe de los oradores romanos.

Lo realmente cierto es que nuestro poeta recibió instrucción esmerada, la mejor que en su época podía darse a jóvenes como él. Las disciplinas en que se formara llevaban luego a los escolares a ejercer en el Foro, y hay quien asegura que Virgilio llegó a debutar en él, fracasando, bien por la timidez que mostraba en aquella temprana edad, o ya por cierta dificultad en la pronunciación, que luego hubo de desaparecer.

Pero este incidente nada significó en la vida de quien tenía ante sí los más esplendorosos horizontes, y con su gran bagaje cultural de historia y retórica, de filosofía y matemáticas, de física y medicina, se entregó con verdadero ardor a las letras, que eran su verdadero camino.

Entretanto, y durante los primeros siete u ocho años de su estancia en

Roma, hacía frecuentes visitas a la aldea natal, para estar con los suyos, que fue viendo desaparecer poco a poco. Murió su padre, y también su hermano Flacco (el otro hermano, Silón, había desaparecido de niño), y viose privado, al fin, de su madre, mujer débil y en extremo sensible que no pudo sobrevivir a este último golpe. De ese modo quedó Virgilio huérfano de todo afecto familiar, y sin más consanguíneo que su hermanastro Valerio Próculo, hijo del segundo marido de su madre, y a quien legó, al morir él a su vez, la mitad de su fortuna.

No era sólo el sentimiento familiar lo que le alejaba así periódicamente de Roma, sino una melancolía ingénita en él, la propia nostalgia de la aldea, el elegante *tedium vitae*, que había de aparecer tantas veces a lo largo de su obra. Esto explica perfectamente lo sincero y leal que era en sus amistades, el afecto tierno que cobraba a las personas, y el encanto que su modestia y valía debían tener para los encumbrados, bien para los cónsules como Polión, ya para el ministro Mecenas y para el propio Augusto, origen ello de sus profundas satisfacciones y acaso de sus enormes triunfos, al estimularle a trabajar y al poder así fructificar su inteligencia en la serena paz de los protegidos, sin agobios ni preocupaciones.

Prescindiendo de las primeras obras de juventud, en cuya designación no andan muy acordes los comentaristas, ya que ni debieron ser suyas las que se le atribuyen, ni se le atribuyen quizá las que fueran suyas (los poemas titulados *Culex, Ciris, Morelum y Aetna*), lo que le formó como poeta, le dio universal renombre y le hizo inmortal fue el tríptico de sus grandes obras *Bucólicas, Geórgicas y Eneida*, por este mismo orden y de menos a más en el pensamiento, en la realización y en el éxito.

El último de estos poemas, el imperecedero de La Eneida, absorbió los últimos once años del poeta y al poeta mismo, ya que murió sin corregirlo. Se dice que su desesperación era tan grande, al no poder poner en el mismo el *"finis coronat opus"* de los escritores latinos, que ordenó lo quemasen. El poeta, para dar a su obra la última mano, había intentado un viaje para mejor recoger las imágenes y captar los colores, un viaje que había de llevarle a Grecia y al Asia Menor, y que el destino quiso cambiara por el largo viaje sin retorno en que todo su mundo había de precipitarse, a excepción de su obra, la obra misma que en sus momentos últimos consideraba imperfecta y se debatía por entregar a las llamas.

Inútil es decir que los amigos que presenciaban esta dramática escena se opusieron con resolución al postrero intento, y salvaron así el poema maravilloso de un hombre que, contrariado en su afán de quemarlo y ante la obstinada resistencia de los amigos, quedose mudo. Aquel su enmudecer era eterno. Era el 21 de septiembre del año 19 antes de Jesucristo. Había el poeta vivido cincuenta y un años; para la cultura de Occidente era aquélla una edad temprana; los dioses, pues, lo arrebataban como a los elegidos.

Mantua me genuit; Calabri rapuere; tenet nunc Partenope;
cecini pascua, rura, duces.

("Mantua me parió; Calabria se me llevó; Parténope me posee hoy; he cantado las praderas, los campos y los caudillos.")

Éste fue el epitafio, sobre la tumba que albergó sus cenizas, conforme a los deseos del vate inmortal, a unos kilómetros de Nápoles, en el camino de Puzolas.

BIBLIOGRAFÍA

1469: Edición Príncipe. Roma.

1501: Edición Aldine. Venecia.

1551: Edición Fabricio. Basilea.

1567: *Virgilius collatione scriptorum graecorum, &*. Fulvio Orsini. Amberes.

1608: 1612. 1617. Ediciones J. L. de la Cerda. Madrid.

1636: Edición Daniel Heinsius. Leyde.

1664: Edición Nicolás Heinsius. Amsterdam.

1675: Edición Tanneguy Le Fèvre. Saumur.

1675: Edición La Rue. París.

1746: Edición P. Burmann. Amsterdam.

1747: El abate Goujet resume todo lo escrito sobre Virgilio, y las propias polémicas del siglo XVII. París.

1767 a 1775: Primera edición Heyne. Leipzig.

1801-1803: Segunda edición Heyne. Leipzig.

1822: Tercera edición Heyne. París.

1825: *Estudios griegos sobre Virgilio*. Eichhoff. 3 tomos. París.

1830-1841: Cuarta edición Heyne, revisada por Ph. Wasner. Leipzig.

1836-1839: Primera edición Albert Forbiger. Leipzig.

1850-1853: Edición Th. Ladewig. Berlín.

1857: Estudios sobre Virgilio. Sainte-Beuve. París.

1858-1862: Edición Conington. Londres.

1859: Edición Ribbeck. Leipzig.

1869: *Estudios sobre la poesía latina*. Patín. París.

1876: Edición Schaper. Alemania.

1877: *The roman poets of the Augustan age*. (Poetas latinos del tiempo de Augusto). Sellar. Londres.

1891: Edición P. Deuticke. Alemania.

1912: Edición P. Jahn. Alemania.

1919: Edición Plessis y Paul Lejay. París.

1920: Edición Walter Janell. Alemania.

1923: Edición H. Goelzer. París.

Y numerosas ediciones y traducciones de menor importancia, en España, Inglaterra, Francia, Alemania e Italia.

LA ENEIDA

PRÓLOGO

EL POETA

Examinando someramente el gran paralelo de las literaturas griega y latina, descubrimos en aquélla tres géneros literarios, tres poetas y tres obras. Los géneros son: el bucólico o pastoril, el didáctico y el épico; los poetas correspondientes, Teócrito, Hesiodo y Homero, y los poemas respectivos, *Idilios, Los trabajos y los días* y *La Ilíada*. Poniéndonos ahora en el lado de enfrente, o sea en la literatura latina, observamos la otra cara exalta de este cuerpo bifacial: los mismos géneros pastoril, didáctico y épico, representados por *Bucólicas, Geórgicas* y *La Eneida*, pero producidas éstas por un solo autor: Virgilio.

Es decir, que la obra de nuestro poeta abarca tanto horizonte como juntas las tres de los tres genuinos representantes de la literatura helénica. Sirva esto de argumento contra los detractores de Virgilio, que le achacan el supremo defecto de ser imitador de las letras griegas. Ya antes se dijo que el reflejo de una literatura en la otra era inevitable, por ser Roma en arte y letras pueblo nuevo, e hija su civilización de la del archipiélago, creada en su propia matriz, animada con su sangre misma, y con los rasgas fisionómicos, por tanto, que asemejan las hijas a las madres (*similia similibus*). Pero el hecho de que un autor y su obra valgan por tres obras y tres autores de la literatura precedente, sin que haya otra cosa que sugerencias entre ellas, y con la ventaja a favor de Virgilio de su mayor cultura, su mejor sensibilidad y su más profundo humanismo, bien puede relevarle de los pequeños defectos que se le motejan. Él no creaba la literatura en el mundo, sino, a lo más, "una" literatura, y, conocedor de todos sus antecesores, era lógico que en muchos pasajes los reflejara; pero siempre poniendo en los suyos la viva llama de su personalidad. Unas veces es un detalle, una figura, un episodio, un rasgo de un héroe, lo que Virgilio añade o modifica con relación al espejo griego; pero hay en eso tanta hondura, tanta verdad, tanto arte, que el retoque cobra calidad y lo retocado adquiere alta categoría literaria. En *La Eneida* podrían citarse abundantes ejemplos, en cuanto a lo que los detractores llaman imitación de *La Ilíada*.

Poseía Virgilio una excelente disposición para llevar a cabo su gigantesca obra, y habíale dotado la Naturaleza de unas raras virtudes, en la inteligencia y el sentimiento, que habían de dar forzosamente su fruto. Por eso en lo que otros fracasaron él triunfó, y el poema que otros quisieron hacer no se hizo hasta él. Su obra trataron de cristalizarla todos estos poetas latinos: Nevio, Enio, Hostio, Furio, Cicerón, Furio Bibáculo, Varrón Atacino, Vario, Livio

Andrónico, Mario, Cátulo, Calvo y Cina. Unos querían producir el poema nacionalista latino, la obra de las grandezas de su patria, y otros, la epopeya de los dioses, con todo el cortejo de episodios mitológicos. Nadie acertó por separado, y Virgilio tuvo con su *Eneida* el doble éxito de triunfar en los dos propósitos: *La Eneida* es un poema mitológico y, a la vez, una obra nacionalista. ¿Puede darse poeta más completo?

Porque es Virgilio el verdadero patriota, el poeta más enamorado de su país, no sólo de la actualidad circundante de su pueblo, como Horacio, sino de las raíces del mismo, de su proyección en la Historia, del pasado glorioso. Y como a ello añade una extraordinaria cultura, un afán de saber e indagar, un espíritu agudo e inquisitivo y una serena imaginación, su obra puede ser lo que es. Ningún otro poeta de su tierra, ni del archipiélago mismo, le aventaja en esta erudición. No hay más que ver el libro VIII de *La Eneida*, donde evoca y reconstruye todos los pueblos italianos, con sus nombres, leyendas, tradiciones, armas y costumbres; y expuesto todo con la precisión y meticulosidad del historiador y del arqueólogo, según observa cierto comentarista. Conocía, en efecto, el poeta las literaturas griega y alejandrina hasta en sus más profundos recovecos, así como todo lo escrito sobre la fundación de las ciudades, cuanto se conservaba de viva voz en punto a tradiciones, y hasta acaso los propios *Libros Sibilinos*, que eran el oráculo secreto de Roma, y que Virgilio debió, sin duda, conocer por complacencia de Augusto.

Por otra parte, Virgilio es un hombre de su tiempo, que capta la realidad ambiente como nadie. "En *La Eneida* —dice otro comentarista—, si los italianos hallaron el poema de sus ciudades y montañas y los usos y leyendas antiguos, las viejas familias de Roma pudieron saludar a sus antepasados", Quiere ésto decir que el poeta lo abarcaba todo, la tradición y el resultado práctico, la profundidad de su idea, que había de hacer inmortal la obra, y el halago a los contemporáneos, que no restaba a esa obra grandeza ni eficacia. En el mundo se perdieron muchas obras porque los autores no supieron aunar estas dos cualidades: interesar a los contemporáneos y a los lectores de las épocas siguientes.

Hay, además, en él un sensitivo, un hombre de espíritu profundamente emocional. De tal modo, que es acaso el primer poeta de la antigüedad con ternura. La tiene hasta en una obra épica, hasta en un desfile de cuadros de batallas, de matanzas, de furiosas tempestades, de luchas humanas de todo género. Es un hombre bueno, un poeta piadoso, en el que el sentimiento predomina sobre la lógica, y en quien vive y late siempre una profunda compasión para las miserias de los hombres. Condena los crímenes de éstos, pero los comprende y, en cierto modo perdona. No es el poeta de los trenos apocalípticos, sino el suave poeta de la comprensión y de la sonrisa. "Ninguno como él —dice otro comentarista suyo— se asomó a la dureza del vivir con una frente más llena de melancolía.

Al mismo tiempo, es otra de sus virtudes la serena reflexión. No se inflama, extemporáneamente a veces, como tantos otros poetas, sino que todo lo medita y calcula, para encerrarlo en propios límites. Así es como puede verse en toda su obra un respeto grande a las leyes y una gran veneración a las divinidades. *La Eneida* es una exaltación de las virtudes patrióticas y domésticas. La familia, como base de la sociedad y del Estado, tiene su mejor apologista en Virgilio. Los padres que desfilan por el poema —Anquises, Evandro, Eneas— son amantes de sus hijos, a los que aconsejan y previenen con verdadera unción; y los hijos los respetan y acatan, no tanto por deber filial, cuanto por expresa ternura de su alma. Las pasiones, además, entre los personajes no son retorcidas y extemporáneas, como en algunos poetas griegos, sino de humano sentido, con arreglo a las prescripciones de la Naturaleza. Virgilio generaliza en ellas, no ofrece la excepción morbosa o el caso patológico de algunos pasionales helénicos.

El único personaje que cae, acaso, fuera de la órbita piadosa del poeta es la reina Dido, una pobre mujer que se encamina por su propio paso a la muerte, sin otra piedad que la de la hermana. Esta vez el poeta no la tiene de ella, a pesar de su desventura. Pero ni aún eso es una excepción en la manera sentimental de Virgilio, sino un acierto artístico. Cuando todos los poetas hubieran pintado en Dido a la reina, el nuestro pinta a la mujer. "Dido es —al decir de otro comentarista— la primera amorosa de la literatura antigua que sabemos por qué ama."

También existe en Virgilio un profundo sentimiento religioso, que no le impide, empero, bucear en todas las supersticiones de su época. Suele recoger de ellas la espuma y ofrecerla luego en nuevas elaboraciones que sirvan a su objeto poético; más aún así, el respeto a las creencias religiosas de su tiempo es bien patente. La razón está en ser Virgilio un romano "cien por cien", como decimos ahora, y tener, consiguientemente, las virtudes religiosas y el respeto a las leyes, que hicieron grande a su patria.

Por último, hay que ver en Virgilio al más formidable pintor colorista de la antigüedad. Homero no puede en esto comparársele. Hay en *La Eneida* una serie de verdes de mar y montaña, otra de grises de las tempestades, grandes manchas de oro de sol, irisando cascos y escudos, un fuerte amarillo en los incendios y un predominio particular del rojo. Virgilio orna el rojo sobre todos los colores, no por ser el color de la sangre y de los airones de los cascos guerreros, sino especialmente por ser el tono de los crepúsculos y de las auroras, que tanto intervienen en la obra toda de este poeta épico de paz. Parece un contrasentido y no lo es: poeta épico de paz; poeta que da a su obra la envergadura de una epopeya; pero la envuelve en las cadencias y ternuras de un poema lírico, y la regala con la sonrisa y la serenidad de una poesía pastoril.

Víctor Hugo hubiera podido aquí decir de él, conforme a su manera: Virgilio es Teócrito, Hesíodo y Homero al mismo tiempo; es el mundo, en el pasado, el presente y el porvenir; es la humanidad entera, con sus crímenes y sus desventuras, con el dolor y el horror de la vida, con la tragedia y la sonrisa de los desheredados y de los felices; Virgilio es lo que es porque no puede ser otra cosa, ni ser ya más; Virgilio es Virgilio.

LA IDEA

No hay más que una sola idea en el gran poema virgiliano de *La Eneida*: esa idea es Roma. Los dioses pensaban ya en Roma, cuando el incendio calcinaba las murallas y los palacios de Troya. Ni ésta ni sus héroes podían morir; su grandeza era tal, que la muerte, por gloriosa que se les deparase, los empequeñecía. Troya y sus héroes tenían un tal aliento de cosa epopéyica, de sustancia inmortal, que cuando la mano del hombre y de la fatalidad las destruía, la providencia de los dioses pensaba ya en resucitarlos. Sus héroes todos, que se salvaban en Eneas, volverían a vivir, pasados los siglos, en Augusto. Y el nombre de Troya se trocaría, en el transcurso de las centurias, en el de Roma.

Esta idea de la perdición y la salvación simultáneas es la más robusta y pujante que brotó de los cerebros humanos. En todas las teogonías existe el pensamiento de que el hombre se pierde, pero el hombre se salva; y de todas las religiones, la que mejor concreta esta idea sublime es la cristiana, al simbolizar la redención y el pecado en la cumbre de un mismo monte Gólgota o calavera, cayendo la sangre de la cruz redentora sobre el propio cráneo del primer pecador. No hay pasaje más bello en teogonía alguna.

Pues no es otro pensamiento el que informa *La Eneida*. De Eneas sale Augusto, y de la ciudad troyana, la ciudad de Roma; de la desgracia, la felicidad; de la destrucción, la grandeza; de la tragedia, la sonrisa. Roma es la ciudad prometida por los dioses, y señalada en todas las profecías; la ciudad que se levanta al cabo de los tiempos y después de todos los obstáculos; la ciudad que proviene de un raza desdichada y que crea otra raza dominadora y mundial. *Mutatis mutandis*, no es otro pensamiento que el bíblico de la humanidad perdida por sus vicios y crímenes, y salvada luego por un redentor al que anuncian todas las profecías. Será en vano que Eneas se halle a punto de perderlo todo, cuando se encamina a su destino; inútilmente se le muere su padre, que era más bien su hermano y consejero; inútilmente le aprisionan los lazos de amor de una reina apasionada; inútilmente se encrespa el mar y amenaza con engullir sus navíos. El héroe llegará a donde está escrito que llegue, y fundará el imperio que debe fundar. Su horizonte, a través de las vicisitudes todas, es siempre una ciudad coronada de torres, como la cabeza de Cibeles, diosa madre de los cielos. Y no verá esa ciudad (alzada trescientos años más tarde), como no vio otro fundador —Moisés— la tierra prometida a los suyos.

Tal es la gigantesca idea de *La Eneida*, que supera en mucho al pensamiento de *La Ilíada*. Y es gigantesca idea dentro de su misma sencillez: un héroe que va recto a cumplir su destino; ese héroe es hombre, y tiene las flaquezas y debilidades de los hombres; desciende de dioses, y son éstos los que se cruzan en su senda para ayudarle en el designio que le hace avanzar, o procurar impedir por los medios todos que cumpla su misión.

EL MOMENTO Y LA OBRA

La obra apareció en su momento. Pero digamos antes cómo es la obra.

Consigue en ella el poeta grandes objetivos: logra, primeramente, emular al poema épico de Homero y aún superarlo; después, enlaza el origen de Roma con la destrucción de Troya, o sea el presente con el pasado, lo más grande que había en tiempos de Virgilio con la grandeza mayor de las edades más remotas; luego, hace a Augusto descendiente de los héroes troyanos; y, por fin, exalta el sentimiento nacionalista, al hacer de Roma la patria de su mundo actual y la más gloriosa herencia de los mundos pasados.

No es, pues, sólo literaria y artística la obra, sino que tiene también un preciso sentido de oportunidad y, a la vez, un fin de alta política con miras a la hegemonía de Roma sobre el exterior, y al final de las luchas civiles, en el interior. Si la paz de fuera y la de dentro podían alterarse profundamente al grito de que Augusto era un usurpador, he aquí que *La Eneida* daba al emperador un origen divino. Si César pudo decir en los funerales por su tía Julia que ellos descendían de Venus, no podía asegurar menos Octavio Augusto al saberse descendiente de Eneas, que era, como el poeta dice, hijo de Anquises y de Venus.

Tiene esta obra, entre otros, un mérito fuertemente acusado, aúna el pasado con el presente, y está el objeto conseguido de una manera tan armónica, que no se desdeña en ella al uno ni al otro. Por lo común, las obras de actualidad rabiosa tienen siempre un gran desdén por el pasado, y viceversa: las que encomian el pretérito no tienen para el momento que es actual más que alusiones despectivas. Pero en esta obra los dos momentos se compenetran y se funden, porque el poeta supo ser realmente "muy antiguo y muy moderno", como era también "muy ciudadano y muy rústico" y "muy pacífico y muy guerrero".

El presente, en los tiempos del poeta, lo era Augusto, con la llamada paz octaviana, con las guerras civiles concluidas y las leyes del imperio respetadas, con la reconstrucción de Cartago en las costas de Libia y el romano puerto de Ostia abierto a todos los navíos del mundo, navíos ahora mensajeros del comercio y de la paz. Y ése fue el momento en que advino la obra; "uno de esos momentos —como dice agudamente cierto comentarista— muy raros en la vida de un pueblo, en que el ciudadano respira a pleno pulmón la soberanía de su país".

Y en la preciosa oportunidad de tal momento; en ese acierto de la situación cronológica de la obra; en ese instante solemne en que Roma dominaba el orbe, y Augusto era más aún respetado y exaltado que temido en todas las fronteras; en ese minuto feliz de la historia de Roma, en que ésta reposa de un esfuerzo de quinientos años, después de llegar al cenit de su grandeza; en esa hora inigual de la historia del mundo, Virgilio evoca el pasado, no para encararlo con la actualidad circundante, sino para explicar la belleza apoteósica de ésta y darle origen en las fuentes troyanas, limpias y cristalinas como el breve caudal del Janto, que divinizaran las lágrimas.

El augusto momento, pues, de la Roma pacificada y grande tuvo su obra y su poeta. Este consiguió con ella remontar el curio de la Historia, y poder atribuir a las doradas familias romanas y al purpúreo trono del emperador un origen limpio y divino. La púrpura de Octavio no era, por tanto, roja de la sangre de conquistas y usurpaciones, sino roja del rojo que amaba tanto el poeta, de la púrpura de los crepúsculos y los amaneceres. Virgilio, en el momento preciso, cuando Roma iba a precipitarse en el ocaso, encontraba para Roma una aurora de bellos y celestiales resplandores.

Se ha dicho, en demérito de *La Eneida*, que los dioses de Virgilio no eran, como los de Homero, de exaltada pasión, sino que se mostraban reflexivos y moderados; éste y otros reparos de índole psicológica se oponen a la obra fundamental de nuestro poeta. Pero ¿puede acusarse lícitamente de mal psicólogo al creador de una figura como Dido? Y en cuanto al comedimiento en el trazado de los dioses, en contraste con los de Homero, hay que advertir que éste era esencialmente un poeta épico; que la epopeya se da mejor en los pueblos de civilización rudimentaria que en los de refinada cultura; que Roma no era Grecia, y que Virgilio es a la vez Homero, Hesíodo y Teócrito. Por otra parte, no es que Virgilio sea moderado por pobreza de fantasía, sino porque sabe dominar su musa, no le tolera extravagancias, no la quiere rebelde, y lo que en él se dice comedimiento es más bien ponderación y armonía. Desde luego, y en lo que toca a los dioses, puede asegurarse que es una comprensión mayor de la Naturaleza y de la vida, porque los humaniza un poco, al mismo tiempo que otro poco diviniza a los hombres, y obtiene así los formidables claroscuros de sus pinturas.

Cierto humanista ha dicho de *La Eneida* que es "una galería de cuadros que nos hacen pensar en la suntuosidad luminosa de los grandes maestros del Renacimiento".

EL HÉROE

Pero lo sorprendente es que Virgilio no creó a Eneas; en éste, como en muchos casos, precedieron el protagonista a la obra y la criatura al creador. Ya setecientos años antes de Jesucristo viose que se había establecido en tierras italianas una civilización helénica. Y luego, en el decurso de su historia, Roma hizo frecuente alusión a esta comunidad de origen entre latinos y troyanos, con fines políticos.

Historiadores como Catón y Varrón, y poetas como Nevio y Enio, habían ya hecho héroe de sus relatos a Eneas, referido de él peripecias abundantes y relacionado con su llegada a Italia la fundación de Roma. En ésta, las familias destacadas tenían el prurito de contar en sus genealogías (imprecisas y oscuras) héroes troyanos, y se creía firmemente que los Julios descendían de Julo, hijo de Eneas.

Una, estatua había en el foro de Augusto que presentaba al héroe troyano con la preciosa carga del padre sobre sus hombros. Y los eruditos de la época sabían de la estancia de Eneas en Cartago, de su llegada al reino de Evandro, de su casamiento con Lavinia. ¿Qué hizo, pues, Virgilio? Una labor sencilla en apariencia, pero destacada y genial; tanto, que de Eneas se sabe por él que ninguno de los que pintaron al héroe troyano pasó los umbrales de su época, y que supo inmortalizar un personaje que no había creado. "Virgilio —resume uno de sus intérpretes— concretó la forma legendaria y movediza de las tradiciones en la definitiva de una creación poética."

Ese es su mérito. Porque si Virgilio no es el Jehová de Eneas es su Pigmalión. Virgilio le da vida nueva, le insufla un espíritu desconocido y genial; Eneas era un personaje oscuro de *La Ilíada*, y cuantos lo tocaron no consiguieron sacarlo de semejante oscuridad casi anónima. Tiene que ser Virgilio quien lo alumbre, quien lo redima, quien lo haga grande e inmortal. Un sagaz comentarista ha dicho: "Virgilio individualiza a Eneas, pálida figura de la poesía homérica. Diríamos que forma su carácter. Los otros héroes, Aquiles, Ulises, Héctor, son siempre los mismos; sólo Eneas evoluciona, no siendo igual en los últimos libros del poema que en los primeros."

Ninguna otra figura, en efecto, se comporta como Eneas; se le ve pelear, y desfallecer, y advertir el desamparo en que le deja la muerte de su padre, y entregarse a una pasión que le impide correr a su destino; Eneas es juguete de los vientos y las tempestades, del amor y del odio de los dioses, de su propia desgracia y su misma pasión. Eneas es eso: un hombre, con sus debilidades y reacciones, con obstáculos que vencer y con triunfos que lograr. Y es un hombre piadoso, por la experiencia de la vida, que le hace comprensivo, y porque le hace tierno además su corazón.

Es héroe de un poema epopéyico, y no es guerrero, sin embargo. Esto es suprimir las columnas en los puentes o escribir sin verbos. Su victoria contra los rútulos no dice nada, en efecto, sobre unos instintos bélicos que no posee. Y en el mismo triunfo, nada quiere para sí, sino para los demás. Tiene, pues, piedad y es generoso. Por piedad baja a los infiernos en el libro VI, y para dolerse además de su triste sino, al contemplar allí no sólo el pasado, sino el futuro, un futuro esplendoroso y lleno de gloria, que él no verá. Mas a pesar de todo, en cuanto sale de los infiernos, sigue gozoso el camino de su destino. Sabe que trabaja para los demás y trabaja. No parece esto de acuerdo con la psicología de un héroe, si es homérico sobre todo, pero armoniza con la perseverancia de un dios y con su ternura, si este dios es, en particular, cristiano.

Y resume, por fin, este héroe cuanto la obra encierra en su sentido exotérico: al ser su héroe piadoso, quiere que, mirándose en él, se vuelvan piadosos los romanos, y la patria no se precipite en la pendiente que la espera cuando muera Augusto. No tiene éste otra idea, luego de pacificar la tierra, que hacer de sus súbditos unos romanos puros. El huyó también de las sugestiones de la carne y el vicio, y fue por eso grande, en contraste con Marco Antonio, su rival. Marco Antonio, muriendo en las redes de Cleopatra, era imagen de lo que Eneas pudo ser en las de Dido. Augusto, librándose de ellas, era el propio Eneas corriendo a cumplir su destino glorioso y a merecer la promesa de los dioses.

LIBRO I

ARGUMENTO

Después de la caída de Troya, Eneas, atravesando mil peligros, se dirige a cumplir su destino de fundar una ciudad en el Lacio. Pero las deidades que intervinieron en el conflicto entre griegos y troyanos siguen haciendo blanco de su rencor y su cólera a los escapados del desastre.

Frente a Italia y a las bocas del Tíber ha surgido una ciudad: Cartago. Juno, que la protege, quisiera hacerla centro del orbe. Y he aquí que esta diosa, enemiga de los troyanos, divisa en el mar unas naves que abandonan Sicilia. Es la flota de Eneas que en torno suyo ha reunido los últimos restos del imperio de Troya, y cuyo destino es fundar en Italia una ciudad que destruya con el tiempo a Cartago. Pero Juno se promete acabar con esos adversarios últimos, y se dirige a Eolo, dios que manda en las tempestades, logrando que las desencadene sobre el mar. Pronto se ven los infelices navegantes a merced de las olas embravecidas, y se oye lamentarse a Eneas de que no encontrara la muerte en los muros de Troya. Los navíos son dispersados, y el piélago devora a alguno de ellos. Sobre las aguas flotan las armas y los tesoros de Ilión. Mas, por fortuna, en las aguas manda Neptuno, que no aviniéndose a que sin orden suya solivianten su reino, hace que los vientos vuelvan a lo profundo de sus cavernas. Cesa el temporal y asoma el sol. Los troyanos se encuentran en las costas desconocidas de Libia.

Entretanto, Júpiter, imparcial y escrupuloso observador del Destino, dirige la mirada al lugar de la tierra en que toman aliento unos náufragos. Venus, junto a él, muéstrale los ojos, llenos de lágrimas; porque el nuevo golpe asestado a su hijo Eneas, y que le aleja de Italia, hace dudar a la diosa de que se cumpla el porvenir prometido a los suyos. Pero Júpiter serena el cielo con su sonrisa, y descubre a Venus cómo aquellos hombres intrépidos batidos por las olas serán fundadores de Roma y ascendientes de Augusto, el señor del orbe. Así es como en las alturas olímpicas se asegura el destino de Eneas, mientras éste trata en vano de conciliar el sueño.

Cuando asoma el día, acompañado de Acates, pónese a explorar el país. Una hermosa doncella se les aparece, explicándoles que se hallan cerca de una ciudad recién fundada, en la que manda la fenicia Dido. El hermano de ésta, Pigmalión, rey de Tiro, había asesinado a Siqueo, su esposo, y la infeliz viuda tuvo también que huir de su patria, para sustraerse a los furores del tirano. Así es como llegó a tierras de Libia, en donde se le permitió levantar una ciudad. Esto referido, la doncella, que muestra arreos de cazadora, da unos consejos a Eneas y desaparece. El héroe ve entonces que se trataba de su madre.

Entran Acates y él en Cartago, envueltos en una densa nube, que les

permite mezclarse entre la multitud y admirar la fiebre de trabajo que a todos
domina. Y quédanse embebidos ante unas pinturas murales que reproducen
los principales episodios de la historia de Troya. Entonces aparece la reina
Dido, que se dirige al templo, resplandeciente de belleza. Ven llegar de
pronto, hasta el trono, a los compañeros que la tormenta dispersara. Uno de
ellos, Iloneo, se queja a la reina de la inhóspita acogida que se les hace, y,
luego de exponer la larga serie de sus infortunios y el temor de haber perdido
a su rey, Eneas, consiguen que la reina les prometa su apoyo. El héroe rasga
entonces la nube, y rinde su gratitud a la soberana, ofreciéndole los más ricos
presentes que posee.

Y encarga de llevárselos a su propio hijo Ascanio. Pero Venus desconfía
de la promesa de Dido, por estar la ciudad consagrada a Juno, y hace que
tome la forma y rostro de Ascanio el dios Cupido, emponzoñando de amor a
la reina. Así se lleva a cabo durante un festín, y Dido pide a Eneas que le
refiera desde su origen las desgracias de Troya y sus propias desgracias.

TEXTO

Voy a contar las proezas de un héroe, el primero entre todos, a quien el
destino alejó despiadadamente de Troya[1], y que vino a Italia, desembarcando
en las costas donde se alza Lavinia[2]. El poder de los dioses olímpicos se
ensañó en él largo tiempo, en la tierra y el mar, por resentimientos de la cruel
diosa Juno[3].

5. Y largo tiempo le fue también adversa toda guerra, hasta que pudo
fundar una ciudad en el Lacio[4] y trasladar a ella sus dioses. Fue así a dar en la
cuna de la raza latina, de los albanos nuestros antepasados, y, mirándolo bien,
de la propia ciudad de Roma. Dime, ¡oh musa!, las causas de todo esto.

10. Explícame qué ataque a sus sagrados derechos o qué grave ofensa
llevaron a la reina de los dioses a precipitar a un hombre bueno y lleno de
piedad en semejante piélago de rigores y desdichas. ¿Puede haber tanta cólera

---

[1] Conócese con este nombre, no sólo la ciudad, sino la comarca toda de la
Tróade. Hallábase·situada en el extremo noroeste del Asia Menor, en la Misia, entre
los ríos Simois y Escamandro, cerca de las costas del Mar Egeo.

[2] Ciudad fundada en el Lacio por Eneas.

[3] Hija de Saturno y hermana de Júpiter, Neptuno, Plutón, Ceres y Vesta. Casó en
Creta con su propio hermano Júpiter, celebrándose con ese motivo grandes fiestas,
que tuvieron luego su conmemoración cada primavera. Los divinos cónyuges no
fueron felices, por los celos de Juno y las infidelidades de Júpiter. Este llegó a
castigar a su esposa, suspendiéndola entre el cielo y la tierra, con una cadena de oro
y un yunque en cada pie. Fue Juno madre de Marte, dios de la guerra, y de Vulcano,
dios de las forjas. Se la tenía por protectora del matrimonio y de los privilegios de la
mujer.

[4] Primitivo país de los latinos.

en el espíritu de las divinidades?

12. He aquí una ciudad opulenta y apasionada por la guerra: Cartago. La fundaron los tirios[5] en la costa africana, frente a la de Italia y a las bocas del Tiber. Y se dice que la diosa Juno prefería esta ciudad a toda otra residencia, aún a la propia Samos[6].

15. Tiene, en efecto, en ella sus armas y su carro[7]. Y si los hados no lo impiden, es su sueño y propósito hacer de ella la reina de las naciones.

20. Pero ha oído la diosa que de sangre troyana surgirá una raza que destruya los muros de Cartago, un pueblo que devaste toda la Libia[8], porque así lo han dispuesto las Parcas[9] en su eterno hilar. Y esto la inquieta, como también el recuerdo de las batallas que hubo de librar delante de Troya por su querido Argos[10].

25. Tiene, además, otras fuentes el odio que late en la hija de Saturno[11]. No puede olvidar que le fue adverso el juicio de Paris[12], ni que una raza

---

[5] A consecuencia de las discordias civiles de Fenicia, algunos tirios huyeron a lo largo de la costa septentrional de África, capitaneados por la reina Dido; Esta levantó la fortaleza de Birsa, en tierra libia, y a su alrededor fue surgiendo Cartago, entre las ciudades de Túnez y Utica, a cien millas de Sicilia.

[6] Isla del archipiélago griego, famosa por el culto que en ella se tributaba a la diosa Juno.

[7] Juno tenía un carro para el combate, tirado por caballos, y otro que le servía para vagar por las esferas celestes, y del que tiraban pavos reales.

[8] País de África donde estaba asentada la ciudad de Cartago.

[9] Las Parcas eran divinidades infernales que presidían el destino humano, representado en un hilo. Como eran tres, una hilaba ese hilo, otra devanaba y la tercera lo cortaba. Llamábanse Cloto, Laquesis y Atropos, y eran hijas de la Noche, o, según algunos, de Júpiter y Temis.

[10] Ciudad que, como Micenas, Esparta y otras, rendían culto a la diosa Juno.

[11] Hijo de Urano y de la antigua Vesta. Destronó a su padre, y se hizo cargo del reino, previo acuerdo con su hermano mayor Titán, pero a condición de que Saturno haría morir a todos sus descendientes, para que el trono pasara así a los hijos de su dicho hermano. Por eso devoraba Saturno a cuantos hijos iba teniendo. Su esposa Rea logró salvar a uno de ellos —Júpiter—, el que acabó destronando a su padre, como éste hiciera con el suyo. Saturno fue así expulsado del Olimpo y quedóse a vivir entre los hombres, a los que dio sabias leyes, teniendo lugar bajo él la llamada Edad del Oro. En recuerdo de ello se celebraban en Roma las fiestas Saturnales. Llegó a tener en la semana un día a él consagrado, el *saturni dies* de los romanos, o sea el sábado.

[12] Hijo de Príamo y Hécuba. Como los oráculos dijeran que por su causa sería destruída Troya, su padre quiso deshacerse de él; pero Hécuba le ocultó, entregándole a unos pastores del monte Ida, que le criaron y educaron. Paris es famoso en la Mitología por haberle Júpiter nombrado juez en el certamen en que Venus, Minerva y Juno se disputaron la manzana de Eris, que había de ser adjudicada a la más hermosa. Paris señaló como la más bella a Venus, y las otras,

odiosa menospreció su hermosura, como tampoco el rapto de Ganímedes[13], que fue un elevado honor para los troyanos.

30. Y he aquí que, perdido en la extensión de los mares, muy lejos aún del Lacio, navega un grupo de esos troyanos, los únicos que lograron escapar de los griegos y del implacable Aquiles[14]. Llevan mucho tiempo vagando por la inmensidad de las aguas, de costa en costa, juguetes de los hados. Les abruma el cumplir su destino, que es fundar la nación romana.

35. Apenas sus naves pierden de vista las costas de Sicilia, y lánzanse mar adentro, levantando con sus proas de bronce remolinos de espuma, cuando la diosa Juno que los ve y que lleva siempre abiertas sus heridas, se dice a sí misma: "¿Será posible que me declare vencida, que renuncie a mi empresa y me confiese incapaz de alejar de Italia al rey de los troyanos? ¿Se confabularán los hados contra mí?

40. "¿Pero acaso Palas[15] no incendió la flota de los griegos y la sepultó en el mar, simplemente por una culpa de Ayax[16], hijo de Oileo? Palas lanzó desde lo alto de las nubes el rayo de Júpiter, dispersó las naves, dejándolas a merced de los vientos, y desencadenó una tempestad en torno al desgraciado, envolviéndole en llamas y clavándolo a un peñasco.

45 "¿Cómo, pues, yo, que soy la reina de los dioses, a un tiempo hermana y esposa, puedo llevar tantos años en lucha con un solo pueblo? ¿Quién se

---

despechadas, juráronse la perdición de Troya, lo que consiguieron. Murió este héroe atravesado por una flecha que Asclepios le lanzó.

[13] Juno tenía varios motivos de aborrecimiento a los troyanos: el anteriormente dicho de su odio por haber señalado Paris a Venus como la más hermosa, en el famoso juicio, y otros derivados de las infidelidades de Júpiter. Decíase que éste, prendado de la hermosura de Ganímedes, hijo de Tros, rey de Troya, le había hecho llevar al Olimpo arrebatado por un águila, prodigándole allí toda suerte de honores.

[14] Hijo de Tetis, diosa del mar, y de Peleo, rey, de Ptía, en Tesalia. Su madre le hizo invulnerable, sumergiéndole en ciertas aguas que tenían esa virtud.; mas dichas aguas no le tocaron el talón, que es por donde su madre le tenía cogido, y, andando el tiempo, después de numerosas proezas suyas en la guerra de Troya, cuyo primer héroe fue, y luego de matar a Héctor, a Pentesilea, reina de las amazonas; a Memnón, rey de los etíopes, y a otros muchos, fue muerto a su vez por una flecha ae Apolo que le atravesó el talón, único punto vulnerable de su cuerpo.

[15] Nombre que ostentaba entre los griegos la diosa, qua luego se llamó Minerva entre los latinos. Era la fuerza divina actuante en las ideas y en la inteligencia de los hombres, por lo que se la consideró como protectora de artistas y artesanos. La ciudad de Troya estaba colocada bajo su protección.

[16] Era hijo de Oileo, rey de los locrianos. Figura entre los más famosos héroes de la leyenda troyana. Palas le castigó, sumergiendo sus naves junto a las rocas de Catareo, por haber violado a Casandra, hija de Príamo, arrastrándola luego. En su resistencia, Casandra se asió a una estatua de la diosa, que fue asimismo derribada por el furor de Ayax.

rendirá ante el poder de la diosa Juno y quién ofrendará en sus altares?"

50. Así inflamado el corazón y dispuesto su ánimo, llega Juno a las islas Eolias[17], patria de los huracanes, tierra de los vientos furiosos del Sur. Reina en ellas Eolo[18], que manda en los vientos rebeldes y en las sonoras tempestades, y que ha alzado su trono en los profundos de una vasta caverna donde tiene a los elementos encadenados, que llenan los ámbitos de las montañas, cárcel para ellos, con sus rugidos desbordantes.

55. Está Eolo sentado en la peña más alta, cetro en mano, ocupado en amansar a esos elementos y en templar su ira. Sin él, la tierra y el mar, y hasta la misma cavidad de los cielos, serían inexorablemente barridos y aventados a través de los espacios.

60. Para impedirlo, los ha encerrado el Padre Omnipotente en negros antros, bajo la pesada mole de las altas montañas y les dio un rey que, con arreglo a cierto pacto inmutable, y obediente a sus órdenes, sabe gobernarlos, aflojando las riendas o tirando de ellas.

65. Es a éste rey a quien Juno se dirige suplicante, diciéndole: "¡Oh Eolo!, tú que recibiste del padre de los dioses y rey de los mortales el poder de dominar los vientos, y que puedes desencadenarlos a tu antojo, acoge mi ruego. Se halla ahora navegando por el mar tirreno una flota extranjera; son hombres de una raza que es mi enemiga; troyanos que se proponen trasladar a Italia sus Penates[19] vencidos.

70. "Desata, pues, tus vientos. Déjalos salir de su caverna y que envuelvan a esa flota hasta sumergirla, o que dispersen sus navíos, sembrando el mar con los cadáveres de sus tripulantes. Tengo catorce ninfas de extraordinaria hermosura, y es Deyopeia la más bella de todas. Pues bien: si me complaces, la uniré a ti en lazo indisoluble, y te la cederé para siempre.

75. "Ella será la mejor recompensa a tus servicios, porque te consagrará por completo su vida, y te hará padre de robustos y bellos varones." "Mi deber es acatar tus órdenes, ¡oh reina! —repuso Eolo, porque eso son para mí tus deseos. Te debo mi trono y mi cetro, el favor de Júpiter, el lecho en que me tiendo para asistir a los banquetes de los dioses[20], y mi imperio sobre las tormentas y los huracanes."

---

[17] Estas islas eran siete, hallábanse en el estrecho de Mesina, y debían su nombre (Eolias, de Eolo) al haber estado gobernada una de ellas por Eolo, dios de los vientos.

[18] Eolo, "el veloz", era el señor de todos los vientos. Vivía sobre una isla flotante, esto es, sobre una nube, en el occidente lejano, y tenía encerrados a los vientos en una cueva.

[19] Divinidades que se alzaban en el hogar, considerándolas protectoras de las divinidades domésticas.

[20] Los antiguos no se sentaban a la mesa como nosotros, sino que estaban ante ella medio tendidos; de ahí que los asientos en los banquetes fueran lechos.

80. Diciendo esto, golpea fuertemente con su lanza un costado de la hueca montaña, y por una puerta que se abre salen los vientos en tropel impetuoso, desbordándose por las islas y haciendo de ellas torbellino inmenso.

85. Pronto invaden también la inmensidad del mar. Se han unido el Euro, el Noto y el Áfrico, con su carga de huracanes, y entre los tres conmueven las aguas hasta en sus más profundos abismos, y barren las costas con sus lenguas gigantes. En seguida se mezclan el clamor de los hombres y el chirrido estridente de las cuerdas. Las nubes arrebatan de súbito el cielo y el día a los ojos de los infelices troyanos. Y por doquiera extiende la noche su manto tenebroso.

90. Retumban los cielos. Se iluminan los espacios con los relámpagos. No ven ya los hombres en su torno más que la sombra de la muerte. Y Eneas, el héroe fugitivo de Troya, al advertir de pronto sus miembros ateridos, gime así, con las palmas de las manos vueltas hacia las remotas estrellas:

95. "¡Mil veces dichosos aquellos que tuvieron la suerte de morir ante las altas murallas de Troya, en presencia de los suyos! ¡Oh valiente Diómedes[21], el más bravo de los griegos!, ¿por qué no perecí yo a tus golpes en la llanura de Ilión[22], allí donde el intrépido Héctor[23] murió bajo el hierro de Æácides[24], y donde el famoso Sarpedón[25] halló la muerte a manos de Patroclo?

100. "¿Por qué no sucumbí yo también en el revuelto Simois, cuyas aguas fueron cobijo de escudos y cascos y cuerpos de combatientes?" Mientras así se lamenta el fugitivo, la tempestad arrecia, silba furioso el aquilón y levanta las naves hasta el cielo. Los remos se rompen y la proa vira, ofreciendo el costado a las gigantes olas, que se desploman sobre los barcos lo mismo que montañas.

105. Mientras unos quedan como colgados en las crestas del mar, otros se hunden con furor hasta tocar la tierra; la arena y el agua hierven entre ellos espantosamente. El Noto estrella a tres de los navíos contra unas rocas ocultas (rocas que los italianos llaman *altares*, y que, en medio del mar,

---

[21] Hijo de Tideo, y el más esforzado de los griegos, después de Aquiles y Ayax. Habiendo herido a Eneas en una batalla, Venus, madre de este último, le persiguió con tal saña, que Diomedes hubo de refugiarse en Italia, donde el rey Dauno le concedió la mano de su hija y, con ella, parte de sus Estados.

[22] Llamábase esta ciudad Ilión, por su rey Ilo, y Troya por el padre de Ilo, llamado Tros.

[23] Hijo de Príamo, rey de Troya, y de Hécuba. Fue, sin duda, el más valeroso de los héroes troyanos. Se le representaba en las medallas sobre un carro tirado por dos caballos, llevando en una mano la lanza y en la otra el Paladio.

[24] O sea, de Aquiles. Se le da este nombre por ser nieto de Eaco, hijo de Júpiter.

[25] Rey de Licia, muerto por el héroe griego Patroclo.

y produce un buen fuego. En seguida, acuciados por el hambre, sacan de los navíos las provisiones de Ceres[33] , que el mar ha anegado, y los instrumentos para prepararlas. Y el grano salvado del naufragio lo tuestan al fuego y lo muelen sobre la piedra.

180. Eneas, entretanto, escala una roca y, desde lo alto de ella, extiende su vista por la inmensidad del mar. Trata de descubrir a los compañeros que dispersó la tormenta: el barco de Anteo, las birremes frigias, la de Capis, o, al menos, la alta popa y las armas de Caico. Pero ningún navío se divisa en el horizonte.

185. Ve, en cambio, tres ciervos errantes por la orilla, y tras ellos un gran rebaño que pace en larga fila por el valle. Toma rápidamente el arco y las flechas de su fiel Acates, y se va tras ellos. Pronto caen los tres jefes del rebaño, que tan erguida llevaban la cabeza por el frondoso ramaje de sus cuernos.

190. Corre luego tras el rebaño, que se pierde en la espesura del bosque; pero no abandona su caza victoriosa hasta contar siete ciervos, tantos como navíos.

195. Hecho esto, vuelve con sus hombres, les distribuye el botín y reparte entre ellos además las ánforas que el buen rey Alcestes les llenara de vino cuando partieron de Sicilia. Y consuela después sus afligidos corazones. "¡Oh compañeros! —les dice—, no conocemos de hoy la desgracia. Habéis sufrido ya los males peores, y la Divinidad no pone aún término a ellos.

200. "Habéis visto de cerca el furor de Escila[34] , con sus escollos mugientes, y conocéis también los roquedales de los Cíclopes[35] . Reunid, pues, todo vuestro valor. Aventad la tristeza y el temor. ¡Quién sabe si un día será placer para vosotros recordar estas desventuras![36] .

205. "Un largo camino de azares y peligros nos lleva al Lacio, en donde el destino va a mostrarnos tranquilos hogares. Allí, sin duda, resucitaremos el reino de Troya. Conque guardaos de toda pesadumbre y cobardía de ánimo,

---

[33] La Demeter de los griegos, hija de Cronos. Enseñó a los hombres el arte de cultivar a tierra, de sembrar y recoger el trigo, y de hacer el pan. Por ello se la consideraba, tanto en Grecia como en Roma, diosa de la agricultura. Su asiento principal estaba en Eleusis. De ella cuenta la leyenda que fue amada por Neptuno y que, para escapar a su persecución, se transformó en jumento. Neptuno entonces, para seguir persiguiéndola, tomó la forma de caballo; del ayuntamiento de ambos produjo el caballo Arión. El nombre de Ceres, dado a esta diosa por los romanos, provenía de sus verbos *crescere* (crecer) y *creare* (crear).

[34] Escollo del estrecho de Mesina. Entre él y otro, llamado Caribdis, quedaba un paso angosto para los navegantes, que lo consideraban peligrosísimo.

[35] Gigantes con un solo ojo en la frente. Eran hijos del Cielo y de la Tierra, y forjaban los rayos de Júpiter en las fraguas de Vulcano. Los antiguos llegaron a creer que el Etna era una de las chimeneas de dichas fraguas.

[36] Este pensamiento es muy de Virgilio.

porque un porvenir feliz se abre ante nosotros." Así les habla, ofreciéndoles el ejemplo de su rostro sereno, lleno de esperanza, aunque el dolor anida en lo profundo de su espíritu.

210. Los troyanos se aprestan a disponer su comida con las piezas cobradas por Eneas. Unos desuellan los ciervos, otros los parten en pedazos y otros los descarnan. Avivan los restantes la llama en torno a los calderos de bronce, donde van cayendo los trozos de carne, palpitante aún. La vista de las viandas los reanima a todos. Se tienden en la hierba, y cada cual se sirve una buena porción de venado, que riega con abundante y excelente vino.

215. Acallada el hambre y retirados los calderos, hablan con largueza de los compañeros perdidos, dándose alternativamente a la esperanza y al desánimo. ¿Viven todavía? ¿O rindieron ya su último suspiro y no responderán más a su nombre?

220. Eneas llora en silencio la pérdida del bravo Oronte y de Amico, el cruel destino de Lico y la desaparición del fuerte Gías y del intrépido Cloanto. Mientras, y en lo alto de la bóveda celeste, el dios Júpiter observa con atención aquel mar sembrado de velas, y también el contorno de las costas y la extensión de la tierra firme, con sus numerosos habitantes.

225. Y su mirada se detiene en el reino de Libia. Entonces, Venus[37], que está con él, y a quien tiene triste y pensativa esa misma visión, dícele así, brillantes los ojos a través de sus lágrimas:

230. "Oh, tú, poderoso, que gobiernas con arreglo a leyes eternas el imperio de los hombres y de los dioses, y que todo lo puedes fulminar con tu rayo, ¿me dirás qué crimen ha cometido mi Eneas contra ti y cuál es el de los pobres troyanos para que, después de tanta desventura, se les cierre de ese modo el camino de Italia?

235. "Sin embargo, tú prometiste que los romanos nacerían de ellos al correr de los siglos; y que será sangre suya la raza que con el tiempo ejerza soberanía en la tierra y el mar. ¿Por qué, pues, has cambiado de pensamiento, padre mío? Era tu promesa lo que me consolaba de la ruina de Troya; la esperanza de oponer a unos hados adversos otros reparadores.

240. "Pero veo con dolor que esos pobres mortales siguen de desdicha en desdicha. ¿Cuándo acabará su infortunio, rey poderoso? Ahí tienes a Antenor: escapó de la furia de los aqueos, y pudo llegar sin peligro al golfo de

---

[37] La Venus latina equivalía a la Afrodita griega, llamada así de *afros* (en griego, espuma) por atribuir la Mitología su origen a las espumas del mar. Era la diosa de los placeres y de la belleza, y se la tenía por madre de los Amores, de los Juegos, de las Gracias y de las Risas. Casó con Vulcano, pero tuvo diversas coyundas amorosas con dioses; como Marte, y con mortales, como el Troyano Anquises: de éste y de Venus era hijo Eneas. Le estaban consagrados: la rosa, la manzana, la granada, el mirto, el cisne, el gorrión y la paloma.

Iliaria[38] e internarse en la tierra de los liburnos.

245. "Como también franquear las fuentes del Timavo, que sale por nueve bocas del macizo de las montañas y se desparrama por las campiñas con el ímpetu y el estruendo de un mar. Y es allí donde él, con su colonia de troyanos, ha fundado la ciudad de Padua, dado un nombre a su pueblo y depuesto las armas de Troya. Y allí donde hoy goza tranquilamente de una serena paz[39].

250. "Pues ¿cuál es la razón de que nosotros, hijos tuyos, que contamos con tu favor para entrar en las altas moradas de los cielos, nos veamos abandonados al odio de una sola divinidad, hayamos perdido nuestros barcos y no podamos arribar, como es nuestro deseo, a la costa italiana? ¿Es éste el precio de la piedad? ¿Es así como nos devuelves nuestro cetro?"

255. El padre de los dioses y los hombres, con la sonrisa que sirve por sí sola para serenar los cielos, pone un beso en los labios de su hija y le responde[40]: "Tranquilízate, reina de Citerea[41]. El destino de los troyanos es inmutable. Por tus ojos verás la ciudad prometida de Lavinio, y poder tendrás para subir por los espacios, hasta las estrellas del cielo, al magnánimo Eneas.

260. "No cambió mi pensamiento. Y pues que quiero disipar enteramente esa inquietud, expondré a tus ojos todos los secretos del destino. Tu Eneas sostendrá en Italia una guerra terrible; pero tras ella domará a los pueblos feroces, y dará a sus hombres leyes y fortificaciones.

265. "El tercer estío le verá, después de esto, reinar en el Lacio, y un tercer invierno pasará también, después de la sumisión de los rútulos. Pero el muchacho que hoy lleva el nombre de Iulo (llamábase Ilo cuando estaban en pie Ilión y su reino), Ascanio, ocupará el nuevo trono durante una sucesión de meses que formarán treinta años.

270. "Desde Lavinio trasladará la sede de su reino al recinto amurallado de una ciudad nueva, la poderosa Alba. Y por espacio de tres siglos reinará allí la raza de Héctor, hasta el día en que una sacerdotisa de la familia real, Ha, será fecundada por Marte[42] y dará a luz dos gemelos.

---

[38] Antigua región del sudeste de Europa, cuyos límites eran Mesía, Macedonia, Epiro, el Adriático y la Galia Cisalpina.

[39] Se atribuye la fundación de Padua al príncipe Antenor, pariente de Príamo, y a quien respetaron los arrasadores de Troya porque aconsejó la entrada del caballo famoso, y por no haber delatado a Ulises, al reconocerlo bajo un disfraz de mendigo.

[40] Esta contestación de Júpiter resume el pensamiento todo de *La Eneida*, que no es otro, del principio al fin del poema, que la fundación de Roma. La ciudad a que el dios se refiere acabará llamándose Ciudad Eterna.

[41] La diosa Venus llamábase Citerea, por suponerse que había nacido en la isla de Citera, situada al sur del Peloponeso.

[42] Marte es el mismo Ares de los griegos, es decir, "el brazo auxiliar en la guerra". Era hijo de Júpiter y Juno, aunque los latinos dicen que sólo de esta última.

275. "Uno de éstos, Rómulo, amamantado por una loba, perpetuará la raza de Eneas, fundará la ciudad de Marte y dará nombre a los romanos. No he señalado límites a su poder ni a la duración de su imperio.

280. "Y hay más aún. La misma Juno, implacable enemiga hoy de los troyanos, que contra ellos concita tierra, cielo y mar, cambiará de sentimientos y acabará protegiendo, como yo, a la romana grey, que ostentará la toga y será dueña del mundo. Tal es mi voluntad. Luego, en el curso de los tiempos, la casa de Asáraco[43] sojuzgará a Pitias y Micenas, y dominará al vencido Argos.

285. "Tengo dispuesto que de raza tan bella nazca el troyano César, cuyo imperio no habrá de tener más límites que los astros, y será su nombre el de Julio, derivado del nombre remoto Iulo.

290. "Tú le recibirás un día en el Olimpo, cargado de despojos de Oriente; y a él como a ti dirigirán también los hombres sus plegarias. Después de esto, los siglos renunciarán a la guerra y su dureza se ablandará. Todo lo presidirán la sabiduría y el candor, y Vesta y Quirino, en unión de Remo[44], promulgarán leyes de paz. Las puertas de la guerra se habrán cerrado con gruesos barrotes.

295. "Pero en el interior se desatará la Furia sacrílega, asentada en un montón de armas, con las manos ligadas a la espalda por cien cadenas de bronce, y bramará enardecida, con la boca espumeante de sangre." Luego de estas palabras envía a Mercurio a la tierra, para que la nueva ciudad de Cartago acoja a los troyanos hospitalariamente.

300. Y es porque teme que Dido, ignorante de todo, les cierre sus puertas y aún los rechace de sus dominios. El dios mensajero vuela y rema con sus alas a través de la inmensidad, y llega así pronto a los confines de Libia. Transmite al punto las órdenes recibidas, y ante ellas y la voluntad del omnipotente deponen los cartagineses su acritud y tiene su reina para los troyanos una mirada bondadosa, llena de piedad.

305. Eneas, que ha pasado la noche sumido en reflexiones, se levanta con el primer rayo de la aurora. Quiere explorar los lugares desconocidos, saber a qué parajes les ha arrastrado el viento, y si la tierra que pisa, y que advierte inculta, la pueblan hombres o bestias feroces. Luego expondrá a sus compañeros el fruto de las pesquisas.

310. Queda bien oculta la flota en la rada que forman las rocas y los

---

Afirma la leyenda que estando Juno celosa de que Júpiter procreara a Minerva sin su concurso, quiso ella hacer lo mismo, para lo cual, según le aconsejaron, púsose en contacto con una flor que crecía en los campos de Olena, en Arcadia, y que tenía la virtud maravillosa de la autoprocreación. Así es como tuvo a Marte.

[43] Hijo de Tros, rey de Troya, y bisabuelo de Eneas.

[44] Remo y Rómulo eran los supuestos fundadores de Roma. Este último fue divinizado con el nombré de Quirino.

bosques, a la sombra misteriosa de éstos y de aquéllas. Y le acompaña solamente Acates, que lleva en la mano dos venablos de hierro.

315. De pronto una figura de mujer sale al encuentro de Eneas. Es su madre, que ha tomado la forma y la actitud de una bella muchacha[45]. Parece una doncella de Esparta con sus armas, o una amazona como Harpálice, reina de Tracia, que acaba de galopar en sus caballos, veloces como el vuelo del Euro. Lleva a la espalda el arco flexible, cual una cazadora, flotantes sus cabellos al viento, desnuda la pierna hasta la rodilla, y en pliegues graciosos recogidas las ropas.

320. "¡Oh jóvenes! —pregunta la diosa con apariencias de mujer—, ¿podéis decirme si visteis en el bosque a una de mis compañeras, armada de carcaj, cubierta con una piel moteada de lince, y persiguiendo a un jabalí herido?"

325. Su hijo le responde: "No he visto a ninguna de tus compañeras, ¡oh bella muchacha, cuyo nombre ignoro! No tienes el rostro de mortal, ni de mortal parece el eco de tu voz. ¿Eres hermana acaso de Febo, o una virgen con sangre de ninfa?

330. "Diosa eres, desde luego, y quienquiera que fueres, yo te pido que nos seas propicia y que alivies nuestra desventura. ¿Bajo qué cielo estamos? ¿A qué costas nos trajo el temporal? Dínoslo, porque todo lo ignoramos, ya que venimos siendo juguetes del huracán y de las olas. Prometemos sacrificar por nuestra mano más de una víctima al pie de tus altares"[46].

335. "No soy digna de tal honor —aduce Venus—. Es costumbre entre las doncellas tirrenas el uso del carcaj y el calzar alto coturno de púrpura. En cuanto a ti, te hallas en tierra cartaginesa, un Estado que pertenece a la raza tiria de Agenor[47]; estás pisando el país de los libios, gente intratable y guerrera, en la que manda una mujer, Dido, que abandonó Tiro huyendo del furor de su hermano.

340. "Sería muy larga de contar la serie de injusticias y peripecias que esa mujer ha sufrido, por lo que sólo te referiré las más salientes[48]. Estaba casada con Siqueo, el más rico señor de Fenicia, y la desventurada le amaba grandemente.

345. "Habíasela dado virgen su padre, Belo, rey de Tiro, y los primeros

---

[45] Ulises tiene en *La Odisea* un encuentro parecido. También Atenea se ofrece a su vista bajo la forma de una bella muchacha con un cántaro en la mano.

[46] Una invocación semejante pone Homero en boca de su héroe Ulises, que, sin duda, inspiró la suya a Virgilio.

[47] Primer rey de Sidón, en Fenicia, que era considerado por los habitantes de este pueblo, y, consiguientemente también luego por los cartagineses, como el jefe de la raza.

[48] Resume aquí el poeta la historia de Dido, narrada por el poeta latino Nevio, y, anteriormente, por los anterasados griegos.

tiempos de matrimonio se deslizaron bajo los auspicios mejores. Pero un hermano de la esposa, Pigmalión, que sucedió a su padre en el trono, era el más abominable de los desalmados. Pronto hubo una corriente de odio entre el esposo y el hermano de Dido.

350. "Un día, Pigmalión, cegado por la pasión del oro sorprendió a solas a su cuñado Siqueo y lo mató. Lo mató sacrilegamente ante los dioses lares y sin pena por el dolor de su hermana. El crimen permaneció mucho tiempo oculto, durante el cual Pigmalión, a fuerza de engaños, hacía concebir a la pobre viuda vanas esperanzas.

355. "Hasta que una noche vio en sueños la sombra de su marido, privado de sepultura, con el rostro espantosamente pálido. Siqueo le mostró el altar familiar ensangrentado, y su pecho atravesado por un puñal, descubriéndole así el misterioso crimen cometido en su propia casa. Luego le aconsejó que huyese sin tardanza, y, para auxiliarla en su fuga, le reveló el secreto de unos viejos tesoros enterrados, que suponían gran cantidad de oro y plata.

360. "Dido contuvo su emoción y preparó la huida, rodeándose de algunos compañeros. Todos cuantos temían u odiaban al tirano se juntaron a ella. Apoderáronse de unos navíos, por azar próximos, y los cargaron de oro. De este modo fueron confiados al mar los tesoros tan codiciados por Pigmalión.

365. "Una mujer lo había hecho todo. Y así es como arribaron a estas costas, señoreándose de este país, en donde hoy mismo verás surgir los muros y las torres de una ciudad nueva, la ciudad de Cartago. Para fundarla compraron todo el suelo que se pudiese ocupar con la piel de un toro, convertida en delgadas tiras, y le dieron el nombre de Birsa[49].

370. "Ahora decidme quiénes sois vosotros, de dónde venís y adónde vais." A estas preguntas respondieron un suspiro y el eco de una voz profunda: "¡Oh diosa! Si tuviese que remontarme al origen de mis desdichas y tú dispusieras de tiempo para escuchar la serie de ellas, año por año, la noche sucedería al día sin que mis labios hubiesen concluido.

375. "Nosotros procedemos de la antigua Troya, cuyo nombre es posible que haya llegado hasta ti; y venimos de mar en mar, azotados por todas las tormentas, hasta que la última nos ha volcado sobre estas costas de Libia. Yo soy el famoso Eneas, que en los barcos lleva sus dioses Penates arrancados al enemigo, y cuyo nombre ha llegado, sin duda, hasta el mismo cielo.

---

[49] Ciudadela en torno de la cual se fue formando Cartago. El origen etimológico de la voz Birsa puede ser fenicio (de *bosra*, escarpe), o bien griego (de *bursa*, cuero). Este último está más de acuerdo con la leyenda, que refiere cómo a Dido no se le concedió, para fundar su ciudad, más tierra que la que pudiese cubrir con una piel de toro. La astucia de la reina fenicia cortó esa piel en tiras finísimas, que formaron así el perímetro de la ciudadela.

380. "Trato de arribar a Italia, mi patria, que va a ser cuna de mi raza, salida del soberano Júpiter[50]. Me embarqué en el mar frigio con veinte navíos, siguiendo la indicación de la diosa mi madre y de los oráculos. Pero de esos navíos apenas me quedan siete, respetados por la furia del Euro. Y aquí me tienes, enteramente ignorado, desposeído de todo, errante por los desiertos de Libia y expulsado de Europa y de Asia".

385. Venus no escucha más, e interrumpe las lamentaciones de su hijo. "Quienquiera que seas —le dice—, no te han olvidado los dioses, puesto que llegas a una ciudad tirrena. Sigue, pues, tu camino y haz por llegar a la morada de la reina.

390. "Desde ahora te anuncio que no tardarás en ver tu flota reunida y también a tus otros compañeros, porque un cambio feliz en la ruta de los aquilones los ha llevado a lugar seguro, siempre que no me engañe la ciencia de los augures que de mis padres aprendí. Mira, si no, esos doce cisnes, dichosos de haber vuelto a reunirse.

395. "El águila de Júpiter, hundiendo las planicies etéreas, los había dispersado por los espacios; pero ahora ellos, nuevamente juntos, dispónense a tomar tierra con el mayor contento. Anuncian su regreso con un jovial batir de alas, y los suyos les esperan mirando al cielo y cantando a plena voz.

400. "Pues así les sucede a tus navíos dispersos y a tus valientes compañeros; están entrando a velas desplegadas en un puerto seguro. Reanuda, pues, tu marcha, vuelvo a decirte. Éste es tu camino: síguelo." Se vuelve, en pronunciando estas palabras, y su cuello brilla con el resplandor de una rosa; sus cabellos perfumados llenan el aire de una dulce ambrosía; caen hasta los pies los delicados pliegues de su vestido, y echa a andar. Todo en ella acaba de revelar a la diosa.

405. Eneas reconoce a su madre y corren tras ella sus palabras. "¿Por qué engañas tantas veces a tu hijo con ilusiones falsas? Tú también eres cruel. ¿Por qué no me has permitido estrechar tu mano, y oírte y hablarte sin ropaje alguno de ficción?"[51].

410. Mientras dirige estos reproches va ya camino de la ciudad. Pero la madre ha envuelto sus pasos en una niebla densa. Venus esparce en su torno como un velo de nubes, para que nadie pueda ya verla, ni tocarla, ni hacerle

---

[50] Dice una leyenda que Dárdano, hijo de Júpiter y Electra y fundador de la raza troyana, había nacido en Etruria (Italia). Por eso Virgilio puede poner en boca de Eneas que busca en Italia a su patria, y que pertenece a una raza engendrada por Júpiter.

[51] Es una pregunta obligada: ¿Por qué las divinidades se obstinan en adoptar formas engañosas cuando se presentan al hombre? Eso hacen Venus, apareciéndose a Eneas en el poema virgiliano, y Atenea a Ulises en el homérico; como lo hace asimismo Cristo, después de su resurrección, apareciéndose a las santas mujeres bajo la figura de un hortelano.

pregunta alguna sobre su presencia en aquellos parajes[52] .

415. Hasta que, al fin, se eleva en los aires y vuelve a Pafos[53] . Gusta mucho la diosa de residir en esta ciudad, donde los cien altares de su templo embalsaman el espacio con el aroma del incienso y la frescura de las guirnaldas.

420. Los viajeros caminan ligeramente por el sendero que les fue indicado, y llegan a una colina desde donde se divisa la ciudad y se tienen enfrente las murallas. Todo es admiración de Eneas: las soberbias edificaciones, donde antes hubo, sin duda, un montón de chozas; las puertas, el rumor de la muchedumbre, el enlosado de las calles. Los tirios trabajan con ardor: hay muchos de ellos levantando muros, para construir la ciudadela, en un fatigoso subir de bloques de piedra.

425. Y los hay también escogiendo el sitio donde emplazar una morada, y limitándolo con un surco. Como los hay que nombran jueces, y magistrados, y un Senado augusto. Y quienes trabajan en los puertos[54] . Y quienes se ocupan en construir un teatro sobre vastos cimientos, con enormes columnas que brotan de la piedra, y que serán las amplias decoraciones de la escena futura.

430. No de otro modo, a principios de estío, van y vienen las abejas por los floridos campos, trabajando sin tregua bajo el ardor del sol: unas amasan la miel en los enjambres y llenan del dulce líquido sus doradas celdillas, mientras otras reciben la carga de las que van llegando con el preciado néctar, y algunas se agrupan en línea de defensa, para proteger la colmena del ataque de los zánganos.

435. Es un hervidero de laboriosidad, que perfuma el ambiente con oleadas de aroma de tomillo. "¡Dichosos los que ven levantarse sus murallas!"—exclama Eneas, mientras contempla las edificaciones de la ciudad—. Y, ¡oh maravilla!, en diciendo esto vese envuelto en una nube que le lleva hasta la multitud, y allí se mezcla con todos, sin que nadie le advierta.

440. Hay en el centro de la ciudad un bosque sagrado, rico en sombra, que fue lo primero que visitaron los fenicios al desembarcar en estas costas, también empujados por la tempestad. Y excavando en él hallaron un presagio que la diosa Juno les anunciara: la cabeza de un caballo fogoso, signo de victorias bélicas para la nación y de una gran pujanza a través de los siglos.

445. Sobre ese lugar está Dido, la de Sidón, edificando un templo a Juno, tan magnífico por las ofrendas de los hombres como por el poderío de la

---

[52] También Atenea envuelve a Ulises en nube semejante, en el poema homérico.
[53] Ciudad de la isla de Chipre, hoy Kukla, donde se veneraba especialmente a Venus.
[54] Tenía Cartago dos puertos comunicados entre sí: uno militar, y otro, más pequeño, que podría decirse comercial o civil.

diosa. Una escalinata lleva a su atrio, todo él de bronce[55] ; como es de bronce el dintel de la amplia boca, y de bronce también los goznes en que las puertas giran y aún las puertas mismas.

450. Algo inesperado y confortador se ofrece en este bosque por vez primera al asombro de Eneas. Es la primera vez que se atreve a confiar en su salvación y a esperar un mejor porvenir. Mientras aguarda al pie del templo la llegada de la reina, y se entretiene en observar cómo todos trabajan y bullen, artesanos y artífices, he aquí que ve una serie de pinturas representando por su orden las batallas de Ilión.

455. Sus ojos pueden admirar paso a paso las fases todas de una guerra cuya fama recorriera el mundo. Ve, en efecto, a los Aridas y a Príamo[56] , como también a Aquiles, tan funesto para entrambos, y no puede contener el fluir de las lágrimas.

460. "¡Oh Acates! ¿Qué país, qué rincón del mundo no conocerá nuestras desgracias? Ahí tienes a Príamo. Mira cómo al menos aquí tienen recompensa las bellas acciones. Observa cómo hay aún lágrimas para el infortunio y cómo la desventura humana llega también a tocar los corazones. No temas, pues. Viendo todo esto, tengo la esperanza de que caminamos a la salvación."

465. Y nutre su alma con la visión de las pinturas, mientras del pecho se le escapan los gemidos y de los ojos las lágrimas. Tiene frente a sí, debatiéndose en torno a Pérgamo[57] , a un lado a los griegos, vencidos por la juventud de Troya, y a otro a los frigios, en fuga ante el carro y el airón de Aquiles.

470. Luego reconoce, llorando, las tiendas de Reso, blancas como la nieve. La traición sorprendió a sus moradores en el primer sueño, y se produjo una fiera matanza, que devolvió a su campo a los ardientes caballos de Tracia, sin que llegasen a probar los pastos de Troya ni a abrevar en las aguas del Janto[58] .

475. Un poco más allá, Troilo ha perdido sus armas, el desventurado, en lucha desigual con el temible Aquiles, y sus propios caballos se lo llevan a rastras, atado como va al carro vacío, pero sosteniendo aún las riendas; sus cabellos y su cabeza barren ignominiosamente el suelo, mientras su lanza, boca abajo también, va trazando un surco en el polvo.

---

[55] En los tiempos heroicos, emplear bronce en la edificación era signo de opulencia.

[56] Hijo de Laomedonte; levantó de nuevo la ciudad de Troya, cuando fue arrasada por Hércules, y ensanchó poderosamente su reino. Pero el famoso sitio que los griegos pusieron a la ciudad por espacio de diez años acabó derruyéndola otra vez, y en su trágico fin perecieron casi todos los hijos de Príamo. El propio rey fue muerto en su palacio por el hijo de Aquiles, mientras la ciudad era saqueada.

[57] Ciudadela de Troya y, por extensión, toda la ciudad.

[58] Según cierta leyenda, la ciudad de Troya no sería tomada si los caballos de Reso comían la hierba de sus inmediaciones y abrevaban en el Janto.

480. Detrás de esta pintura, las mujeres de Ilion suben al templo de la hostil Palas, y colocan el peplo a la diosa[59] , mientras se golpean el pecho y dan al aire sus cabellos destrenzados; pero la diosa, baja la mirada, vuelve a otro lado la cabeza. Asimismo ve Eneas al inexorable Aquiles, que luego de arrastrar tres veces a Héctor, en torno a los muros de Ilión, vende todavía su cadáver a precio de oro.

485. No puede menos el héroe de prorrumpir en lamentación amarga a la vista del cuadro que forman los despojos sangrientos de su pobre amigo y la doliente actitud del viejo Príamo, que tiende al vencedor sus manos suplicantes y desarmadas[60] . Y hasta él se reconoce luego, en el combate fragoroso contra los capitanes aqueos, como reconoce también los batallones llegados de Oriente y las tropas del negro Memnón.

490. Igualmente descubre a la ardorosa Pentesilea, que lleva al combate su legión de amazonas, con los grandes escudos en forma de luna, desnudo uno de los pechos y atado bajo él su tahalí de oro, y adentrándose entre los millares de combatientes para acometer sin vacilar a los más briosos guerreros[61] .

495. Mientras Eneas admira, estupefacto e inmóvil, todas estas pinturas, absorto en su contemplación, he aquí que se dirige al templo la reina Dido, deslumbrante de hermosura, con un numeroso cortejo de jóvenes tirios.

500. Seméjase a Diana, cuando dirige sus coros en las orillas del Eurotas o en las colinas de Cinto, seguida de mil oréades, que acuden de todos los puntos de la montaña; parécese a ella, con el carcaj a la espalda, descollando su cabeza entre la comitiva, mientras el corazón de Latona, su madre, se llena de callado alborozo. Así avanza Dido, cegadora, entre los suyos, comunicando una fiebre mayor a los trabajos que engrandecen su reino.

505. Ya en el templo, bajo la amplia bóveda y ante las puertas del santuario, ocupa un alto trono, rodeada de sus hombres de armas[62] . Se la ve pronta a hacer justicia, a promulgar leyes, a distribuir equitativamente los trabajos, o bien a confiarlos a la suerte.

---

[59] Era costumbre en las mujeres troyanas vestir a sus diosas favoritas (Minerva, Venus y Juno) con el peplo, tal como ellas lo llevaban. Este peplo era una especie de velo o manto bordado.

[60] Condensa aquí Virgilio, con habilidad y técnica de buen pintor, los más famosos pasajes de la poesía épica griega.

[61] Eran muy hábiles en el manejo del arco las amazonas, supuestas mujeres guerreras, y para que lo disparasen mejor se les cortaba o quemaba de niñas la mama derecha *(amazon,* en griego, es "sin mama"). Vivían a orillas del río Termodonte, en el Asia Menor.

[62] Aplica aquí Virgilio al país cartaginés las costumbres romanas. Sabido es que en Roma las asambleas senatoriales se celebraban dentro del templo y las sesiones de los tribunales a las puertas del mismo. Todavía queda una reminiscencia de esto último en nuestro famoso "Tribunal de las aguas", de Valencia.

510. De súbito se produce un movimiento en la multitud, y Eneas ve llegar a Anteo, a Sergesto, a Cloanto y a otros compañeros a quienes la tempestad había dispersado por el mar inmenso, llevándolos a playas remotas. Eneas y Acates experimentan al verlos una gran alegría, no exenta de temor.

515. Bien quisieran correr a ellos y abrazarlos, pero les intimida lo que pueden hacer los habitantes de la ciudad. Desde la nube que los envuelve, haciéndolos invisibles, prefieren observar la suerte que aguarde allí a sus compañeros. Estos, que son muchos y como escogidos de la tripulación de todos los barcos, se dirigen al templo, entre clamores, para impetrar de la reina benevolencia y apoyo.

520. Una vez todos dentro, y obtenido el permiso para hablar ante la reina, comienza así tranquilamente Ilioneo, el de más edad: "¡Oh reina, a quien Júpiter encargó que fundases una ciudad nueva e impusieras el freno de la justicia a las más soberbias naciones!, oye la súplica de unos infelices troyanos que son juguete de los vientos en todos los mares.

525. "Haz por que el incendio no prenda en nuestros navíos, y por que esta raza nuestra obtenga ya el perdón. Mira bien quiénes somos. No hemos venido a destruir con las armas los Penates libios, ni a apoderarnos de vuestras riquezas para llevarlas a la costa. No cabe en nuestros corazones semejante audacia, ni en estos pobres vencidos tamaña insolencia.

530. "Sabemos de la existencia de un país que los griegos llaman Hesperia[63], tierra venerable y poderosa por las armas y la fecundidad de su suelo. En ella fundó *Enotro* una colonia, y se dice que sus descendientes de hoy han nombrado a esa nación Italia por el nombre de su rey.

535. "Era ahí adonde nos dirigíamos cuando el tormentoso Orión[64] agitó el mar en torno nuestro, y él y los vientos del Sur, desencadenados, nos llevaron a insondables abismos, o nos dejaron a merced de las olas gigantes, para dispersarnos en las aguas inmensas y lanzarnos aquí y allá contra los escollos. Sólo unos pocos pudimos arribar a vuestras costas. Y preguntamos: ¿qué raza de hombres es ésta? ¿Dónde se observaron costumbres tan bárbaras?

540. "En la misma costa se nos niega ya asilo; se nos atruena con gritos de guerra, y hasta poner pie en la arena se nos prohíbe. Si despreciáis al género humano y las proezas de los mortales, contad con que los dioses no olvidan si sus leyes fueron obedecidas o violadas.

545. "Era Eneas nuestro rey. Nadie tan justo como él, ni más grande en la

---

[63] Hesperia significaba para los antiguos "tierra de Occidente", y designaban así, indistintamente, a Italia y España.

[64] En las *Odas* de Horacio se habla de la estrella Orión, diciendo de ella que se levantaba a mediados del verano y se acostaba a la entrada del invierno. Debía su nombre al de cierto gigante que en ella fue convertido al morir.

piedad, ni más fuerte en la guerra. Si los hados conservaran a este héroe, si alentara todavía y no durmiera para siempre en las eternas sombras, ten por seguro, ¡oh reina!, que no te arrepentirías de tu generosidad con nosotros. Hay en tierras sicilianas ciudades que nos son propicias, porque manda en ellas el ilustre Alcestes, de troyana sangre.

550. "Permítenos, pues, que saquemos del mar nuestras naves, por la tempestad maltratadas, y que tomando la madera de vuestros árboles podamos repararlas, y proseguir de nuevo, con nuestros compañeros y nuestro rey, si no perecieron, la ruta gloriosa de Italia y del Lacio.

555. "Pero si no hay ya salvación; si las olas de Libia se cerraron para siempre sobre ti, ¡oh padre bienhechor de los troyanos!; si no nos queda siquiera Iulo, que es nuestra esperanza, volveremos al mar de Sicilia, de donde venimos, y donde el buen rey Alcestes tornará a acogernos."

560. Los demás troyanos aprueban con fuertes murmullos estas palabras de Ilioneo. Entonces Dido, con los ojos bajos, contesta al punto: "Tranquilizaos, troyanos. Desterrad vuestros temores. Las circunstancias y el ser nuevo mi imperio me imponen estos rigores y guardar así mis fronteras.

565. "¿Quién no conoce la raza de Eneas y el episodio guerrero de Troya, con sus virtudes y sus héroes, con sus batallas y su incendio? Nosotros los cartagineses lo recordamos bien, y, por otra parte, no tienen mucho que correr los caballos del Sol desde Troya a nuestra ciudad de Tiro.

570. "Conque ya decidáis encaminaros a la gran Hesperia y los campos de Saturno[65], ya a la tierra de Erix[66], donde reina Alcestes, contad con mi apoyo. Vuestros serán todos mis recursos. Y si prefirierais quedaros aquí, con los mismos derechos que mis súbditos, vuestra también será la ciudad que estoy levantando. Así es que sacad del mar vuestros navíos. Desde este momento no hay ya diferencia entre tirios y troyanos.

575. "Y ojalá pluguiese al cielo que vuestro rey, impulsado por el Notó, llegase aquí mismo. Por mi parte, enviaré mensajeros de confianza a todo lo largo de las costas de Libia, por si el naufragio le llevó a tierra firme y anda errante por ciudades o bosques."

580. Confortados con estas palabras, el valiente Acates y el divino Eneas pugnan por salir de la nube que los envuelve. Es Acates quien toma la palabra: "¿Qué decides, hijo de diosa? —dice a su rey—. Ya ves que todo se ha salvado, que rescatamos las naves y los compañeros perdidos.

585. "Sólo uno falta, que lo vimos con nuestros ojos hundirse en lo insondable. Por lo demás, las predicciones de tu madre se han cumplido." No acaba apenas de decir estas palabras, cuando se rasga la nube y se hace

---

[65] Saturno había reinado en Italia, durante la llamada Edad de Oro.

[66] Monte de Sicilia, llamado así por el nombre de cierto rey siciliano a quien mató Júpiter. En dicho monte se levantó un templo a Venus, y, más tarde, a sus pies, una ciudad. Hoy el monte se llama Castel San Giulano.

aire puro transparente. De ella emerge Eneas, como envuelto en una viva luz, con el rostro y los hombros de un dios.

590. De un soplo le ha dado su madre la hermosura de la cabellera, la púrpura de la juventud y toda la seducción que cabe en la mirada. No es de otro modo como el artista añade gracia al marfil y adorna con oro la plata o el mármol de Paros.

595. Ante la repentina aparición, quedan todos atónitos. Y Eneas se dirige a la reina. "Heme aquí —le dice—. Soy el que buscas, el troyano Eneas, libre, por fortuna, de las tempestades de Libia. Bendita tú, ¡oh reina!, que has tenido piedad de los sufrimientos indecibles de Troya, y que en tu ciudad y en tu palacio acoges como a súbditos a estos restos de la matanza de los griegos, a estos desventurados, perdidos en la tierra y en el mar y desnudos de todo.

600. "No tenemos palabras para expresarte nuestra gratitud, aunque nos juntáramos todos los troyanos dispersos por el orbe[67]. Si en el cielo tiene la piedad valedores que la protejan, si son allí consideradas la justicia y la conciencia del bien, que los dioses, ¡oh reina!, te recompensen como mereces.

605. "¡Oh tiempos felices que te vieron nacer! ¿Qué padres admirables sacaron a la luz una hija así? Mientras los ríos corran hacia el mar, y las sombras se deslicen en los pliegues de las montañas, y el aire del cielo alimente el fuego de los astros, brillarán las alabanzas a tu nombre y tu gloria allí donde la suerte me lleve."

610. En seguida tiende la mano derecha a su amigo Ilioneo y la izquierda a Seresto, estrechando después las de los otros, entre ellas la del bravo Gías y el intrépido Cloanto. Por su parte, la reina sale ya del estupor en que la han sumido la aparición de Eneas y el relato de tantos infortunios.

615. Y le contesta así: "Hijo de una diosa, ¿qué nombre dar a la desgracia que te persigue de ese modo? ¿Qué adversa voluntad de los hados te trajo a estas costas bárbaras? ¿Eres tú aquel Eneas, concebido por la poderosa Venus, a quien fecundara Anquises, y que nació en Frigia, en las márgenes del Simois?

620. "Recuerdo que Teucro[68] llegó un día a Sidón, expulsado de su patria y buscando nuevo reino, con ayuda de Belo[69]. Belo, mi padre, acababa de

---

[67] No todos los troyanos que dejaron de acompañar a Eneas en su éxodo fueron hechos cautivos por los griegos, sino que algunos se establecieron fuera de Grecia; como Heleno y Andrómaco en el Epiro, y Acestes en Sicilia.

[68] Hijo de Telamón y hermano de Ayax. Volvió solo a Salamina, cuando su hermano se dio la muerte durante el sitio de Troya, y el padre, irritado por ello, le desterró. Teucro hubo de fundar una nueva Salamina en Chipre.

[69] Belo era rey de Tiro, y padre de Dido y Pigmalión. Acogió a Teucro cuando, después de la toma de Troya y al refugiarse en Salamina, se vio de allí expulsado

asolar la opulenta Chipre, y ejercía en ella el dominio del vencedor. Pues entonces fue cuando supe yo de la caída de Troya, y aprendí tu nombre y los de los reyes de Grecia.

625. "Teucro, aunque enemigo vuestro, elogiaba con ardor a los troyanos, y se enorgullecía de tener con vosotros un origen común, al proceder de la misma estirpe. Sed, pues, bienvenidos, hombres intrépidos, y tomad nuestras moradas como propias. Yo también pasé por grandes sufrimientos, y fui juguete de la adversa fortuna hasta llegar a esta tierra. Por eso me ha enseñado la desgracia a socorrer a los desgraciados."

630. Dicho esto, lleva a Eneas a su palacio real, disponiendo a la vez toda suerte de acciones de gracias en los templos de los dioses[70]. Y ordena que se lleven a la gente troyana, refugiada en la costa con sus naves, veinte bueyes, cien cerdos enormes de erizado torso y otros tantos corderos con sus madres, para que ellos también celebren la fiesta.

635. A toda prisa se adorna el interior del palacio, que muestra salones resplandecientes, con ricos tapices de soberbia púrpura, maravillosamente trabajados, y en cuyo centro se prepara lo necesario para un banquete fastuoso.

640. Se ven las mesas abrumadas bajo el peso de las vajillas de plata y oro, en las que aparecen cincelados los hechos notables de la estirpe de la reina, en una sucesión gloriosa de proezas y héroes, que componen la historia toda de este antiguo pueblo.

645. Como el amor paternal no da punto de reposo al corazón de Eneas, envía a Acates adonde los navíos, para que entere de todo al joven Ascanio y lo traiga a la ciudad. Su ternura de padre lo quiere junto a él. Y encarga, además, que traigan ricos presentes, lo mejor de lo salvado en la destrucción de Troya.

650. Pide un recamado manto, de figuras bordadas en oro, y un velo con festones de acanto azafranado, los mismos que llevara Helena[71], cuando salió de Micenas para su indigno casamiento con Pérgamo, y que su madre Leda le había regalado. Y pide que añadan también el cetro que perteneció

---

por su padre, porque no supo o no quiso impedir el suicidio de su hermano Ayax. Teucro, bajo la protección de Belo, llegó a fundar una nueva Salamina en Chipre.

[70] Obsérvese también aquí cómo el poeta aplica al pueblo cartaginés una costumbre esencialmente romana: celebrar fiestas privadas con motivo de acontecimientos públicos.

[71] Hija de Júpiter y Leda. Como la pidieran en matrimonio gran número de príncipes, Tíndaro hizo jurar a los pretendientes, para evitar discordias, que, apenas ella eligiese, se unirían contra el que quisiera disputársela al favorecido. El preferido fue Menelao, hermano de Agamenón. Poco después llegó Paris a Grecia, bajo pretexto de hacer un sacrificio a Apolo, y, enamorado de Helena, se la llevó, provocando así la llamada guerra de Troya.

antiguamente a Ilione, la mayor de las hijas de Príamo, con su collar de perlas y su corona guarnecida doblemente de piedras y de oro. Acates se apresura a obedecer y parte adonde los navíos.

655. Entretanto, Venus se da a planear artificios nuevos y nuevos designios. Cupido, por ejemplo, cambiará de forma y su cara se adaptará al dulce rostro del joven Ascanio.

660. Ofrecerá así los regalos a la reina, y, al besarla, hará estremecerse su cuerpo con la locura del amor. Porque la diosa desconfía de este palacio; teme a los falaces hombres de Tiro, y la noche redobla su angustia, cuando piensa en la malquerencia de Juno. Así es que se dirige al dios de las alas llamado Amor[72] y le dice:

665. "A ti, hijo mío, recurro, ya que eres mi poder y mi fuerza, para que interpongas tu fuerza y tu poder ante el Padre soberano, ya qué eres tú el único que desdeña sus rigores. Sabes bien que la cruel diosa Juno ha llevado de mar en mar a tu hermano Eneas, y de infortunio en infortunio; tú mismo te conmoviste muchas veces con mi dolor.

670. "Pues bien: hoy se halla en la corte de la fenicia Dido, que le retiene con su voz acariciadora. Pero yo ignoro lo que puede provenirle de ésta hospitalidad que se le otorga en los dominios de Juno, y por eso temo. Está la ciudad consagrada a esa diosa, y ella sabrá no perder semejante ocasión, acaso decisiva. De ahí que deba precaverme. Quiero tender un lazo a la reina, inflamándola en un gran amor por tu hermano Eneas, antes de que ninguna otra influencia divina pueda torcer el curso de las cosas.

675. "Oye bien lo que tienes que hacer: Ascanio, mi más tierno amor, se dispone a ir a Cartago, llamado por su padre, con los regalos que pudieron sustraerse a la furia del mar y al incendio de Troya.

680. "Pero yo voy a dormirle y le trasladaré fácilmente a mi sagrado recinto de las alturas de Citerea o de Idalia, de modo que ignore mis propósitos y no pueda desbaratarlos. Tú, entretanto, y por una sola noche, te disfrazas, adoptas su forma y das al tuyo la encantadora expresión de ese rostro de niño que te es tan conocido.

685. "Y cuando Dido, enardecida por la algazara del festín y por las litaciones de todos, te siente en sus rodillas, y te abrace y te cubra de dulces besos, infunde en su espíritu un fuego secreto y, sin que ella lo advierta, derrama en su corazón tu divina ponzoña."

690. Obedece el Amor a su madre querida, y se despoja al punto de las alas, produciéndole delectación imitar los pasos de Iulo. Venus entonces infunde un sueño tranquilo en los miembros de Ascanio, y, apretándolo contra sí, se lo lleva a las alturas de Idalia, a un bosque sagrado donde la

---

[72] Parece que esta idea de las habilidades y estucias de Venus está, cuando menos, inspirada en el poema argonáutico de Apolonio.

mejorana lo envuelve todo con su dulce sombra, sus flores y su perfume[73].

695. Poco después Cupido, obediente a las órdenes recibidas, marcha feliz hacia Cartago, en compañía de Acates, llevando los ricos presentes a la reina tiria. Esta los espera reclinada en un dorado lecho, con fondo de tapicerías magníficas, y ocupando ya el centro del banquete. Luego entran Eneas el divino y la juventud troyana, y se acomodan a su vez en lechos de púrpura.

700. Traen aguamaniles los esclavos, distribuyen los panes en las canastillas y extienden manteles de tejidos finísimos. Hay cincuenta servidores en el interior del palacio, con el cuidado único de disponer los platos en hileras y quemar perfumes en el altar de los Penates.

705. Y ciento y más, de igual edad todos, ocupados en cargar las mesas de platos y en colocar las copas. Entretanto, aposentados ya los anteriores, franquean los tirios en gran número el umbral de la fiesta y se reclinan asimismo en los bordados lechos.

710. Todos admiran los regalos de Eneas; y admiran a Iulo, con sus ojos brillantes de dios y la dulce voz que escapa de sus labios; y es el manto regio también elogiado, lo mismo que el velo bordado de hojas de acanto. Pero la desgraciada fenicia, esclava de sus pasiones, es la única que no sacia su corazón admirándolo todo; se consume mirando a Iulo, más interesada por él que por los ricos presentes.

715. El muchacho abraza a Eneas, quedando suspendido de su cuello; y cuando a su vez se ha saciado del amor paternal, se dirige a la reina. Esta clava en él su mirada con todo ardor, y acaba estrechándolo contra su pecho, sin saber, ¡infortunada Dido!, que es un dios poderoso el que tiene sentado en las rodillas.

720. Pero dócil a la lección de su madre la acidaliana[74], empieza a borrar en su memoria la imagen de Siqueo, y se dispone a despertar en su alma tranquila un vivo amor y a vivificarlo en lo profundo de su corazón, que no amaba ya.

725. Termina el yantar y se retiran las bandejas, colocándose ante los invitados grandes recipientes llenos de vino y coronados de guirnaldas. El rumor de las voces llena la regia morada y se expande por el atrio. Brillan las lámparas, pendientes del techo por doradas cadenas, y vence a la noche el fuego de las antorchas. La reina manda que le llenen de vino la pesada copa, de oro y gemas, de que en parecidas ocasiones servíanse Belo y sus descendientes.

730. Y hecho un gran silencio en el palacio todo, dice: "¡Oh Júpiter, a

[73] El Idalio era cierto monte de la isla de Chipre, donde se levantaba un templo consagrado a Venus. El perfume que menciona el poeta debió serlo de la mejorana. Esta planta de Chipre gozaba de justo renombre.

[74] Acidalia era un sobrenombre de Venus, por llamarse así determinada fuente en Orcomena de Beocia, donde se bañaban sus acompañantes, las Gracias.

quien debemos los mortales nuestras leyes de hospitalidad, haz que éste sea un día de fiesta para los tirios y para los hombres que partieron de Troya, y que hablen de él con pasmo hasta nuestros nietos! ¡Que Baco nos llene de alegría, y que la bondadosa Juno nos aliente y proteja! ¡Y vosotros, tirios, súbditos míos, asociaos a la fiesta con toda vuestra alma!"

735. Dicho esto, derrama sobre la mesa la libación consagrada a los dioses, y después, ella antes que nadie, acerca la copa a la punta de sus labios[75]. Por fin, se la tiende a Bicias, invitándole a beber. Éste no vacila, y se la bebe entera, bañándose la faz en el oro espumoso.

740. A continuación beben los demás. Entretanto, el criado Jopas canta al son de su cítara de oro las lecciones del gran Atlante: la luna que vaga, los eclipses del sol, el origen de los hombres y de las bestias, la causa de las lluvias y de los relámpagos, y la influencia de la estrella Arturo[76] y de las híades pluviales y las dos Osas.

745. Como canta también el porqué de hundirse en invierno más temprano el sol en el océano, y de venir con mayor lentitud la noche en el estío. Aplauden los tirios cada vez más, y hacen lo mismo que ellos los troyanos. La reina, entretanto, prolonga en la noche su conversación con Eneas, y bebe el amor a sostenidos sorbos. ¡Tiene tanto que preguntar de Príamo y de Héctor!

750. Quiere saber las armas que llevaba el hijo de Aurora. Y cuántos fueron los caballos de Diómedes. Y cómo era el temible Aquiles.

755. "Deseo más, huésped mío —le dice—; refiéreme el engaño de que se valieron los griegos para apoderarse de Troya; y cuéntame las desgracias de tu pueblo y las tuyas propias en los siete estíos que llevas errante por todos los mares y todos los países."

---

[75] Virgilio hace que Dido se lleve solamente la copa a los labios, porque el beber vino estaba fuera de las costumbres de las damas romanas.

[76] Conócese con tal nombre una estrella próxima a la Osa Mayor. En cuanto a las Hiedes son las siete estrellas que forman la frente de la constelación zodiacal llamada Toro, y que, según se creía en la antigüedad, provocaba la lluvia. La voz Híede deriva, en efecto, de un verbo griego que significa "llover".

LIBRO II

ARGUMENTO

Comienza Eneas a referir la tragedia de Troya, desde el día en que los griegos, fingiendo abandonar el sitio y retirarse, dejaron ante los muros de la ciudad, completamente solo, un gigantesco caballo de madera. ¿Era este caballo ofrenda a algún dios, o simple añagaza de los sitiadores? Vacilan los troyanos en llevarlo al interior de la ciudad, para lo que tendrían que derruir un trozo de muralla, y Laocoonte, sacerdote de Neptuno, se opone a ello. Pero unos pastores llevan a presencia del rey Príamo a cierto prisionero llamado Sinón, y éste explica cómo es el caballo una ofrenda hecha por los griegos a la diosa Minerva, para que proteja su retirada y vuelva a otorgarles su favor. Lo hicieron, además, de tan desmedido tamaño para que los troyanos no lo entrasen en el recinto de sus muros, consiguiendo así la protección de la diosa, y pudiendo entonces llevar la guerra hasta el corazón de la patria de Ulises.

Conmueve Sinón, con sus lágrimas y juramentos, a las gentes de Príamo, que en él no ven al más infame y abyecto de los traidores. Pero hay algo más terrible aún, y es que los dioses se ponen de su parte. Cuando están indecisos todavía los troyanos en seguir o no el consejo de Laocoonte, contrario a que penetre el caballo en la ciudad, he aquí que surgen del mar dos serpientes monstruosas que se deslizan sobre los hijos de Laocoonte y Laocoonte mismo. Esto se toma como presagio de que los dioses dan la razón al griego, y de que Minerva se ofendería si se dejara allí el caballo, y el enorme artefacto de madera es entrado en la plaza, con su vientre cargado de enemigos, entre cantos y aclamaciones de guerreros y doncellas.

En cuanto cae la noche, la flota griega, que se hallaba escondida en la isla de Tenedos, vuelve a la costa troyana. Al mismo tiempo ábrese por mano de Sinón el vientre del caballo gigante, que vomita enemigos, y unos y otros caen sobre la ciudad, abiertas las puertas, y sobre sus habitantes, dormidos profundamente, después de una jornada de libaciones y alborozo. Eneas duerme también, y se le aparece en sueños Héctor, que le anuncia la inmediata destrucción de Troya y le ordena huir con los objetos consagrados al culto y los Penates. Le despierta luego el triste clamoreo de la ciudad, y el héroe explica todas las escenas de horror que se desencadenaron sobre la ciudad en su última noche: cómo entraron los invasores en el palacio real, lleno de riquezas, el palacio de las galerías de oro y las cincuenta cámaras nupciales; cómo Pirro mató a un hijo del rey a presencia del padre, y luego al padre mismo; cómo descubrió a Helena, la mujer fatal para el pueblo troyano, oculta en un rincón del templo de Vesta, y cómo hubiese vengado en ella todas las desdichas de no aparecerse a Eneas su madre Venus, que le contuvo el brazo, diciéndole que nada se hace contra la voluntad de los dioses y ordenándole reunirse con los suyos.

Mas al querer huir con su padre, siguiendo los consejos de Venus y de Héctor, el padre se niega a abandonar la casa y la ciudad. En vano le suplican su hijo y su nuera, Creusa. El anciano no accede hasta ver una llama divina sobre la cabeza de su nieto Ascanio, que se considera como un presagio de los cielos. Parte, pues, Eneas con su padre a la espalda, llevando de la mano al pequeño Iulo y seguido a distancia por su esposa, dirigiéndose todos a un lugar determinado, fuera de la ciudad. Pero Creusa se pierde, y cuando el esposo, desesperado, corre en su busca, sólo encuentra su fantasma que le aconseja no llorarla más porque ella se queda allí, por voluntad de Cibeles, y él llegará a un lejano país bañado por manso río, en donde, luego de mil desventuras, le están reservados un trono y una esposa real.

Eneas reúne, por fin, a los suyos, y se dirige hacia las montañas, camino del destierro, inquietante y glorioso.

TEXTO

En medio de un gran silencio, fijas todas las miradas en el héroe troyano, incorpórase Eneas en el lecho y habla así: ¡Oh reina!, es para mí un dolor indecible el renovar ahora todos mis dolores, al explicarte cómo abatieron los griegos el poderío de Troya y acabaron con su reinado glorioso.

5. Mis ojos vieron todas esas desgracias, y en ellas tomé parte muy grande. ¿Quién podría contener sus lágrimas ante el relato de los mirmidones, de los dólopes o de los soldados del cruel Ulises?[77] . Por otra parte, el húmedo vapor de la noche se desvanece ya en el espacio y los astros declinan, aconsejándonos dormir.

10. Pero si tú, ¡oh reina!, sientes verdadero deseo de conocer nuestras desdichas y de oírme referir la agonía de Troya, lo haré, aunque esos recuerdos me causen horror y por más que mi alma se llene de tristes imágenes. Empiezo, pues.

15. Quebrantados los jefes griegos por la sostenida guerra y contándose rechazados por el destino, construyeron después de mucho tiempo, bajo la divina inspiración de Palas, un caballo tan alto como un monte, hecho de tablas de abeto entrelazadas diestramente. Era esto, según ellos, una ofrenda a la diosa para que protegiera su retirada, y así lo hicieron circular.

20. Mas entretanto, secretamente, sorteaban a sus hombres para ver a quiénes correspondía ocupar el vientre del monstruo; y pronto se vio éste

---

[77] Hijo de Laertes y Anticlea. Enamorado de Penélope, y recién casado con ella, fingióse loco para no ir a la guerra de Troya. Pero Palamedes descubrió el engaño, y Ulises, ya en la guerra, hízose el famoso héroe legendario. A él se debieron la treta de entrar en la ciudad sitiada, con ropas de mendigo, para robar el Paladio, y la del célebre caballo que dio fin a la lucha y permitió la completa destrucción de Troya.

lleno, como una caverna tenebrosa, de gente armada. Hecho lo cual, los griegos se retiraron a una isla que se divisa desde la costa troyana, la isla de Tenedos, opulenta y famosa en tiempos de Príamo, pero hoy reducida a una simple bahía de inseguro abrigo para las naves.

25. En ella se ocultó el adversario, mientras creíamos que el viento le llevaba a Micenas. Y por suponerlo así, libre ya nuestra tierra del duro y largo asedio, invadió a los sitiados una gran alegría. Se abrieron las puertas de la ciudad y todos las cruzaron, para ver el abandonado campamento de los griegos y la costa desierta.

30. Aquí acampaban los dólopes; allí tenía su tienda el feroz Aquiles; más allá había el enemigo ocultado sus naves; y por este lado solía lanzarse al combate en formación cerrada. Muchos, estupefactos ante la ofrenda a la diosa Minerva, que había de ser tan fatal para nosotros, admiraban el caballo gigante[78] . Y fue Timetes el primero que indujo a entrarlo en la ciudad. ¿Por perfidia suya, o porque así lo tenían dispuesto los destinos de Troya?

35. Pero Capis y con él los de más clarividente espíritu propusieron arrojar al mar tan sospechoso presente de los griegos, que bien parecía un lazo; o quemarlo, encendiendo bajo su vientre una hoguera; o abrir sus costados y explorar en él los secretos profundos. La multitud se dividió, tomando partido por mitad en estas opiniones contrarias.

40. Entonces se vio bajar de lo alto de la ciudadela a Laocoonte, seguido de tropel numeroso y gritando ya desde lejos: "¿Estáis locos, infelices troyanos? ¿Suponéis que se marchó el enemigo? ¿Creéis que puede haber ofrenda de griegos sin traición? ¿Es que no conocéis a Ulises?

45. "O los aqueos se han encerrado en esta mole de madera, o es una máquina construida para demoler nuestros muros, o para ver desde lo alto nuestra ciudad. En todo caso, se trata de una estratagema. No os fiéis de ese caballo, troyanos.

50. "Sea lo que fuere, recelo siempre de los griegos, hasta cuando hacen ofrendas a los dioses." Dicho esto, lanzó con todas sus fuerzas una enorme jabalina contra el redondo vientre del animal, que en él quedó clavada y vibrando. Pareció que arrancaba un quejido de las profundas cavidades del monstruo. Sin la enemiga de los dioses y sin nuestra ceguera, Laocoonte habría conseguido destruir aquella trampa de los griegos.

55. ¡Y tú, Troya, estarías en pie! ¡Y te alzarías aún, con toda tu grandeza, ciudadela de Príamo! En esto, un grupo de pastores troyanos lleva ante el rey, con grandes gritos, a un hombre joven, que muestra las manos atadas a la espalda.

60. Es un desconocido que se dejó prender voluntariamente, y que tiene

---

[78] Creyóse fácilmente que trataban los griegos de hacerse perdonar, con esta ofrenda, el robo del Paladion o imagen de Palas, que se guardaba en templo especial, como diosa protectora que era de la ciudad de Troya.

el propósito de abrirles a los griegos las puertas de Troya, seguro de sí mismo y dispuesto a sostener su papel de traidor como a sufrir una muerte cierta[79]. La juventud troyana le rodea en seguida, escarneciendo a tan extraño cautivo.

65. Porque vais a daros cuenta de la falsedad de los griegos y a conocer por este hombre que os digo a todos los demás. Inerme y turbado, viendo clavadas en él nuestras miradas, y volviendo la suya a la muchedumbre de frigios que le rodeaba, exclamó: "¡Desdichado de mí! ¿Qué tierra me acogerá? ¿Qué mar siquiera podrá serme propicio?

70. "¿Habrá desventura igual a la mía, que no puedo estar entre los griegos, y quieren mi suplicio y mi sangre los troyanos?" Esta lamentación apaciguó los espíritus, y nos dimos todos a preguntarle. ¿De qué raza era? ¿Qué nos traía? ¿A qué extraña revelación confiaba él salvarse, ya que estaba preso?

75. Apenas se recobró un poco, dijo: "Voy a confesarte, ¡oh príncipe!, lo que me ha impulsado hacia aquí. Nada te ocultaré. En primer lugar, soy griego; no he de negarlo. Pero si la Fortuna hizo de Sinón un desventurado, por mucho que sea su encarnizamiento no hará de él un embustero ni un desleal.

80. "Sin duda habrá llegado a tus oídos el nombre glorioso de Palamedes[80], descendiente de Belo, a quien los griegos dieron muerte, tras denuncias abominables, acusándole falsamente de traición, por la sola culpa de haber levantado su voz contra la guerra. Y ahora le lloran.

85. "Pues a él me dio por compañero mi padre, que era pobre y le estaba unido por lazos de sangre, cuando me trajo a combatir ante vuestros muros, en los primeros años de lucha. Por eso, mientras tuvo autoridad entre los griegos, y se esperaba su consejo en las asambleas de los reyes, mi padre y yo gozábamos de honor y de renombre.

90. "Pero cuando las pérfidas artes de Ulises le quitaron la vida, como es bien sabido, yo hube de arrastrar la mía en la adversidad y en la sombra, indignado y dolido por la desdicha de mi pobre amigo inocente. Sin embargo, estaba enardecido y loco, y no supe callar.

95. "Juré vengarme si la ocasión era propicia, si no retornaba vencedor a mi patria; y mis palabras concitaron todos los odios sobre mí. Fue el principio de mi ruina, porque Ulises me hizo blanco desde entonces de nuevas y monstruosas acusaciones. Sembró en la multitud palabras ambiguas, refiriéndose a mí. Conocía su crimen, y revolvía contra mí todo su furor, de acuerdo con su ministro Calcante.

100. "Mas ¿a qué referir estas cosas que no os interesan? Todo es inútil.

---

[79] Este personaje, al que el poeta llama Sinón, no tiene antecedente en Eurípides ni en Homero, por lo que se cree invención suya.

[80] Palamedes era hijo de Neuplio, rey de Eubea. El poeta Eurípides lo hizo protagonista de una de sus tragedias.

¿Qué esperáis? Si son para vosotros iguales todos los griegos, no vaciléis más. Llevadme al suplicio en seguida. Complaceréis con ello al rey de Ítaca, y os pagarán a buen precio mi vida los hijos de Atreo.''

105. Nosotros seguimos haciéndole preguntas, para aclarar las cosas, ignorantes de toda la simulación y maldad que hay en los griegos. Y él continuó hablando, tembloroso e hipócrita: "Más de una vez los hombres de mi pueblo quisieron ordenar la retirada y abandonar el sitio de Troya, renunciando a una guerra tan dura que así los agotaba.

110. "¡Pluguiera a los dioses que lo hubiesen hecho! Pero en el momento en que se disponían a partir, siempre una tempestad les cerraba el paso, y los vientos del Sur les atemorizaban. Las nubes, sobre todo, ensombrecían el cielo desde que los míos pusieron ese caballo en pie, con vigas de erablo.

115. "Indecisos los nuestros, enviaron a Euripio a consultar al oráculo de Febo, y Euripio nos trajo del santuario estas tristes palabras: "Cuando vinisteis, ¡oh griegos!, por primera vez a las costas de Ilión, calmó los vientos la sangre de una virgen degollada. Si ahora necesitáis también, para volver, apaciguar los vientos, deberéis asimismo inmolar una vida griega."

120. "Así que llegaron estas palabras a la muchedumbre, consternáronse los corazones, y el terror se pintó en todos los semblantes. ¿A quién señalaría el destino para la inmolación? ¿Qué vida era la que Apolo reclamaba? Ulises, entonces, llamó ante el pueblo al divino Calcante, para que el pueblo conociera la voluntad de los dioses.

125. "Me anunciaron muchos el crimen que iba a cometerse conmigo, y los que nada me decían lo pensaban también. Calcante guardó silencio diez días, e, impenetrable, negose a pronunciar la palabra que había de entregar a un hombre a la muerte. Pero instigado al fin por Ulises[81], y de acuerdo con él, dejó escapar su respuesta, y me vi en el altar.

130. "La decisión fue aprobada por todos, ya que el golpe que cada uno esperaba sobre sí torcía su rumbo e iba a caer sobre un desventurado como yo. Llegó el día abominable, y se me dispusieron los objetos sagrados, la harina, la sal y las vendas con que oprimir mis sienes[82]. Pero heme aquí ahora. Escapé a la muerte; pude romper mis ligaduras.

135. "Como una sombra pasé la noche en cierto lugar fangoso, entre las cañas, esperando que los míos se hiciesen a la vela, si por ventura se decidían a ello. Veis, pues, que no me resta esperanza alguna de volver a mi patria, ni de ver a mi padre ni a mis dulces hijos, a quienes tanto quiero. Tal vez les hagan pagar a ellos esta huida y laven mi culpa en la sangre de sus infortunios.

140. "Por eso, ¡oh rey de los troyanos!, te pido en nombre de los dioses

---

[81] El famoso héroe de la guerra de Troya, del que ya se habló en una nota anterior.

[82] Preparativos de los sacrificios romanos.

olímpicos, de las poderosas deidades que conocen la verdad, y en nombre de la justicia inviolada, si es que la hay entre los mortales, que tengas piedad de tantos sufrimientos y de este pobre corazón que no los ha merecido."

145. Sus lágrimas nos conmovieron profundamente y le perdonamos la vida. Príamo ordenó que se le soltasen las fuertes ligaduras de las manos, y le dijo dulcemente: "Quienquiera que seas, olvida ya a los griegos, que perdiste para siempre. De los nuestros eres desde hoy. Pero respóndeme con verdad: ¿qué se propusieron al construir este caballo enorme y monstruoso?

150. "¿Quién se lo aconsejó? ¿Qué esperaban de él? ¿Es un voto acaso? ¿O una máquina de guerra?" Y he aquí la respuesta de aquel hombre, todo él astucia y maldad, mientras ofrecía al cielo las palmas de sus manos, ya libertadas:

155. "A vosotros apelo como testimonio, astros eternos; a vosotros y a vuestro inviolable poderío. Como a vosotros también, altar y cuchilla de los que pude huir, y vendas de los dioses que oprimisteis ya mis sienes de víctima. Las leyes divinas me autorizan a romper mis lazos sagrados con los griegos; como también a odiarlos profundamente y a sacar a la luz todos sus secretos. Ninguna ley de mi patria manda ya en mí.

160. "Por eso pido, ciudad de Troya, que seas fiel a tus promesas y cumplas la palabra que acabas de darme: yo te diré toda la verdad, y te honraré con todas mis fuerzas. Los griegos pusieron siempre su fe y su confianza, para las empresas guerreras, en el apoyo de Palas.

165. "Pero desde el día en que el impío Diómedes y el inventor de crímenes Ulises asaltaron el templo sagrado, luego de degollar a la guardia de la ciudadela, y se apoderaron de la imagen, tocando con sus manos ensangrentadas las vendas virginales de la diosa, la esperanza de los griegos empezó a desvanecerse.

170. "Sus fuerzas habían sido como rotas, y el espíritu de la divinidad se apartaba de ellos. La diosa misma se lo hizo ver con prodigios inequívocos. Apenas llegó al campo su imagen, empezaron a salir chispas y aún llamas de sus grandes ojos abiertos y fijos; se cubrieron sus miembros de sudor, y por tres veces, ¡oh gran maravilla!, golpeó furiosamente el suelo con su escudo y su lanza.

175. "Entonces Calcante vaticinó que era preciso embarcar y huir, porque Troya no caería nunca en sus manos, si no volvían a Argos por nuevos auspicios y no recobraban el favor de la diosa, que consigo llevaron en la primera travesía de sus naves ya inútiles.

180. "Y ésa es la razón de que estén ahora llegando a Micenas, su patria, con el fin de hacer nuevos preparativos y congraciarse con los dioses que les acompañan. Un día volverán a cruzar el mar y os los hallaréis de improviso frente a vuestras costas. Así interpretó Calcante los presagios. Y fue por su consejo, en expiación del robo sacrílego de la imagen, y para desagraviar a la diosa, por lo que ellos construyeron esta efigie.

185. "Quiso Calcante que la ofrenda fuese una masa enorme, e ideó esta gran armazón de madera, para que no pudiese entrar por vuestras puertas, ni albergarse en el recinto de vuestras murallas, ni poner, por tanto, al pueblo de Troya bajo su protección.

190. "Por eso, si ahora profanan vuestras manos esta ofrenda a Minerva —¡que los dioses vuelvan este presagio contra el mismo Calcante! —, provocaréis una gran devastación para el imperio de Príamo y para los frigios. Mas, si por el contrario, la lleváis con vuestras propias manos a vuestra ciudad, la ofensiva de una guerra espantosa llevará un día a toda el Asia contra el Peloponeso. He ahí el destino que espera a nuestros descendientes."

195. Tan insidiosas palabras y un arte tan hábil de combinar juramentos y presagios nos hicieron creer lo que decía Sinón; y los que no fueron derrotados por el feroz Aquiles, diez años de guerra y una flota de mil naves, quedaron vencidos por la astucia de un hipócrita y la hipocresía de unas lágrimas.

200. Otro prodigio tuvo lugar ante nuestros corazones sobresaltados y nuestros ojos atónitos; un prodigio singular y terrible, en el que nunca hubiésemos pensado. Inmolaba Laocoonte un toro enorme en el altar de los sacrificios solemnes, como sacerdote de Neptuno que la suerte le había designado, cuando, de pronto, vimos surgir de la isla de Tenedos, y meterse en las aguas tranquilas y profundas —con horror lo cuento—, dos serpientes de gigantescos anillos, que se dirigían pesadamente a nuestra costa.

205. Avanzaban sobre las aguas con el busto erguido y dominaban las olas con sus crestas color de sangre. El resto del cuerpo deslizábase con lentitud por la superficie, y sus enormes ancas parecían arrastrar los pliegues sinuosos. A su paso el mar se llenaba de espumas y rumores.

210. Cuando tocaron tierra, vimos sus ojos vibrantes, inyectados en sangre, que expedían llamas, mientras lanzaban silbidos sus vibrantes lenguas. Huimos atemorizados. Y he aquí que ellas, sabiendo bien adónde van, se dirigen a Laocoonte, y caen primero sobre sus dos hijos, a cuyos tiernos miembros infelices quedan enroscadas.

215. Acude en seguida el padre, armas en mano, para defenderlos, y es presa también de las serpientes, que ligan pronto a su cuerpo las estrechas cadenas de los anillos. Dos veces pasan su torso escamoso alrededor de la cintura del desgraciado, y otras dos en torno a su cuello, quedando libres todavía la cabeza y la cola.

220. Laocoonte se esfuerza en vano en desasirse. Todo él se ve como rociado de baba y de negro veneno, y lanza a los cielos horribles clamores. No de otro modo muge el toro herido que escapa del altar sacudiendo de su testuz el hacha mal clavada.

225. Por fin lo sueltan las serpientes, y se deslizan hacia las alturas en donde están los templos, llegando pronto al santuario de la diosa cruel, y

ocultándose a sus pies, bajo la orla de su escudo[83] .

230. Nosotros temblamos todavía; pero más se estremecen nuestros corazones al oír que Laocoonte ha sido condenado en justicia por su sacrilegio, por haber profanado con sus armas aquel caballo que estaba ofrendado a Minerva, lanzando contra sus costados una jabalina criminal. Se levantó entonces un gran clamor pidiendo que el caballo fuese llevado al templo de la diosa ofendida, para con ello y con nuestras oraciones desagraviarla.

235. Se abrió una brecha en las murallas; se rompió el cinturón que defendía la ciudad; aplicáronse todos al enorme trabajo; se pusieron ruedas bajo los pies del coloso, para que pudiese andar; y se ataron a su cuello resistentes cuerdas para tirar de él. Poco después la máquina fatal franqueaba nuestras murallas, con las entrañas ocupadas por guerreros. Y en torno suyo iban jóvenes y doncellas entonando himnos sagrados, felices y orgullosos de arrastrarla.

240. Llegó, erguida y amenazadora, hasta el corazón de la ciudad. ¡Oh patria! ¡Oh Ilión, morada de dioses! ¡Oh muros troyanos, en la guerra indomables! Tropezó el caballo cuatro veces en los quicios de la entrada, y las cuatro hubo ruido de armas en su vientre. Pero nosotros seguimos sin detenernos, cegados por nuestra locura, hasta colocar en el alto santuario al monstruo que nos traía la desgracia.

245. En vano esta desgracia se nos anunció por boca de Casandra: un dios había prohibido a los troyanos que creyesen en ella. Y el día transcurrió en el alborozo de todos, y todos nos dimos a adornar los templos de la ciudad con ramajes de fiesta.

250. Cambió, entretanto, el cielo[84] , y la noche se extendió por los mares, envolviendo en sus sombras la tierra y los espacios, y también la astucia falaz de los mirmidones. Dispersados por doquier en el recinto de las murallas, fueron aquí y allá enmudeciendo los hombres de Troya, hasta quedar dormidos.

255. Entonces surgió de la isla de Tenedos la falange griega, con sus naves en buena formación y bajo el silencio amigo de la luna velada. Ganaron la costa, que tan conocida les era, y a la señal de una antorcha levantada en la popa del navío real, Sinón, a quien protegieron contra nosotros la hostilidad de los hados y de las deidades, se deslizó hasta el caballo, en cuyo vientre estaban escondidos los griegos, y abrió las trampas de madera.

---

[83] Tritonia era un sobrenombre de la diosa Palas, por creerse que había nacido a orillas del lago Tritón en África. El escultor Fidias representó a esta divinidad con un escudo a los pies y una serpiente dormida junto a él. Y los artistas de la escuela de Rodas, Agesandro, Polidoro y Atenodoro inmortalizaron este pasaje de Virgilio en el soberbio grupo escultórico de Laocoonte, que se conserva en el Vaticano.

[84] Creían los antiguos que el cielo cambiaba a la salida y a la puesta del sol.

260. De sus entrañas salieron alegremente, deslizándose a lo largo de una cuerda, los jefes Tesandro y Esténelo, el feroz Ulises, Acamas y Toas, el hijo de Peleo Neoptolomeo, Macaón y Menelas, y el mismo Epeo, inventor de la estratagema.

265. En seguida invadieron la ciudad, hundida en el vino y en el sueño, degollaron a los centinelas, abrieron las puertas y llamaron a sus compañeros, uniéndose todos. Bien aprovecharon esas horas del primer sueño, profundas y dulces, regalo de los dioses para la fatiga de los mortales.

270. Aún me parece ver en sueños, junto a mí, delante de mis ojos, la figura desolada de Héctor. Derramaba mares de lágrimas; estaba como el día aquel en que el carro le arrastró por el polvo, cubierto de sangre, hinchados sus pies por las feroces ligaduras. ¡Qué horror daba verle!

275. ¡Cuán distinto al Héctor que aún veo, vestido con los despojos de Aquiles, y una antorcha frigia en las manos incendiando las naves griegas! El Héctor de mi sueño llevaba una barba horrible y los cabellos empapados en sangre, y mostraba las heridas todas que recibió al arrastrársele alrededor de los muros de su patria.

280. Entonces, yo mismo llorando, y antes de que él hablara, me pareció llamarle y que le decía estas palabras llenas de dolor: "¡Oh luz de Troya, nuestra más firme esperanza! ¿Por qué te hiciste esperar tanto tiempo? ¿De qué riberas vienes, Héctor tan deseado? ¡Y cómo vuelves a nosotros, después de sepultados tus compañeros, y luego de tanto y tanto sufrir de tu ciudad y de tu pueblo!

285. "¿Qué indignos ultrajes pisotearon tu sereno y bello rostro? ¿Quién te produjo esas heridas?" Héctor nada me contestó, ni pareció atender siquiera mis preguntas inútiles. Pero exhalando de lo profundo de su pecho un sordo gemido, hablome de esta suerte:

290. "Huye, hijo de una diosa; sálvate del incendio; está el enemigo entre nuestros muros; va a desplomarse Troya desde su gran altura. Hazlo por la patria y por Príamo. Si un brazo humano hubiera podido defender a Pérgamo, hubiese sido el mío. Troya te confía ahora sus objetos de culto y sus Penates. Sean para ti compañeros de tu destino, y búscales murallas, unas murallas invictas que tú mismo fundarás más allá de los mares."

295. Dicho esto, me trajo de las profundidades del santuario y en sus propias manos la poderosa Vesta, con las cintas sagradas y el fuego inconsumible[85].

300. Entretanto, empezaron a elevarse clamores de angustia de todos los puntos de la ciudad. Y aunque la casa de mi padre Anquises ocupaba un rincón solitario, entre árboles, pronto llegaron hasta ella los gritos de desesperación y el estruendo de las armas. Desperté sobresaltado y subí a la azotea, recogiendo los ecos desde allí, sin comprender.

---

[85] Creían los antiguos que el cielo cambiaba a la salida y a la puesta del sol.

305. Hacía como el pastor que trepa a lo alto de un peñasco y queda allí sobrecogido, sin saber la causa, cuando el viento del Sur prende fuego en las mieses, o robustecido el torrente con las aguas de la montaña arrasa los campos y las cosechas, destruye las labores de los bueyes y descuaja y arrastra los árboles en los bosques[86].

310. Pronto me di cuenta. La casa de Deífobo[87] se hundía ya bajo las llamas; y también la de Ucalegonte; ellas y todas eran un gran incendio que se reflejaba en las aguas lejanas del cabo Sigeo. Al mismo tiempo se confundía el clamor de los hombres con el estrépito de las trompetas. Cogí mis armas sin saber lo que hacía ni comprender de qué podían servirme.

315. Pero me inflamaba el propósito de reunir un puñado de hombres y correr con ellos a la ciudadela. Estaba poseído de una cólera y un furor muy grandes, que me hacían capaz de todo, porque pensaba que era hermoso morir con las armas.

320. Encontré en la puerta a Panteo, que había escapado del enemigo. Panteo era hijo de Otrys y sacerdote de Apolo en el templo de la ciudadela, y venía presuroso a nuestra casa, cargado con los objetos sagrados y los dioses vencidos, arrastrando a un niño de la mano, hijo suyo. Le pregunté: "¿Hay salvación aún para nosotros, Panteo? ¿Cómo hallaré la ciudadela?"

325. Me contestó con un triste gemido: "Es el último día de Troya, es la hora ineludible. No hay ya troyanos. No existe ya Ilión. Ha desaparecido nuestra gloria. Júpiter se lo ha llevado todo, sin piedad, a Argos. Los griegos son dueños de la ciudad en llamas. El caballo gigante, desde el centro de nuestras murallas, empezó a vomitar hombres armados, y el infame Sinón se ha burlado de nuestra candidez, propagando el incendio.

330. "Han entrado por nuestras puertas, de par en par abiertas, millares de enemigos, llegados previamente de la gran Micenas, que lo ocupan ya todo y nos oponen por doquier una barrera de hierro, erizada de llamas prontas a dar la muerte. Y nada podemos contra ellos Apenas algunos centinelas resistieron, hasta sucumbir, entre las sombras."

335. Estas palabras del hijo de Ostrys y la voluntad de los dioses lleváronme al centro de la lucha y las llamas, reclamado por la salvaje Erynia, y el tumulto y los clamores que llegaban al cielo.

340. La claridad de la luna me descubrió a Rifeo, al intrépido Ifito, a Hipanis y Dimas, que se agruparon a mi lado, como también el joven Corebo, hijo de Migdón. El azar había traído a éste recientemente a Troya, inflamado de un loco amor por Casandra, y, como futuro yerno suyo, aportaba auxilios a Príamo y a los frigios. ¡Qué gran desgracia para él no

---

[86] Voltaire juzgaba esta comparación más propia de *La Ilíada* que de *La Eneida*.

[87] Hijo de Príamo y esposo de Helena, después de la muerte de Paris. Murió a su vez en la trágica noche de la toma de Troya, a manos de Menelao, a quien la propia Helena había introducido en su casa.

haber atendido las proféticas inspiraciones de su prometida!

345. Reunidos que los vi a todos, y aún no siendo preciso enardecerlos, les hablé de este modo: "Guerreros valientes, corazones inútilmente heroicos que decidís seguir a quien a todo está dispuesto, mirad a qué situación nos lleva nuestra mala fortuna.

350. "Nuestros templos y nuestros altares han sido abandonados por los dioses[88]. Sin embargo, queremos ir en socorro de una ciudad que es ya sólo una hoguera. ¡Pues muramos! ¡Echémonos en medio del combate! ¡La única salvación de los vencidos está en no esperar ninguna salvación!"

355. Así es como el buen ánimo de aquella gente se cambió en furor. Y en seguida, como lobos carniceros que a ciegas se echan fuera de su cubil en la noche para buscar la presa que calme la rabia de sus vientres y aplaque el hambre de las crías que quedan esperando, nos lanzamos a una muerte cierta, a través de las flechas y las llamas, siguiendo el camino que conducía al corazón de la ciudad. La negra noche aleteaba en torno nuestro, cubriéndonos con su manto de sombra.

360. ¿Qué palabras podrían pintar aquellas horas de matanza y de angustia? ¿Qué lágrimas fueran capaces de llorar nuestra desgracia? Se desplomaba una ciudad antigua, cuyo imperio había durado tantos años, y millares de cadáveres ocupaban sus casas, sus calles y sus templos.

365. Porque no eran sólo troyanos los que caían, pagando con la vida su resistencia, sino que muchas veces también el valor desesperado de los vencidos hacía presa en el corazón de los vencedores. Así es como era todo desolación y espanto, y no veíase doquiera más que las fauces de la muerte.

370. Fue el primero de estos vencedores caídos Andrógeo, que, separado de una turba de griegos, vino a nosotros tomándonos por compatriotas suyos y nos dijo: "¡Ea, guerreros, daos prisa! ¿Por qué vais con esa calma? ¡Ya los demás están saqueando lo que las llamas respetan, y vosotros no habéis hecho apenas más que desembarcar de nuestras naves!"

375. Le dimos una contestación ambigua, y comprendió que había caído entre enemigos. Sucede cuando un hombre, al cruzar los breñales, pisa de pronto una serpiente inesperada, que echa a correr ante el largo cuello azulado del áspid, que la cólera hincha.

380. Pues así echó a correr Andrógeo delante de nosotros, con el estupor en el semblante. Pero nos lanzamos detrás, y pronto cayeron él y un grupo de los suyos en el cerco de hierro que nosotros formamos. Y enloquecidos de terror como estaban, por ignorar el punto adonde los habíamos conducido, pudimos matarlos a todos.

385. Empezaba a sonreímos la fortuna. Tanto, que, excitado Corebo por el pequeño triunfo, nos gritó: "Compañeros, por primera vez se pone la

---

[88] Creían los antiguos que las divinidades de una ciudad la abandonaban al ser ésta conquistada. Y era fama que en Tiro se ataban las estatuas para impedirles huir.

fortuna a nuestro lado y nos muestra el camino de la salvación. ¡Sigámoslo! ¿Por qué no sustituir nuestros escudos? ¿Qué importa vencer al enemigo por el valor o por la astucia?[89] . ¡Que él mismo nos provea de armas!"

390. Dicho esto, se colocó el casco de Andrógeo, tomó su escudo de bellas cinceladuras y colgó de su cinto la espada de Argos. Rifeo, Dimas y los demás hicieron lo mismo, llenos de alborozo.

395. De esta guisa armados, con despojos tan frescos, corrimos a confundirnos con nuestros adversarios, pero ya sin la asistencia de los dioses. Y libramos, en medio de la noche ciega, numerosos combates, poniendo en fuga a gran número de griegos. Unos se salvaron corriendo a sus navíos y ganando a toda prisa una costa segura.

400. Otros, llenos de vergonzoso pánico, volviéronse de nuevo al caballo famoso, y desaparecieron en el vientre que tan bien conocían. Pero, ¡ay!, el hombre no puede acometer empresa alguna contra la voluntad de los dioses. He aquí que de súbito vemos aparecer, cabellera al viento, fuera del templo y del santuario de Minerva, a Casandra, hija de Príamo. Arrastrando se la llevan los vencedores.

405. La infeliz eleva inútilmente los ojos al cielo, mientras fuertes cadenas sujetan sus tiernas manos. Corebo, entonces, loco de furor y no pudiendo presenciar tan triste cuadro, se lanza a morir en medio de los que arrastran a su prometida. Le seguimos todos, y de este modo caemos en el grupo más numeroso de enemigos.

410. De pronto, y desde lo alto del templo, empieza a llover sobre nosotros toda suerte de dardos. Son nuestros mismos compatriotas, a quienes hemos engañado por la forma de nuestras nuevas armas y nuestros penachos griegos. Y éstos a la vez, para añadir más espanto a la matanza, indignados porque se les arrebata la doncella, congréganse acudiendo de todas partes, y nos atacan con furor: están allí el violento Ayax, los dos Atridas y la cohorte entera de los Dólopes.

415. No de otro modo ocurre cuando se desencadena la tempestad y se cruzan y entrecruzan los vientos desatados, el Céfiro, el Noto y el Euro orgulloso de sus caballos de Oriente, mientras ululan los bosques, y Nereo, blanco de espuma, traza una raya con su tridente y levanta las aguas desde el fondo de sus abismos.

420. En lo más duro del combate hasta reaparecen aquellos a quienes nuestra astucia hizo huir a favor de la noche. Y se dan pronto cuenta de la impostura de nuestros escudos y nuestras armas, y en seguida nos distinguen por nuestra lengua. Así es como somos aplastados por su número.

425. El primero que sucumbe es Corebo, a manos de Peneleo, ante el

---

[89] No debe sorprender esta maxima guerrera, muy a tono con la ética de aquellos tiempos. Las costumbres caballerescas no aparecieron en el mundo hasta la época medieval.

altar de la diosa que protege a los vencedores. Cae luego Rifeo, el más justo varón de Troya, y quien más fielmente sirvió a la equidad[90]. ¡No lo juzgaron así los dioses! Como también perecen Hipanis y Dimas, atravesados por las mismas flechas de sus compañeros.

430. En cuanto a ti, ¡oh Panteo!, no pudieron salvarte ni tu profunda piedad ni la tiara de Apolo. ¡Oh ceniza de Ilión, fúnebre hoguera de los míos!, tú eres testigo de que ni de cerca ni de lejos rehuí el combate, y que si los hados lo hubiesen permitido yo también sucumbiera a manos de los griegos.

435. Me alejé del fragor de la lucha con Ifito y con Pelias, herido éste por el propio Ulises, y aquél bajo la carga de los años; pero súbitamente nos llamaron unos clamores al palacio de Príamo. Era allí el combate tan encarnizado, que no parecía que nadie combatiera ni muriese en el resto de la ciudad.

440. Vimos a los griegos lanzarse contra el palacio real, y asaltar ya sus umbrales bajo la tortuga[91]; aplicar escaleras a los muros y subir delante de las puertas mismas, poniendo el escudo con la mano izquierda a cuanto se les lanzaba y asiéndose con la derecha a todos los salientes de los artesonados.

445. Los troyanos, por su parte, destruían las torres y arrancaban las tejas. Puesto que todo se contaba perdido, bien hacían en defenderse hasta morir con los más extraños dardos. Así es como cayeron, lo mismo que un torrente, las vigas doradas y todos los adornos mejores de las moradas antiquísimas.

450. Ocupan otros, en tanto, con la espada desnuda, la parte baja de las puertas, y las guardan en líneas cerradas. Tan pavoroso cuadro excita nuestra rabia y volamos en socorro del palacio real, para sostener a sus defensores y devolver el ánimo a los vencidos.

455. Tenía el palacio por detrás una puerta secreta, paso que comunicaba entre sí las moradas de Príamo, y del que nadie se acordaba. Por allí solía dirigirse la infortunada Andrómana[92], cuando el esplendor de su reinado, a visitar a los suyos, sin compañía alguna, llevándole de la mano al abuelo al pequeño Astyanacte. Traspuse esa puerta ignorada, y subí hasta la azotea, en donde los infelices troyanos lanzaban contra el enemigo toda suerte de dardos inútiles:

460. Erguíase allí una alta torre, que amenazaba al cielo, y desde cuyo pináculo se había divisado siempre la ciudad entera, y las naves griegas y el

---

[90] Fue, sin duda, a causa de tales elogios de Virgilio a Rifeo por lo que Dante coloca a este personaje en el Paraíso.

[91] En el asalto a las ciudades formaban los romanos como una bóveda, con todos los escudos colocados sobre las cabezas. De este modo se protegían contra las armas arrojadizas de los sitiados.

[92] Esposa de Héctor.

campamento de los sitiadores. La rodeamos todos en su base y empezamos a socavarla, arrancando la parte que le servía de sostén con toda nuestra furia.

465. Cuando luego la empujamos todos hacia adelante, en un supremo esfuerzo, la torre vaciló entre crujidos y se desplomó con gran estrépito, yendo a caer a lo lejos sobre los batallones griegos. Mas otros ocuparon en seguida su sitio, sin dejar de llover, entretanto, las piedras y dardos de todo género.

470. Ante el patio de entrada, y en el mismo umbral de la puerta, Pirro, el enemigo, hace gala de audacia, bajo el resplandor de su armadura, que tiene luz de bronce. Aseméjase a la serpiente qué, luego de pasar el invierno bajo tierra, atracada de hierbas venenosas[93], sale un día a la luz, cambiada la piel, brillante de juventud nueva, erguido el torso, llena de resplandores su cola, y se dirige hacia el sol, ofreciendo al espacio, como un dardo triple, su lengua de tres puntas.

475. Siguen a Pirro el enorme Perifas, el escudero Automedonte, encargado de los caballos de Aquiles, y con ellos toda la juventud de Esquiro[94], lanzándose con denuedo contra la base del palacio y arrojando llamas al mismo tiempo a las azoteas. Las propias manos de Pirro cogen un hacha de dos filos, y tratan de descuajar los quicios de las puertas, arrancando de ellas los pesados goznes de bronce.

480. No tarda en saltar una viga, ni en hacerse astillas el maderamen de los primeros batientes. Se produce así una gran brecha, que deja ver a su través el interior del palacio, con la larga serie de patios. Descubierta queda, hasta en sus sagradas profundidades, la morada toda de Príamo y de nuestros reyes antiguos, y pronto pone el enemigo su planta en el primer umbral.

485. Dentro es ya todo gemidos y tumulto, clamores y dolor. De los patios se alza el grito desgarrador de las mujeres, que sube hasta las estrellas de oro. Van errantes, alocadas, de galena en galería, abrazándose a las puertas y pegando a ellas sus labios[95].

490. Tan fogoso como su padre, Pirro se lanza al último asalto con denuedo, y ni las barras de hierro ni los guardianes pueden contenerle. Goznes y montantes saltan a los golpes sostenidos y redoblados del ariete, y no tarda en abrirse camino la violencia. Por la brecha abierta se precipitan los griegos, lo mismo que un torrente, y luego de caer todos cuantos acuden a la resistencia, los vastos patios y los enormes aposentos se llenan pronto de

[93] Era común creencia entre los antiguos que las serpientes adquirían su veneno en las hierbas venenosas de que se alimentaban.

[94] Esquiro era una isla que envió toda su juventud guerrera al sitio de Troya, con Pirro.

[95] Sin duda, se alude aquí a las puertas de sus departamentos, por hallarse debidamente separados en las casas griegas los de los hombres (*andronitis*) de los de las mujeres (*gyneconitis*),

soldados.

495. No ocurre de otro modo cuando el caudal de un río espumeante rompe los diques y salta de su lecho, arrollando después cuantos obstáculos se le oponen y desparramando al fin sus aguas desbordadas por la campiña con un furor que anega las cosechas y los establos.

500. Vi por mis propios ojos a Neoptolomeo borracho de sangre, y a los dos Atridas, que cruzaban bajo los dinteles descuajados. Y vi también a Hécuba y a sus cien nueras. Y a Príamo al pie de los altares, donde la sangre profanaba los fuegos sagrados que él mismo encendiera. Como vi también la destrucción de cincuenta cámaras nupciales, vasta esperanza de la posteridad, con sus soberbias puertas cargadas de los despojos y el oro de los extranjeros.

505. Los griegos llegaron con la espada adonde no habían llegado con la antorcha Pero acaso me pedirás, ¡oh Dido augusta!, que te refiera la suerte de Príamo. Lo haré. Cuando el anciano vio inminente la caída y destrucción de su ciudad, arrancadas las puertas de su morada real y al enemigo en el propio corazón de su palacio, colgó de sus hombros, que hacía temblar la senectud, una inútil coraza a la que no estaba acostumbrado.

510. Ciñose además una inútil espada, y fue a buscar la muerte en las cerradas filas de los enemigos. Había en el centro del palacio, bajo el cielo desnudo, un altar inmenso, y a su lado cierto viejo laurel, cuyas ramas se inclinaban para envolver a los Penates en su sombra.

515. En torno a ese altar estaban Hécuba[96] y sus hijas, como una bandada de palomas sobrecogidas por la tempestad, estrechadas las unas con las otras y abrazadas contra sí las imágenes de los dioses. Y cuando Hécuba vio a Príamo vestido con los arreos de su juventud, le preguntó:

520. "¿Qué delirio te lleva a armarte así, desventurado esposo? ¿Adónde vas? ¿A quién quieres socorrer de esa guisa, ni qué poder tendrán tus armas en esta triste hora? Ni el mismo Héctor que resucitara podría ya salvarnos. Ven, pues, a nuestro lado. A todos nos protegerá este altar, o tú morirás también con nosotros." Y así diciendo, tiraba por la armadura del anciano, hasta hacerlo sentar junto a ella.

525. Entretanto, uno de los hijos de Príamo, Polites, escapaba a la matanza de Pirro, huyendo herido bajo la lluvia de flechas, a lo largo de los pórticos y a través de los patios desiertos. Pero el mismo Pirro le esperaba agazapado por donde él debía pasar, y le cruzó con su espada.

530. El muchacho, haciéndose aún fuerte a esta segunda herida, corrió adonde sus padres, sin lograr otra cosa que caer ante ellos, rindiendo su espíritu en una ola de sangre. Príamo, entonces, por más que la muerte le

---

[96] Hija de Dimas, rey de Tracia, hermana de Teano y mujer de Príamo, último rey de Troya. Vio morir en la toma de esta ciudad a cinco de sus hijos y a su nieto Astyanacte. Destruído su reino, Ulises la convirtió en esclava suya.

rodeaba y le envolvía, no quiso contener ni su voz ni su cólera y gritole así a Pirro:

535. "¡Ah desalmado! Si hay en los cielos una justicia que pueda vengar este crimen, que los dioses te paguen por él su digno precio y te recompensen como mereces, porque has hecho a un padre testigo de la muerte de su hijo y has mancillado con ella mi mirada.

540. "No puedes llamarte, no, hijo de Aquiles. Él se portó de otro modo con su enemigo Príamo. Él se hubiera avergonzado de ultrajar el derecho y la confianza de un hombre que le suplicara. Él me permitió sepultar el cuerpo inanimado de mi hijo Héctor, enviándomelo a mi palacio"[97] .

545. Después de esto, reunió el anciano sus débiles fuerzas, y lanzó contra Pirro un dardo inútil, que estérilmente fue a caer a los pies de su escudo, luego de arrancar al bronce un tenue gemido. Pirro se encaró con el anciano: "Vas a ser, pues, mi mensajero, y llevarás al hijo de Peleo, mi padre, todas estas nuevas. Refiérele las tristes hazañas que a su hijo deshonran. Y muere, por de pronto."

550. Dicho lo cual llevó ante el altar al pobre anciano tembloroso, que se arrastraba sobre la sangre de su hijo, y asiéndole por los cabellos con la mano izquierda, hundió en él con la derecha, y hasta el puño, la espada llameante. Ese fue el fin de Príamo.

555. Así abandonó la vida, por voluntad del destino, llenos los ojos de la visión de las llamas de Troya y de las ruinas de Pérgamo, aquel a quien poco antes proclamaban soberbio dominador de Asia sus torres y sus pueblos innúmeros. Acabó en la orilla del mar, solo el robusto tronco, arrancada de los hombros la cabeza, como un cadáver sin nombre[98] .

560. A la vista de este cuadro, me sentí transido por primera vez de un horror salvaje. Estaba aterrado. Vinieron en seguida a mi pensamiento la imagen de mi padre, de la misma edad de aquel rey a quien viera expirar bajo la horrenda herida; y la imagen de Preusa[99] , abandonada; y la de mi hijo Ascanio, expuesto a todos los peligros; y la de mi casa, abierta al pillaje y a la devastación. Decidí volver a ella, y busqué con la mirada a mis compañeros.

565. Pero todos habían desaparecido, extenuadas las fuerzas, lanzándose desde lo alto al suelo, o bien arrojándose a las llamas. Retornaba pues, solo, cuando a la entrada del templo de Vesta descubrí medio oculta en un rincón,

---

[97] Homero pinta, en efecto, a Aquiles como héroe duro en la guerra, pero capaz de enternecerse ante las súplicas de un vencido.

[98] Admirable pasaje, digno de ser comparado con los más bellos de Bossuet sobre las vanidades humanas (vanitas vanitatis et omnia vanitas). Hay quien ha creído ver en esta pintura de Virgilio una alusión al cadáver mutilado de Pompeyo, abandonado también en las costas egipcias.

[99] Mujer de Eneas, una de las varias hijas de Príamo y Hécuba.

sentada y silenciosa, a Helena[100] , hija de Tíndaro. Me la mostraban los mismos reflejos del incendio, según avanzaba, mirando en torno mío.

570. Aquella odiosa mujer[101] se esforzaba en pasar inadvertida, en las gradas mismas del altar, temerosa de todo lo que había concitado: el furor de los troyanos ante las ruinas de Pérgamo, el castigo de los griegos y la cólera del marido abandonado. Desleal a una y otra patria, tenían las dos que serle hostiles.

575. Rugió de ira mi corazón, y sentí un violento deseo de castigarla con la muerte. "¿Es posible —me pregunté— que esta mujer pueda retornar a Esparta y a su patria, Micenas? ¿Es posible que entre allí como reina y triunfadora? ¿Que encuentre allí a su esposo y la casa de sus hijos, seguida de una muchedumbre de troyanos y de esclavas frigias?

580. "¡Y Príamo, entretanto, habrá muerto de feroces heridas! ¡Y habrá sido devorada por las llamas Troya! ¡Y la troyana costa se habrá manchado tantas veces de su propia sangre! ¡No, no será! Por poco glorioso que fuere castigar a una mujer, lo haré para que se me agradezca el haber suprimido esta abominación.

585. "¡Es preciso que pague la culpable su crimen! Y sólo esta alegría apagará en mi corazón la hoguera de la venganza y dará descanso eterno a las cenizas de los míos." E iba ya a dejarme arrebatar por este furor, cuando divisé un resplandor en medio de la noche, como nunca a plena luz lo vieran mis ojos.

590. Era mi madre poderosa quien se ofrecía a mis miradas, sin velos en su divinidad, con toda la majestad y la belleza con que se ofrece de ordinario a los habitantes de los cielos. Me tomó del brazo, me contuvo y me habló así, con el divino movimiento de sus labios de rosa: "¿Qué resentimiento excita tu cólera indomable, hijo mío?

595. "¿Por qué este furor? ¿Te has olvidado, por ventura, de nosotros? ¿Ni siquiera tratas de averiguar qué ha sido de tu padre Anquises, un anciano, ni si viven todavía Creusa, tu mujer, y tu hijo Ascanio? Por todas partes los rodean las armas y el ímpetu de los griegos, y, de no estar yo a su lado, ya los hubiesen devorado las llamas, o se habría embotado en sus carnes la cuchilla enemiga.

600. "No es, como tú supones, la belleza odiosa de la lacedemonia hija de Tíndaro, ni la falta reprochada a Paris, lo que ha desplomado para siempre la opulencia de Troya, sino el rigor de los dioses, un día propicias y otro adversos. Abre los ojos: quiero disipar la nube que ahora se ofrece a tus miradas mortales, y que te envuelve en densa oscuridad.

---

[100] Mujer famosa por su intervención en la guerra de Troya, de la que ya se habló en una nota anterior.

[101] En las primeras ediciones de *La Eneida* no aparecía este pasaje, porque se consideraba degradante para Virgilio tal ensañamiento en una mujer.

605. "No temas obedecer las órdenes de tu madre, ni te niegues a seguir sus consejos. ¿Ves esta dispersión de los bloques enormes, estas rocas arrancadas a los roquedales y estas revueltas nubes en que van mezclados el humo y el polvo? Son obra de Neptuno.

610. "Es Neptuno quien con su largo tridente remueve las murallas, agitándolas hasta en sus cimientos, y hace saltar de ellos, por profundos que estén, a la ciudad entera. Mira ahí en primera fila a la cruel Juno ocupando las Puertas Esceas y llamando furiosa, con la espada al cinto, a las tropas aliadas[102].

615. "Vuelve ahora la cabeza. En lo alto de la ciudadela tienes a la tritonia Palas, espléndida en el centro de su nube y feroz con su égida[103]. Es en ella misma en quien el Padre de los dioses anima el ardor y las fuerzas victoriosas de los griegos; y ella quien arroja a los propios dioses contra los troyanos. Apresúrate, pues, a huir, porque sólo en la huida está tu salvación, hijo mío. Yo no te abandonaré, y sabré por de pronto conducirte hasta el umbral de tu padre."

620. Apenas acabó de pronunciar estas palabras, cuando las densas sombras de la noche se cerraron de nuevo sobre ella, y vi las enormes caras horribles de todos los poderes divinos conjurados contra Troya. Me pareció que Ilion entero ardía, y que toda la ciudad iba de pronto a desplomarse por obra de Neptuno[104].

625. Ocurre así en las altas montañas, cuando los leñadores atacan ardorosamente con las hachas el tronco robusto de un árbol añoso: todos los golpes rivalizan para abatir al gigante, que tiembla a cada sacudida e inclina cada vez más la frondosa cabellera de sus ramajes centenarios.

630. Hasta que vencido poco a poco por las anchas heridas, deja escapar un supremo lamento y se desploma. Bajé, pues, guiado por el consejo divino, y pasé por entre los adversarios y las llamas: se retiraron éstas a mi paso, y me lo abrían también dardos y flechas.

635. Desde que llegué a la casa paterna, nuestra antigua morada, fue mi primera idea llevar a mi padre a la parte alta de la ciudad, y corrí en su busca para comunicárselo. Pero se negó a sobrevivir a la ruina de Troya y a dejarse conducir al destierro, diciéndome:

---

[102] Las llamadas Puertas Esceas eran una de las entradas de Troya, por el Oeste, frente al campamento de los griegos, a quienes protegía la diosa Juno.

[103] Era éste un monstruo nacido de la Tierra, que vomitaba llamas y humo negro. La diosa Palas lo mató, y cubrió con la piel del mismo su escudo, que, a partir de entonces, llamóse *égida*. Por eso, y por significar "escudo" tanto como "protección", se dice de un pueblo, por ejemplo, que se ha colocado bajo la égida de tal o cual gobernante.

[104] Neptuno, en efecto, ayudó a construir las murallas de Troya, según la leyenda, en compañía de Apolo, por encargo del rey Laomedonte.

640. "Huye tú, que tienes aún joven la sangre y estás en pleno vigor de la vida. Si los habitantes del cielo hubieran querido que la mía fuese dilatada, bien habrían hecho por conservar mi casa. Pero ya es bastante haber visto por mis ojos la destrucción de la ciudad, para que también sobreviva al cautiverio. Mi cuerpo está pronto a saltar a la hoguera. Dame tu abrazo de despedida y marcha.

645. "Encontraré la muerte combatiendo. Me la dará el enemigo, apiadado de mí, y por la codicia además de mis despojos. ¿Qué más da pasarse sin sepultura? Llevo hace tiempo arrastrando una vida inútil, por odio de la divinidad, desde que el Padre de los dioses y rey de los hombres me rozó con su rayo y me tocó con su fuego"[105] .

650. Insistí en mi propósito, pero se mantenía inquebrantable. Entonces, mi mujer y mi hijo, y la casa entera, todos con los ojos llenos de lágrimas, le pedimos que no lo perdiéramos todo con él, y que no irritáramos todavía más al destino adverso que pesaba sobre nosotros. Se negó asimismo, aferrado a su casa y a su resolución.

655. Nuevamente me sentí arrastrado al combate, y, en el delirio de mi desgracia, deseé la muerte. ¿Qué otra cosa hacer, en efecto? ¿Cómo esperar un cambio en la adversa fortuna? "¿Es posible que me pidas que huya, padre mío? —volví a decirle—. ¿Pero tú esperas eso? ¿Puede caer de una boca paterna consejo tan sacrílego?

660. "Si plugo a los dioses que nada quedase de nuestra ciudad, si te afirmas en tu resolución y quieres añadir a la pérdida de Troya tu pérdida y la de los tuyos, he aquí abierta la puerta a la muerte que deseas. Pirro celebrará seguir derramando sangre de regia estirpe, él que degüella al hijo a los ojos del padre y al padre en las gradas del altar. ¿Para esto me libraste de flechas y de llamas, divina madre mía?

665. "¿Para esto contuve mis impulsos al ver al enemigo en el interior de un templo? ¿Para que caigan inmolados también, una sangre sobre otra, Ascanio y mi padre, y con ellos Creusa? ¡A las armas, pues! La hora suprema llama a los vencidos. ¡Volvamos a los griegos! ¡Dejadme continuar la batalla!

---

[105] Anquises se refiere al primer saqueo de Troya por Hércules. Dice la leyenda que Apolo y Neptuno levantaron las murallas de dicha ciudad por encargo de Laomedonte, pero éste faltó a su palabra, negándose a entregar lo convenido, y entonces, en venganza, Apolo envió una peste contra la ciudad, y Neptuno un monstruo marino al que tenía que serle entregada la hija del rey. Laomedonte llamó en su auxilio a Hércules, que se comprometió a matar al monstruo por el premio de los doce mejores caballos del príncipe. Pero éste faltó por segunda vez a su promesa, y Hércules acabó asolando la ciudad, matando a Laomedonte y poniendo en el trono a Príamo. Durante este hecho, uno de los rayos de Hércules cayó sobre Anquises, que estaba ya en desgracia de los dioses por haber revelado su casamiento secreto con Venus, del que había nacido Eneas. El rayo le dejó paralítico, según unos, y, según otros, ciego.

¡Sólo caeremos hoy después de la venganza!"

670. Me ceñí la espada nuevamente, puse mi mano izquierda en la empuñadura del escudo y me dirigí al exterior. Pero en el umbral mi mujer se abrazó fuertemente a mis rodillas, sin soltarse de ellas, a tiempo que me presentaba a nuestro hijo Iulo.

675. "Si vas a la muerte, llévanos contigo, para contigo morir. Y si alguna esperanza tienes en las armas que tomas, empieza por defender tu hogar. ¿A quién abandonas a tu hijo y tu padre, y a esta mujer también, que llamas tuya?" Resonaban sus gemidos en la casa, llenándola toda.

680. De pronto tuvo lugar un maravilloso prodigio. He aquí que, reunidos como estábamos y ante nuestros ojos desesperados, una lengua de fuego aparece sobre la cabeza de mi hijo, una luminosa llama inofensiva que suavemente roza sus cabellos y se alarga alrededor de sus sienes.

685. Acudimos a él, sobrecogidos de espanto; agitamos sus cabellos y tratamos de empaparlos en agua, para apagar aquel fuego, que resulta sagrado. Pero ya Anquises, mi padre, dirige a las estrellas miradas de alegría, y exclama así, con las manos extendidas y abiertas: "¡Oh Júpiter todopoderoso! Si hay plegarias que te aplaquen, míranos. Es cuanto te pido. Y préstanos, por fin, si nuestra bondad lo merece, tu divino auxilio, confirmando este presagio"[106].

690. No acaba el anciano de hablar cuando un trueno retumba a nuestra izquierda, y una estrella cae del firmamento, a través de las sombras, dejando en su carrera un reguero de luz.

695. La estrella se desliza brillante por encima de nuestra casa, y la vemos hundirse en los bosques de Ida, donde parece marcar el fin de su ruta[107]. Y ha dejado su estela en la noche una larga raya luminosa, y ha parecido el espacio llenarse de un humo azufrado. Tiene semejante presagio la virtud de vencer a mi padre, que se levanta para mirar al cielo, e invoca a los dioses, adorando a la estrella santa.

700. "¡No dudo ya! —dice—. Te sigo adonde me lleves. Voy tras de ti, dios paternal. Protege mi casa y mi nieto. Este presagio sólo puede venir de ti, y él me dice que Troya se halla todavía bajo tu guardia. Estoy pronto para marchar, hijo mío. Soy ya tu compañero."

705. Mientras esto decía, oímos distintamente la crepitación del fuego, a través de la ciudad, y observamos que ya las olas del incendio amenazaban con anegar nuestra morada. "Pues bien: padre querido —respondí—, súbete

---

[106] No es original en Virgilio esta idea de la llama que decide a Anquises a partir, porque ya en la historia de Roma hablase de otra llama milagrosa que ciñó la frente de Servio Tulio, designándole ante Tarquino como presunto heredero del trono romano.

[107] También en el poema de los Argonautas, Juno marca a éstos con una senda de luz el camino que deberán seguir.

a mis espaldas, y que ellas te lleven. Seguro estoy de que no notarán tu peso. Y cualquiera que pueda ser nuestro porvenir, y cualesquiera los peligros que corramos, comunes serán a uno y a otro, al igual que la salvación.

710. "Que venga también mi pequeño Iulo, y que mi mujer nos siga a distancia, sin perdernos de vista[108]. En cuanto a vosotros, servidores de la casa, oíd bien lo que voy a deciros. Hay a la salida de la ciudad un altozano, en él un viejo templo de Ceres[109], medio en ruinas, y a su lado un antiguo ciprés que durante largos años reverenciaron nuestros padres.

715. "Pues allí debemos todos reunirnos, por caminos diferentes. Ahora, padre mío, coge en tus manos los objetos sagrados y los Penates de la patria. A mí me está prohibido tocarlos, antes de purificarme en agua viva, porque estoy manchado del polvo y la sangre y la ferocidad de tan rudos combates."

720. Al punto extiendo sobre mis espaldas y mi cuello una piel de león, y me inclino para recibir mi carga, con la cual echo a andar. El pequeño Iulo, su mano en la mía, hace por seguir al padre, con paso acelerado y desigual. Detrás viene mi mujer.

725. Así atravesamos un paraje medio en sombras, y yo, que no me había antes impresionado ante la lluvia de flechas ni las líneas cerradas de los griegos cuando la batalla, me estremecía ahora al menor soplo de aire, y el más leve rumor me llenaba de angustia, conteniendo mi paso y haciéndome temblar por mi carga preciada y por mi compañero.

730. Me acercaba ya a las puertas, y contábame al fin de mi camino, cuando de pronto oímos cerca de nosotros como el tumulto de una muchedumbre. Mi padre, que avizoraba las sombras de la noche, gritó: "¡Corre, hijo mío! Se acercan. Veo ya sus escudos y el bronce de sus armas."

735. No sé qué divinidad enemiga, aprovechándose de mis temores, conturbó mi espíritu. Precipité mis pasos, me desvié en ellos, y tomé de pronto una ruta nueva. Eso me hizo perder a Creusa. ¡Oh destino adverso! ¿Es que acortó su marcha? ¿Es que la engañó el camino? ¿O es que cayó de cansancio?

740. Lo ignoro. Pero no volví a verla más. Cuando estuve en el altozano del templo de Ceres, junto al ciprés sagrado, me di cuenta de ello, sentí la necesidad de que la vieran mis ojos, y pensé en buscarla. Estábamos reunidos ya todos, y sólo ella faltaba, engañando la inquietud de sus compañeros, del hijo y del esposo.

745. ¿A qué hombre ni a qué dios no acusé en mi desesperación? ¿Qué crueldad mayor había visto en la espantosa destrucción de la ciudad? Confié

---

[108] Explica este pasaje el hecho de que la mujer en Oriente no era, ni apenas es, considerada igual al hombre, sino inferior y esclava. Por consiguiente, en una fuga como la de Eneas, debía seguir las huellas de éste y no caminar a su lado.

[109] Por lo común, los templos de Ceres, como diosa que era de los campos, se edificaban fuera del recinto amurallado de las ciudades.

en seguida a mis compañeros a Ascanio, a mi padre Anquises y a los Penates troyanos, y a todos los oculté en el recoveco de un valle. Luego ceñí mis armas brillantes una vez más, y retorné a Troya.

750. Estaba resuelto a desandar todos mis pasos, a cruzar en todas direcciones la ciudad entera y a renovar todos los peligros. Llegué a las murallas y atravesé el oscuro umbral de la puerta por donde antes saliese, buscando en medio de la noche mis propias huellas.

755. No había más que horror por doquiera, y un silencio de espanto que me sobrecogía. Volví a nuestra casa, por si Creusa, con intención o al azar, había retornado a ella. En la casa habían hecho irrupción los griegos, ocupándola toda. Y ahora la devoraba el fuego, que el viento avivaba, reventando ya los tejados. Las llamas se remontaban en el aire, con torbellinos furiosos.

760. Me alejé de allí. Fui al palacio de Príamo y a la ciudadela. En sus pórticos desiertos, como en el templo asilo de Juno, Fénix y el execrable Ulises, señalados para la guardia del botín, vigilaban su presa. Estaban allí en confuso montón todos los tesoros de Troya, arrancados del incendio a los santuarios, y cuanto el pillaje había reunido en telas preciosas, en mesas de los dioses, y en objetos de oro macizo.

765. Y alrededor de todo eso, en pie, una larga hilera de niños y de mujeres atemorizados. Me atreví a lanzar mis gritos en la sombra, y a llenar con mis clamores las silenciosas calles. Y renové una y otra vez mis llamadas inútiles: "¡Creusa! ¡Creusa!"

770. Cuando con más furor la buscaba, recorriendo enloquecido la ciudad, he aquí que ante mis ojos se presenta un fantasma triste, la sombra misma de Creusa. Era ella, en efecto, sólo que un poco más alta. Detuve mis pasos. Se me erizaron los cabellos, y quedose la voz pegada a mi garganta.

775. Ella, entonces, pronunció estas palabras, que tranquilizaron mi corazón: "¿Por qué te abandonas a una locura así, esposo amado? Nada sucede jamás contra la voluntad de los dioses, y la del que reina en el Olimpo ha dispuesto que no te acompañe Creusa.

780. "Vas a un largo destierro, y tienes que correr en los mares muy grandes peligros. Pero llegarás, por fin, a un país llamado Hesperia, en donde el lidio[110] Tíber desliza sus mansas aguas, a través de fértiles campiñas. Allí tienes reservados una suerte propicia, un trono y una esposa real. No derrames, pues, más lágrimas por esta Creusa que te fue tan querida.

785. "En cuanto a mí, no veré las moradas soberbias de los mirmidones ni los dólopes; ni irá a servir a las mujeres griegas esta descendiente de Dárdano y nuera de la divina Venus. Me deja aquí Cibeles, la Madre poderosa de los cielos. Y ahora, adiós, esposo mío. Guarda toda tu ternura para el hijo

---

[110] "Lidio", extensivamente, significa "etrusco", ya que los etruscos pasaban por ser oriundos de la Lidia.

de nuestra unión."

790. En vano quise contestar detenidamente a sus palabras a través de las lágrimas de mis ojos; Creusa me abandonó, desvaneciéndose en el aire impalpable. Por tres veces traté de rodearle el cuello con mis brazos, pero las tres escapó su imagen a mi inútil intento, ligera como la brisa y en todo semejante a un sueño que se borra. La noche acababa, y volví tristemente a reunirme con mis compañeros.

795. Los hallé en unión de una multitud de fugitivos: eran hombres y mujeres en gran número, un pueblo todo pronto a salir para el destierro, y que formaba un hacinamiento miserable. Habían llegado de todas partes, y les vi con valor para afrontar los riesgos del mar y colonizar el país que yo dispusiese.

800. La Estrella de la mañana alzábase ya por sobre las cumbres del alto Ida, y el día marchaba tras ella. Los griegos ocupaban todas las entradas de la ciudad. No nos quedaba esperanza alguna. Me entregué a la suerte y gané los montes con mi padre a la espalda.

LIBRO III

ARGUMENTO

Ya en las montañas con los suyos el divino Eneas, fugitivo de Troya, construye unas naves con las que se hace a la mar, para cumplir su destino, rumbo a Hesperia y al Tiber, que supone en las costas de Tracia. Y llegado a este país, echa prestamente los cimientos de una ciudad; pero al arrancar unas ramas de arbusto para cubrir con ellas los altares, ve que destilan sangre sus raíces. Le explica el misterio la voz de un príncipe troyano enterrado allí por la codicia del rey, y Eneas abandona aquellas costas con sus hombres, para seguir siempre en pos de la Hesperia soñada.

Como en Delos le diga el oráculo de Apolo que debe dirigirse a la tierra donde nació su raza, cree recordar Anquises, padre de Eneas, que sus antepasados eran oriundos de Creta, y a esta isla ponen proa los desgraciados navegantes. En ella desembarcan y empiezan asimismo a levantar una ciudad, a la que nombran Pérgamo. Pero hace en ellos presa una peste que todo lo devora. Entonces los Penates revelan en sueños a Eneas que la cuna de su raza estuvo en Hesperia, y que es allí a donde deben todos dirigirse.

Abandonan, pues, la isla de Creta, y se remontan hacia el Norte, haciendo escala en las Estrófadas, en donde las arpías, aves rapaces con rostro de mujer y vientre lleno de inmundicia, embotan en sus plumas todos los dardos que los troyanos les tiran, y acaban por huir, luego de mancharlo todo con sus fétidas deyecciones. Una de ellas se queda, sin embargo; es Celeno, la más furiosa, que les predice cómo no cumplirán su destino de fundar una ciudad en Italia, sin antes verse obligados por el hambre a devorar su propia mesa.

Dejan también las Estrófadas, pasando no muy lejos de Zacinto; evitan los escollos de Ítaca; columbran los picos nebulosos de Léucade, y desembarcan en la costa de Accio, donde se entregan a sus juegos, lo mismo que en la patria. Por fin, costean el Epiro y llegan a Butroto. Cerca de esta ciudad, Eneas encuentra a la orilla de un arroyo, también llamado Simois, en recuerdo del Simois de Troya, a la princesa Andrómaca, que ofrece libaciones a los manes de Héctor, el esposo desaparecido, ante una tumba vacía. La pobre mujer, así que descubre en Eneas las armas de sus compatriotas, se desvanece. Está ahora casada con Heleno, hijo del rey Príamo, que ha venido en posesión del gobierno de las ciudades griegas, después de haber Orestes asesinado a Pirro, que hiciera esclava a Andrómaca.

Heleno acoge a sus compatriotas con lágrimas de alegría, y, como rey adivino que es, e inspirado por Apolo, hace a Eneas diversas predicciones y le da atinados consejos, prometiéndole que vencerá el mal presagio de la arpía Celona. Después, y con grandes regalos de Andrómaca a Ascanio, hijo de Eneas, hácense al mar de nuevo los desterrados, siguiendo el rumbo que Heleno acaba de trazarles.

Así es como cruzan el brazo de mar que separa al Epíro de Italia, se alejan de las costas habitadas por los griegos y doblan el golfo de Tarento. Una vez en Sicilia, cerca del Etna, suben a bordo a cierto desventurado compañero de Ulises, a quien sus compatriotas os griegos dejaron abandonado en la región de, los Cíclopes. Ven al monstruo Polifemo y huyen de aquellas costas, rebasando Camarina y Gela, Aoragos y Celino la de los palmares, y llegando al puerto de Drépano, donde muere Anquises, padre de Eneas; horrenda desgracia que nadie le predijo.

El héroe troyano acaba aquí su narración a la reina Dido, porque, desde ese puerto, azar y tempestades los llevaron a él y a sus hombres a Cartago.

TEXTO

Luego que plugo a los dioses olímpicos arrasar, contra toda justicia, al imperio del Asia que era la nación de Príamo, y cuando ya quedó destruida la soberbia Ilión, y todo lo que se había llamado Troya no fue, bajo los manes de Neptuno, más que un montón de ruinas humeantes, los presagios que nos hiciera la divinidad nos llevaron a preparar nuestro destierro en parajes desiertos.

5. Construimos una flota, al pie de las alturas de Antandro y de las montañas del Ida frigio, sin saber adónde nos llevarían los hados ni en qué país nos sería permitido poner la planta. Y apenas el estío comenzó, mi padre Anquises ordenó que nos hiciésemos a la vela, bajo el amparo de las deidades propicias.

10. Llorando abandoné las costas de mi patria, y el puerto y la llanura en donde estuvo Troya. El azar me llevaba mar adentro, con mis compañeros, mi padre y mi hijo, y los grandes dioses nuestros Penates. Y me conducía a una tierra consagrada a Marte, de extensas llanuras que laborean los tracios, y en la que había antes reinado el intrépido Licurgo[111].

15. Esta tierra estuvo unida a la mía, en tiempo remoto, cuando nos era propicia la suerte, por leyes de mutua hospitalidad y por alianza de nuestros dioses. Fue en ella donde recalé; y en el fondo de una bahía a la que me arrastrara mi mal destino, donde eché los primeros cimientos de una ciudad que, por mi nombre, había de llamarse de los enéadas.

20. En ella ofrecí un sacrificio a mi madre, y a los dioses bajo cuyos auspicios poníamos los nacientes muros; e inmolé en la orilla del mar un toro de extraordinaria blancura al rey soberano de los habitantes del cielo. No lejos de allí había un montecillo, y en su cima un cerezo silvestre y un espeso mirto erizado de ramajes como astas.

[111] Antiguo rey de Tracia, destronado por Baco para castigarle por haber arrancado las viñas de su patria. No debe confundírsele con el famoso legislador espartano del mismo nombre.

25. Me acerqué a aquel lugar, y cuando trataba de arrancar del suelo algunas ramas verdes, para con ellas cubrir el ara de mis sacrificios, he aquí que presencié un prodigio inesperado y horrible. La primera rama que arrancaron mis manos, cerca de las raíces, dejó caer una gota de sangre negra y corrompida que manchó el suelo. Un frío terror sacudió mis miembros y me dejó paralizado.

30. Pero insistí en mi propósito y quise arrancar otra, para conocer las causas de aquel misterio. Y también de esta segunda rama se desprendió la misma negra sangre. Entonces, sobresaltado, me dirigí a las ninfas campestres y al venerable Marte Gradivo, amparo de las tierras géticas.

35. Les pedí que me aclarasen, si podían, tan extraño prodigio, y me explicaran su significación. En seguida me puse a arrancar una tercera rama, con esfuerzo mayor que antes, asido al arbusto y con la rodilla contra el suelo; y fue entonces —no sé si decirlo o callarlo— cuando brotó de las entrañas del monte un gemido desgarrador.

40. Se remontó hacia mí, al mismo tiempo, una voz que decía: "¿Por qué atormentas a este desgraciado, Eneas? Detente. No profanes a un hombre que aquí recibió sepultura: libra a tus manos piadosas de ese sacrilegio. No soy un extranjero para ti; soy, como tú, troyano, y es troyana la sangre que las ramas destilan. Huye de estas tierras crueles; abandona esta ribera de avaricia.

45. "Soy Polidoro, sepultado aquí por el montón de dardos que me hirieron, cubriéndome hasta darme muerte, y que después se convirtieron en éstas raíces y estas ramas que ahora ves"[112]. Me quedé temblando de espanto, herido a mi vez de estupor, erizado el cabello y con la voz pegada a la garganta.

50. Cuando Príamo empezó a perder la confianza en el triunfo, porque los griegos estrechaban cada vez más el cerco de Troya, envió secretamente a Polidoro a aquellas tierras, con un gran cargamento de oro, confiándole a la hospitalidad del rey tracio, que era aliado nuestro. Pero al decidirse la suerte por nuestros adversarios, el rey de Tracia tomó el partido de Agamenón, volviéndonos la espalda.

55. Y entonces violó todas las leyes divinas, decapitó a Polidoro y se apoderó de sus riquezas. En qué trance pone muchas veces al corazón de los hombres el execrable afán del oro. Sereno ya mi espíritu, referí este prodigio divino a los jefes de mi pueblo, empezando por mi padre, y pedí su consejo a todos.

60 El consejo fue unánime: debíamos abandonar aquella tierra maldita, huir de un país que había profanado la hospitalidad y lanzar otra vez nuestras naves al soplo de los vientos. Celebramos las exequias de Polidoro, y

---

[112] No es original en Virgilio la idea de esta metamorfosis, que debió inspirársela el poema de los Argonautas, de Apolonio. Por lo demás, Ovidio, Horacio y Eurípides la plasman también en sus versos, con diferentes motivos.

levantamos un cenotafio en su honor, sobre la cumbre del montículo, erigiendo allí altares a los Manes y decorándolos con cintas azules y ramas de ciprés[113] .

65. Luego, las mujeres de Ilión, y según la costumbre, se agruparon en derredor, aportando la habitual ofrenda de los vasos de leche tibia y las ánforas llenas de sangre de las víctimas. Por fin, encerramos el alma en su sepulcro y, por postrera vez, le llamamos a grandes voces.

70. Cuando el mar nos inspiró confianza, y rizaba las encalmadas olas el ligero Austro, invitándonos a salir, mis compañeros tiraron de los navíos para ganar la orilla. Dejamos pronto el puerto, y desaparecieron la tierra y la ciudad. Pero no mucho después otra tierra se alzaba en medio de las aguas, tierra sagrada muy querida a la madre de las Nereidas y a Neptuno.

75. Había sido en remotos tiempos una isla flotante, hasta que Apolo, reconocido, la fijó un día entre las montañas de Micone y de Giaros, dándole inmovilidad, poblándola y poniéndola al amparo de los vientos. A esa isla arribamos, extenuadísimos, siendo acogidos por sus aguas tranquilas y seguras. Y puesto el pie en ella, saludamos a la ciudad de Apolo con humilde fervor.

80. Salió a nuestro encuentro el rey Anio, a un tiempo príncipe y sacerdote de Febo, ceñidas sus sienes con cintas y con laurel sagrado. Reconoció al punto a su antiguo amigo, Anquises, y nos estrechamos todos las manos, en acatamiento a las leyes de la hospitalidad, pasando seguidamente bajo su techo.

85. Yo invoqué al poder divino, ante su viejo templo de piedra: "¡Oh dios de Timbra!, concédeme un asilo seguro; dame, después de tantas vicisitudes, unos muros perdurables y una posteridad; protege a este segundo Pérgamo troyano, escapado a la matanza de los griegos y al furor de Aquiles. ¿Quién será nuestro guía? ¿Adónde nos aconsejas que vayamos? ¿En dónde ordenas que nos fijemos? ¡Confíanos, ¡oh Padre!, un presagio de tu voluntad y desciende a nuestros corazones!"

90. No había acabado de pronunciar estas palabras, cuando me pareció que temblaban el atrio y el laurel del dios; la montaña entera sufrió una sacudida, se abrió el santuario y el trípode mugió[114] . Besamos el suelo, prosternados, y oímos una voz que decía: "Intrépidos descendientes de Dárdano, la tierra que dio origen a vuestros primeros antepasados os espera y habrá de recibiros en su gozosa fecundidad.

95. "Id en busca de vuestra antigua madre. La casa de Eneas dominará todos los pueblos del orbe, y los hijos de sus hijos y los que nazcan de ellos."

---

[113] El ciprés era ya en la antigüedad un árbol funerario; y el color azul era el luto de aquellos tiempos.

[114] La pitonisa de Delfos lanzaba los oráculos desde lo alto de una cuba asentada en un trípode.

Así habló Febo, y sus palabras levantaron una inmensa alegría. Se preguntaban todos a qué muros referíase el dios, y qué camino iba a señalar a los desterrados.

100. Entonces mi padre, desenrollando de la memoria las tradiciones de sus mayores, nos habló de esta suerte: "Oídme, ¡oh jefes!, y conoceréis vuestra esperanza. Yérguese en medio del mar la isla de Creta, que pertenece al gran Júpiter, y en la que se alza el monte Ida, cuna de nuestra raza.

105. "Cien ciudades poderosas la pueblan, que son otros tantos Estados. Si en mi memoria retengo con firmeza lo que oí, Teucro, el primero de nuestros antepasados, salió en dirección al cabo Reteo, y escogió la Troada para fundar en ella su reinado.

110. "Ni Troya ni la ciudadela de Pérgamo habían sido levantadas aún. Los nuestros vivían en el fondo de los valles. De Creta nos vinieron la Madre, la diosa del monte Cibeles, y el bronce de los Coribantes, y el nombre de Ida dado a nuestros bosques[115]. Y de Creta nos llegaron también el firme silencio ante los Misterios, y el carro de la diosa arrastrado por un tiro de leones. Adelante, pues, y sigamos el camino que la palabra de los dioses nos traza.

115. "Ganemos la voluntad de los vientos y corramos a esa isla divina. No estamos muy lejos de ella. Con la protección de Júpiter, a la tercera aurora pondremos pie en sus orillas." Dicho esto, inmoló ante los altares —honor que se les debía— un toro a Neptuno, otro al hermoso Apolo, una oveja negra a la tempestad y una oveja blanca al favor de los Céfiros.

120. Corrió el rumor de que el rey Idomeneo[116] había partido de la isla, expulsado de su trono, y que las tierras de Creta estaban solitarias. Habían, pues, nuestros enemigos abandonado el país, y en él nos esperaban sus moradas vacías. En seguida nos alejamos del puerto de Ortigia[117], y nos metimos mar adentro, a merced de las olas.

125. Dejamos atrás las colinas de Naxos, donde gritan las Bacantes y la verde Donisa, Oléaro, Paros la blanca y las Cícladas, todas ellas desperdigadas por el mar y separadas unas de otras por los estrechos. Mis hombres rivalizaban en ardor, gritando y animándose: "¡A Creta, que es el país de nuestros padres!"

130. Se levantó un favorable viento de popa, y llegamos a las antiguas

---

[115] A la diosa Cibeles (así nombrada por el monte de Frigia en que se creía habitaba) llamábasela la Madre, por serlo de todos estos dioses principales: Juno, Vesta, Ceres, Júpiter, Neptuno y Pluto. En cuanto a los coribantes, eran sacerdotes de Cibeles que golpeaban fuertemente sus escudos con las lanzas en las ceremonias.

[116] Rey de Creta, que se distinguió en el sitio de Troya.

[117] Antiguo nombre de la isla de Delos, hoy Dili, una de las Cícladas, y la menor de ellas.

playas de los Curetes[118] . En aquellas riberas me apresuré a echar los cimientos de la ciudad anhelada, y le puse por nombre Pérgamo. Logré exhortar a mi pueblo, que se inflamaba de alegría con este nombre, a amar debidamente sus hogares y a defenderlos con una alta ciudadela.

135. Habían sido ya transportadas a la arena las naves, y estaba la juventud ocupada en su rudo trabajo, o preparándose para celebrar himeneos, según las leyes promulgadas por mí, cuando de pronto advirtiose en el aire una gran corrupción, provocadora de una peste que cayó sobre los hombres, las mieses y los árboles, sembrando la muerte por doquiera.

140. Perdían los hombres la dulce luz de la vida, o bien se arrastraban bajo grandes dolores. Sirio quemaba los campos, tornándolos estériles; la hierba se secaba, y las mieses se resistían a nutrirnos. Mi padre me aconsejó que desanduviese mi camino en el mar, y fuera otra vez al oráculo de Ortigia, para implorar el favor de Febo.

145. Debía preguntarle cuándo iban a acabar nuestros sufrimientos, qué habríamos de hacer para esperar un alivio a nuestros males y hacia dónde tendríamos que encaminar nuestros pasos. Era de noche, y dormían todos los seres animados. Ante el lecho en que yo estaba tendido se me aparecieron las imágenes sagradas de los dioses y los Penates frigios que yo me llevara de Troya, arrancándolos al furor de las llamas.

150. Brillaban a la claridad de luna llena que invadía las aberturas de los muros. Y me hablaron así, disipando mi angustia: "Lo que Apolo te diría si volvieses a Ortigia vas a oírlo aquí mismo, porque es el propio Apolo quien nos envía a visitarte.

155. "Después del incendio de Troya hemos seguido tus pasos, embarcado en tus naves y cruzado contigo los mares procelosos; y he aquí que elevaremos a la altura de los astros a tus descendientes, y daremos el imperio de la tierra a su ciudad.

160. "Tú eres el llamado a preparar las grandes murallas de esta ciudad, y no deben importarte las fatigas de un largo viaje para cumplir tu glorioso destino. Deja, pues, estos lugares. No fueron éstas las orillas que te aconsejó el dios de Delos, ni es en Creta donde Apolo te ordenó establecerte. Fue en un país que los griegos llaman Hesperia, de origen remotísimo y tierra poderosa por el poder de sus habitantes y la fecundidad de sus campos.

165. "En ese país viven los enotrios[119] , y su nombre es Italia, tomado del nombre de su rey. Es a él adonde debéis dirigiros, porque de él salieron Dárdano y el venerable Jasio[120] , primera semilla de nuestra raza. Levántate,

---

[118] Curetes o coribantes.

[119] Antiguos habitantes de Lucania, tal vez los arcadios llegados a Hesperia quinientos años antes de la guerra de Troya.

[120] Jasio y Dárdano eran dos hermanos, hijos de un rey de Etruria llamado Corito, a la muerte del cual se disputaron encarnizadamente su corona. Dárdano

pues, y lleva alborozado estas palabras a tu padre, para que no pueda dudar.

170. "E idos en busca de Córito y de la tierra ausonia. Júpiter os expulsa de aquí." Quedé sobrecogido por esta aparición y ante la propia voz de los dioses, porque no se trataba de un sueño, sino que estaban en mi presencia; los reconocía en sus rasgos, veía sus cabezas vendadas; eran ellos mismos.

175. Un frío sudor estremeció todo mi cuerpo. Me lancé del lecho, dirigí al cielo mis manos y mi plegaria, y rocié mi hogar con vino. Satisfecho después de haber cumplido estos ritos, fui a Anquises, mi padre, y le referí cuanto acababa de sucederme. Reconoció que por ser doble nuestro origen, y provenir nosotros de dos ramas de antepasados, interpretó mal el oráculo.

180. Y me habló de esta suerte: "¡Oh hijo mío, a quien los destinos de Ilión someten a tales sufrimientos!, sólo Casandra me anunció debidamente lo que sucedería. Bien lo veo ahora, y bien recuerdo la firmeza con que dijo que un porvenir así estaba reservado a nuestra raza.

185. "Hablaba ella a menudo de Hesperia y de cierto reino italiano. Pero ¿quién pudo creer que los troyanos debían ir allí? ¿Y quién, por otra parte, se conmovía ante los oráculos de Casandra? Cedamos, pues, a la orden de Febo, y sigamos, con la guía de nuestra prudencia, un camino mejor." Todos aplaudimos estas palabras, y nos preparamos a obedecerlas.

190. Abandonamos aquellos parajes, en donde quedaban algunos de nuestros hombres enfermos, y desplegamos al viento nuestras velas, adentrándonos por tercera vez en la inmensidad del mar. Cuando ya nuestras naves habían surcado lo bastante las aguas para que toda tierra desapareciese de nuestra vista y no hubiera en torno nuestro más que olas y cielo, una gran nube se detuvo encima de nuestras cabezas, cargada de tempestad y de sombra.

195. Las olas se encresparon al punto; bramaron los vientos, conmoviendo las aguas, y en seguida nos vimos separados y dispersos, al borde de las simas abiertas, o saltando sobre montañas de espuma. Entretanto, las nubes oscurecieron el día, y la lluvia empezó a caer del cielo cual si fuera la noche. Luego hendieron el espacio las llamaradas de los relámpagos.

200. Así perdidos en lo inmenso del mar, navegamos errantes por las revueltas olas, que apenas distinguíamos. El mismo Palinuro[121] declaró que no era posible discernir en el cielo el día de la noche, ni precisar dónde nos hallábamos. Y de este modo pasaron tres días de oscuridad cegadora y tres noches sin estrellas.

205. A la cuarta jornada se divisó, por fin, tierra en el horizonte. En la lejanía vimos montañas y espirales de humo. Entonces plegamos las velas y

---

acabó asesinando a Jasio, pero tuvo que abandonar su país y refugiarse en Tracia, donde se casó con la hija del rey Palas.

[121] El mejor piloto de Eneas.

se encorvaron sobre los remos nuestros hombres. Remaron con ardor, sin tomar aliento siquiera, haciendo saltar la espuma y barriendo para atrás el agua ensombrecida. Así nos salvamos de la tempestad, y llegamos con nuestras naves a las islas Estrófadas[122] .

210. Llaman Estrófadas los griegos a unas islas que emergen del gran mar Jónico, y que habitan la execrable Celeno y las otras arpías desde que el temor las alejó de la casa de Fineo[123] , que se había cerrado para ellas. Jamás pudo engendrar la cólera de los dioses azotes tan crueles ni monstruos tan lúgubres.

215. Tenían rostro de doncellas, pálido y enflaquecido por el hambre; alas, zarpas por uñas en los dedos y un vientre que soltaba de continuo inmundicia. Pusimos pie en tierra, y al momento divisamos, aquí y allá en la llanura, rebaños de bueyes y de cabras que pacían tranquilamente, sin guardián alguno.

220. A ellos nos fuimos, hierro en mano, invitando a los dioses y al propio Júpiter a participar del botín. Y acabamos tendiéndonos en el fondo de la bahía, sobre lechos de hierba, para regalarnos con su carne sabrosa.

225. Entonces bajaron de la montaña las arpías, en un frenético deslizarse por el aire, y cayeron sobre nosotros, sacudiendo las alas entre grandes gritos. Nos arrebataron la comida, dejando en todas partes huella de su contacto inmundo, al que añadían sus chillidos siniestros. Y nos retiramos prestamente de allí.

230. Había un hueco abierto en las rocas, con una cerca de árboles que lo protegían con su sombra, y en él nos refugiamos, instalando de nuevo nuestra mesa y reavivando el fuego en nuestro altar. Pero otra bandada de aves siniestras acudió allí también, de diversos puntos del cielo. Volaron en torno a lo que veían su presa, y llegaron hasta poner en nuestros platos su boca infecta y sus patas ganchudas.

235. Ordené a los míos que tomasen las armas y acometieran a aquella embajada infernal. Me obedecieron todos, ocultando entre las hierbas los escudos y las espadas, y a una señal de la trompeta de Miceno, que estaba de vigilancia en un montículo desde que las arpías planearon su vuelo sobre las costas, mis hombres se lanzaron al ataque, con ánimo de atravesar tan siniestros pájaros del piélago.

240. Pero todos los golpes se embotaban en sus plumas, sin tocar su cuerpo invulnerable. Sin embargo, nuestra violenta acometida les hizo huir, y a poco se remontaban al cielo, dejándonos la comida a medio devorar, y por doquiera el inmundo rastro de sus, deyecciones.

245. Una sola arpía quedó, muy en lo alto de una roca. Se trataba de

---

[122] Islas del mar Jonio, próximas al Peloponeso.

[123] Rey de Bitinia, que mató a sus dos hijos para complacer a la segunda mujer. Los dioses le castigaron dejándole ciego y a merced de las Arpías.

Celeno, profetisa de malos augurios. "¿Nos declaráis la guerra? —chilló—. ¿Es que no contentos con matar nuestros bueyes y abatir nuestras terneras queréis aún, raza de Laomedonte, echar de su reino a las arpías, que nada os hicieron?

250. "Pues oíd y grabad en vuestra memoria lo que voy a deciros. Esta primogénita de las Furias va a revelaros algo que a Febo reveló el Padre omnipotente, y que de Febo Apolo yo lo supe. Pensáis arribar a Italia, invocando en vuestra ayuda el favor de los vientos.

255. "Y arribaréis; os será permitido poner vuestra planta en aquellas costas. Mas no ceñiréis de murallas la ciudad cuya fundación os reserva el destino sin que un hambre espantosa os castigue por lo que acabáis de maltratarnos, un hambre feroz que os llevará a destrozar vuestras mandíbulas y a devorar vuestra propia mesa." Dicho esto, abrió las alas y se perdió en el bosque.

260. La sangre se les heló a mis compañeros, enloquecidos de terror. Perdieron todo ánimo y tiraron las armas. Sólo votos y plegarias acudían a sus labios, para obtener la paz, que estaba en poder de las deidades o de los impuros y siniestros pájaros.

265. Mi padre, en la orilla del mar, con las palmas de las manos abiertas hacia el cielo, se puso a invocar a los grandes poderes, ofreciéndoles sacrificios justos: "¡Oh dioses! ¡Apartad de nosotros tan terrible amenaza! ¡Quitad de nuestro camino tanta desventura! ¡Tened piedad una vez de nosotros, y preservad de todo mal a estos que tanto os veneran!" Luego ordenó que soltásemos las amarras y recogiéramos las cuerdas, y poco después hinchaba nuestras velas el Noto. De nuevo, huyendo de aquel paraje, nos entregábamos a las olas y a la pericia de los que pilotaban nuestros navíos.

270. Divisamos en medio del mar los bosques de Zacinto, Duliquio y Same, y las abruptas rocas de Neritos[124]. Rehuimos los escollos de Ítaca, donde reinó Laertes, y execramos la tierra que había alimentado al feroz Ulises. Más tarde, nuestros ojos descubrieron la cima neblinosa del promontorio Léucade, y el templo de Apolo, tan temido de los navegantes.

275. Ganamos la orilla, extenuadísimos, y llegamos a los muros de una pequeña ciudad. Cayeron de nuestras proas las áncoras, y quedaron las popas alineadas. Y considerándonos dichosos de haber al fin tomado tierra contra toda esperanza, nos purificamos en honor a Júpiter, quemamos en los altares las prometidas ofrendas y celebramos los troyanos juegos en la ribera de Accio[125].

---

[124] Islas griegas.

[125] Promontorio de Acarnania, hoy Accio o Punta della Cevola. En él, y como conmemoración de su victoria sobre Antonio, levantó Octavio un templo en honor de Apolo, instituyendo además unas fiestas periódicas que se celebraban cada cinco

280. Se entregan a esos juegos mis hombres desnudos y untados sus miembros de aceite, lo mismo que en la patria. Y se envanecen de haber esquivado tanta ciudad griega, y de haber proseguido su fuga a través de tantos enemigos. Pero el sol llega ya al término de su ruta anual, y erizan las aguas los aquilones del helado invierno.

285. Cuelgo de la entrada del templo el escudo de bronce que llevara el famoso Abante, y pongo esta inscripción: "Eneas se lo arrancó a los griegos vencedores." Luego ordeno abandonar el puerto y que ocupen sus bancos los remeros.

290. Vuelven mis hombres a golpear el mar y a barrer las aguas, y vemos pronto desaparecer a nuestra espalda los altos muros de los Feacios. Seguimos a lo largo de las costas de Epiro, y entramos en el puerto de Caonio, dirigiéndonos a la elevada ciudad de Butroto.

295. En el camino sale a nuestro encuentro una noticia inesperada: he aquí que Heleno, hijo de Príamo, reina ahora en las ciudades griegas, dueño de la mujer y el cetro de Eaco Pirro. Ésto me deja atónito y ardo en vivos deseos de saber cómo pudieron realizarse así las cosas.

300. Dejo mis naves ancladas en la orilla, y me alejo del puerto. Justamente en un bosque sagrado que se alza ante las puertas de la ciudad, al borde de un arroyuelo que recuerda al Simois, ofrece Andrómaca los presentes fúnebres y los manjares de costumbre a las cenizas de Héctor, invocando a los manes delante de un túmulo de verde césped y dos altares destinados a recibir siempre sus lágrimas.

305. No tiene apenas tiempo de descubrirme, y de ver a mi alrededor armas troyanas, cuando, espantada de semejante prodigio, fija en un punto su vista y abandona el calor sus huesos. Sólo después de largo rato vuelve en sí, y puede finalmente murmurar:

310. "Pero ¿eres tú, en realidad, el que estoy viendo? ¿Eres tú el mismo que te anuncias, hijo de diosa? ¿Vives todavía? Y si no vives ya, porque se fue de ti la luz, ¿puedes decirme qué ha sido de Héctor?" Mientras murmura éstas palabras se deshace en llanto, y llena todo aquel lugar con sus gemidos. Yo no sé qué responder a un alma así traspasada de dolor, y le digo en mi azoramiento, con voz entrecortada:

315. "Vivo, sí, pero se arrastra mi vida por toda clase de infortunios. No duden tus ojos de lo que ven. Pero, dime, ¿qué suerte fue la tuya desde que te viste despojada de tan ilustre esposo? ¿Qué desventura, indigna de ti, osó visitar a la Andrómaca de Héctor? ¿Eres acaso para siempre la mujer de Pirro?"

320. Baja ella los ojos y la voz, y me dice: "¡Feliz como ninguna aquella hija de Príamo condenada a muerte sobre la tumba de un enemigo, ante los

___

años, y a las que Virgilio señala antigüedad remota. Dichas fiestas se llamaban "juegos acciacos."

altos muros de Troya![126] No hubo de ser sorteada, después de la derrota, ni acostarse, cautiva, en el lecho del vencedor.

325. "Después de las cenizas de Troya, y de arrastrarnos por todos los mares, hemos tenido que sufrir el orgullo de un hijo de Aquiles y su insolente juventud, y alumbrar en la servidumbre[127]. Y cuando luego puso sus ojos en Hermione, nieta de Leda, y acabó por quitársela a su esposo, me entregó a mí, esclava suya, a su esclavo Heleno, como si fuera una cosa y no un ser animado.

330. "Mas encendido Orestes de amor por la mujer que le fuera arrebatada, y hostigado por las Furias del crimen, sorprendió a su rival ante el altar de Aquiles y lo degolló. Muerto Pirro, vino a parar una parte de su reino a Heleno, que la ha dado el nombre de Caonia, por Caón el troyano, y que ha levantado en ese monte otra ciudadela también llamada Ilión, cual una nueva Pérgamo.

335. "Pero ¿qué vientos te empujaron hasta aquí? ¿Qué dios te ha hecho desembarcar, sin tú saberlo, en estas costas? ¿Y qué ha sido de Ascanio? ¿Vive? ¿Alienta todavía? Cuando él nació, ya Troya...

340. "¿Siente, por niño que sea, la pérdida de su madre? ¿Se prepara a imitar las viejas virtudes y el valor varonil de su padre Eneas y de su tío Héctor?" Después de esto, la impidieron continuar el llanto y los gemidos.

345. De pronto apareció el héroe Heleno, hijo de Príamo, acompañado de numeroso cortejo. Vino a nosotros lleno de alborozo y nos condujo a su palacio. Por el camino no pronunció palabra que no estuviese empapada en lágrimas[128]. Ya en la ciudad, descubrí que era una pequeña Troya, una Pérgamo que reproducía la grande.

350. Vi un exiguo riachuelo que llevaba el nombre de Janto, y besé el umbral de la Puerta Escea. El rey nos aposentó en amplios pórticos, y se hicieron en el patio interior las acostumbradas libaciones de vino, copa en mano, ante manjares servidos en platos de oro.

355. Transcurrieron así algunos días, hasta que los soplos del cielo nos invitaron a disponer las velas para que el Austro hinchase su lino. Pero antes de partir me dirigí al rey, diciéndole:

360. "¡Oh tú, eco de la voluntad de Febo, del trípode profético y del laurel

---

[126] Polixena, hija de Príamo y cuñada de Andrómaca, fue sacrificada a los manes de Aquiles, muerto traidoramente por Paris, para que no se casara con ella.

[127] Habla en plural, empleando el *nos* autocrático, por el temor de que no se la distinga de los demás cautivos; pero usa el *yo* familiar, al sentirse agobiada por la pesadumbre.

[128] Servio explica el hecho de que Virgilio no ponga frase en boca de Heleno, por temor a que sus palabras no resultasen frías después de las de Andrómaca. Según él, hace bien Heleno en respetar su dolor y en considerarla como sombra sagrada dentro de su palacio, lleno de recuerdos de Troya.

de Claros! ¡Oh tú, que sabes leer en el resplandor de las estrellas y en el vuelo de las aves! Yo te suplico que pongas ante mis ojos el porvenir. Oráculos propicios han trazado mi ruta, y los dioses todos se me manifestaron, con la orden de dirigirme a Italia y desembarcar en esa lejana tierra.

365. "Pero he aquí que la arpía Celeno nos anunció un prodigio insuperable y desconocido, amenazándonos con una lúgubre venganza de los dioses y un hambre siniestra. ¿Qué peligros, pues, tendré aún que evitar? ¿Y de qué medios habré de valerme para ahuyentar tan grandes sufrimientos?"

370. Heleno empezó por sacrificar unas terneras, según la costumbre, para atraer sobre sí el favor de los dioses. Luego deslió las vendas de su cabeza sagrada y me llevó de la mano al santuario de Febo, donde quedé sobrecogido ante la majestad divina. Finalmente, salió de sus labios este oráculo, que Febo le inspiraba, como sacerdote suyo que era:

375. "¡Hijo de diosa!, está, en efecto, bajo el auspicio de la principal divinidad que recorrerás el océano, y es de ello prueba manifiesta el modo como el rey de los dioses dispone los destinos y desenvuelve las vicisitudes, y el orden, además, en que se producen los acontecimientos. Pero he de revelarte algunas cosas que te ahorrarán peligros en esos mares a los que vas a acogerte, y facilitarán tu acceso a las costas de Ausonia.

380. "De lo demás nada puede decirte Heleno, porque las Parcas no le dejan, y porque Juno, hija de Saturno, le prohibe hablar. Esa Italia, que en tu ignorancia te propones hallar en los puertos próximos, está más lejos de lo que te figuras, ya que anchas tierras y dilatados mares nos separan de ella.

385. "Tendrán tus remos que doblarse bajo las aguas largo tiempo, y deberás pasar por el mar de Ausonia, los lagos infernales[129] y la isla de Circe[130], antes de que puedas fundar tu ciudad en lugar seguro. Ahora guarda bien en tu memoria el signo que voy a darte.

390. "Cuando, lleno de inquietud, un día te encuentres a la orilla de cierto río solitario, y veas allí, bajo los robles que limiten sus aguas, una enorme cerda blanca tendida al sol, con treinta lechoncillos blancos asimismo y prendidos de sus ubres, emplaza allí tu ciudad, porque aquél es el término seguro de tus sufrimientos. En cuanto a lo dicho por la arpía de que clavarías los dientes en tu mesa, no abrigues temor.

395. "Tal vez encuentre el destino medio de realizarlo, pero si invocas a Apolo te atenderá. Procura huir de las primeras tierras de la orilla italiana, próximas a nosotros, y que bañan también las ondas oleaginosas de nuestro mar: todas ellas están habitadas por los pérfidos griegos. Allí han levantado sus murallas los Locros de Naryx, y el cretense Idomeneo ha cubierto de

[129] El Averno y Luerín, lagos consagrados a los dioses Plutón y Proserpina.

[130] Maga famosa que convirtió en cerdos a los compañeros de Ulises, con el que tuvo un hijo llamado Telégono. Pasaba por serlo ella del Sol, aunque su padre fue un rey de Acetas, y había nacido en la Cólquida.

soldados la llanura de Salento.

400. "Y allí ha edificado Filoctetes, rey de Melibea, la pequeña ciudad de Petilia. Cuando tu flota haya cruzado el mar y se detenga en la playa deseada, cuida bien, al levantar en la orilla tus altares y consumar los sacrificios en ellos, de cubrirte la cabeza con un velo de púrpura.

405. "De ese modo no descubrirás ningún rostro enemigo a través de las llamas encendidas a favor de los dioses, y todos los presagios adversos quedarán disipados. Cuida también de que tus compañeros observen siempre este rito en las inmolaciones, y obsérvalo tú mismo, para que aprendan en ti tus descendientes a limpiarse de toda mancha.

410. "Cuando hayas abandonado este país y el viento te lleve a las costas de Sicilia, advertirás cómo el cabo Peloro[131] , que parece cerrar el estrecho, huye delante de ti; tuerce entonces a la izquierda, y gana por ese lado la tierra y el mar, huyendo de lo que veas a tu mano derecha.

415. "Hay en esos parajes simas insondables y remolinos violentos. Se dice que en edades remotas no existían una ni otra ribera —¡así cambian los tiempos la faz del mundo!—, sino que era todo una tierra continua, que cierto día cortó el mar embravecido, separando a Sicilia de Hesperia, y bañando una y otra costa desde entonces las aguas, desparramadas y bulliciosas.

420. "Pues en ese paraje hay dos enormes monstruos: Escila en el lado derecho y el implacable Caribdis en el izquierdo. Caribdis tira de las olas, una tras otra, hacia el fondo de sus remolinos, y las vomita luego contra el aire, haciéndolas llegar hasta las estrellas. En cuanto a Escila, oculto en tenebrosa caverna, saca la cabeza de vez en cuando, y atrae a las naves hacia las rocas abruptas.

425. "Tiene este monstruo la apariencia de un ser humano y los pechos de una hermosa doncella, pero es de cintura abajo un dragón horrible, con vientre de lobo y cola de delfín[132] . Deberás, pues, doblar sin prisas el cabo siciliano de Paquino[133] y no temer un largo rodeo, para así evitar el abrazo de Escila, rodeado siempre de sus perros marinos, que pueblan el aire de ladridos feroces.

430. "Además, si alguna ciencia posee Heleno, y puede envanecerse de su inspiración, y si Apolo le llena el alma de verdades, voy a darte un consejo, ¡oh hijo de diosa!, que te servirá por todos los avisos, y que no me cansaré de

---

[131] Según la leyenda, Escila era hija del dios marino Forco. Irritada Circe porque la prefirió a ella otro dios marino llamado Glauco, la convirtió en semejante monstruo, con seis cabezas de perro o de lobo y otras tantas colas de delfín. En cuanto a Caribdis, refiere otra leyenda que era una mujer que robó a Hércules varias vacas, por lo que Júpiter le envió un rayo, matándola y convirtiéndola en peñasco.

[132] El actual Capo di Faro, en Sicilia.

[133] Hoy Capo Passaro.

repetírtelo: adora por encima de toda adoración a la poderosa deidad Juno; eleva hacia ella con todo tu corazón las fórmulas sagradas; y triunfa de esa dominadora a fuerza de dádivas y súplicas.

435. "Así es como tus votos se verán acogidos, y, apenas dejes a tu espalda Sicilia, encontrarás abierto libremente el camino de la italiana tierra. Cuando llegues a la ciudad de Cumas y a los lagos sagrados de Averno, con su cinturón de bosques rumorosos, hallarás una inspirada sibila que canta los destinos desde el agujero de una roca gigante, y que escribe letras y palabras en hojas de árboles[134].

440. "Todos los versos proféticos que esa virgen trazó en tales hojas están puestos en orden y ella los conserva en el interior de su antro, donde permanecen inmóviles, sin que nada los altere. Pero sucede a veces que gira sobre sus goznes la puerta de la gruta y entra en ella el soplo de los vientos.

445. "Entonces el orden de las hojas se desbarata, y todas ellas voltijean en el interior de la cueva, sin que se cuide de recogerlas la sacerdotisa, ni de ordenar nuevamente los versos así dispersos y rotos.

450. "Por eso muchos que van a consultarla abandonan la gruta sin respuesta y se alejan maldiciendo a la sibila. Pero aunque eso te ocurra, por más que se impacienten tus compañeros, y el viento imperioso llame a navegar a tus navíos y prometa hinchar sus velas, no ganes tiempo a costa de renunciar a la sacerdotisa y sus oráculos.

455. "Es necesario que la oigas cantar tu destino, y has de hacer por abrir sus labios y obtener su respuesta. Ella te hablará de los pueblos de Italia, te dirá las guerras que esperan en el porvenir y te expondrá la manera de sortear los obstáculos.

460. "Te dará, por fin, para que la sigas fielmente, una ruta segura. Esto es todo lo que me es permitido indicarte. Marcha, pues, y que los grandes acontecimientos de tu futuro eleven hasta el cielo la grandeza de Troya." Después de estas palabras del rey adivino, dichas en un tono amistoso, ordenó que se llevasen a mis navíos enormes presentes de oro y marfil.

465. E hizo también depositar en ellos ricas fuentes de plata trabajada de Dódona[135], una cota de mallas tejida con tres hilos de oro y un brillante casco de espléndida cimera, armas todas que habían pertenecido a Pirro. Y agregó, además, los regalos destinados a mi padre.

470. Nos dio, por último, caballos y pilotos; completó nuestros equipos de remeros y proveyó de armas a todos mis hombres. Anquises, luego, nos instó a desplegar las velas, porque el viento era favorable. Mas no fue sin que

---

[134] Durante mucho tiempo fue la Sibila de Cumas el oráculo de los romanos.

[135] Andrómaca recibe a Eneas al conjuro del nombre de Héctor, puesto en labios del héroe, y le despide pronunciando ella el de Astianax, su otro doloroso recuerdo y su otro profundo amor. Entre ellos se encierra toda su conversación con Eneas, queda la vida toda de esta mujer, incomparable en su tristeza.

el intérprete de Febo le dijese con una consideración profunda:

475. "¡Oh Anquises, que te juzgaron digno de un soberbio himeneo con Venus, la amada de los dioses, y que dos veces fuiste salvado de las ruinas de Troya!, ahí delante tienes la tierra de Ausonia: corre a ella con velas desplegadas. Pero has de navegar mucho tiempo a todo lo largo de sus riberas, porque está muy lejos todavía la puerta de Ausonia que ha de abrirte Apolo.

480. "Marcha camino de ella, padre dignificado por la bondad de tu hijo. Pero ¿por qué retraso tu partida con mis palabras, si ya el Austro te llama?" Andrómaca, por su, parte, triste también por estas despedidas, regala a Ascanio unas vestiduras recamadas en oro y una clámide frigia. Son obsequios dignos de él, a los que añade muchas telas valiosas.

485. "Acepta esto —le dice—; recibe de mis manos todas estas cosas como un recuerdo, y que sean testimonio a la vez, ¡oh muchacho!, de la inmensa ternura de Andrómaca, mujer de Héctor. Llévatelo todo. Son los últimos presentes que vas a recibir de tu familia, ¡oh sola imagen que queda de mi Astiacnate!

490. "Tenía tus ojos y tus manos, y las líneas delicadas de tu rostro. Y habiendo nacido cuando tú, ahora sería un esbelto adolescente." Yo les dije, mientras me retiraba, con los ojos llenos de lágrimas: "Vivid felices, porque ya la suerte acabó su carrera para vosotros. No así para estos que ahora se despiden y que han de sufrir aún mucho en su camino.

495. "Ganasteis bien vuestro descanso. No tenéis ya que surcar la planicie de los mares, ni ir en busca de una tierra de Ausonia, que huye delante de nosotros conforme avanzamos hacia ella. Tienen vuestros ojos la dicha de contemplar la imagen del Janto y una Troya nueva que levantasteis con vuestras manos bajo los mejores auspicios, y que deseo no reciba nunca la visita de los griegos.

500. "Si entro un día en el Tiber y en los campos próximos al anhelado río, si consigo ver las murallas que a mi raza le fueron prometidas, quiero hacer una de estas dos ciudades unidas por la sangre[136], y uno de estos dos pueblos hermanos, Epiro y Hesperia, que tienen los propios antepasados y conocieron unos mismos afanes: quiero, en fin, hacer de dos Troyas una sola, y que la guarden siempre en la memoria nuestros descendientes[137]."

505. Partimos de allí, y nos damos a navegar a lo largo de los montes Ceraunios, muy poco distantes, por donde es más corta la travesía para llegar a Italia. Cae a poco el sol, y las montañas se cubren de una densa sombra.

---

[136] Se refiere el poeta a las ciudades de Butroto (hoy Butrinto, en el Epiro) y Roma, que fueron las dos fundadas por descendientes de Dárdano.

[137] Octavio fundó la ciudad de Nicópolis en el Epiro, en memoria de la batalla de Accio, y ordenó que se considerase a sus habitantes como hermanos de sangre de los romanos.

Tiramos a suertes la guardia de las naves, y al abrigo de las olas, en el seno de la tierra tan deseada, nos tendemos en la arena de la playa para reponer nuestras fuerzas.

510. Pronto el sueño se apodera de nuestros miembros. Y no llega aún la Noche, arrastrada por las Horas[138] , a la mitad de su carrera, cuando se levanta Palinuro, siempre vigilante, que interroga a los vientos y recoge en sus oídos los soplos del aire.

515. Observa también los astros, que siguen su camino en silencio: Arturo, las lluviosas Híades y ambas Osas; y paseando sus ojos por el cielo divisa a Orión brillantemente armado. Así que ve que todo respira orden, y que no hay más que tranquilidad en el cielo sereno, lanza una clara llamada desde lo alto de su popa: levantamos el campo, y reemprendemos nuestro camino bajo las alas abiertas de nuestras velas.

520. Ya enrojece la Aurora con la huida de las estrellas, cuando a lo lejos distinguimos unas oscuras colinas y una tierra baja, que es Italia. "¡Italia!", grita, el primero, Acates. "¡Italia!", repiten mis compañeros todos, saludándola con fuertes clamores. Anquises, mi padre, toma una ancha copa, que llena de vino, y en pie sobre la popa de la nave más alta, invoca así a los cielos:

525. "¡Dioses poderosos, señores del mar y de la tierra, de los días radiantes y de las tempestades!, ¡hacednos fácil el camino y que vuestro favor nos acompañe siempre!" Hecha esta invocación, redoblan su fuerza las brisas, y buscamos la boca de un puerto que se ensancha y se acerca para recibirnos.

530. Pronto vemos sobre una cumbre el templo de Minerva. Pliegan las velas mis hombres y ponen proa a la orilla. Por el lado en que agita las olas el Euro tiene el puerto una curvatura de arco. En el mar avanza, vigilante, un roquedal eternamente salpicado de la amarga espuma, y nos cobijamos en su interior.

535. Tienen estas rocas figura de torres y abren sus brazos como una doble muralla. Desde ellas, el templo parece huir de nuestros ojos. Un primer presagio: veo cuatro caballos de blancura de nieve, que pacen tranquilamente en una vasta llanura. Ante su vista, mi padre Anquises dice: "¡Oh tierra que vas a recibirnos! Empiezas ya por anunciarnos la guerra.

540. "Es para la guerra para lo que se arma a los caballos, y son estos mismos los que amenazan con la guerra. Pero a veces se les acostumbra a sujetarse a un carro, y a acordar su paso bajo el yugo que se les impone. Hay también, por lo tanto, esperanza de paz." Después de esto, nos dirigimos a la santa divinidad de Palas, la de las armas ruidosas, que es la primera que nos acoge en nuestra triunfante alegría.

---

[138] Los poetas antiguos solían uncir las Horas, lo mismo al carro de la Noche que al del Sol.

545. Cubrimos nuestra cabeza con el velo frigio, para seguir las prescripciones tan encarecidas por Heleno, y ante los altares de la diosa quemamos, conforme a los ritos, las ordenadas ofrendas en honor a Juno. En seguida, y así cumplidos los votos, volvemos hacia el mar las puntas de nuestras vergas, con su carga de linos[139] , y nos alejamos del peligro de los griegos en esta tierra sospechosa.

550. No tardamos en avistar un golfo donde Hércules, según la tradición, fundó a Tarento. Y descubrimos frente a nosotros el santuario de Juno Lacinia, los muros de Caulón, y también Esciláceo, el lugar de los horribles naufragios[140] . Más allá divisamos el Etna.

555. Desde lejos oíamos el bramido inmenso del mar, al azotar bravamente las rocas, y el eco de las olas al romperse, y el chasquido de las espumas que hervían y saltaban revueltas con arena. "Ese es el famoso Cáribdis — dijo mi padre Anquises —; ahí tenéis sus escollos y los temibles roquedales que nos anunció Heleno.

560. "Apartaos de él, compañeros, y poned en los remos toda vuestra fuerza." Todos se apresuran a obedecer. Palinuro, en cabeza, vira hacia la izquierda su proa rechinante, y las demás naves le siguen, bajo el impulso de los remos y el viento. Un remolino, de pronto, parece elevarnos hasta él cielo, y cuando sus aguas se retiran, nos contamos sumidos en los infiernos insondables.

565. Por tres veces oímos los clamores que parten de lo profundo de las rocas, y vemos saltar la espuma, que retorna luego del cielo. Sol y viento nos dejan, después, rendidos de fatiga, y seguimos navegando con incierto rumbo, hasta llegar a la ribera de los Cíclopes.

570. Un gran puerto tranquilo se abre allí, al resguardo de los vientos; pero cerca de él ruge el Etna, con el trueno de sus sacudidas espantosas; el Etna, que vomita contra el cielo una nube negra, de la que brotan blancas cenizas y humaredas de betún, y que parece ir con sus torbellinos de llamas a lamer las propias estrellas.

575. Hay veces en que lanza piedras que arrancó a las entrañas mismas de los montes, y acumula en los aires las mugientes lavas, que forman espirales horrísonas. De ese monte se dice que es la tumba de Encélado, semiabrasado por un rayo, y que el Etna gigante gravita sobre él, dejando pasar por entre las junturas de su horno las llamas que el sepultado respira.

---

[139] Tropo retórico: la *vela,* por el *lino o linos* de que esta hecha.

[140] Escilaceo era una ciudad del Brucio, lo mismo que Caulon; ésta se llama hoy Castro Vetere y aquélla Esquillace. En cuanto al sobrenombre de Lacinia, veníale a Juno del bandido Lacinio, que fue muerto por Hércules, por haber querido robarle unos bueyes. En recuerdo de filio, Hércules levantó un templo a Juno en el cabo que también se llamó Lacinio, y que se conoce hoy con el nombre de Capo delle Colonne.

580. Por eso cada vez que Encélado cambia en su sepulcro de postura, Sicilia entera tiembla y muge, y los cielos se cubren de humo. Pasamos la noche al amparo de los bosques, pero aterrados por el prodigio monstruoso, las causas de cuyo estrépito desconocemos. No hay ya fuego en los astros, ni en el cielo claridad donde puedan brillar las estrellas.

585. La densa oscuridad está cargada de vapores, y una noche cerrada envuelve a la luna en espesa nube[141]. Unas horas después, cuando aparece en lo alto la estrella de la mañana y la Aurora barre del cielo el húmedo vapor de los tinieblas, he aquí que vemos llegar de pronto, de la parte de los bosques, una forma humana, atrozmente escuálida.

590. Es un desconocido de extraño aspecto, que todo él respira miseria, y que avanza y tiende hacia la orilla sus manos suplicantes[142]. Le miramos: muestra una suciedad salvaje, lleva barba hasta el pecho y unas ropas hechas jirones en todas las espinas.

595. Es un griego, sin duda: uno de aquellos hombres a quienes armó su patria y los envió contra Troya. Así que nos reconoce enemigos y ve con nosotros nuestras armas troyanas, vacila, asustado, un instante y se detiene. Pero no tarda en reanudar su marcha, precipitándose hacia la orilla, mientras grita y gime:

600. "Por los astros, por los dioses olímpicos, por esta luz del cielo que nos baña, os pido que me saquéis de aquí, ¡oh troyanos! Llevadme con vosotros adonde queráis. Lo sé y lo confieso: yo bajé un día de las naves griegas, para llevar la guerra a los Penates de Ilión. Mi crimen es ése, y si no tenéis medio de disipar la injuria, sembrad con mis miembros las olas, y que uno tras otro se los engulla el vasto mar.

605. "¡Nada me importa perecer, pero que sea siquiera a manos de los hombres!" Dicho esto, se abraza a nuestras rodillas, apártase de ellas y vuelve a estrujarlas contra su pecho. ¿Quién eres tú? ¿De qué sangre naciste? ¿Qué mala fortuna te ha perseguido? Le hacemos hablar, y le obligamos a que nos lo refiera todo.

610. Mi padre Anquises, sin más esperar, y por sí mismo, le tiende su mano, con lo que el desgraciado recobra la confianza. Y dice, al fin, repuesto ya de su terror: "Era Ítaca mi patria, y es mi nombre Aqueménides. Yo acompañé siempre al malhadado Ulises. Mi padre, Adamasto, era pobre, y tuvo que lanzarme a los azares de la guerra.

615. "¡Ojalá no hubiese salido nunca de mi condición humilde! Vine a estos lugares, y aquí mis compañeros se olvidaron de mí al huir, dejándome en la profunda caverna del Cíclope, que es una gruta vasta y tenebrosa, llena de sangre corrompida. En ella hubo un monstruo que rozaba con su cabeza

[141] Obsérvese cómo Eneas desembarca en la costa de los Cíclopes una noche muy oscura, lo mismo que Ulises.

[142] Esta figura está inspirada, indudablemente, en un pasaje de Sófocles.

las altas luces del cielo.

620. "¡Oh dioses!, ¡librad la tierra de azotes semejantes! Nadie se atrevía a hablar con ese monstruo, ni a mirarle siquiera, porque nutríase con la negra sangre de sus víctimas. Yo le vi, sin embargo, tendido de espaldas en medio de su antro. Le vi coger a dos hombres de una vez, con su mano potente, y aplastarlos contra las rocas, llenando de sangre la guarida hasta su propio umbral.

625. "Presencié asimismo cómo devoraba los miembros de aquellos infelices, que chorreaban un líquido negro, y cómo en la boca le crujían sus carnes, palpitantes aún. Pero ese monstruo tuvo su castigo. Ulises no habría podido soportar tantos horrores, y los hombres de Ítaca se acordaron de quiénes eran cuando llegó el momento.

630. "Esperamos a que el titán engullese su sangrienta comida, bien rociada de vino, y a que se doblara su cabeza, a todo lo largo del antro, con la pesadez del sueño. Entonces invocamos los poderes celestiales, y, luego de sortear el papel de cada uno, nos fuimos todos sobre él.

635. "Le rodeamos convenientemente, y clavamos con toda nuestra fuerza una aguda estaca en su ojo enorme, el único que había entre los pliegues feroces de su frente; un ojo que era como el escudo de Argos o como el disco del sol. Así vengamos, con gran alborozo, la espantosa muerte de nuestros compañeros[143] .

640. "¡Huid de aquí, pues, desdichados! ¡Cortad vuestras amarras en seguida! Gigantescos y salvajes como Polifemo, que guarda en su antro lanosas ovejas de cuyas ubres mama, hay otros Cíclopes no menos monstruosos, que viven aquí y allá en las sinuosidades de estas costas, y que vagan al azar por las altas montañas.

645. "Tres veces se llenaron de luz los cuernos de la luna desde que habito estos bosques, de refugio en refugio, en los propios cubiles de las bestias feroces, y tuve ocasión de ver cómo esos Cíclopes abandonaban sus roquedales, y me estremecí al oír el rumor de sus voces y sus pasos.

650. "Hasta ahora me proporcionaron alimento, aunque exiguo, las ramas de los árboles, y me nutrí de bayas y cerezas silvestres, duras como piedras, y también de las raíces que arranqué por mi mano. Pero he visto vuestras naves, las primeras que divisé en mi destierro, y vengo a entregarme a vosotros voluntariamente, quienesquiera que seáis. ¿Qué más suerte para mí que verme, al fin, libre de la amenaza de estos monstruos? Aquí, pues, tenéis mi vida: tomadla. Nada me importa la muerte que me deis."

655. No acaba apenas el desdichado de decir estas palabras, cuando en lo alto del monte descubrimos al pastor Polifemo, cuya gigante masa se mueve

---

[143] También Ulises, en la poesía homérica, ayudado por cuatro compañeros, traspasa el ojo del Cíclope con la punta de un palo endurecido al fuego. (La Odisea predecesora en este acontecimiento)

en el centro de un rebaño de ovejas. Es un monstruo informe y horrible, sin luz en su único ojo, y parece bajar tranquilamente hacia la orilla. Todo un pino desnudo de ramas, y que en la mano lleva, asegura sus pasos.

660. Le acompañan las ovejas lanosas, su gusto postrero y el único alivio a su desgracia[144] . Ya en la orilla, penetra en el mar, espera la llegada de las grandes olas, y con agua de ellas se lava la sangre que fluye de su ojo vacío, entre hondo gemir y rechinar de dientes. Luego se da un paseo por el mar, sin que lleguen las olas a cubrir siquiera sus costados.

665. Nos apresuramos a huir. Subimos a una nave al infeliz aparecido, que bien lo merece, y cortamos sin ruido las amarras. Encorvados al punto sobre los remos afanosamente, rajamos las olas. El monstruo nos oye y vuelve sus pasos hacia el rumor que producen los remeros.

670. Pero como no puede extender la mano hacia nosotros, ni igualar en su carrera al oleaje de las aguas jónicas, lanza un pavoroso clamor que conmueve el océano, espanta toda la inmensa tierra de Italia y repercute con sus mugidos en los antros del Etna.

675. Y he aquí que a esta llamada empieza a acudir al puerto, desde las altas montañas y los bosques, toda la raza de los Cíclopes, que acaban cubriendo la costa. Vemos en pie, clavando en nosotros su ojo inútilmente formidable, a los hermanos Etneos[145] , que elevan casi hasta el cielo su erguida cabeza, y que forman un conjunto espantoso. No de otro modo se agrupan en las cumbres de los montes las altivas encinas y los puntiagudos cipreses, bien del bosque de Júpiter o de la selva sagrada de Diana[146] .

680. El terror que se apodera de nosotros hace que recojamos las cuerdas, y despleguemos los linos, para ofrecerlos al viento que más favorezca nuestra fuga, sin que sepamos hacia dónde. Pero como las órdenes de Heleno habían advertido a nuestros pilotos que rehuyesen Escila y Caribdis, ya que de uno y otro lado existía el mismo riesgo de muerte, decidimos retroceder.

685. Por fortuna sopla el Bóreas, que nos acorta el cerrado estrecho de Péloro, y doblamos las rocas vivas de la desembocadura del Pantagias[147] , el golfo de Megara y las tierras bajas de Tapso[148] .

690. Todas estas costas nos las va mostrando, por ya él haberlas

---

[144] Se ha querido ver un antecedente de este Cíclope de Virgilio en otro de Teócrito, pero quien más se le asemeja es el de Homero, pastor también y muy amante de su rebaño.

[145] Llamábanse así por habitar el Etna.

[146] El ciprés era árbol consagrado a Diana, diosa infernal bajo el nombre de Hécate. Como tal Hécate llevaba en la mano una antorcha, con la que guiaba a los muertos al infierno.

[147] Río de Sicilia, que desagua en su costa oriental.

[148] Península que cierra a occidente el golfo de Megaro, llamado así por Megara Hiblea, colonia que allí fundaron los dorios griegos de Megara.

recorrido, el compañero del malhadado Ulises. A la entrada del golfo Sicanio, frente al cabo de Plemirio[149], eternamente azotado por las olas, se extiende una isla, a la que sus primeros moradores denominaron Ortigia.

695. Es allí donde, según se dice, el río Alfeo, que baña los campos de Elide, se abrió por debajo del mar un camino misterioso, para mezclar en las fuentes de Aretusa sus aguas con las de Sicilia. Adoramos en este lugar sus divinidades poderosas, según se nos ordenara, y rebasamos las tierras que fecunda el estancado Eloro[150]. Luego costeamos los altos roquedales y los avanzados promontorios de Paquino.

700. Apareció a lo lejos Camarina, siempre inmóvil porque lo quisieron los hados[151], y también la llanura de Gela, así llamada por el nombre de su salvaje río[152]. Poco después las escarpas de Aoragos, vivero antiguamente de caballos magníficos, nos mostraron en la lejanía sus ingentes murallas. Y dejamos atrás, como si se la hubiesen llevado los vientos, a Celino, ciudad de las palmeras.

705. Sorteamos también los escollos Lilíbeos, que traicioneramente se ocultan bajo las aguas, y, por fin, nos recibe en su desapacible ribera el refugio de Drépano. Es aquí donde, después de tan duras travesías y de lucha tal con las tempestades, pierdo, ¡oh dolor!, a mi padre Anquises, mi único sostén en la pena y en el infortunio.

710. Es aquí donde me abandonas a mis desventuras, ¡oh el mejor de los padres!, tú que escapaste inútilmente a tanto y tanto peligro. Nadie me había anunciado esta desdicha horrenda, ni el adivino Heleno, que tantas desgracias me predijo, ni siquiera Celeno, la execrable arpía.

715. Sufro aquí el más rudo golpe, y hago de este lugar el término de mi narración, porque, partiendo de él una deidad me condujo a tus costas, ¡oh reina Dido! Así refiere el divino Eneas, a quien todos escuchan en silencio, sus viajes y desventuras, bajo la voluntad de los hados. Y, finalmente, calla, recogiéndose de nuevo en su serena actitud.

---

[149] Promontorio de la costa oriental siciliana, llamado hoy Punta di Gigante.

[150] Río que Cruza el Valle di Noto, y que hoy se llama Abiso.

[151] Camarina era una ciudad de la costa S. O. de Sicilia, que hoy se llama Torre di Camarina. Es fama que en sus inmediaciones había cierto pantano que prohibió desecar el oráculo de Delfos, pero se rieron de la prohibición los habitantes de la ciudad, y el enemigo se aprovechó del lago desecado para tomarla.

[152] Ciudad del S. O. de Sicilia, llamada hoy Terranova. También alzábase en igual situación la ciudad de Selinunte, hoy en ruinas. Y asimismo se elevaban en la costa occidental de la isla Agrigento (hoy Girgenti), Lilibeo (hoy Marsala) y Drépano (hoy Trápani).

LIBRO IV

ARGUMENTO

Las bellas narraciones de Eneas y la triste exposición de sus desventuras conmueven vivamente a Dido, reina de Cartago, que no puede menos de confesar a su hermana Ana el extraordinario interés que le inspira su huésped. ¡Ah, si ella no hubiese jurado al esposo fidelidad inviolable! Por su parte, Ana alienta esta pasión, y entrambas mujeres se dan a recorrer los templos, leyendo el presagio que desean en las entrañas abiertas de las víctimas.

Juno, que a toda costa quiere impedir el establecimiento de los troyanos en Italia, propone a Venus casar a su hijo Eneas con Dido, y Venus acepta sonriente. Celébrase una gran cacería en honor de Eneas, por deseo expreso de Dido, y durante ella una horrorosa tempestad ahuyenta y dispersa a los cazadores, yendo a refugiarse la reina y el héroe troyano en una misma gruta, que acaban convirtiendo en cámara nupcial. Pronto la noticia de este amor se propaga a toda Libia, causando gran disgusto entre los tirios, y excitando sobremanera al rey númida Yarbas, que había en diferentes ocasiones pretendido a la reina, siendo siempre rechazado por ella. Tanto se indigna este príncipe, que acucie a Júpiter en demanda de que castigue el insulto inferido a su dignidad por la ingrata extranjera.

Júpiter, padre de los dioses, envía un mensaje a Eneas por mediación de Mercurio, que le encuentra presidiendo el embellecimiento de la ciudad, vestido ya de tirio y ornado con todos los presentes que le ha hecho la reina. El dios le acusa de su permanencia en Cartago, olvidado de cumplir su destino y de fundar un reino en Italia para sí y sus descendientes. Eneas sale de su encantamiento y le obedece, ordenando en seguida a sus hombres que preparen las naves.

Se da cuenta Dido y reprocha al amante desleal su disimulo, su ingratitud, su crueldad y su traición. ¿Cómo se atreve a abandonarla, después de ella afrontar el desafecto de sus súbditos y el odio de los príncipes libios? Eneas le responde con frialdad, y no se inmuta siquiera cuando la reina, despechada, se desata en injurias. De vuelta luego en su palacio, envía a la hermana a suplicarle, a pedirle al menos una breve tregua en la partida. Pero Eneas se muestra asimismo inflexible, disponiéndolo todo para hacerse a la vela.

Triste y acongojada la princesa fenicia, rodeada por todas partes de funestos presagios, oye la voz de Siqueo, el esposo muerto que la llama, y decide morir. Trata, para ello, de engañar a la hermana, y finge que una hechicera le prometió la curación de todos sus males, si disponía una hoguera en el patio interior del palacio, y en ella quemaba cuanto dejó el héroe troyano, poniendo encima el lecho que la había perdido.

Y cuando, a la luz incierta del alba, ve alejarse para siempre la flota de

Eneas, enloquecida, desesperada, pálida ya de muerte y con los ojos rameados de sangre, sube a la pira y se atraviesa el pecho con la propia espada del amante. Pero antes de morir lanza contra el que llama su verdugo imprecaciones proféticas, de una gran resonancia a lo largo de la historia, ya que en ellas se encierra toda la lucha posterior entre Roma y Cartago.

En la lenta agonía de la reina desventurada, y como Proserpina no quiera hacerse cargo de ella, porque adelantó voluntariamente su última hora, la diosa Juno se compadece de Dido, y envía a Iris a cortar de su cabeza los cabellos que deben entregarla al dios de las mansiones infernales.

TEXTO

Pero la reina, herida gravemente de mal de amor, siente hervir su sangre, devorada por un fuego secreto. La atormentan el valor de ese hombre, contra quien se han conjurado todas las desdichas, y el esplendor brillante de su raza. Sus rasgos, sus palabras, sus desventuras, todo lo suyo le ha quedado grabado en el corazón, que en vano intenta recobrar la calma.

5. A la mañana siguiente, apenas la aurora llena de claridad la tierra con la antorcha de Febo, y así que se disipa el húmedo vapor de las sombras, Dido, con el alma entristecida, se dirige así a su hermana, que es la mitad de esa alma: "¡Oh Ana, hermana mía!, ¡qué visiones más horrendas empavorecieron mi sueño esta noche y me llenaron de angustia!

10. "Pero ¿qué huésped extraordinario ha entrado en nuestra casa? ¡Qué valor el suyo!, ¡qué gallardía!, ¡qué número de hazañas! Creo en verdad, y no puedo engañarme, que es de la raza de los dioses. El temor fue indicio siempre de bajo nacimiento. Mas ¡ay!, ¡cómo se confabularon los hados contra él! ¡Qué adversidades guerreras ha tenido que sufrir hasta el fin! ¡Qué epopeya la suya!

15. "De no haber ya tomado la firme resolución de no tener esposo, luego que cortaron las Parcas mi primer amor; de no haber concebido un horror muy grande al lecho y a las antorchas nupciales, es posible que por él, y solamente por él, hubiese sucumbido a mi debilidad.

20. "Debo confesártelo, Ana: desde el día en que pereció mi desgraciado esposo Siqueo, y en que mi hermano manchó con su crimen abominable nuestros Penates, ése es el único hombre que supo herir mis sentidos y que me hace vacilar. Veo yo misma las huellas del fuego que me consume.

25. "Pero ábrase la tierra y lléveme a sus profundos abismos; lance el Padre omnipotente un rayo que me precipite en las sombras, en las pálidas sombras del Erebo y en las profundas tinieblas infernales, antes de que yo, ¡oh Pudor![153], te viole y quebrante mis juramentos. Todo mi amor se llevó el

---

[153] El *pudor* latino no tiene el significado que nosotros atribuímos a esa palabra, sino que equivale a "propia estimación."

primero con quien estuve unida; ¡que él lo guarde en su tumba!"

30. Dichas estas palabras, derrama copiosas lágrimas, que caen sobre su vestido. Ana le dice: "¡Oh tú, a quien tu hermana quiere más que a la misma luz! ¿Será posible que consumas tus días y tus noches en el duelo de la viudez?, ¿que ya no conozcas la dulzura de ser madre ni las alegrías de Venus? ¿Crees que las cenizas de los muertos y los Manes que se deslizan en su tumba hacen caso de nuestra felicidad?

35. "Bien está que tu dolor haya rechazado a todos los pretendientes en Libia, como antes a los de Tiro, y que desdeñases a Yarbas[154] y a los otros jefes de la tierra africana, rica en triunfos[155]; pero ¿seguirás combatiendo ahora un amor que te es tan querido? ¿Ignoras acaso los pueblos en que viniste a establecerte?

40. "No olvides que son tus vecinos, por un lado, la raza guerrera e indomable de los Gétulos[156], y los Númidas, caballeros sin freno[157], y la Sirtes inhospitalaria; y que al otro tienes una comarca que convirtió en desierto la sed, y a los Barceos[158], que se hicieron famosos por su indómita furia. ¿Tendré, además, que recordarte el posible levantarse en armas de Tiro y las amenazas de tu hermano?

45. "Por eso creo que ha sido el auspicio de los dioses y el favor de Juno lo que hizo que los vientos empujasen hasta aquí a esas naves troyanas. ¡Oh hermana mía!, ¡qué ciudad llegaría a ser Cartago y qué reino el tuyo con un

---

[154] Virgilio mezcla aquí, como en todo el principio de *La Eneida,* el producto de su imaginación con la leyenda púnica. Léese en ésta que un rey de Getulia llamado Yardas prendose de Dido, apenas establecida en Cartago, y la pidió en matrimonio; pero la viuda le rechazó, firme en su póstuma lealtad a Siqueo. Enfurecido Yarbas, le declaró la guerra, y de tal modo estrechó el cerco a los habitantes de la ciudad, que pidieron a su reina se casara con el sitiador. Dido entonces, no queriendo faltar a la memoria de su esposo, ni hacer la desgracia de sus súbditos, fingió acceder, y, con pretexto de ofrendar a Siqueo el último sacrificio, se arrojó a la hoguera. Virgilio, pues, inspira en esta leyenda el fin que da al personaje de la reina Dido, aunque en su poema tiene tal suicidio otras causas.

El anacronismo sufrido por el poeta es, empero, patente, pues Eneas pertenece al siglo XII antes de Jesucristo, y Dido no vivió hasta trescientos años más tarde.

[155] Tropo retórico en que se toma el efecto por la causa. La tierra africana era rica en triunfos, es decir, en batallas entre sus pueblos numerosos; claro que los triunfos eran tantos como las batallas, porque éstas terminaban siempre con el triunfo de uno de los contendientes.

[156] Habitantes de Getulia, región situada al sur de lo que es hoy Argelia. En ella reinó, según la leyenda, Yarbas, el pretendiente de la reina fenicia.

[157] Se llamaba númidas a los habitantes de Numidia, comarca situada al oeste de Cartago. Según Tito Livio, eran renombrados jinetes, que desconocían las bridas. De ahí su nombre de *infreni* (desenfrenados).

[158] Habitantes de Barca, ciudad de la costa africana situada al E. de Cartago.

esposo así! ¿Cómo haber límite para tu gloria cartaginesa, yendo acompañada por las armas de Troya?

50. "Con sólo que pidas perdón a los dioses, y les ofrendes los sacrificios rituales, podrás entregarte enteramente a la hospitalidad. Busca entonces cada día un pretexto para retrasar la partida de tus huéspedes: la tempestad que se cierne sobre el mar, el lluvioso Orión, los navíos indefensos, el cielo irritado..."

55. Estas palabras avivaron el fuego que ardía ya en el corazón de Dido, y llenaron de esperanza su alma atormentada, acallando la voz del pudor. Empezaron por dirigirse entrambas mujeres a los templos, para ir de altar en altar buscando la paz. Luego, según la costumbre, escogieron e inmolaron unas ovejas a Ceres la legisladora[159], a Febo, al divino Baco y, sobre todo, a Juno, que preside la unión en los matrimonios.

60. La misma Dido, resplandeciente de belleza, con la copa en la mano, derramó el vino entre los cuernos de una ternera blanca, y dio unos pasos lentos ante las imágenes de los dioses, en torno al altar manchado de sangre[160]. Después de esto, renovó los sacrificios como si el día apareciese de nuevo, e inclinó sus labios anhelantes sobre los costados abiertos de las víctimas, para leer en sus entrañas.

65. Mas, ¡ay!, ¡qué grande es la ignorancia de los arúspices! ¿De qué servirán a un alma apasionada las ceremonias y los templos? Poco a poco la devora una llama, y una herida silenciosa va socavando su corazón. Por eso la infortunada Dido anda errante por la ciudad, extraviados los ojos y contrito el espíritu.

70. No de otro modo vaga por los bosques de Creta la cervatilla a la que una flecha hirió de improviso. Al azar la arrojó el pastor que la perseguía, y dio en ella sin saberlo. De ahí que la pobre corre, empavorecida, por la espesura; pero el hierro mortal sigue clavado en sus lomos.

75. Lleva la reina a Eneas al centro de las edificaciones, y le muestra allí con orgullo la opulencia de la ciudad que está bajo su mando. Empieza frases, mientras habla, que no concluye. Cuando el día cae, dispone celebrar otro banquete como el de la víspera, y en su delirio pide al héroe troyano que recite nuevamente las desgracias de Ilión. Y nuevamente queda la reina prendida de sus labios.

80. Al separarse más tarde, porque la pálida luna amortiguó su claror y el declinar de los astros aconsejó dormir, sola y triste la reina en su mansión desierta, tiéndese en el mismo lecho que él abandonara. Así continúa

---

[159] Atribuíase a Ceres el haber enseñado a los hombres a cultivar los campos. Y se la llamaba "legisladora", porque con las labores agrícolas inventó las leyes por que éstas habían de regirse, dando así origen al derecho de propiedad.

[160] Las matronas romanas, antes de los sacrificios, daban vueltas en torno al altar, con una antorcha en la mano.

viéndole, y le escucha todavía, y retiene entre sus brazos a Ascanio, fascinada por lo que se asemeja a su padre, para engañarse de ese modo con un inefable amor[161] .

85. Mas dejan ya de elevarse las torres comenzadas, y de ejercitarse en las armas la juventud; se suspenden las obras del puerto y de las fortificaciones; se interrumpen los trabajos, y quedan vacíos, en las gigantescas murallas, los andamios que llegaban al cielo.

90. Ve esto Juno, la amada esposa de Júpiter, y comprendiendo que Dido se halla bajo una fiebre tal que pospone al amor toda su gloria, vuélvese a Venus y le dice: "¡He ahí un alto honor y un elevado triunfo para ti y tu hijo! He ahí un acontecimiento de veras memorable: ¡una mujer indefensa, vencida por dos dioses!

95. "Bien veo que te causan temor nuestras murallas y que tienes recelo de este encumbramiento de Cartago. Pero ¿por qué no han de cesar nuestras querellas? ¿Adónde va a llevarnos esta rivalidad?

100. "¿Y si acordáramos entre las dos una paz eterna, que quedase confirmada con un himeneo? Has conseguido ya lo que quisiste con toda tu alma: Dido emponzoñada de amor. ¿Por qué, pues, no juntar a nuestros pueblos, y gobernarlos bajo auspicios iguales?[162] . Dido obedecería así a un esposo frigio, y pondría bajo tu mano toda la gente tiria que llevase en dote."

105. Comprende Venus la añagaza de Juno, y que no busca esta diosa más que llevarse a sus tierras libias el imperio prometido a Italia; y responde así: "¿Quién habría tan insensato que rehusara tu ofrecimiento, y prefiriese la guerra contra ti? Pero es preciso que la fortuna apruebe lo que propones.

110. "Me inquietan los hados. Me pregunto a mí misma si querrá Júpiter que una ciudad de tirios y un pueblo errante escapado de Troya se mezclen o se alíen[163] . Tú eres su esposa, y sabes bien el efecto que en él causan tus súplicas. A mí no me toca más que seguirte."

115. Juno vuelve a hablar: "Ese cuidado me pertenece. Por de pronto, voy a decirte en pocas palabras qué debemos hacer para ir más de prisa. Eneas y la desgraciada Dido saldrán mañana de la ciudad, para cazar en la selva, cuando se eleve el sol y rasguen sus rayos el velo de sombra en que se envuelve el orbe.

120. "Pues bien; así que los cazadores tiendan las redes entre la espesura, yo lanzaré sobre sus cabezas una negra nube cargada de granizo, mientras en el espacio tabletea el trueno. Y todos huirán despavoridos, en las sombras

---

[161] Virgilio sobrepasa a todos los autores antiguos en la pintura de este desolado amor. Ni Apolonio ni Cátulo acertaron a describir con tan tiernos y vivos colores la angustia de un pobre corazón femenino enamorado.

[162] Juno hace a Venus una proposición de mentalidad romana. En Roma, la autoridad estaba vinculada al derecho de consultar a los oráculos para el Estado.

[163] Alusión a la rivalidad entre Roma y Cartago.

densas que simularán la noche, menos Eneas y Dido, que irán a refugiarse en una misma gruta.

125. "Allí estaré yo, y, si te place mi intento, los uniré por las leyes del matrimonio, y Dido será de Eneas para siempre, porque el himeneo se habrá consumado." Citerea se guarda bien de oponerse a este designio; lo aprueba, pues, y sonríe ante tamaña astucia.

130. Cuando la Aurora se levanta y abandona el océano, y así que aparecen las primeras luces del sol, sale por las puertas de la ciudad toda la gente que se escogió para la cacería. Llevan redes de fuertes mallas, tableros y lanzas larguísimas. Entre ellos se destacan los jinetes masilios, y la jauría de perros que olfatean el aire.

135. Los magnates de Cartago esperan en el umbral de palacio a la reina, que se entretiene en su cámara. También la aguarda su caballo, enjaezado de púrpura y oro, impaciente, tascando con altivez el freno, blanco de espuma. Por fin, aparece Dido, en medio de un cortejo numeroso. Se envuelve en una clámide de Sidón, con las franjas bordadas. Lleva un carcaj de oro, y son también de oro sus cabellos, anudados graciosamente. Y de oro el broche que recoge su vestido purpúreo.

140. Un grupo de frigios la rodea, y la escolta también el joven Ascanio, radiante de alegría. Pero entre todo el acompañamiento descuella Eneas, el más hermoso de los príncipes. Recuerda a Apolo cuando deja los hielos de Licia y las aguas del Janto[164] , para volver a la materna Delos.

145. Apolo entonces recibe el homenaje de los coros, y se mezclan y confunden alrededor de sus altares los Cretenses, los Dríopes y los Argatisos de pintado cuerpo; y así el dios pasea por las cumbres de Cinto, con los cabellos ondulantes coronados de hojas y ceñidos de oro, y con los brillantes dardos a la espalda.

150. Esa es la figura que recuerda Eneas, y una hermosura igual a la de Apolo irradia de su rostro sereno. Cuando el cortejo llega a las altas montañas y a los parajes donde acaban todos los caminos, unas cabras salvajes saltan de los riscos y desaparecen por la pendiente de los montes, mientras los ciervos cruzan al galope la extensión dilatada de los llanos.

155. Se les ve abandonar las montañas, agruparse y huir entre nubes de polvo. Ascanio, en el centro del valle, acosa a su corcel jubilosamente para perseguirlos, y ora adelanta a éste, ora a aquel otro; mas fuera su gusto que de en medio del rebaño surgiese un jabalí espumeante o que bajara de los montes un fiero león.

160. Entretanto, empieza el cielo a cubrirse con gruesa nube, que pronto

---

[164] No es este río el Janto, de Tracia, sino otro de Anatolia. De los pueblos que a continuación se citan, los dríopes ocupaban el valle del Parnaso, siendo un pueblo pelásgico, originario de Tesalia; y los agatirsos vivían, probablemente, en lo que hoy es Rumania.

se deshace en lluvia furiosa mezclada con granizo. Huyen todos amedrentados, en busca de lugar donde guarecerse: tanto la escolta de tirios como la juventud de Troya y el mismo nieto de Venus. Los torrentes se precipitan con estruendo desde las alturas.

165. La reina y Eneas coinciden en una misma gruta. Dan la primera señal la Tierra y Juno, que preside los himeneos. Brillan las estrellas en el cielo, cómplice de estas bodas, y en lo alto de los montes entonan las ninfas el canto nupcial. Pero empiezan aquí las desgracias de Dido y la causa principal de su muerte.

170. Entregada al amor, nada le preocupa, ni el vigilar siquiera su gloria. Por lo demás, no es un amor clandestino lo que cobija en su alma, sino que piensa dignificarlo con el matrimonio, y este afán encubre su falta. Pero pronto la Fama recorre las grandes ciudades de Libia.

175. La Fama es más veloz que la corriente de los más veloces ríos. Moverse es su vida y el volar acrece sus fuerzas. Es en su nacimiento humilde y temerosa, pero pronto se remonta en los aires. Tiene los pies en el suelo y oculta su cabeza entre las nubes. Esa es la Fama, de quien se dice que es hija de la Tierra, la que, furiosa contra las deidades, alumbró esta última hermana de Esceo y Encélado.

180. Tiene los pies alígeros y las alas prontas, y es un monstruo enorme y horrible, que lleva tantos ojos como plumas en su cuerpo, y además, ¡oh prodigio!, tantas lenguas y bocas rumorosas y orejas atentas como plumas y como ojos. Vuela de noche entre cielo y tierra, llenando las sombras con su voz estridente; y no se abate jamás el dulce sueño sobre sus párpados.

185. De día anda siempre vigilante por las techumbres de las casas o las torres de los palacios y amedrenta a las ciudades, porque lo mismo cabalga sobre la mentira y la calumnia que sobre la verdad[165] . Su placer más grande es llenar con mil ecos el espíritu de los pueblos, anunciando igualmente lo que ha pasado y lo que no ha sucedido.

190. Eso hace ahora al propalar el nombre de Eneas: dice que el príncipe de troyana sangre ha pretendido a la reina y ésta no le ha desdeñado; y que uno y otro se bañan en mimos y delicias a lo largo del invierno, sin acordarse de sus reinados y cautivos de vergonzosa pasión. No es otra la nueva que la infame diosa hace correr de boca en boca entre los hombres.

195. Y no contenta aún la Fama con sembrar estos rumores en Cartago, vuela hasta el palacio del rey Yarbas, donde con ellos inflama su espíritu y aviva más el fuego de su cólera. Este príncipe, hijo de Ammón y de una ninfa

---

[165] En *La Ilíada* puede verse una descripción de la Discordia, que parece coincidir con la que Virgilio hace de la Fama. Sin embargo, se debe al poeta la explicación de su origen, que no conocieron sus antecesores. En *Edipo* de Sófocles, se la supone hija de la Esperanza; pero lo era más propiamente de la Tierra, madre de monstruos, como tal monstruo ella misma.

del país de los Garamantes[166] , protegida por la divinidad, había elevado a Júpiter en su vasto reino cien templos enormes, donde ardía la llama inextinguible del homenaje al rey de los cielos.

200. La tierra, al mismo tiempo, estaba empapada siempre de sangre de los rebaños, y los atrios todos enguirnaldados de hojas y de flores. La noticia de los amores de Dido y Eneas le exasperó de tal modo que, según se dice, dirigiose a los altares y, ante las imágenes de los dioses, habló así a Júpiter, tendiendo al cielo sus manos suplicantes:

205. "¡Oh Júpiter todopoderoso, en cuyo honor los Maurusios, tendidos en bordados lechos, celebran hoy sus festines con grandes libaciones!, ¿no ves, por ventura, lo que pasa? ¿Será que nos sobrecogemos sin razón cuando fulminas tu rayo?, ¿o que no la hay tampoco para que se llenen de pavor nuestras almas cuando los relámpagos atraviesan las nubes? ¿Es acaso inofensivo y vano todo el estrépito de las tormentas?

210. "Porque he aquí que una mujer vagabunda, llegada tiempo atrás a nuestra tierra, que en ella compró a precio de plata lugar para construir una ciudad miserable, y a la que dimos, con nuestras leyes, un pedazo de costa para engrandecerse, me rechazó a mí como esposo y ahora acoge en su reino a Eneas como a dueño y señor.

215. "Ahí tienes a ese nuevo Paris, con un cortejo de afeminados, embebidos en perfume la barba y los cabellos, y gozando de su presa. Es para eso, sin duda, para lo que estamos llevando ofrendas a tus altares, y rendimos homenaje a tu pretendida omnipotencia."

220. Oye con atención estas palabras el Padre de los dioses, abarca con su vista el altar y dirige luego la mirada a los muros de la ciudad cartaginesa y a la pareja de amantes que así olvidó lo excelso de sus nombres. Después se dirige a Mercurio[167] , y le habla de esta suerte:

225. "Llama a los Céfiros, hijo mío, y baja en un vuelo a la tierra. El héroe troyano se entretiene en Cartago, entre los tirios, y no piensa ya en la ciudad que debe fundar por acuerdo del hado. Háblale, pues, y tráeme en otro vuelo su respuesta. No es ése el hombre que me presentó su madre, la más bella entre las diosas, que dos veces le salvó de las armas griegas.

230. "No es el hombre que ha de gobernar a una Italia inquieta y belicosa, con cosecha de imperios en el vientre, ni el que ha de propagar la noble raza nacida de la sangre de Teucro, y someter a sus leyes al universo entero. Pero si no basta a inflamarle el honor de estos acontecimientos, ni quiere trabajar

---

[166] Pueblo próximo a Etiopía, que ocupaba el territorio situado al S. O. del oasis de Siwah.

[167] Era el mismo Hermes de los griegos, hijo de Júpiter y Maya, ninfa del monte Cilene e hija de Atlas. Servía a los dioses de mensajero y alcahuete, sobre todo a su padre Júpiter, y en tales embajadas sustituyó a Iris De su amorosa coyunda con la ninfa Lara nacieron los llamados dioses Lares.

por su gloria, ¿negará también a su hijo Ascanio la gloria y el honor que para sí no quiere, alejándole de las alturas de, Roma?

235. "¿Cuál es su pensamiento, entonces? ¿Qué esperanza le retiene en un pueblo adversario? ¿Por qué olvida así su posteridad itálica y los campos de Lavinio? ¡Que se haga al mar nuevamente! Dile que le conmino a ello con esta última palabra." No acaba de hablar Júpiter cuando ya Mercurio se dispone a obedecer las órdenes de su padre soberano.

240. En seguida se calza las sandalias de oro, cuyas alas, tan rápidas como el viento, le llevan a su voluntad por encima de la tierra y por sobre los mares. Y toma su vara, con la que saca unas pálidas Sombras del Orco y lleva otras al infierno, con la que da y quita el sueño, y vuelve a abrir los ojos cerrados por la muerte.

245. Valiéndose de ella es como excita ahora a los vientos, y vuela por el espacio, lleno de nubarrones. Pronto divisa la cumbre y las escarpadas laderas del robusto Atlante, que sostiene el cielo sobre su frente; del Atlante cuya cabeza coronada de pinos y de nieblas está siempre bajo el azote de las lluvias y los huracanes[168].

250. La nieve le cubre, además, los hombros, como un manto; y los torrentes se precipitan por los surcos de sus mejillas, a la vez que los hielos erizan su barba hirsuta de anciano. Sobre él se posa el Cilenio[169], sostenido por sus grandes alas abiertas.

255. Y lo abandona luego para dirigirse hacia el mar, como el pájaro que apenas roza la superficie de las aguas, a lo largo de las costas y en torno a los peñascos donde se cobijan los pececillos. Así es como Mercurio, luego de separarse de su abuelo materno, vuela entre cielo y tierra, cortando los vientos, en dirección a las playas de Libia.

260. Toca apenas con sus alados pies las primeras viviendas de la ciudad púnica, cuando ya ve a Eneas, ocupado en levantar murallas y planear nuevas edificaciones. Lleva el héroe frigio una espada guarnecida de piedras, y todo él resplandece bajo el manto de púrpura de Tiro que pende de sus hombros. Mercurio le dice así:

265. "Te veo en trance de ensanchar la soberbia Cartago, y, para agradar a tu esposa, de construirle una nueva y bella ciudad. Pero te olvidas de tu reino y de tu destino, y a recordártelo me envía a ti, desde la altura del Olimpo luminoso, el rey de los dioses, por cuya voluntad se rigen cielo y tierra.

270. "El mismo me ha ordenado traerte su mensaje a través de los

---

[168] Júpiter había castigado a Atlante, por rebelde, a llevar sobre sus hombros el peso de los cielos. Virgilio lo pinta como viejo y como montaña. En rigor era viejo, porque viejas son las montañas, como el mundo; y era montaña, porque todas ellas parecen titanes sosteniendo el cielo.

[169] Llamábase así a Mercurio, por suponerse que nació en el Monte Cileno, en Arcadia.

vientos. ¿Qué piensas, pues? ¿En qué esperanza pierdes los días, puesto que no abandonas esta ribera púnica? Si no te conmueve ya la gloria de tu destino, ni el honor de los grandes acontecimientos que te están reservados, vuelve a Ascanio tus ojos: va a ser pronto un hombre, y tiene derecho a tu herencia y a gobernar un día el reino de Italia y de la tierra romana."

275. Dichas estas palabras, el Cilenio se borra ante las miradas de los humanos, y se convierte en un ligero vapor que se aleja de ellos. Eneas calla, abstraído, impresionado por semejante aparición.

280. Tiene erizados los cabellos, y se ha pegado la voz a su garganta. Siente de súbito una gran prisa de huir, de abandonar esta tierra demasiado grata. Le han herido, lo mismo que un rayo, el aviso y la orden de la divinidad. Mas ¿qué hacer ahora? ¿Qué palabras encontrará para comunicar su decisión a una reina apasionada? ¿Cómo, en fin, decírselo?

285. Su espíritu se puebla de dudas, y en él asoman y desaparecen los planes más diversos, que, al huir, le dejan lleno de malestar y de angustia. Después de mucho pensarlo, toma el partido que mejor le parece; llama a Mnesteo, a Sergesto y Serestes, y les manda armar en secreto las naves y reunir a los compañeros en la playa, prontos todos a hacerse a la mar, sin que nadie se entere de estos preparativos.

290. El, entretanto, y puesto que la generosa Dido nada sabe, ni mucho menos espera la ruptura de un amor tan grande, buscará la ocasión más propicia y el camino más recto para llegar hasta su alma con la nueva cruel. Los hombres todos se aprestan jubilosamente a obedecer la orden recibida.

295. Mas ¿quién podrá engañar a una mujer enamorada? La reina es la primera en presentir el abandono, y en sorprender la maniobra que se prepara, cuando ella lo creía todo más firme y seguro. La despiadada Fama, además, enciende en ella el furor, llevándole todas las noticias de las naves que se disponen a partir.

300. Pierde la hermosa púnica el dominio sobre sí misma, se desencadena toda ella y corre por la ciudad, con el corazón en llamas, igual que una bacante[170] . Parécese a las que en las orgías trienales se excitan a la vista de los objetos sagrados y, a los gritos de Baco, en la noche que llenan de clamores el monte Citerón[171] . Por fin, decide adelantarse y se dirige a Eneas:

305. "¡Oh pérfido! —le dice—; pero ¿esperabas disimular un sacrilegio tal, y abandonar mi país, ignorándolo yo? ¿Es posible que nada te detuviese, ni nuestro amor, ni tus juramentos de ayer, ni la muerte espantosa de que va a morir Dido? He aquí que te veo reparar las naves, bajo las constelaciones

---

[170] Sacerdotisa de Baco. Deriva asimismo de esta palabra la voz "bacanal", orgía en que acababan las fiestas en honor del dios de las viñas.

[171] Monte deBeocia, frecuentado por las bacantes. Estas acudían allí cada dos años, en la época del solsticio de invierno, para celebrar las bacanales. Quedaban los templos abiertos, y empezábase por saquear los objetos del culto.

de invierno, e impaciente por hacerte a la mar, cuando soplan con fuerza mayor los aquilones.

310. "¿Pues qué? Si no te hallases en tierra extranjera y en moradas desconocidas, si estuviera en pie todavía la vieja Troya, ¿te irías a ella, a través de los mares encrespados? ¿Es, pues, de mí de quien huyes? Déjame suplicarte por mis lágrimas y por tu mano diestra, ya que en esta desgracia sólo me quedan lágrimas y súplicas.

315. "Déjame que te pida por nuestra unión, por las primicias de nuestro himeneo. Si nunca te hice más que bien, si no hallaste en mí más que dulzura, ¡ten piedad de mi casa, que va a desplomarse! ¡Si eres todavía sensible a las plegarias, abandona ese designio aborrecible!

320. "Por ti afronté el odio de los pueblos de Libia, el furor de los tiranos númidas y la enemistad de los tirios. Por ti y sólo por ti, renuncié a mi pudor, y perdí aquella mi fama que se bastaba para elevarme hasta los cielos. ¿Por qué abandonas a la que va a morir, huésped mío, único nombre que puedo darte, prohibido el de esposo?

325. "¿Qué conseguiré prolongando mi vida? ¿Que venga mi hermano Pigmalión a derrocar mis murallas?, ¿que el gétulo Yarbas se presente aquí a hacerme su cautiva? Si al menos, y ya que así huyes, hubiese yo alumbrado un hijo tuyo, si ahora tuviera en mi corazón otro Eneas, un pequeño ser que me recordara las líneas de tu rostro, te digo en verdad que casi no me sentiría en abandono ni traicionada."

330. No dijo más. El héroe troyano tenía fijos los ojos, bajo la advertencia conminatoria de Júpiter, y se esforzaba en mantenerse dueño de su atormentado corazón. Por fin, contestó, reposadamente: "¿Cómo renegar de ti? Puedes decir a todos los vientos lo mucho que te debo: nunca lo negaré, ¡oh reina! Jamás Elisa se apartará de mi memoria, y siempre vendrá conmigo su recuerdo, como un soplo que anime mi vida.

335. "Va a ser breve mi defensa. No te imagines que pensé siquiera en ocultarte con astucia mi partida. Por lo demás, nunca te prometí las antorchas del himeneo, ni contraje jamás tal compromiso.

340. "Si los hados me hubiesen consentido ordenar las cosas a mi antojo, llevar mi vida bajo mis propios auspicios, no hubiese ya salido de Troya, honrando allí a mis queridos muertos. Habría sido levantado de nuevo el palacio de Príamo, y mi mano hubiese edificado otra ciudad de Pérgamo para los vencidos.

345. "Pero es a la gran Italia adonde me conducen Apolo Grineo y los oráculos licios; y es en Italia donde están mis amores; y es Italia mi patria. Si a ti, que vienes de Fenicia, te retienen los muros de Cartago, de esta ciudad libia que ahora está bajo tus ojos, ¿por qué envidiar su destino en la tierra de Ausonia a los que vienen de Pérgamo? También a nosotros nos permiten los dioses ir en busca de un reino extranjero.

350. "Cada vez que cubre la noche la tierra con su húmedo vapor, y que

los puntos de luz se cuelgan del espacio, he aquí que mi padre Anquises viene a atemorizarme en sueños con sus admoniciones. Y pienso, además, en el joven Ascanio y en el daño que puedo causar a ser tan querido privándole del reino itálico y de las tierras que le están destinadas.

355. "Por otra parte, he recibido hoy un mensaje de los dioses, y pongo de ello por testimonio a nuestras propias cabezas. Me lo ha enviado el mismo Júpiter, valiéndose de las alas de un dios, para por los aires transmitirme sus órdenes. Yo he visto a ese dios, con el relámpago luminoso que me lo ha revelado. Le he visto penetrar en el recinto de tus muros, y he escuchado su voz.

360. "Cesen, pues, para ti y para mí las lamentaciones inútiles. No puedo hacer otra cosa que seguir mi camino, hacia las riberas de Italia." Mientras esto iba diciendo, la reina le ha dirigido algunas miradas oblicuas. Ahora sus ojos, antes de aquí para allá, se detienen en él, le recorren en silencio de pies a cabeza, y brillan, por fin, en la cólera con que su dueña y señora responde a Eneas:

365. "¡Oh pérfido! No eres hijo de una diosa; ni fue tampoco Dárdano el fundador de tu raza. Ha sido el Cáucaso quien te engendró en los abruptos peñascales que lo erizan, y los propios tigres de Hircania quienes te amamantaron. ¿Qué debo ya disimular? ¿Qué mayores ultrajes puedo esperar de ti? ¿Gemiste quizá a mi dolor? ¿Por ventura has vuelto tus ojos a los míos?

370. "¿Les he arrancado una sola lágrima? ¿Tuvieron piedad acaso de su amante? ¿Qué puedo imaginar ya peor? Ni la poderosa Juno ni Saturno, padre de los dioses, pueden conseguir que llegue a esta mujer una mirada de compasión. ¿En quién, pues, confiar? Él era un pobre ser perdido; le faltaba todo, y todo yo se lo di.

375. "Hasta quise, en mi locura, partir el trono con él. Tenía perdidas las naves y extraviados a sus compañeros, y yo los salvé a todos de la muerte. Pero, ¡ah!, ¡la cólera me devora! Hoy le han hablado los augurios de Apolo y los oráculos licios; hoy ha recibido un mensaje de los dioses, enviado por el mismo Júpiter sobre el pavés de los vientos, con esta orden abominable. ¡Buen trabajo el de los dioses en el Olimpo y serios cuidados los que turban su quietud!

380. "No te retengo más y nada tengo tampoco que decirte. Sigue tu camino hacia Italia, bajo el soplo del aquilón; llega a tu reino a través de los mares. Si las justas deidades tienen algún poder, yo espero que agotarás todos los suplicios en medio de los escollos, repitiendo sin cesar el nombre de Dido. Ausente de ti, he de seguirte, sin embargo, armada con mis antorchas fúnebres.

385. "Y cuando el frío de la muerte haya separado el alma de mis miembros, allí donde fueres te seguirá mi sombra. Has de purgar tu crimen, miserable. ¡Yo lo sabré, porque esa anhelada noticia vendrá en mi busca al profundo abismo de los Manes!" Al llegar aquí se detiene bruscamente, y cae

desvanecida ante los ojos de Eneas.

390. Éste, que se disponía a contestar como era debido, queda lleno de temor y perplejidad, mientras las damas recogen a la reina, y llevándosela a su cámara de mármol la dejan en el lecho. Bien quisiera Eneas apaciguar su dolor, consolarla, apartar de ella pensamientos tan lacerantes.

395. Pero por más que sufra también su alma, mientras arde en un gran amor, tiene que obedecer las órdenes de los dioses y retornar a sus navíos. Ocúpanse los troyanos en el rudo trabajo de sacar estos navíos al mar, y quedan pronto a flote las carenas revocadas de pez. Luego trasladan a ellos desde el bosque los nuevos remos, sin deshojar todavía, y los troncos aún rústicos, por la prisa en la fuga.

400. Hay que verlos correr de la ciudad a la playa, acudiendo de todos los puntos. Se los creería hormigas que desvalijasen un montón de trigo y se lo llevaran entre todas a su agujero, en previsión de la invernada. Las hormigas cruzan la llanura como un negro batallón, y acarrean su botín por los hierbajos, en los estrechos senderos.

405. Unas empujan los enormes granos con toda la fuerza de sus espaldas; otras, en tanto, reúnen a las dispersas y aceleran a las rezagadas. El camino entero no es todo él más que agitación y trabajo. ¿Y qué piensas tú, ¡oh reina Dido!, presenciando todo esto?

410. ¿Qué gemidos no abandonarán tu pecho cuando, desde las alturas de tu palacio, ves toda esta agitación de la costa, que puebla el mar de clamores? ¡Oh amor, cómo juegas con los corazones humanos! ¡He ahí una soberana reducida con todo su poder a derramar lágrimas abundantes, a suplicar hasta el fin, y a inclinar sobre el amor su soberbia! Porque es preciso que lo intente todo, para ahorrar una muerte inútil.

415. "Ana —dice a su hermana del alma—, ¿ves ese trajín de la costa? De todas partes han acudido esos hombres, con la prisa de huir. Y despliegan las velas; y coronan las popas de las naves. Si he llegado a encerrar en mi espíritu un dolor tan inmenso, podré también soportarlo hasta el fin.

420. "Préstame, pues, Ana, el último servicio en mi desventura. Tú eres la única a quien vio con buenos ojos ese pérfido; la sola confidente de su secreto pensamiento; la que conoce el camino más seguro para ir a su corazón, y la que sabe escoger los momentos más favorables. Anda, pues, hermana mía, y suplica en mi nombre a ese extranjero orgulloso.

425. "Yo no estuve en Aulide[172], ni juré allí con los griegos la ruina de la nación troyana. Tampoco envié mis naves contra Pérgamo, ni violé las cenizas ni los Manes de su padre Anquises. ¿Por qué cierra, entonces, a mis palabras sus oídos despiadados? ¿Y adónde va ahora? No le pide esta desgraciada más que una gracia y es la última: que espere ocasión mejor para

---

[172] Ciudad de Grecia, en Beocia, donde los griegos hicieron el juramento de no volver a la patria sin haberse apoderado de Troya.

huir, cuando los vientos le sean más propicios.

430. "No invoco nuestro himeneo de ayer, que él ha traicionado, ni quiero privarle de su hermoso Lacio, ni hacer que por mí renuncie a su reino. Le pido simplemente el pequeño favor de una demora, de una tregua, el tiempo preciso para calmarme, y que la adversa fortuna que me ha vencido me enseñe a sufrir.

435. "Ésa es la sola gracia que imploro. Ten piedad de tu hermana. Si él me concede lo que pido, de sobra se verá recompensado con mi muerte[173]." Así suplica la infeliz, y la pobre hermana lleva a Eneas todos sus gemidos. Pero Eneas no se inmuta; ni una sola lágrima derrama; ni una palabra sola le conmueve. En él se oponen los hados a la piedad, y un dios le cerró los oídos a ella.

440. Recuerda el héroe troyano a esas encinas inconmovibles de las altas montañas, que resisten uno y otro asalto de los huracanes; por el suelo esparcen la lluvia de sus hojas, pero mientras dan al cielo la cabellera de sus ramas, quedan sus troncos sujetos reciamente a los peñascos, y llegan sus raíces hasta las mismas profundidades del Tártaro.

445. No de otro modo se ve asaltado Eneas por el furioso aquilón de las súplicas, que le conmueven el corazón hasta las raíces; pero su espíritu tiene la firmeza de los troncos añosos, y en torno de él caen vanamente, lo mismo que hojas, las lágrimas.

450. La reina púnica no puede resistir esta postrera negativa, e invoca la muerte, asustada de su propio destino. Y no la alivia siquiera levantar su mirada a la bóveda de los cielos, porque todo la afirma en su deseo de abandonar la vida. En los altares cargados de incienso, adonde lleva sus ofrendas, sucede algo horrible, y es que ante sus ojos el agua sagrada se vuelve negra, lo que es un fatal presagio, y el vino derramado se convierte en sangre.

455. Lo ve ella sola, y nada dice a su hermana del corazón. Visita después un palacio consagrado a su primer esposo, en el que hay una capilla de mármol que ella honrara siempre con culto especial, ornándola de blancas estofas y de ramas sagradas.

460. En medio de la oscuridad de la noche, que cubre la tierra, cree oír la voz de Siqueo llamándola. De cuando en cuando, en las cornisas del palacio, lanza su canto de muerte el búho solitario, que lo arrastra como una cadena de gemidos. Y todas las viejas y numerosas profecías sobrecogen de espanto a la infortunada, con el clamoreo de sus admoniciones.

465. Ve en sueños al propio Eneas, que la rechaza de sí con toda su desesperación; entonces, abandonada y sola, sin nadie a su lado, echa a andar por un largo camino, en busca de los tirios, sus súbditos, que se han

---

[173] En este pasaje debió sufrir Virgilio confusión, porque, si el héroe accede a lo que Dido le pide, no tiene ya ésta que matarse.

refugiado en el desierto.

470. Parécese a Penteo, cuando puso el delirio ante él todas las visiones que le enviara Baco; o a Orestes, hijo de Agamenón, cuando, perseguido por las antorchas de su madre y las serpientes negras, fue a refugiarse en el atrio del templo, donde le esperaban las Furias vengadoras.

475. Vencida, al fin, por su dolor, y extraviado en las tinieblas su pensamiento, Dido, reina de Cartago, decide morir. Busca primero en su imaginación la hora y la manera, y acude después a su hermana, a quien la pena ha tronchado, serenando su rostro, disimulando su resolución y poniendo una luz de esperanza en su frente: "Felicítame, hermana mía —le dice— tengo el medio de atraer hacia mí a ese hombre, o libertarme yo misma de mi amor.

480. "Hay en los confines del Océano, donde se oculta el sol, una comarca llamada de los Etíopes; al fondo de ella sostiene el poderoso Atlante sobre sus robustos hombros la bóveda punteada de fuego de los astros. Pues desde allí ha venido a verme una sacerdotisa, de la raza de los Masilios[174], que guarda el templo de las Hespérides[175].

485. "Ella es la que vela sobre las ramas del árbol sagrado, y da de comer miel líquida y adormidera al dragón que se tiende a sus pies. Y ella me ha asegurado que tiene poder para ahuyentar de un espíritu los encantamientos, pasar las inquietudes de un corazón a otro, detener el agua de los ríos y obligar a retroceder en su camino a las estrellas.

490. "De noche evoca a los Manes. ¡Si vieses cómo ruge bajo sus pies la tierra, y cómo a su voz bajan los espíritus de las montañas! Pongo por testimonio a los dioses, querida hermana, y también a ti y a tu dulce cabeza, de que recurro a las artes mágicas muy a mi pesar[176].

495. "Haz levantar secretamente una pira muy alta en el patio interior, y colocar encima las armas que ese impío dejara colgadas de los muros de su aposento, así como sus ropas todas, y el mismo lecho en que nos unimos para mi perdición. Quiero borrar todos los recuerdos de ese hombre execrable, según me ordena la sacerdotisa."

500. Enmudece después de esto, y su rostro se cubre de palidez. Ana, por su parte, no abriga el menor recelo de que sea un funeral este sacrificio; ni se imagina tampoco hasta dónde llega la pasión violenta de su hermana; ni teme que este dolor de ahora la ponga en peor trance que la muerte de Siqueo. Así

---

[174] Pueblo africano que, al parecer, vivía cerca de la Mauritania Tingitana.

[175] Hijas de Héspero, hermano de Atlas, a las que Hércules mató, después de matar al dragón que las custodiaba. Llamábanse Egle, Aretusa y Hesperetusa. Su jardín y templo los sitúa la leyenda en nuestras islas Canarias, conocidas en la antigüedad con el nombre de Afortunadas.

[176] Parece que Virgilio ha cuidado de pintar a Dido escéptica en cuestiones de magia, pero el dramatismo de este pasaje arranca precisamente de la hechicería.

es que se apresta rendidamente a ejecutar sus órdenes.

505. Cuando ya en el interior del palacio se alza la pira enorme, de maderas resinosas y de troncos de encina, la reina llena el patio de guirnaldas, y cuelga de todas partes coronas de hojas fúnebres. Luego pone en la cúspide su lecho, con los vestidos del troyano, las armas que Eneas se dejó y hasta su propia imagen, sabiendo bien lo que se propone. En torno a la pira se alzan los altares.

510. Invoca tres veces a la sacerdotisa, con los cabellos destrenzados y una voz de trueno; a los cien dioses, a Erebo, a Caos con sus tres rostros y a los tres rostros también de la virgen Diana. Antes de eso ha empezado por derramar un agua que figura ser del Averno. Luego toma las hierbas vellosas que una hoz de bronce segó a la luz de la luna, y cuyo jugo lechoso es un fuerte veneno.

515. Y añade también el afrodisíaco arrancado de la frente de un potro recién nacido, antes de que ponga en él sus dientes la madre. Por su parte, Dido, frente al altar, con el panal del sacrificio en las manos, descalzo un pie y sueltas en la cintura sus ropas, pone a los dioses y a los astros por testigos de su triste destino, en el momento de morir. E invoca a las divinidades poderosas, si hay alguna que presida con justicia los amores no correspondidos.

520. Hácese de noche, y en toda la tierra gozan los cuerpos fatigados de la paz del sueño; hasta los bosques y las fieras llanuras del mar encuentran su reposo; es la hora en que los astros que ruedan por el cielo llegan a la mitad de su curso y en que la campiña enmudece.

525. Es la hora en que las bestias feroces, y los pájaros de vistoso plumaje, y los que viven en las aguas de los lagos, y los que habitan en los breñales del erial, quedan todos inmóviles en el sueño, bajo la noche silenciosa. La hora en que se ahuyentan todas las inquietudes, y se olvidan los pesares de la jornada. Todo reposa en ella.

530. Todo, menos el corazón infortunado de la reina púnica. Ella no conoce ya las delicias del sueño; ni puede esperar la noche para sus ojos y para su alma. Por el contrario, redobla la noche sus dolores; el amor se exaspera en ella y acaba flotando sobre los remolinos de su ira. Es un solo pensamiento el suyo, que la encierra en sí misma.

535. "¿Qué puedo yo hacer? ¿Buscar tal vez esposo entre mis pretendientes antiguos, para que se rían de mí? ¿Mendigar el amor del príncipe númida, a quien rechacé tantas veces? ¿Seguir las naves de Ilión y ponerme, como una esclava, a las órdenes de los troyanos? ¿Por ventura no estarán reconocidos a mi protección, y no guardarán intacto en su memoria el recuerdo de los favores que les dispensé?

540. "Mas, aún suponiendo que me lo permitieran y lo hiciese, ¿quién aceptaría a bordo de sus naves soberbias una mujer odiosa? ¡Ah, pobre mujer abandonada! No conoces todavía lo perjuros que son los descendientes de

Laomedonte. ¿Qué hacer, pues? ¿Seguir yo sola y fugitiva a la gente troyana?

545. "¿O acaso lanzarme en su persecución, con todas mis fuerzas y todos mis hombres, obligando a los tirios a hacerse de nuevo a la mar, tras el despliegue de sus velas? ¡No, Dido infeliz! Será mejor que mueras conforme has merecido, y que el hierro te salve del dolor. ¡Oh hermana mía!, eres tú, vencida por mis lágrimas, quien primero ha cargado mi espíritu con todos estos males, entregándome al enemigo.

550. "Ni siquiera se me permite, como a las bestias salvajes, llevar una vida intachable fuera del himeneo, ni entregarme al recuerdo de una pasión que no es más que un crimen. Porque no he guardado, en verdad, la fe prometida a las cenizas de Siqueo." Tales son las quejas que exhala su corazón desgarrado.

555. Eneas, entretanto, con la firme resolución de partir, duerme en la alta popa de su nave. Todos los preparativos se ejecutaron punto por punto. Y ahora, en sueños, ofrécese de nuevo a sus ojos la imagen de un dios, que tiene los mismos rasgos del que antes se presentara a advertirle. Es Mercurio, sin duda; suyos son su voz, su piel, sus dorados cabellos y la belleza toda de su juventud. Y le dice así:

560. "¡Oh, hijo de Diosa!, ¿puedes dormir tranquilo bajo la amenaza de peligros tan grandes? ¿Acaso no ves la serie de riesgos que se alzan en torno tuyo? ¿Y no te das cuenta de que sopla el Céfiro favorable? Ten presente que esa mujer, resuelta a morir, está maquinando nuevas astucias y un crimen odioso, porque su alma se abrasa en hogueras de cólera.

565. "¿Por qué, pues, no te apresuras a huir, ahora que puedes hacerlo libremente? Si te sorprende la Aurora todavía en estas riberas, posible es que las veas encendidas de antorchas, mientras el mar agita las espumas bajo tus navíos. Parte, pues, sin dilación. La mujer ha sido y es siempre algo variable y cambiante." Dicho esto, el dios desaparece en las tinieblas de la noche.

570. Despierta Eneas, conturbado por esta aparición súbita. Y hostiga en seguida a sus hombres. "¡Despertad, compañeros! —les dice—. ¡Saltad a los remos! ¡Desplegad rápidamente las velas! Por segunda vez un dios, que envía el cielo, me incita a cortar las amarras y a precipitar nuestra fuga.

575. "Nosotros te seguiremos, santa divinidad, cualquiera que fueses, y también por segunda vez obedeceremos, gozosos, tu mandato. Pero pedimos tu protección. Vuelve tu favor a nosotros, y haz que en el cielo fulguren estrellas que nos guíen." Luego de semejantes palabras, requiere su hierro y corta por su mano la maroma que retiene su nave.

580. Un idéntico ardor se apodera de todos. Es, de pronto, un ansia febril de escapar lo que a todos agita. Y no mucho después, poniendo en ello todas sus fuerzas, los remeros hacen saltar la espuma, mientras barren la glauca llanura de las aguas.

585. La Aurora empieza a bañar con nueva luz la tierra, desperezándose en su lecho de púrpura. Y, desde lo alto de su palacio, la reina ve a un tiempo

blanquear la mañana y alejarse las naves, con los linos abiertos como alas. Pronto queda la playa desierta y sin proas el puerto. Entonces golpéase repetidas veces su pecho con el puño, y se mesa los cabellos dorados.

590. "¡Oh, Júpiter! —se lamenta—. ¿Conque se va ese hombre? ¿Conque el extranjero se ha burlado de nuestra soberanía? ¿Y no llamé yo a las armas ni le perseguí por la ciudad, ni, lancé tras él todas las naves de mis astilleros? ¡Pronto! ¡Aquí las antorchas! ¡Aquí los dardos! ¡A su banco los remeros!

595. "Mas ¿qué digo? ¿Dónde estoy? ¿Qué locura es la mía? ¿Y qué puede ya importarte, Dido desgraciada, ese impío? Bien que lo hubieras hecho cuando le dabas tu cetro, no ahora. ¡Ahí tienes los juramentos y la buena fe del hombre que, según dicen, lleva consigo los Penates de su patria, y cargó sobre sus hombros al anciano padre, por la edad abatido!

600. "¿Acaso no pude yo prenderle, y desgarrar sus miembros y arrojarlos al mar? ¿No pude mandar, por ventura, que degollasen a sus compañeros, y a su propio hijo Ascartio, para servirlo luego como manjar en la mesa paterna? Claro que la suerte habría sido dudosa en esta lucha, mas ¿cuándo no lo es? ¿Y qué temor puede abrigar quien se dispone a morir?

605. "Yo hubiera llevado las teas del incendio a su campamento, y destruido por las llamas los vientres de todas sus naves. Así el padre y el hijo habrían perecido en ese fuego, al que yo detrás de ellos me arrojara. ¡Oh Sol, cuyos resplandores alumbran todas las obras del mundo! ¡Y tú, diosa Juno, mediadora de mi unión y testimonio de mis dolores! ¡Y tú también, Hécate[177], a quien se invoca a gritos de noche, en las encrucijadas de las ciudades! ¡Y vosotras, divinidades vengativas, Furias y dioses todos de esta Elisa moribunda!

610. "Escuchad mis palabras, porque merezco que vuestra voluntad divina se vuelva hacia mis males; y oíd, asimismo, mis plegarias. Si es preciso que ese hombre execrable llegue a puerto seguro y desembarque en la orilla deseada, si lo exigen así los destinos de Júpiter y es ya imposible detenerle, que se vea al menos acometido por las armas de un pueblo belicoso y audaz.

615. "Que se vea expulsado de sus fronteras, arrancado de los brazos de su Iulo y reducido a mendigar toda suerte de socorros; que presencie la muerte indigna de cuantos le siguen; y que, luego de sufrir una paz humillante, se vea privado de su reino y de la dulce luz, y caiga antes del tiempo que le señalaran, y quede abandonado en la arena su cadáver insepulto.

620. "Esta es mi plegaria y éste el último deseo que se escapa de mi corazón con mi sangre. Y vosotros, ¡oh troyanos!, hostigad con odio profundo a toda su raza y a cuanto salga de él; y rendid a mis cenizas esta honra póstuma: que no exista jamás alianza ni amistad entre nuestros

---

[177] Nombre de Diana, según se ha dicho, como diosa del infierno. Tenía esta deidad tres nombres: Hécate, en el infierno; Diana, en la tierra, y Febea, en el cielo.

pueblos.

625. "En cuanto a ti, ¡oh vengador mío!, cualquiera que seas, nacido de mis huesos, persigue con el hierro y el fuego a esos malditos invasores, ahora y más tarde, y siempre que tengas fuerzas para ello. Y oye mi imprecación: que se alcen siempre costas contra costas, mar contra mar y ejército contra ejército, ¡y que no dejen jamás de combatirse nuestros pueblos y sus descendientes!"

630. Dice así, y su alma flotante y conturbada trata de acabar lo más pronto posible con la odiosa luz de la vida. Para ello empieza por dirigirse a Barce, nodriza de Siqueo, porque las cenizas de la suya quedaron en la vieja patria, y le ordena: "Ve en busca de mi amada hermana Ana.

635. "Dile que derrame en seguida sobre sí el agua lustral, y que traiga las víctimas con las ofrendas expiatorias que nos fueron prescritas. Hazla venir presto, y cíñete tú de paso la frente con las vendas piadosas. Quiero hacer un sacrificio en honor de Júpiter Estigio, y he empezado ya los preparativos, con arreglo a las normas rituales.

640. "Ahora debo decirte cómo pondré fin a mi aflicción: entregando sencillamente a las llamas esa pira formada con todas las cosas del troyano." Oído esto, la nodriza se pone en marcha, con su andar fatigoso de decrépita, mientras Dido se afirma en su resolución.

645. Espera a que desaparezca la anciana y, al punto, con llamaradas de sangre en los ojos, trémulas las mejillas y toda ella pálida con la palidez de la muerte, ya próxima, se precipita en el interior del palacio, salta con desesperado impulso hasta lo alto de la pira, y, una vez allí, desenvaina la espada de Eneas, que le entregara para muy distintos fines[178]. Luego, mira un instante las vestiduras de Ilión y el lecho familiar, se entrega por un momento al ensueño y las lágrimas, y pronuncia estas palabras últimas:

650. "¡Oh ropas, que tan queridas me fuisteis mientras lo permitieron los hados y la divinidad!, os entrego mi alma, y os pido que me libréis de tanto sufrimiento. Mi vida acaba aquí. He cumplido la ruta que me trazara la fortuna. Sobre la tierra va a descender ahora una gran sombra.

655. "Yo fundé una ciudad magnífica, cuyas altas murallas he llegado a ver; y antes de eso, supe vengar a mi marido y castigar el crimen de mi hermano. ¡Cuán feliz habría sido con sólo que las naves troyanas no hubiesen arribado a mis costas!" Dicho esto, aplica sus labios al lecho y continúa:

660. "Voy a morir sin venganza, pero debo morir. Por lo demás, me es dulce irme yo misma, por mi propio pie, al reino de las Sombras. Que los ojos del troyano cruel vean desde alta mar las llamas de esta pira, y que le siga a todas partes el mal presagio de mi muerte." No ha acabado de hablar cuando sus doncellas la ven hundirse en el pecho el hierro mortal, que

[178] Créese que no se trata de la espada que ella le regaló, sino de la que él llevaba en los combates de Troya.

pronto borbota sangre entre sus mismas manos, salpicándolo todo.

665. Un grito se eleva hasta las bóvedas del palacio, y en seguida da sus trompetazos la Fama por la ciudad entera, llena de terror. Todas las moradas gimen en lamentaciones, y el aire se puebla con el llanto desgarrado de las mujeres. Tan grande es la tempestad de clamores que es como si Cartago o la antigua ciudad de Tiro hubiesen caído bajo el hierro invasor, o como, si un espantoso incendio se hubiese desatado sobre los techos de los hombres y de los dioses.

670. Rápidamente acude la hermana de la reina; está empavorecida, pálida como una muerta, y se arranca la piel del rostro con las uñas y se golpea el pecho con los puños, lanzándose a través de la muchedumbre, y llamando a la que acaba de morir y gritando su nombre:

675. "¡Eso era lo que maquinabas, hermana mía! ¡Así me engañaste! ¡Y fui yo misma quien mandó preparar esta pira, estos altares y estos fuegos, que tú tanto deseabas! Pero ¿qué logro con mis quejas, si me has abandonado? ¿Por qué ese desdén hacia tu hermana, al negarme que te acompañara en la muerte? ¿Por qué no me llamaste a compartir contigo tu destino? A las dos nos hubiesen llevado una misma herida y una misma hora.

680. "¿Cómo pude yo alzar esta pira con mis manos, e invocar con mi voz a los dioses de la patria, para llevar luego mi crueldad a abandonarte en el último instante? ¡Oh hermana mía! Un mismo golpe nos ha herido a ti y a mí, a tu pueblo y tus leyes de Sidón, a tu senado y a tu ciudad. ¡Traedme agua para lavar los bordes de su herida, y que si un breve aliento flota sobre sus labios todavía, mis labios lo recojan en un beso!"

685. Lánzase pira arriba, mientras esto dice, y toma en sus brazos a la sin ventura, tratando de darle calor con el calor de su cuerpo, y limpiando su sangre entre gemidos. Dido se esfuerza en levantar los pesados párpados y de nuevo se desvanece: un leve silbido se escapa de su pecho y de la herida profunda.

690. Luego hace por incorporarse, apoyándose en un codo, hasta tres veces; pero las tres vuelve a caer exánime en el lecho. Sus ojos extraviados buscan en lo alto la luz del cielo, y gime la infeliz cuando vuelve a encontrarla. Por fin, la poderosa Juno se apiada de tanto sufrimiento y de agonía tan lenta, y envía a Iris[179] desde lo alto del Olimpo, para que suelte el alma que lucha así por desprenderse de sus miembros.

695. Como su muerte no se debe a la necesidad ni a un castigo, sino que

---

[179] Hija de Taumas y de Electra. Se la tenía por mensajera de los dioses, y representábasela con un vestido corto, matizado de los siete colores del arco iris, al que igualaba en velocidad (y de ahí la igualdad de nombres), unas grandes alas y un bastón. Reemplazada luego en su papel por Hermes, pasó al servicio de Juno. Tenía además una misión extraordinaria, que era cortar el cabello fatal a las mujeres que iban a morir.

sucumbe la desgraciada antes del tiempo señalado, víctima de súbito furor, he aquí que Proserpina[180] no ha arrancado aún de su dorada cabeza el cabello fatal, ni ha consagrado su frente a Orco Estigio.

700. Iris, la deidad que despliega unas alas brillantes de rocío, y que arrastra sus mil reflejos por el cielo, bajo los rayos adversos del sol, baja y se detiene ante la moribunda. "Tengo orden —dice— de llevar al dios de los infiernos tu tributo sagrado, y por eso te separo del cuerpo." Luego, con su mano derecha, corta un cabello de la reina infortunada.

705. Inmediatamente se extingue el calor de Dido y su vida se desvanece en el aire.

---

[180] Hija de Júpiter y Ceres. Enamorado de ella Plutón, la raptó. Ceres entonces se negó a dejar crecer los frutos de la tierra, y fue esto tan grave conflicto para hombres y dioses que Júpiter intervino, obligando a Plutón a restituirla, previo un mensaje que le llevó Mercurio.

LIBRO V

ARGUMENTO

Cuando huyen mar adentro los troyanos, alejándose de las costas libias, una gran hoguera en la tierra que abandonan reclama su atención, y el pecho se les llena de presentimientos tristes. Por otra parte, ni los vientos ni el mar acceden a llevarlos a las costas de Italia, y tienen que recalar forzosamente en las de Sicilia, donde el año anterior dejaran al rey Acestes, de estirpe troyana, y los restos de Anquises, padre de Eneas.

Celebra éste con tal motivo el aniversario de la muerte de su padre, y duran nueve días los juegos fúnebres. Empieza por las libaciones y sacrificios de costumbre, ante su mausoleo, verificándose el prodigio de que una serpiente azul, escamada de oro, salga de la tumba para probar las viandas ofrendadas y volverse de nuevo bajo tierra; Eneas supone que es la suerte o genio del lugar, o la propia guardia del muerto.

Las fiestas transcurren en medio de gran animación y alegría, formándose de regatas entre las naves frigias, carreras a pie, combates a cesta, concursos de tiro de flechas y evoluciones por la caballería, que manda el joven Ascanio, con aparato de juegos y remedo de batallas. Pero la diosa Juno, durante ellas, y al acecho siempre, logra convencer a las mujeres troyanas de que deben quemar las naves en que vinieron, para evitarse todo nuevo peligro en la inmensidad de los mares. Y lo hacen así, a pesar de las protestas de Pirgo, la mayor de ellas, luego de apoderarse de los tizones que arden en torno a la tumba del llorado Anquises. Al verlo Eneas, rasga sus vestiduras en señal de duelo, juzgándolo todo perdido, y así lo fuera, de no sobrevenir una lluvia torrencial que limita la espantosa catástrofe a la destrucción de cuatro solos navíos.

Pero no por eso deja el héroe troyano de tener los más contradictorios pensamientos. Un problema de difícil solución se presenta a su alma: ¿significa el incendio de las naves que debe quedarse en tierra siciliana para siempre, o bien que debe asimismo soportar aquella prueba y correr a su lejano destino? Por fortuna, tiene a su lado al anciano Nautés, varón de mucha sabiduría, que le da una solución razonable: dejar en tierra siciliana a los viejos y débiles, hombres o mujeres, y a cuantos tengan en mucho los peligros del mar y en poco el afán de la gloria. El consejo es prudente; pero Eneas no se decide a llevarlo a la práctica, hasta que a la noche siguiente le visita en sueños su padre y le dice lo mismo, advirtiéndole además que, así que desembarque en Italia, una sibila le abrirá la sima del Averno, para que hable con él en los reglones de ultratumba.

No duda más el héroe, y luego de conseguir de Acestes que puedan los troyanos fundar allí una ciudad, dándole su nombre, y de él mismo trazar sus límites con el surco del arado, ordena hacerse a la mar a cuantos le siguen, dejando en tierras de Sicilia el lastre que había de ser en sus designios más que ayuda un estorbo.

Venus pide para ellos a Neptuno una excelente travesía, y el dios de las aguas se la concede; pero reclama una víctima, la del piloto Palinuro, que cae al mar empujado por Morfeo, dios del sueño. Su nave, que era capitana, queda sin gobierno, y ya están a punto de enfrentarse con los escollos legendarios, cuando Eneas se da cuenta de que su primer piloto ha desaparecido, y guía a su flota a las costas de Italia, a la cabeza su barco y él mismo asido a la barra del timón.

TEXTO

Navega Eneas, entretanto, con rumbo a su destino, hendiendo las olas de alta mar, negras por el soplo del Aquilón; y tiene vueltos los ojos hacia los muros de Cartago, donde arde la pira de la reina desventurada. Los troyanos ignoran la causa de este incendio, pero saben del sufrir de un amor profanado, y lo que una mujer puede en su delirio.

5. Esto les llena el corazón de tristes presentimientos. Y su temor acrece desde que ven dilatarse sobre sus cabezas una nube enorme, que a solas los deja con el mar, perdida ya la tierra de vista. Es nube sombría, con los flancos cargados de noche y de huracán.

10. Al mismo tiempo, erízase el agua de las olas en las tinieblas. Y es de tal suerte, que Palinuro, el piloto, grita así desde lo alto de una popa: "¿Por qué se cubre el cielo, ¡ay!, con estos nubarrones? ¿Qué nos preparas, oh padre Neptuno?" En seguida ordena poner más brío en los remos y ofrecer las velas a los vientos oblicuamente.

15. Luego se dirige al héroe troyano: "¡Oh magnánimo Eneas! Aunque lo asegure el propio Júpiter, no es posible que lleguemos a Italia con un cielo como éste. Muge el viento en nuestros costados, y nos envuelven ya las negras brumas de Occidente. El aire mismo se condensa en nube.

20. "Y estamos sin fuerzas para resistir y luchar como convendría. Mas, por fortuna, no nos hallamos lejos de las riberas amigas y fraternas de Erix, ni de los puertos de Sicilia. Así, al menos, lo presumo, si no me engaña la memoria sobre la posición de los astros, que he observado detenidamente."

25. A estas palabras responde el bondadoso Eneas: "Bien comprendo lo que los vientos quieren y adónde nos llevan, y veo, desde hace tiempo, tus esfuerzos para dominarlos. Cambia, pues, la dirección de las proas ¿Puede haber tierra alguna que me sea más querida ni que ofrezca a mis navíos fatigados un refugio mejor?

30. "No en balde es la tierra donde voy a encontrar al dárdano Acestes, y que se cierra sobre los huesos de mi padre Anquises." Dicho esto, dirígense hacia el puerto más próximo las naves, hinchadas sus velas por los Céfiros que las siguen. Así es como la flota se desliza rápidamente por la inmensidad

y los navegantes arriban alborozados a una costa que les es tan conocida como grata.

35. No ponen apenas pie en ella, cuando ven bajar de la inmediata montaña a su compatriota Acestes, que acude asombrado a la aparición de las amigas naves, erizado todo él de dardos y cubierto con la piel de un oso libio. Era Acestes hijo de una mujer troyana, que lo tuviera con el río Criniso[181], y como no se había olvidado de los suyos, aprestose ahora a felicitarlos por su retorno.

40. Les ofreció en seguida, gozosamente, sus agrestes riquezas; y fueron estos oficios de la buena amistad lo que ayudó a reponerse de su fatiga a los troyanos. Cuando, a la mañana siguiente, la primera claridad puso en fuga a las estrellas, Eneas reunió a sus compañeros, de todos los puntos de la costa, y les habló así desde la altura de un pequeño cerro:

45. "¡Nobles descendientes de Dárdano, nacidos de sangre de los grandes dioses! Cierran ya el círculo del año los meses, desde que en esta tierra depositamos los huesos de mi divino padre, y le consagramos los altares de duelo. He aquí llegado, pues, si no me equivoco, un día que me será doloroso siempre, y que siempre honraré con piadosos sacrificios.

50. "Así lo quisisteis, ¡oh dioses! Aún desterrado en las Sirtes de Getulia, o sorprendido en los mares de Argos, o cautivo en Micenas, todos los años cumpliré estos mis votos, celebraré las solemnes procesiones de ritual y cargaré los altares con los presentes que les son debidos. Mas hoy las olas nos han traído a puerto amigo, y estamos cerca de tan caras cenizas, por una suerte a la que no es ajena, sin duda, la voluntad de los dioses.

55. "Vayamos, pues, a rendirles los mayores honores. Pidamos vientos favorables, y acordemos desde ahora que todos los años, cuando funde yo mi ciudad, hagamos sacrificios parecidos en los templos que a él le fueren dedicados.

60. "¡Oh Acestes!, este hijo de Troya te da un par de bueyes por cada una de sus naves. Llamemos al banquete a los Penates de nuestra patria y a los de nuestro huésped. Además, cuando la novena aurora ofrezca a los hombres la bienhechora luz y desgarren sus rayos el velo de sombra que cubra entonces el universo, yo dispondré primero una gran justa entre navíos troyanos.

65. "Y haré después que los buenos corredores, con fe en sus piernas, los lanzadores de jabalina, los tiradores de flechas y, si los hubiere, luchadores que no teman la dura cesta, se presenten todos y aspiren a los premios de la victoria. Ahora, guardad un silencio religioso y ceñid de hojas vuestra frente."

70. Él mismo, después de hablar, cíñese con mirto maternal las sienes[182]. Lo mismo hacen Elimo, el viejo Acestes, y Ascanio y los demás jóvenes

---

[181] Río de Sicilia.

[182] Era obligado, tanto en los actores como en los espectadores de los sacrificios, ponerse una corona de follaje, o, cuando menos, taparse la cabeza.

troyanos. Luego, y desde el lugar de la asamblea, Eneas se dirige con sus mejores hombres a la tumba, seguido de un cortejo numeroso.

75. Ya allí, conforme al rito de las libaciones, derrama sobre la tierra dos copas de vino puro, dos más de leche fresca, otras dos de sangre sagrada, y acaba por echar puñados de olorosas flores, diciendo: "Padre mío divino, por segunda vez te saludo.

80. "Saludo estas cenizas recobradas inútilmente; saludo al alma y a la sombra paternales. ¿Por qué no se me concedió buscar contigo la costa italiana, los campos que el destino me prometiera, y el propio Tiber de Ausonia?" Mas no acaba de decir estas palabras, cuando sale de las sagradas profundidades del sepulcro un lustroso reptil que arrastra siete anillos.

85. Al punto, y con sus siete pliegues, enlaza tranquilamente la tumba, y se deja deslizar por entre los altares. Está su cuerpo moteado de manchas azules, y relucen sus escamas con brillo de oro. Parece el arco iris cuando lanza desde las nubes, sobre los opuestos rayos del sol, mil reflejos distintos.

90. Eneas queda sobrecogido de estupor. El reptil, entretanto, avanza arrastrándose por entre las fuentes y los vasos brillantes; prueba los manjares sagrados, y retorna, inofensivo, a su puesto en la tumba, dejando los altares donde se consumen las ofrendas. Después de esto, Eneas reanuda con celo mayor el sacrificio comenzado, preguntándose si acaba de ver al genio de aquel lugar[183], o bien al servidor de su padre.

95. A continuación inmola, siguiendo la costumbre, un par de ovejas de dos años, una pareja de cerdos y otra de terneras de lomo negro[184], y derrama el vino de los cálices, invocando el alma del gran Anquises, y llamando a sus manes para que suban de lo profundo de los abismos[185].

100. También sus compañeros, según lo que puede cada cual, llevan presentes. Unos cargan con ellos los altares; otros inmolan terneras jóvenes; otros, en fin, ordenan los vasos de bronce, o, arrodillados en la hierba, atizan las brasas ardientes bajo los asadores y asan la carne.

105. Llega, por último, el ansiado día. Los caballos de Faetón[186] arrastran a la aurora novena en la dulce serenidad de su luz. Y de todos los pueblos próximos acuden las gentes, al conjuro del nombre de Acestes y al anuncio

---

[183] Los genios locales se representaban, por lo común, bajo la forma de serpientes.

[184] Las víctimas ofrecidas a los dioses infernales tenían que ser obligadamente negras.

[185] Era creencia de los antiguos que los Manes o almas de los muertos asistían a los sacrificios celebrados en su honor.

[186] Hijo de Climena y del Sol, y conductor del carro de éste. Indignado Júpiter cierto día de vérselo guiar torpemente, lo precipitó en el abismo, enviándole uno de sus rayos.

de los juegos troyanos[187]. Así es como se llena la costa de hombres jubilosos: unos, por la curiosidad de ver a los compañeros de Eneas, y otros, para entrar en lid y disputarse los premios.

110. Hállanse éstos colocados en el centro, para que todo el mundo los vea: son trípodes sagrados, armas, coronas verdes, palmas, vestidos de púrpura, un talento de plata y otro de oro. Es cuanto se van a disputar los vencedores. Súbitamente, desde lo alto de una colina, anuncia la trompeta que se abren los juegos.

115. Se han escogido de entre la flota cuatro galeras, de ligereza igual, que van a lanzarse a las aguas, bajo el impulso de los remos pesados. Manda la rauda Pristis el intrépido Mnesteo, al frente de un grupo de jóvenes troyanos; el Mnesteo que será italiano un día, y dará su nombre a la familia de Memio. Y Gías, la Quimera, de panza enorme, verdadera casa flotante, que impulsan tres dobles hileras de remeros, dispuestos en tres pisos[188].

120. La tercera nave, que es el gran Centauro, va regida por Sergesto, de donde toma su nombre la familia Sergia. Y la cuarta, Escila, del propio color del mar, vese gobernada por Cloanto, de quien tú desciendes, ¡oh romano Cluencio!

125. Hay a cierta distancia de la costa, frente a las espumas rumorosas de la playa, un peñasco por las olas batido, que lo cubren a veces cuando cubren las estrellas los cierzos invernales, pero al que se ve silencioso y tranquilo en tiempo de bonanza, ofreciendo por encima de las aguas una plataforma donde gustan de tomar el sol las aves marinas.

130. Y es en este peñasco donde pone Eneas, como límite, una rama de encina, frondosa de hoja verde, y a él donde tienen que acudir los hombres de las naves, luego de hacer por el mar un largo giro. Se confían, pues, a la suerte los puestos. Están en pie sobre las popas los capitanes que desde lejos brillan de púrpura y de oro. La juventud de los equipos se corona de hojas de álamo, y brillan al aire sus torsos desnudos, untados de aceite[189].

135. Toma cada cual su sitio en los bancos, y sostienen todos los remos con los brazos tensos, acechando la señal de partida. En espera de ello, saltan

---

[187] Se advierte en Virgilio una marcada preocupación por reflejar en este poema toda su época, y alude así, a la afición de sus contemporáneos por los juegos o deportes. También el César gustaba de su propagación, y distribuía frecuentemente coronas y premios entre los vencedores.

[188] Según el número de filas de remeros, llamábanse las naves antiguas *monocrotas o policrotas* (una o varias), y según la disposición de esos remeros, *birremes, trirremes, cuatrirremes*, etc., pues cada remo era manejado por uno o varios hombres.

[189] El álamo era árbol consagrado a Hércules. De él se tejían coronas para las ceremonias fúnebres, y con destino también a los jóvenes que se distinguían en los gimnasios.

en los pechos los corazones, y parece vaciar su sangre sobre el temor que los inquieta y el impulso apasionado que les lleva a la gloria. Cuando poco después lanza a dos vientos la trompeta sus notas claras, todos dejan al mismo tiempo la línea de arranque, llegando hasta el cielo sus clamores.

140. Las aguas blanquean pronto al ritmo de los remos que las baten, siempre lanzados hacia atrás; y cortan las naves contendientes la llanura del mar con surcos iguales, y la hienden y desgarran bajo el esfuerzo de sus hombres y con las espuelas de tres dientes. No son los caballos tan veloces, cuando se lanzan como flechas en las carreras de carros.

145. Ni tan ardorosos como estos hombres de mar los conductores de esos caballos, cuando, lanzadas sus yuntas, sacuden las riendas flotantes y se inclinan hacia ellos con todo el cuerpo para hostigarlos. El deslizarse de las naves es saludado con aplausos, con gritos de los espectadores y votos de los partidarios entusiastas, lo que como un gran eco repercute en el bosque, y rueda por el contorno de las costas y de las colinas.

150. Es Gías quien lleva la ventaja, y el primero que corta las aguas ante una multitud que le aclama ruidosamente. Le sigue Cloanto, con sus buenos remeros, mas luchando, como con unos pies pesados, con la mole enorme de su nave. Y van detrás, a poca distancia uno de otro, obstinándose en alcanzarse mutuamente, Pristis y Centauro.

155. Su marcha es muy semejante, ora pasando Pristis a Centauro, ora Centauro a Pristis, y corren juntos a veces, con las bordas pegadas, mientras abren sus quillas en las amargas aguas un doble surco. Ya Gías, a la cabeza de todos, vencedor en ésta como en tantas luchas, va a llegar al peñasco y al límite de la carrera, cuando se vuelve a su piloto Menetes y le dice:

160. "¿Por qué te inclinas tanto a la derecha? ¡Tuerce de este otro lado! ¡Lame la orilla, y que los remos toquen el peñasco por la izquierda, mientras los otros siguen a mar libre!" Pero Menetes teme los escollos invisibles, y desoye la voz que así le manda.

165. "¿Adónde vas? —torna Gías a gritarle—. Pero ¿por qué esta vuelta? ¡Gana a toda prisa el peñasco!" Y mientras así se dirige a su piloto, ve la nave de Cloanto que le alcanza, deslizándose sin temor por la izquierda, entre el navío de Gías y los roquedales sonoros.

170. Con tal rapidez y habilidad, que sobrepasa al vencedor, deja tras ella el límite y corre ya a mar abierto. Entonces una irritación violenta enciende la cara de Gías, que, llorando de rabia y olvidándose de su dignidad y del peligro que puedan correr los compañeros, coge al acobardado Menetes y, desde lo alto de la popa, lo precipita en las aguas[190].

175. En seguida toma el mando de la nave, haciéndose él mismo piloto, y

---

[190] Parece estar inspirado este primer incidente de las naves troyanas en el ocurrido entre Antíoco y Menetas en una carrera de carros, como puede verse en el Canto XXIII de *La Ilíada*.

encorajina a los remeros, poniendo la barra del timón de la parte de tierra. Menetes, entretanto, se remonta con dificultad del fondo del abismo, pesado por los años y las ropas chorreantes, y así que logra escalar el peñasco, se sienta en la piedra seca y soleada.

180. Los troyanos rieron al verle caer en las olas, y ahora también sueltan sus risas, al verle salir de ellas, vomitando agua salada. Por su parte, y presenciando esto, las dos naves rezagadas que mandan Sergesto y Mnesteo conciben esperanzas de sobrepasar a la de Gías.

185. Toma Sergesto la delantera y se acerca al peñasco, pero no logra sobrepasar a su rival más que a medias, porque Pristis adelanta en un esfuerzo su proa, que deja atrás a la nave contraria. Mnesteo camina a grandes pasos por la cubierta, gritando así a sus hombres:

190. "¡Forzad los remos, compañeros de Héctor, a quienes escogí para mí en el día supremo de Troya! Éste es el momento de que despleguéis vuestras fuerzas, y el de mostrar que sois los mismos hombres valerosos de las Sirtes de Getulia, del mar Jónico y de las olas voraces del cabo Maico[191] . No os pide vuestro capitán el primer puesto, ni lucha para vencer. Sin embargo, llévense la palma los que de ti la merezcan, ¡oh Neptuno!

195. "Pero sí debemos avergonzarnos de llegar los últimos. ¡Consigamos, pues, al menos, compañeros, la victoria de tenernos que ahorrar esa vergüenza!" Al oír esto, los hombres se inclinan sobre los remos, en una suprema emulación. Cruje la popa de bronce, y se estremece el mar bajo sus golpes formidables. Sacude sus miembros y seca sus bocas el respirar anhelante, y por todos los torsos corre en arroyos el sudor.

200. Sólo el azar puede procurarles el honor que codician, y ocurre así, porque Sergesto, en alas de su ardor, enfila poco a poco la proa hacia el peñasco, queriendo pasar por la angostura que le ha dejado Mnesteo, y acabando el desgraciado por encallar en las rocas puntiagudas.

205. El arrecife se estremece; saltan los remos contra los salientes agudos; y se abre la proa, que queda lo mismo que colgada. Páranse los hombres y llenan el aire con su grito; luego procuran asirse con garfios y bicheros guarnecidos de hierro, mientras recogen del remolino de espuma sus remos astillados.

210. Entretanto, el afortunado Mnesteo, cuyo afán se redobla ante lo que acaba de suceder, excita a sus ágiles remeros e invoca a los vientos, y gana pronto el mar libre, deslizándose con rapidez sobre el plano ondulado de las aguas. Recuerda a la paloma expulsada de pronto del oscuro rincón o de la sombría cavidad de la piedra donde hizo su morada y su nido.

215. Primero huye, asustada, de su refugio, con un fuerte batir de las alas; mas luego, planeando sobre el aire tranquilo, enfila la limpidez del cielo, y no

---

[191] Promontorio al sur de Laconia, tan temido por los marinos que se hizo famoso este proverbio griego: "En cuanto dobles el cabo Malea, olvida tu hogar."

tiene ya por qué agitar sus alas, anchas como velas. No de otro modo hace Mnesteo con su Pristis, hendiendo las últimas olas de la carrera, y llevado así, en un sereno impulso, a terminar su vuelo.

220. Empieza por abandonar a Sergesto a la brutal caricia del peñasco; allí lo deja, encallado en las bajas aristas del roquedal, llamando inútilmente a los demás en su ayuda, y resignándose a navegar como pueda, con los remos rotos. Luego alcanza a Gías y a su enorme Quimera, que, privada de piloto, le cede pronto el sitio.

225. Y no quédale ya por vencer más que a Cloanto, que está llegando a la meta. Se esfuerza Mnesteo en alcanzarle, y casi lo logra en un supremo impulso. Redoblan todos sus gritos, y el entusiasmo de los espectadores anima todavía la persecución, bajo el clamor que puebla los aires. Cloanto y sus hombres se indignan ante la idea de perder una gloria que consideran suya y un honor que creen ya conquistado. Cambiarían con gusto la victoria por la propia vida.

230. En cuanto a los otros, su propia audacia les engaña con el triunfo. Y éste hubiera sido de entrambas naves, al llegar las dos al mismo tiempo, de no invocar Cloanto a los dioses, deshecho en plegarias y con las manos tendidas hacia el cielo, prometiendo ofrendas.

235. "¡Oh dioses! —exclama—. A vosotros, que poseéis el imperio de este mar en cuyas aguas me hallo, prometo sacrificaros al llegar a la orilla un toro blanco, si hacéis de mí un mortal favorecido. Y lanzaré sus entrañas a las aguas salobres, y derramaré sobre ellas el vino ritual de las libaciones."

240. Dice así, y en seguida el coro de las Nereidas y de Forco[192], así como la virgen Panopea[193] y el divino Portuno[194], se ponen a empujar la nave con mano poderosa, sobre las olas profundas. Y huye veloz hacia la tierra, más rápida que el Noto y como una flecha alada, penetrando hasta lo último del puerto.

245. Entonces el hijo de Anquises, siguiendo la costumbre de congregar a todos los rivales, proclama por voz de los heraldos vencedor a Cloanto, y corona sus sienes de verde laurel. Cada equipo recibe a continuación su recompensa: tres novillos a escoger, vino y un talento de plata. En cuanto a los capitanes, añádeles estos presentes de honor:

250. Para el vencedor, una clámide bordada en oro, con doble franja de púrpura de Melibea[195]. Va en ella la imagen del mancebo Ganimedes en los

---

[192] Forco era un dios marino, hermano de Nereo, hijo del Océano y la Tierra, y padre, a su vez, de las Gorgonas Medusa, Euriale y Esteno.

[193] Panopea era hija de Nereo y Doris, y una de las cincuenta Nereidas.

[194] Fortuno era hijo de Ino, esposa de Atamas, rey de Tebas. Su madre se arrojó al mar con él, y fueron convertidos en dioses marinos. Para los romanos, Fortuno era la deidad protectora de puertos y puertas.

[195] Ciudad de Tesalia, célebre por sus tintorerías de púrpura.

bosques de Ida, fatigado por el peso de los dardos y la sofocante carrera tras los ciervos; cuando está ya sin aliento el infante, he aquí que un pájaro, con las armas de Júpiter, cae sobre él desde lo alto del Ida, y se lo lleva por los aires en sus garras picudas.

255. Se ve también a los viejos guardianes tender inútilmente sus manos hacia las estrellas, mientras el ladrido furioso de los perros persigue al raptado a través de los espacios. El capitán que, por su valor en la justa, ha merecido el segundo premio, recibe a un tiempo, como adorno y como defensa en los combates, una coraza de pulidas mallas de triple hilo de oro.

260. Fue esta coraza arrancada tiempo atrás por el vencedor Eneas al propio Demoleo, cerca del raudo Simois, bajo los altos muros de Troya. Dos servidores, Fegeo y Sagaris, podían apenas, reuniendo todas sus fuerzas, cargarse en los hombros esta pesada malla, y, sin embargo, Demoleo iba revestido con ella cuando corría y ahuyentaba delante de sí a los troyanos dispersos.

265. Al tercer capitán, Eneas le da dos fuentes de bronce y copas de plata cinceladas en relieve. Después marchan todos, orgullosos de sus ricos trofeos y ceñida la frente con cintas de color de púrpura. Entretanto, llega Sergesto, que ha logrado a duras penas desasirse del abrazo del roquedal, perdidos los remos y maltrecha toda una hilera de sus hombres.

270. Su nave, que por el percance se cuenta sin honor, es acogida con grandes risotadas. Le pasa lo que a la serpiente que es a menudo sorprendida en medio del camino y medio aplastada por una rueda de bronce, o a la que malhiere la pedrada violenta de un caminante. Se la ve retorcerse, pretendiendo continuar en su marcha oblicua.

275. Una parte de ella se mantiene todavía feroz; abrasan sus ojos, y el cuello sibilante se endereza con gallardía; pero el resto del cuerpo la retiene contra el suelo, y vanamente se esfuerza en apoyarse sobre los anillos y replegarse en sí misma. No de otro modo se arrastra la lenta galera de Sergesto, con sus brazos rotos[196].

280. Mas iza las velas, y, con ellas desplegadas, entra en el puerto. Eneas, feliz, después de todo, con que el navío se haya salvado y con ver nuevamente a sus compañeros, da también al infortunado capitán la recompensa prometida. Le regala una esclava, experta en los trabajos de Minerva, una cretense llamada Fóloe, que amamanta a dos gemelos.

285. Después de todo esto, dirígese el piadoso Eneas hacia una planicie de verde césped, rodeada de bosquecillos, al pie de una corona de colinas. Es como un centro de valle, que forma por sí mismo la arena de este anfiteatro. Una multitud rumorosa escolta al héroe, que se sienta en el lugar más

---

[196] Apolonio empleó una imagen semejante, refiriéndose al navío Argo y al lago Tritón. Tal vez inspira en ella la suya Virgilio, pero lo hace, como siempre, transformándola de pobre en rica y vigorosa imagen, brillante y dramática.

indicado para presidir nuevos juegos.

290. Excita entonces el ardor de los que quieran competir en veloz carrera, mostrando a la vista de todos los premios que promete. Empiezan a acudir, de aquí y de allá, confundidos, troyanos y sicilianos, y, antes que nadie, Niso y Euríalo.

295. Euríalo es notable por su belleza y fresca juventud, y Niso por el tierno afecto que profesa a tal adolescente. Detrás llegan Diores, de la augusta raza de Príamo, Salio y Patrón, uno acarnanio[197] y de Arcadia el otro, miembro de cierta familia de Tegeo[198] .

300. Por último, dos jóvenes sicilianos, Elimo y Panopes, que conocen bien aquellos parajes, como compañeros del viejo Acestes, y otros muchos aún, que se ocultan en la oscuridad de su nombre. Eneas los reúne a todos y les dice: "Oíd mis palabras y prestadles la debida atención: nadie de entre vosotros se irá sin un presente de mi mano.

305. "Daré a cada cual dos venablos de Gnosos[199] , de hierro alisado y brillante, y un hacha de dos cortes, con la montura de plata cincelada. Todos tendrán una recompensa común. Pero los tres primeros recibirán además nuevos premios, y coronarán su cabeza con pálidas hojas de olivo.

310. "Tendrá el primer vencedor un caballo ricamente enjaezado[200] ; el segundo, un carcaj de Amazona, lleno de saetas tracias, con largo tahalí de oro, que sujeta por debajo un broche de gemas brillantes; y el tercero se conformará con este casco venido de Argos, porque le fue arrebatado a un griego."

315. En seguida ocupan todos su sitio, y, de pronto, a una señal dada, abandonan la raya de partida, devoran el espacio y se desparraman lo mismo que una nube, fijos los ojos de todos en la meta. Niso es quien primero se destaca del grupo, con una gran ventaja sobre los otros corredores.

320. Resplandece entre todos, más rápido que los vientos y que las propias alas del rayo[201] . El más próximo a él, pero a notable distancia aún, es Salio, a los cuales sigue, como tercero, Euríalo. Y detrás viene Diores, que pisa los talones a Elimo, y que por momentos parece colgarse de su hombro.

325. Si le quedara espacio para adelantarle, lo cubriría de un salto, dejando al menos indecisa la victoria. Por último, y cuando se hallan ya todos fatigadísimos, cerca de la meta, con pequeñas distancias entre ellos, he aquí que el desgraciado Niso resbala y cae, en el sitio donde enfangara el suelo y la

---

[197] Acarnania era una provincia meridional de Egipto.

[198] Ciudad de Arcadia, que tomó tal nombre de su fundador Tegeo.

[199] Capital de la isla de Creta. En sus inmediaciones se hallaba el famoso laberinto.

[200] Consistía este enjaezado en redondas placas de metal, donde se cincelaban figuras en relieve, y que colgaban como un collar del cuello de los caballos.

[201] Hay muchas monedas antiguas donde puede verse un rayo con alas.

hierba verde la sangre de los toros sacrificados.

330. No ha podido el joven triunfador asentar bien sus pasos y, luego de tambalearse un momento, ha caído en semejante lodazal impuro[202] . Mas no por eso se olvida de Euríalo, ni del tierno afecto que al adolescente profesa.

335. Así es que se levanta presuroso, y a tiempo se cruza en el camino de Salio, que es el corredor que viene detrás. Salio da una vuelta sobre sí, y viene a caer también en la misma arena ensangrentada[203] . Entonces Euríalo, libre su camino, se lanza con ímpetu, y, venciendo por gracia del amigo, vuela hacia la meta, entre el estrépito de los aplausos y las aclamaciones. Detrás viene Elimo, y la tercera palma corresponde a Diores.

340. Pero Salio no se resigna y llena con su clamor el vasto anfiteatro. Apela a los jefes que ocupan las primeras filas, y reclama un honor que dice haberle sido arrebatado por la astucia. Pero Euríalo cuenta con el favor de los espectadores y le hacen más simpático las lágrimas como su esforzada intrepidez, esa virtud que gana mejor los corazones cuando se ofrece en cuerpo bello.

345. Le secunda y apoya Diores, con su robusta voz, él, que no hace más que acercarse al triunfo, y a pesar de que en vano pretendería el último premio, si a Salio se le hiciera el honor de sentarlo en primera fila. Entonces les habla así el divino Eneas: "Quedan asegurados vuestros premios, muchachos, y nadie cambiará el orden de las recompensas. Pero séame permitido compadecer la desgracia de un compañero que no tiene culpa."

350. Luego de estas palabras, entrega a Salio una enorme piel de león gétulo, cargada de pesada crin y con uñas de oro. Mas Niso grita entonces: "Si ésas son las recompensas para los vencidos, y tienes así piedad de los que cayeron, ¿qué premio me reservas a mí?

355. "Porque el valor de Niso ha merecido la primera corona, y le ha hecho su mala suerte, además, la misma jugarreta que a Salio." Y muestra, mientras esto dice, su cara y sus miembros manchados también del lodo de los sacrificios. Eneas sonríe paternal, y envía por un escudo para él; una obra maestra de Didiamón, arrancada por los griegos de las propias puertas sagradas de Neptuno[204] .

360. Terminadas las carreras y distribuidos los premios, dice el jefe troyano: "Si hay alguien ahora que se sienta con bastante valor en el pecho,

---

[202] En el canto XXIII de *La Ilíada* hay un pasaje afín a este. También allí Ayax y Ulises se disputan un premio de carreras. Ayax está casi a punto de llegar, cuando la diosa Palas Atenea, invocada por Ulises, le hace resbalar y caer en el lugar cubierto por las boñigas de los bueyes inmolados en honor de Patrocio.

[203] Claro que para hallar lógico este pasaje hay que tener en cuenta la moral y la ética de aquellos tiempos.

[204] Y reconquistado, claro es, por los troyanos.

salga aquí para la ludia de cestas[205] , y que alce pronto sus brazos con las manos vendadas de cuero." Y propone estos dos premios a continuación:

365. Para el vencedor un novillo con el testuz adornado de cintas de oro; y para el consuelo del vencido, una espada y un casco señalados. No tarda en aparecer un contendiente: es Dares, que hace en seguida ostentación de su fuerza, y que se levanta en medio de un murmullo de admiración.

370. Es el único que, en tiempo lejano, tenía costumbre de medirse con Paris[206] ; y es también aquel que, junto a la tumba donde reposa Héctor, venció a Butes, hasta entonces invencible; al temido y gigantesco Butes, tan orgulloso de descender de la casa real de Bebricia, y al que dejó tendido sobre la roja arena.

375. Tal es el hombre que yergue el primero su cabeza altiva, en espera de otro contendiente. Ofrece sus anchas espaldas, desplaza y lanza sus brazos, uno tras otro, y golpea el aire furiosamente. Mas en vano se le busca adversario: no hay nadie en la inmensa asamblea que ose afrailar a semejante luchador, ni armarse siquiera las manos con la cesta.

380. Lleno entonces el coloso de alegría, y seguro de que todos renuncian a disputarle el premio, detiénese a los pies de Eneas y, sin más esperar, coge con la mano izquierda el cuerno del novillo ofrecido. "¡Hijo de una diosa! — dice al héroe—, si nadie se atreve a aceptar el combate, ¿deberé por eso esperar mucho tiempo? ¿Hasta cuándo es preciso que aguarde? Da, pues, orden de que pueda llevarme este presente."

385. Se eleva de todas partes un denso murmullo de admiración, y los dárdanos piden que se le dé la recompensa merecida. Mas entonces Acestes reprende con dureza a Entelo, que por azar se halla sentado junto a él, en un lecho de verde césped: "¿De qué te sirve, Entelo, haber sido hasta hace poco el más valeroso de los héroes? ¿No sufres ahora de ver que se llevan sin combate tan bellas recompensas?

390. "¿Qué hicimos de nuestro dios, del Erix que tú proclamaste vanamente nuestro maestro? ¿Dónde están esa fama extendida por toda Sicilia y esos trofeos que cuelgan de tu techo?" ¡Ah, no! —responde Entelo—, no puede ser el temor quien arroje de mi corazón el afán del elogio y la pasión por la gloria.

395. "Pero he aquí que la pesada vejez engorda, y enfría mi sangre, y las fuerzas agotadas se hielan en mis miembros. ¡Ah!, ¡si yo tuviese hoy mi juventud de otros tiempos, la juventud que ahora exalta la confianza de este insolente! Seguro estoy de que no habría sido el premio del novillo lo que me hiciese bajar a la arena. No me cuidé de recompensas jamás."

---

[205] Era esto como un boxeo, inventado al parecer por el príncipe Amico, y que consistía en luchar con una especie de guanteletes, que se aseguraban a los hombros.

[206] Como se ve, los poetas posteriores a Homero no pintan a Paris como cobarde.

400. Dice, y, a pesar de todo, echa en medio del circo dos cestas de un peso monstruoso, que el viejo Erix, cuando se armaba para la lucha, acostumbraba a atar alrededor de sus brazos con duras correas. La multitud se sobrecoge ahora de estupor ante la enormidad de esas cestas, con sus siete dobleces de cuero, cosidos y erizados de hierro y de plomo.

405. Y el estupor sobrecoge más que a nadie a Dares, que se coloca furioso los guanteletes. El magnánimo hijo de Anquises da vueltas y más vueltas a las cestas, desenrollando las inmensas ligaduras, mientras el viejo atleta exclama: "¿Qué ocurriría, pues, si hubieses visto la cesta con que se armaba Hércules y el funesto combate que libró en esta misma costa?

410. "Ésas eran las armas que llevaba tu hermano Erix. Míralas; están todavía manchadas de sangre y de salpicaduras de sesos. Con ellas peleó contra el gran Alcides, y con ellas acostumbraba yo a combatir, cuando me daba fuerzas una sangre más joven, y la envidiosa vejez no había aún blanqueado mis sienes.

415. "Pero si el troyano Dares rehúsa estas nuestras armas, y así es también voluntad del piadoso Eneas, y Acestes que a la contienda me invita así lo aprueba, echemos las suertes. Te hago gracia de las cestas de Erix; conque deja ya de temer, y despójate tú también de las cestas troyanas."

420. Dicho esto, se arranca de los hombros su manto de doble espesor, deja al descubierto una fuerte musculatura y unos brazos poderosos, y queda esperando en medio de la arena. El hijo del divino Anquises toma entonces dos cestas iguales, y las pone en las manos de los dos adversarios, de este modo armados igualmente[207].

425. Quedan un momento los dos inmóviles, enderezados sobre las puntas de los pies; y levantan con orgullo los brazos hacia el cielo, echando para atrás las erguidas cabezas, ya en ademán de rehuir los golpes. Luego sus manos se enlazan y el combate empieza.

430. Tiene uno los pies más ligeros y se confía a su juventud; es el otro más fuerte en sus músculos y en la masa ingente de su cuerpo, pero las pesadas rodillas le tiemblan y se doblan, mientras agita sus enormes miembros un fatigoso respirar. La lucha es pronto dura entre los dos atletas, que se dan recíprocos y numerosos golpes. Caen la mayor parte de ellos sobre la cavidad de sus costados, y el pecho del uno y el del otro resuenan profundamente.

435. Luego sus manos pasan y repasan, sin amenguar el brío, en torno a las sienes y a las orejas del contrario, y estas y las otras mandíbulas crujen a veces bajo la fiera acometida de cualquiera de ambos. Entelo, firme en su robustez, se mantiene inmóvil como si lo hubiesen clavado a la tierra. Atenta la mirada, esquiva siempre los golpes con una simple inclinación de su

---

[207] Afín a éste hay un pasaje en el Canto XXIII de *La Ilíada,* que Virgilio ha variado, pintándolo aquí con su habitual maestría.

cuerpo ciclópeo.

440. En cuanto a Dares, asalta a su adversario como quien bate con máquinas de guerra los altos muros de una plaza, o quien ataca con armas un reducto situado en lo alto de un monte. Da un golpe tras otro, por este lado y por aquél, resultando impotentes todos los asaltos. Y tiene de pronto que separarse con toda su agilidad, porque ve suspendido sobre su cabeza el enorme brazo de Entelo, presto a descargarlo.

445. Sin embargo, toda la fuerza del coloso se pierde en los golpes dados al aire, y llega una vez a caer en tierra pesadamente, arrastrado por el peso mismo de su cuerpo, igual que ocurre en las vertientes de Frimanto o del gran Ida, cuando se desploma sobre sus raíces un pino ya carcomido por los años.

450. Los troyanos y la juventud de Sicilia se ponen en pie, agitados todos ellos por pasiones encontradas. Sube hasta el cielo su clamor y Acestes acude presuroso a levantar al viejo amigo. Mas no ha amenguado la caída el ánimo del héroe, que, estimulado por la rabia, se levanta con ímpetu mayor para el combate.

455. Tal es lo que se estima y la conciencia que tiene de su valor, que esto redobla sus fuerzas, y hace huir precipitadamente por la arena a Dares, descargando golpes rudos sobre él, tanto con la mano derecha como con la izquierda. No hay ya tregua ni reposo. La nube cargada de granizo no crepita con mayor violencia sobre nuestros tejados.

460. Hasta que, tras una serie de golpes, justos y precisos, con uno y otro puño, Entelo, que se ha multiplicado, derriba furiosamente a Dares. Mas el paternal Eneas no permite que vaya más lejos la cólera, ni que Entelo traspase la raya de la crueldad. Pone fin, pues, al combate, y tira del pobre vencido, a quien dirige estas palabras:

465. "¿De qué demencia ha sido víctima tu alma, desgraciado? ¿No adviertes acaso que no son las mismas tus fuerzas, y que los dioses se han vuelto contra ti? Es necesario ceder ante la divinidad." Mientras esto dice, su voz ha separado a los combatientes. Y ya sus fieles amigos llévanse a Dares a la nave.

470. Al infortunado Dares, que se arrastra con las rodillas quebrantadas y la cabeza como rota, y que vomita una sangre negra y los dientes con la sangre. Pero Eneas los llama, y mientras Dares recibe la espada y el casco, Entelo se queda con la palma y el novillo. Entonces el vencedor, henchido del orgullo de la victoria y del premio, grita así:

475. "¡Oh hijo de una diosa!, y ¡oh vosotros los troyanos! Miradme todos. Ved qué fuerza tuve en mi juventud, y de qué muerte acabáis de salvar a vuestro compatriota Dares." Luego de estas palabras, plántase ante la bestia, precio a su victoria, echa para atrás el puño derecho con toda su altura y le descarga sobre los cuernos tan violento golpe de cesta que rompe su cráneo y hace saltar los sesos.

480. El novillo se dobla y cae, palpitante, al suelo. Entelo, después, añade estas palabras: "¡Oh Erix!, te ofrezco en lugar de Dares esta víctima, que te será, sin duda, más agradable. Y ahora, como vencedor que soy, deposito aquí solemnemente mi arte y mi cesta."

485. En seguida Eneas invita a la lucha a los que quieran lanzar la flecha más rápida, y ofrece también premios. Entiesa él mismo con su fuerte mano un mástil de la nave de Seresto, y cuelga de un nudo de él, a debida altura y como blanco, una paloma que bate sus alas.

490. Se congregan al punto los rivales. Un casco de bronce recibe los nombres: es el de Hipocoonte, hijo de Hírtaco, el primero que sale, acogido por un rumor halagador de los presentes; y el segundo, el de Mnesteo, que acaba de triunfar en las justas de mar, y a quien se ve coronado de pálido olivo.

495. El tercer nombre que aparece es Eurición, tu hermano, ¡oh Pándaro nobilísimo!, que cumpliste la orden de la diosa, violando la tregua al lanzar tu flecha en medio de los aqueos![208] Y el último nombre que queda en el fondo del casco es el de Acestes, que no teme a sus años intentar este ejercicio de la juventud.

500. Blanden al momento los concursantes sus arcos flexibles, que encorvan con todas sus fuerzas, y sacan las saetas de las aljabas respectivas. Es la primera flecha que lanza el nervio estridente a través del cielo, y cuyo vuelo hiende los aires, la del joven hijo de Hírtaco, que llega a la meta y se clava en el mástil.

505. Éste tiembla; las plumas del pájaro se agitan asustadas, y todo el aire se estremece con el batir de sus alas como velas. Luego le toca la vez al ardoroso Mnesteo, que, a pie firme y con el arco tenso, apunta alto, ojo y flecha puestos a una vez en el blanco.

510. Pero no acierta a tocar la paloma; tan sólo corta su hierro el nudo y la cuerda de lino por la que el animal estaba atado de una pata al mástil, y, libre así la paloma, vuela y huye por los vientos, en dirección a las sombrías nubes. Rápido entonces Eurición, que ya tenía la saeta sobre el arco tenso, invoca a su hermano y hace un voto.

515. La paloma sigue volando, dichosa y libre; pero Eurición la alcanza con su flecha bajo las nubes, y el desgraciado ser desciende inanimado. Dejose la vida en las estrellas, y devuelve ahora, al caer, el hierro que acertó a

---

[208] Griegos y troyanos acordaron en cierta ocasión una tregua, para dirimir su contienda con un combate entre Menelao y Paris; quien venciese sería dueño de Helena, y la guerra además terminaría. Pero Pándaro, inspirado por Palas Atenea, lanzó una flecha contra Menelao, rompiéndose así la tregua. (Canto IV de *La Ilíada*.)

traspasarla[209] .

520. Queda ya sólo Acestes, y el premio se ha perdido para él; mas no deja de lanzar su saeta a los aires, como demostración de que sabe aún tender su arco y hacerlo vibrar. Pero he aquí que, entonces, se ofrece a todas las miradas un prodigio, que debía ser notable augurio. Lo probará más tarde un acontecimiento señalado; pero, ¡ay!, que la voz terrorífica de los adivinos no interpretará más que cuando ya sea tarde[210] .

525. Ocurre que al volar la flecha de Acestes por la nube se hace transparente y se inflama, trazando ya su ruta con un surco de fuego, y desvaneciéndose luego consumida en las vaguedades del espacio, como ocurre con esas estrellas que se sueltan un instante del cielo y arrastran al volar una espléndida cabellera. Todos quedan estupefactos, heridos de asombro.

530. Como un solo hombre se vuelven troyanos y sicilianos hacia los dioses, en demanda de explicación de aquel misterio, y dispuestos, si es necesario, a desagraviarlos; mas ya el gran Eneas, que en él ha visto un buen presagio, abraza al venturoso Acestes y le colma de obsequios. "¡Padre mío! —le dice—, estos auspicios señalan la voluntad del poderoso rey del Olimpo, que así quiere honrarte, para compensar tu mala fortuna.

535. "Acepta, pues, este presente, que viene del anciano Anquises; toma esta copa, adornada de figuras en relieve, que el tracio Ciseo[211] regalara un día a mi padre, como gran favor y para que de él tuviese un recuerdo y le sirviera de prenda de amistad."

540. Dicho esto, le ciñe la frente de verde laurel, y lo proclama primer vencedor con preferencia a todos, sin que el bondadoso Euricíón proteste siquiera, ya que él fue quien únicamente supo derribar a la paloma. Viene luego a recoger el tercer premio quien cortara la cuerda; y es el cuarto, por fin, de quien no hizo más que clavar en el mástil la ligera saeta.

545. Terminada esta justa, llama el divino Eneas a su lado a Epítides, ayo y compañero del joven Iulo, y le dice al oído, en tono confidencial: "Ve a Ascanio, y adviértele que esté pronto con su escuadrón de muchachos; y que si todo lo tiene preparado, se presente aquí al punto, armado con sus armas, y a la cabeza de sus buenos jinetes, para los juegos ecuestres que van a

---

[209] También Teucro, en el poema homérico, y en su duelo con Merión, para disputarse el premio del arco, corta la ligadura que retiene a la paloma. Lo que hace Virgilio es añadir a este pasaje el bello episodio de Acestes.

[210] ¿Se refería este acontecimiento de que habla Virgilio al casi inmediato incendio de las naves troyanas, o al todavía remoto de la primera guerra púnica? En el primer caso, Eneas equivocó el augurio, al considerarlo feliz.

[211] Rey de Tracia y padre de Hécuba, que era esposa de Príamo, último rey de Troya.

celebrarse en honor a su abuelo[212]."

550. El mismo Eneas ordena luego que despejen el campo los que ya lo invadían, y que amenazaban con llenar enteramente el circo. No mucho después, aparecen los muchachos, avanzando en filas simétricas, bajo la mirada de los padres, y resplandecientes sobre sus caballos, dóciles al freno.

555. El desfile impresiona vivamente a toda la juventud de Sicilia y de Troya, que aplaude con entusiasmo. Llevan todos los jinetes una corona en la cabeza, cortada según la costumbre[213], y dos venablos de cerezo cada cual, con punta de hierro. Penden, además, de su cuello ricos collares de oro, y muestran algunos a la espalda un brillante carcaj.

560. Las compañías son tres, que mandan otros tantos jefes y sigue a cada uno de éstos una docena de muchachos, alineados y magníficos. Se enorgullece la primera de ir a las órdenes del joven Príamo, que lleva el nombre famoso de su abuelo[214], ¡oh ínclita estirpe de Polites, que tanto contribuirá a la gloria de Italia!

565. Monta caballo tracio, con pelo de dos colores, que muestra un blanco purísimo en los finos cabos y en la frente soberbia, y que va también de blanco moteada su brillante piel. La segunda compañía la manda Atis, tronco de los Atios del Lacio; el pequeño Atis, por quien tanto afecto siente Iulo[215].

570. Y va al frente de la última el propio Ascanio, sobrepasando a los anteriores en belleza. Va en un caballo de Sidón, que la generosa Dido le regalara como recuerdo suyo y en prenda de su inmensa ternura. Los que le siguen cabalgan sicilianos corceles, obsequio del anciano Acestes.

575. Aplaude la gente de Troya a los jóvenes jinetes, que aparecen un poco cohibidos, y se esfuerza en reconocer en sus rostros las líneas de los rostros de sus antepasados. Ellos dan, entretanto, una vuelta a la pista, dichosos de desfilar ante miradas amigas. Y, por último, hace Epitides la señal, que es un grito y un fuerte restallar de su látigo.

580. Arrancan los tres pelotones al galope, y se separan pronto, formando grupos separados. Una orden nueva cambia sus posiciones y rumbos, yendo ahora unos contra otros, lanzas en ristre. A esto siguen otras evoluciones, avanzando y retrocediendo, dando la cara siempre, y trazando complicados círculos, que hacen del juego, bajo las armas, un simulacro de combate.

---

[212] Virgilio remonta hasta Eneas el origen de los juegos troyanos que Sila instituyó.

[213] Estas coronas se formaban con ramas de olivo deshojadas, y colocábanse en la parte inferior del casco, en contacto con el cabello.

[214] Era costumbre que el nieto llevase siempre el nombre del abuelo.

[215] Parece ser que el poeta inventa aquí el nombre de Atis, para dar un origen troyano a la familia Atia, a la que pertenecía la madre de Augusto. Suetonio dice que los atios eran oriundos de una ciudad del Lacio llamada Aricia.

585. Después fingen huir, descubriendo su espalda; o cargan furiosamente con los venablos amenazadores; o representan que se ha hecho la paz y marchan tranquilamente en filas paralelas. Recuerda su juego el laberinto que se dice existía, en otro tiempo, en la montañosa Creta.

590. Allí se cruzaban y entrecruzaban, entre los muros sin salida, numerosos caminos y rodeos, sin que señal alguna permitiese al extraviado conocer su error y volver sobre sus pasos nuevamente[216] . Y así es como ahora entrecruzan y mezclan sus caminos los jinetes troyanos, haciendo ora el juego, ora la batalla, semejantes a los delfines que hienden las aguas del Cárpato y de Libia, y que más bien parecen juguetear entre las olas[217] .

595. Andando el tiempo, y cuando Ascanio levante las murallas de Albalonga, renovará por tradición estos juegos, y enseñará a celebrarlos a los antiguos latinos, como él los celebra ahora de muchacho, y con él la juventud troyana.

600. Porque los albanos se los enseñarán con el tiempo a sus hijos, y de éstos, en la sucesión de los siglos, acabará por recibirlos la poderosa Roma, que así reverenciará la tradición y la memoria de sus antepasados. Por eso llevan estos juegos el nombre de Troya, y de escuadrón troyano el grupo de jugadores.

605. Terminan, por fin, las fiestas celebradas en honor al recuerdo sagrado de un padre. Mas en seguida la Fortuna empieza a renovar todas sus perfidias. He aquí que mientras los troyanos, cesando en sus juegos, tributan al sepulcro de Anquises honores solemnes, Juno, la hija de Saturno, ha enviado a Iris desde el cielo a la flota troyana, haciendo soplar vientos favorables a su mensajera.

610. La diosa ha estado siempre al acecho, sin curarse de su resentimiento antiguo. Y ahora envía con funesta misión a Iris, que cabalga en el arco de mil colores, y llega a la tierra, sin que la vean, por los más cortos caminos. Descubre la gran asamblea de gente siciliana y de Troya, recorre la costa y halla el puerto desierto y la flota abandonada. Ve en un rincón solitario de la orilla a las mujeres troyanas, que, alejadas del lugar de los juegos[218] , lloran la pérdida de Anquises, dirigiendo sus ojos llenos de lágrimas al profundo mar.

615. "¡Ah! —exclaman—, ¡nos hallamos extenuadísimas, y nos quedan aún por atravesar muchos escollos y mucha agua!" No tiene ninguna en su boca más palabras que éstas y otras semejantes. Aborrecen la inquietud de los mares y suspiran por una ciudad. En este momento Iris, que sabe del arte de

---

[216] Según Lejay, las excavaciones de Creta han demostrado que la leyenda del laberinto era muy superior a la realidad, ya que apenas encontróse una serie de complicadas celdas que servían, sin duda, de almacenes.

[217] También Apolonio compara a delfines las Nereidas que vogan en torno al navío Argo.

[218] En la antigüedad, las mujeres no asistían a los juegos públicos.

conseguir sus funestos propósitos, vase en medio de ellas; pero no con su rostro y su vestir, sino con los de Béroe, antigua esposa de Doriclo Tmario[219], con el que tuvo numerosos hijos.

620. Es así como se mezcla y confunde con las mujeres troyanas. "¡Oh desgraciados seres —les dice—, a quienes no llevó a la muerte la mano de los griegos, bajo los muros de la patria! ¡Oh infortunada raza de matronas! ¿Qué fin miserable os reserva el destino?

625. "He aquí que se cumple la séptima edad desde la caída de Troya. ¿Qué de mares y tierras no cruzasteis en ese tiempo? ¿Qué de rocas salvajes no os acogieron en estos siete años, y qué de huracanados cielos no os abandonaron a merced de las olas, siempre tras una Italia que retrocede a medida que os acercáis a ella?

630. "Pero tenéis aquí el país fraternal de Erix y contáis con la hospitalidad de Acestes: ¿quién, pues, impide a Eneas que levante aquí unas murallas y dé una ciudad a sus conciudadanos? ¡Oh Patria! ¡Oh Penates, vanamente arrancados al enemigo! ¿Será que no va a llevar ninguna otra ciudad el nombre de Troya? ¿Será que se han secado para siempre los ríos de Héctor, el Janto y el Simois?

635. "Venid, pues, conmigo, y quememos entre todas estos navíos de desgracia. Se me ha aparecido en sueños la imagen de la profetisa Casandra, y me ha tendido unas antorchas inflamadas, diciéndome: Aquí está vuestra Troya, y ésta ha de ser vuestra morada[220]. Ha llegado el tiempo de obrar, y no debe retardarse el prodigio.

640. "Mirad, finalmente, esos cuatro altares elevados a Neptuno; ¡el mismo dios es el que pone en vuestras manos el valor y las teas!"[221]. Dichas estas palabras, es ella la primera que coge con violencia una antorcha encendida. La blande un momento al aire, con toda su fuerza, como si una espada fuese, y la arroja al espacio. Las mujeres de Ilión la miran estupefactas, con el corazón encogido.

645. Y una de ellas, Pirgo, la más vieja de todas, nodriza que fue de muchos hijos de Príamo, les grita: "¡No, mujeres de Troya! ¡No es ésta vuestra Béroe, la esposa de Doriclo! ¡Ved el relámpago que revela su divinidad! ¡Ved esos ojos brillantes, ese caminar majestuoso, ese orgullo y esos rasgos, y ese tono en la voz!

650. "Dejé hace un instante a Béroe postrada en el lecho, desolada de ser la única que no pudo asistir a los sacrificios, ni rendir a Anquises los honores que le son debidos." Esto deja perplejas a las infelices matronas, que titubean un momento entre la llamada del suelo que pisan y el reino lejano que pueda

---

[219] Monte del Epiro.

[220] Algunos intérpretes del poeta descubren aquí un encanto melancólico semejantea los cantos de los judíos durante su cautiverio en Babilonia.

[221] Solían elevarse estos altares para pedir al cielo vientos favorables.

depararles el destino.

655. Pero entonces elévase hasta el cielo la diosa Iris, con sus grandes alas desplegadas, y traza sobre las nubes un magnífico arco. Semejante prodigio deja atónitas a las mujeres, que se ven al punto poseídas de furor y unen sus clamores.

660. Saquean unas rápidamente los encendidos hogares de los santuarios, llevándose las antorchas, que vuelan pronto sobre los navíos, mientras otras destruyen los altares, y arrojan también a los barcos la leña y el ramaje de los sacrificios, para así mejor propagar el incendio. No tarda éste en hacer fieros estragos en bancos y remos, como en las pinturas de las popas[222] .

665. Lleva Eumelo a la tumba de Anquises y a los espectadores del anfiteatro la noticia de que arden los navíos, y todos contemplan con sus propios ojos, al volverse, una espesa nube de humo negro y un torbellino de cenizas. Y es Ascanio el primero que, tal como está, vestido con su traje de fiesta para dirigir los juegos, espolea a su caballo para ganar al galope el lugar del siniestro.

670. Sus escuderos le siguen apresuradamente, mas no pueden alcanzarle. Y, en llegando allí, el hijo de Eneas increpa: "¿Qué locura es la vuestra, desgraciadas? ¿Qué pretendéis hacer, gentes de Troya? No hay ahora enemigo ni campo que aborrezcan los griegos, y son vuestras propias esperanzas lo que quemáis. ¡Miradme a mí, que soy vuestro Ascanio!" Y, diciendo esto, arroja al suelo el casco que llevaba para los simulacros de guerra.

675. También Eneas se dirige al mismo lugar, seguido de una multitud de troyanos. Las mujeres, dispersadas por el terror, huyen por todas partes a lo largo de la costa, y ganan en seguida los bosques y se ocultan en las cavidades de los peñascos. No ven su obra nefanda, ni siquiera la luz. Pero han vuelto en sí mismas, se reconocen a sí propias y expulsan a Juno de su pecho.

680. No por eso se detienen las llamas en su carrera intrépida. La estopa sigue ardiendo y vomitando un humo espeso sobre el maderamen enrojecido; y el ardiente vapor devora los flancos de las naves, y ya el río de fuego desciende hasta lo más hondo de ellas. Inútiles resultan los esfuerzos de los capitanes y los torrentes de agua derramada para sofocarlo.

685. A la vista de ello, rasga sus vestiduras el piadoso Eneas[223] , que llama en su socorro a los dioses, y tiende hacia ellos las manos suplicantes: "¡Oh Júpiter todopoderoso!, ¡si no aborreces aún al último de los troyanos, si tu piedad de otras veces pasa la mirada sobre estos humanos míseros, permite que escape nuestra flota de las llamas!

690. "¡Salva de la destrucción, ¡oh padre omnipotente!, los débiles recursos de las gentes de Troya; o bien, si así lo merezco, destruya tu rayo lo

---

[222] Estaban estas popas revestidas de abetos, y mostraban notables pinturas.
[223] Demostración de profundo dolor, en la antigüedad.

que queda de nuestros navíos, y húndelos por tu propia mano en el mar!" No había terminado de decir estas palabras, cuando cayó de las alturas fuerte aguacero, mientras se desataba un tenebroso huracán con fuerza extraordinaria.

695. Temblaron bajo el trueno la llanura y las montañas, y de todos los ámbitos del espacio empezó a caer con violencia el agua de las negras nubes que los vientos amontonaban. De este modo el incendio acabó por extinguirse, y, salvo algunos navíos perdidos, la flota se libró del desastre.

700. Sin embargo, en el pecho del divino Eneas, conturbado por esta cruel desgracia, se agitaban serias inquietudes. ¿Quedaríase en la tierra siciliana, olvidado de su destino? ¿Trataría, por el contrario, de seguir ese destino y alcanzar las costas de Italia? Hallábase en estas dudas, cuando vio ante sí al viejo Nautes[224], el único a quien Palas Tritonia hizo entre todos famoso por el hábil arte de sus respuestas.

705. Habíale Palas enseñado, en efecto, la manera de responder, insuflándole lo que siempre presagiaba la cólera de los dioses, y cuanto podía decirse en el orden de los destinos. Nautes se puso a consolar al héroe troyano, y le habló de esta suerte: "¡Oh hijo de una diosa!, sigamos la ruta que nos señalan obstinadamente los hados.

710. "Cualquiera que fuese la derivación de este prodigio, siempre se puede triunfar de la adversa fortuna, a fuerza de constancia. Ahí tienes, junto a ti, al dárdano Acestes, nacido de los dioses. ¿Por qué, pues, no lo asocias a tus designios? Uníos los dos; él lo desea vivamente. Puedes confiarle algunos de tus hombres que ahora te sobran por la pérdida de los navíos, y cuantos entorpecen tus altas empresas y se oponen de algún modo a tu destino.

715. "Déjale también los ancianos abatidos por los años, las mujeres por el mar fatigadas, y cuanto tengas a tu alrededor sin el vigor y el ánimo precisos para desafiar todos los peligros. Y permíteles edificar sus muros en esta tierra, puesto que ya están aquí. Podrán llamar a la ciudad que funden Acesta, si te parece bien"[225].

720. Mas estas palabras del viejo amigo, aún confortando el espíritu de Eneas, no ahuyentaron de su corazón las inquietudes. Poco después, en la Noche negra, que recorría la bóveda celeste, arrastrada en su carro por dos caballos briosos, Eneas creyó ver que descendía de las alturas la imagen de su padre Anquises, que se expresó así ante él:

725. "¡Oh hijo mío, que mientras viví me fuiste más querido que la propia vida! ¡Oh hijo amado, a quien los destinos de Troya tanto hicieron padecer! Vengo enviado por Júpiter, que acaba de alejar el incendio de tus naves, y que

---

[224] Había en Roma una familia Nautes, la cual se consideraba descendiente del Nautes que salvó la imagen de Palas del incendio de Troya.

[225] Tierna actitud filial la de Eneas, que deja al padre la gloria de dar su nombre a la ciudad que hoy se llama Castellamare.

ha tenido, por fin, piedad de tu desventura. Sigue los consejos que te da el viejo Nautes, a quien asiste la razón. No lleves a Italia más que la flor de tu juventud y los pechos más valerosos.

730. "Te espera en el Lacio una raza dura y salvaje, que tendrás que domar. Pero es preciso que antes penetres en las moradas infernales de Plutón, y que converses conmigo en la sima profunda del Averno, hijo amado[226] . No estoy en poder del Tártaro impío, ni de las tristes sombras: vivo en el Elíseo, donde se encuentran los hombres piadosos.

735. "Te llevará hasta allí la casta Sibila, cuando hayas derramado en abundancia la sangre de negras víctimas. Entonces conocerás tu posteridad y las murallas que te tienen prometidas los hados. Nada más, hijo mío. La noche húmeda alcanza la mitad de su carrera, y siento ya sobre mí el respirar jadeante de los caballos de la implacable Aurora." Y esto diciendo, se desvaneció en el aire sutil, igual que leve humareda.

740. Eneas corrió tras él, gritándole: "¿Adónde vas con esa prisa? ¿Es de mí de quien huyes? ¿Quién puede arrancarte así de mis brazos?" Luego de estas palabras, reanimó el fuego dormido en la ceniza, se prosternó ante el dios Lar de Pérgamo y el santuario de Vesta, y los honró con harina sagrada y una caja llena de incienso.

745. Reunió después a sus hombres, llamando a Acestes antes que a nadie, y les comunicó el mandato de Júpiter y los consejos de su padre amado, así como la resolución que tomaba su espíritu. Nada podía ya retrasar sus designios, y el propio Acestes se avino de buen grado a ayudarle en ellos. De este modo se empezó en seguida a inscribir a las mujeres destinadas a la nueva ciudad.

750. Sumose a ellas un grupo de troyanos que así lo deseaban, de gentes de Ilión cuyos corazones no palpitaban por el afán de la gloria. Y los restantes se pusieron a reparar los bancos de remeros, a reemplazar las quillas que destruyeran las llamas, y a disponer las velas y cordajes. No eran muchos, pero estaban todos poseídos de ardor guerrero y de afán de aventuras.

755. Trazó Eneas a continuación, con el arado, los límites de la ciudad nueva[227] y tiró a suertes el emplazamiento de las nuevas moradas. "Aquí estará Ilión —dijo—, y este lugar será Troya." Por su parte, el troyano Acestes recibe con entusiasmo su investidura de rey; fijará los días de los tribunales y dará reglas de derecho a los senadores a quienes convoque.

760. Luego fundará en honor de la Venus que se adora en Chipre, y sobre la cumbre del monte Erix, un templo vecino de las estrellas, y en adelante la

---

[226] Había Heleno anunciado a Eneas que bajaría a los infiernos, y esta aparición de su padre se lo confirma al héroe.

[227] Era costumbre antigua trazar los límites de las ciudades nuevas con el arado, luego de uncir un toro y una vaca. La ciudad a que aquí se alude era, sin duda, Segesta.

tumba de Anquises tendrá su sacerdote propio y su vasto bosque sagrado. Celebra el pueblo, durante nueve días, las comidas fúnebres, y tienen lugar sobre los altares los debidos sacrificios. Después de esto, se advierte que los vientos favorables aplanan el mar, y que el soplo incesante del Austro llama a las velas.

765. Llega el momento de la partida, y un inmenso gemido se eleva sobre toda la curva de la costa. Prolónganse los abrazos día y noche. Ahora quisieran partir, y sufrir hasta el final todos los peligros del viaje, aun aquellas mujeres para quienes tenía el mar una faz terrible, y a las que más asustaba el poder divino.

770. Eneas las consuela con paternal acento, y se las recomienda llorando al nuevo rey Acestes, de igual sangre que él. En seguida ordena inmolar tres terneras a Erix[228] y una oveja a las Tempestades[229], y soltar las amarras una tras otra. El mismo se pone en pie sobre la proa, con la cabeza ceñida de hojas de olivo en corona cortadas, y con un gran plato en la mano.

775. Lleva en él las entrañas de las víctimas, que arroja a las inmensidades salobres, completando el rito con las libaciones de costumbre. Y como el viento que se eleva de popa favorezca la partida, todos los hombres a una y a porfía golpean el mar y barren con los remos las aguas.

780. Inquieta siempre, entretanto, la diosa Venus se dirige a Neptuno, y le habla así, con alma atormentada: "Nada aplaca la cólera violenta ni el corazón rencoroso de Juno, y esto me obliga, ¡oh dios!, a recurrir a todas las plegarias. Ni el tiempo ni testimonio alguno de piedad la dulcifican; y no teme tampoco que las órdenes de Júpiter o la suspensión de los destinos pueda quebrantar sus esfuerzos.

785. "Como si fuera poco haber volcado sobre la desventurada nación frigia todo su odio invencible, haber devorado a Troya y consumido sus restos en la hoguera de todos los suplicios, he aquí que se ceba todavía en sus cenizas y en los huesos mismos de esta muerte. Ella sabrá probablemente los motivos de furor tan grande[230]. En cuanto a ti, ¡oh Neptuno!, bien puedes atestiguarlo, porque viste no ha mucho las masas enormes de agua con que hinchó las olas de Libia.

790. "Después de revolver mar y cielo, dominando un instante las tempestades de Eolo, quiso también ejercer imperio en tus propios dominios. Pero ha hecho más: ha empujado al crimen a las mujeres troyanas, que, a instigación suya, quemaron nuestros navíos vergonzosamente; y perdida ahora parte de la flota, nos obliga a dejar compañeros en tierra desconocida.

---

[228] Divinidad local.

[229] Tenían éstas un templo en Roma, cerca de la Puerta Capena.

[230] En el adverbio "probablemente" demuestra Virgilio que Venus conocía las tales causas, aunque fingía ignorarlas. Esto significaba desdivinizar a la diosa, pero también humanizarla, o, mejor, feminizarla.

795. "Yo te ruego, ¡oh Neptuno!, que hagas por que estas últimas naves desplieguen sus velas sin peligro, a través de las aguas, y alcancen pronto el Tiber laurentino. Ya ves que no pido más de aquello que se nos prometiera, y que las Parcas hablaron siempre de unas nuevas murallas."

800. El hijo de Saturno, domador de los profundos mares, le contesta: "Tienes todos los derechos, ¡oh Citerea!, para confiarte a mi reino, de donde saliste[231]. Yo también quise merecer tu confianza, porque a menudo reprimí los furores y la rabia espantosa del cielo y del mar. Hasta en la misma tierra pongo de testigos al Janto y al Simois, que no tuve menos interés que tú por la vida y la gloria de Eneas.

805. "Cuando Aquiles perseguía a los troyanos empavorecidos, y los lanzaba contra los muros entregándolos a la muerte a millares, y cuando gemían los ríos bajo su carga de cadáveres, y el Janto no encontraba su cauce de nuevo, para rodar al mar, yo elevé en el seno de una nube a Eneas.

810. "Sus fuerzas y el amparo de los dioses le eran adversos en su lucha con el robusto hijo de Peleo, y le salvé, por más que no tuviese otro propósito que destruir aquella obra de mis manos que eran las murallas de Troya la perjura[232]. Pues hoy abrigo los mismos sentimientos. Desecha, pues, tus temores, ¡oh Venus Citerea!, porque tu hijo llegará felizmente al puerto de Averno que para él deseas. Y no habrás de lamentar que ninguno de sus hombres se hunda en las aguas. Tan sólo uno pagará con su cabeza la salvación de los compañeros."

815. Calmada así la inquietud de Venus, unce los caballos a su yugo de oro el padre de los dioses, pone en sus bocas los frenos que han de cubrirse de espuma y les deja las riendas flotantes. El carro de color del mar se desliza en seguida por las aguas, rozando con su vuelo ligero las crestas de las olas.

820. Ante él se inclina el líquido elemento, y la hinchada superficie se aplana bajo el fragor de sus ruedas. Acompañan al dios figuras extrañamente distintas; monstruos marinos, Glauco y su coro de ancianos, Palemón, hijo de Ino, los veloces tritones y todo el ejército de Forco; y a su izquierda van Tetis y Melite, la virgen Panopea, Nesee, Ispio, Talía y Cimódoce[233].

825. Una dulce alegría invade, a la vista de esto, el alma tanto tiempo indecisa del divino Eneas, que hace al punto erguir los mástiles y desplegar los linos sobre los brazos de las vergas.

830. Todos se entregan con rapidez a la maniobra, y largan a derecha e izquierda los rizos de las velas, haciendo girar y más girar los cuernos de las tongas. Así es como la flota se pone pronto en marcha, empujada por los vientos propicios. Y va Palinuro a su frente, dirigiendo la hilera cerrada de navíos, que todos regulan por el suyo su paso.

---

[231] Sabido es que Venus nació de las espumas del mar.

[232] Pasaje afín a cierto episodio del Canto XX de *La Iliada*.

[233] Todas éstas eran ninfas y deidades del mar.

835. Avanza la noche húmeda por los ámbitos del cielo, llegando a la mitad de su carrera, y duermen profundamente los remeros, tendidos sobre los bancos, en una dulce paz, cuando baja el Sueño desde los astros, separa el velo de las tinieblas y aparta las sombras.

840. Baja en busca tuya, ¡oh Palinuro!, y te trae visiones funestas, ¡oh víctima inocente! Se sienta el dios Morfeo en la alta popa, bajo los rasgos de Forbante, y deja caer estas palabras: "Advierte, Palinuro, hijo de Jasio, cómo el mismo mar conduce las naves. Soplan por la popa los vientos con impulso igual. Es la hora del reposo.

845. "Dobla, pues, la cabeza, y aparta del trabajo tus ojos, harto ya fatigados. Yo mismo te sustituiré el tiempo necesario en el gobierno del navío." Levanta apenas la mirada Palinuro y responde: "¿Es a mí a quien aconsejas que olvide lo que pueden ocultar la faz apacible del mar y esta serenidad de las aguas?

850. "¿Supones acaso que debo fiarme de calma tan prodigiosa?, ¿que debo abandonar a Eneas al encanto engañoso del cielo, yo que sé tanto de su disimulo y de su falacia?" Habla de este modo sin soltar el timón, antes bien estrechándolo más, con los ojos fijos en las estrellas. Mas he aquí que el dios, le toca las sienes con una rama humedecida en las aguas del Leteo[234] y vigorizada por la virtud de la laguna Estigia.

855. Y es así como cierra, hinchándolos de sueño, los ojos del piloto, que pugna todavía por abrirlos. Luego de eso, y apenas una súbita languidez se apodera de los miembros de Palinuro, el dios le precipita en las aguas tranquilas, con el timón y una parte de la popa arrancados.

860. Cae de cabeza y llama inútilmente a sus compañeros, mientras el dios se remonta en los diáfanos aires, igual que un pájaro que volara[235]. Entretanto, la flota sigue navegando, tranquila y segura, conforme a las promesas del divino Neptuno. Y he aquí que no sólo se acerca, sino que roza ya el escollo de las Sirenas[236], peligroso de antiguo y blanco de osamentas, sobre el que levanta un continuo clamor el repetido golpear de las olas contra los peñascales.

865. Se da entonces cuenta Eneas de que flota su nave a la ventura, sin piloto, y él mismo toma el gobierno en las nocturnas aguas, gimiendo amargamente y con el corazón traspasado por la desgracia del amigo.

---

[234] Famoso por sus aguas, que producían el olvido.

[235] He aquí uno de los más bellos pasajes virgilianos, al común decir de los comentaristas.

[236] Ninfas del mar, con busto de mujer y el resto de pescado. Era fama que atraían a los navegantes, y tres de ellas —Parténope, Leucosia y Ligea—que vivían en la isla de Caprea, se arrojaron desesperadas al mar por no haber podido seducir a Ulises. Este episodio puede verse reproducido en una crátera lucánica, en el Museo de Berlín.

870. "Te confiaste demasiado, ¡oh Palinuro! —exclama—, a la doble serenidad del cielo y del mar, y yacerás por eso un día, enteramente desnudo, en la arena de una playa ignorada."

LIBRO VI

ARGUMENTO

Eneas llega con sus naves a la ribera de Cumas, y es su primera visita, mientras la juventud troyana dispone el campamento, a la cumbre donde está el templo de Apolo, y al antro de la famosa Sibila, que guarda las lindes del Averno. Por su boca espumeante le predice el dios guerras, desposorios sangrientos, y que el primer camino de salvación partirá de una ciudad griega.

Conjura el héroe a la pitonisa a que le lleve a la mansión de los muertos, para ver a su padre, Anquises; pero antes tiene que dar sepultura a uno de sus compañeros, a quien Tritón ha hundido en las aguas, y cuyo cadáver, en tanto no duerma bajo tierra, manchará las naves de los frigios. El mismo se interna en el bosque, con sus hombres, en busca de leña para la pira fúnebre, y sigue el vuelo de dos palomas que le llevan a un rincón de la selva, de uno de cuyos árboles tiene que recoger cierta rama dorada, como ofrenda a la belleza de Proserpina, si quiere descender a los infiernos, según consejo de la Sibila.

Apenas despuntó el día, pasada la noche en diversos sacrificios, Eneas y la Sibila emprenden su viaje, llegando al Cocito, en donde las sombras de los muertos esperan la barca de Caronte, que ha de pasarlas a la orilla opuesta. La barca empieza a llenarse de agua, bajo el peso de Eneas y la Sibila, que son seres vivos, pero arriban sin dilación al otro lado. Ya en él, atraviesan los viajeros regiones inmensas que el Dante distribuyó en circulos. Se ven allí niños muertos en su nacimiento, y que lloran; inocentes que fueron condenados contra toda justicia; suicidas que suspiran aún por la luz donde se sufre y se padece la miseria. Más lejos, pasean las víctimas del Amor por los bosques de mirtos del Campo de los Lloros, y allí encuentra Eneas a Dido; pero la reina suicida no responde a sus lágrimas ni a la ternura del antiguo amante más que con miradas de cólera y un pertinaz silencio.

Encuentran también a Deífobo, el tercer marido de Helena, que lo entregó a los griegos la noche del saqueo de Troya, y a quien Ulises y Menelao mutilaron horriblemente, como muestran las heridas espantosas que ofrecerá toda la eternidad. No lejos de allí, divisan la vasta mansión amurallada del Tártaro, donde expían sus delitos los grandes criminales, en un trágico estruendo de gemidos, de lamentos y de arrastrar de cadenas. Y llegan, por fin, a las puertas en donde Eneas tiene que depositar la rama de oro.

No tardan en verse en el centro de una llanura que baña purpúrea luz, y que tiene su sol y sus estrellas. Las sombras llevan en ese lugar un remedo de vida plácida y agradable: luchan, juegan, danzan y cantan; son los héroes, los poetas, los grandes hombres, los bienhechores de la humanidad. Mientras Anquises, padre de Eneas, contempla, una muchedumbre de almas que revolotean como abejas cerca de las aguas del Leteo, esperando que pasen mil años de sufrimiento para reincorporarse otra vez, purificadas, a cuerpos nuevos, divisa a su hijo y le tiende las manos. Luego le sirve de guía por los misteriosos parajes, donde le muestra su posteridad, y le va presentando seres que han de subir aún a la vida, entre ellos Marcelo, hijo de Augusto, a quien los dioses no dejarán crecer, por temor a que el poderío de Roma sea demasiado grande.

Por último, Eneas y la Sibila abandonan los infiernos, saliendo por su puerta de marfil. El héroe troyano, a quien todo lo visto le parece un sueño, llega a donde sus naves, y ordena a los pilotos que las lleven al puerto de Cayeta, hoy Gaeta, al noroeste de Nápoles.

TEXTO

Así habla Eneas, llorando a su buen piloto Palinuro. No mucho después, y sueltas las riendas de la flota, acaba por arribar a las costas de Cumas[237] . Ya en ellas, los troyanos vuelven sus proas hacia el mar, y dejan que las naves bordeen inmóviles la orilla, con sus popas panzudas fijas en el fondo movedizo de la arena por el férreo diente de las áncoras.

5. En seguida se lanza a la tierra de Hesperia un tropel de jóvenes ardorosos. Mientras unos buscan la semilla del fuego oculta en las venas del pedernal, otros exploran rápidamente los boscajes próximos, asilo, sin duda, de animales feroces, y señalan las aguas corrientes que descubren.

10. Eneas, en tanto, se dirige a cierta montaña en cuya cumbre álzase un templo consagrado a Apolo, y en la que tiene su retiro solitario la famosa Sibila de Cumas, lleno de santo horror su enorme antro desde que el dios profético de Delos pasó a ella alma y voluntad, descubriéndole el porvenir. También los troyanos se meten en los sagrados bosques de Diana, y bajo las bóvedas de su templo de oro.

15. Cuéntase que Dédalo[238] , fugitivo del reino de Minos y habiendo

---

[237] Cumas fue fundada por colonos llegados de Eolia, en el Asia Menor, y de Calcis, en la isla de Eubea, yendo a la cabeza de ellos Hippocles y Megastenes. Desembarcados en las costas de Campania, levantaron una ciudad cerca de los lagos Averno, Lucrin y Aquerusa; ciudad que se hizo famosa por su Sibila, y que hoy se encuentra en ruinas. En cuanto a las Sibilas, eran profetisas a quienes se suponía inspiradas por Apolo. La más célebre de todas fue esta de Cumas, a la que se atribuían los llamados *Libros Sibilinos,* donde estaban escritos los destinos de Roma, y que se consultaban en los momentos difíciles del Estado.

[238] Dédalo fue un famoso arquitecto de Atenas, que dirigió las obras del laberinto de Creta. La leyenda dice que el rey Minos lo encerró con su hijo en una torre, por haber protegido los amores de la reina Pasifae con un toro. Dédalo fabricó un doble juego de alas para ambos huir del encierro; y él lo logró, llegando hasta

osado confiarse a los cielos sin más apoyo que sus alas, cruzó por nuevas rutas hacia las Osas glaciales, y se posó, al fin, suavemente en esta cima. Entonces te consagró a ti sus remos aéreos, ¡oh Apolo!, y levantó en tu honor este templo.

20. Ostentan sus puertas, esculpida, la muerte de Andrógeo[239] , y asimismo la imagen de los siete niños que venían condenados a pagar cada año, por su crimen, los desgraciados atenienses. Ahí está también la urna para sacar las suertes. Y en el batiente opuesto, descúbrese la isla de Creta, que se levanta sobre el mar. Se ve a Pasifae, la de la pasión por el toro salvaje y su indigno acoplamiento.

25. Como se ve también su progenie de sangre mezclada, el monstruo biforme, el Minotauro que es representación de un amor abominable. No está lejos tampoco el laberinto célebre, con sus caminos inextricables, que no lo eran para Dédalo. Sintió éste una gran piedad por los amores de cierta princesa, y mostró a Teseo[240] la salida, guiando por medio de un hilo los pasos ciegos del amante.

30. Tú también, ¡oh Ícaro![241] , tendrías un sitio en este trabajo admirable, si lo hubiese permitido el dolor; porque dos veces quiso cincelar en oro tu caída el artífice, y las dos cayó el buril de sus manos paternas. Más tiempo hubiesen admirado los troyanos este arte primoroso, de no llegar Acates, acompañado de la sacerdotisa de Febo y Diana, Deífobe, hija de Glauco.

35. "No es el momento—se oye decir a Eneas—de abismarse en estos espectáculos. Valiera más inmolar siete terneras jóvenes, de un rebaño que no haya sufrido el yugo, y otras tantas ovejas, escogidas conforme a los ritos."

40. Oído esto, lleva a cabo los sacrificios la gente troyana, a la vista de Eneas, y así que se cumplen, la Sibila les llama desde lo profundo del templo. Está cortado el flanco de la roca gigante en forma de gruta, a la que conducen cien largas avenidas con igual número de puertas; y por todas ellas salían otras voces, que no eran todas más que la sola y única voz de la Sibila.

45. Así que estuvieron en el umbral del antro, la virgen les gritó: "Ha llegado el momento de interrogar al destino. ¡Aquí está el dios!" Y, hablando

---

Italia; pero su hijo —Ícaro— pereció en el intento, por haberle fundido las alas el sol.

[239] Hijo de Minos. Le mataron los jóvenes de Atenas, envidiosos de que Androgeo se hubiera llevado todos los premios en las fiestas Panateneas.

[240] Hijo de Egeo, rey de Atenas, consiguió dar muerte al Minotauro (hijo de Pasifae y el toro) en el laberinto de Creta, y salió luego de éste, gracias al hilo que le facilitó Ariadna, hija de Minos, y que él fue desenrollando al entrar, con objeto de facilitarse el regreso. Acabó Teseo casándose con Ariadna, pero luego la abandonó, y Baco la hizo su esposa.

[241] Hijo de Dédalo, arquitecto que, según la leyenda, debió su fama a la construcción del famoso laberinto que llevaba su nombre.

así, cambiaba de color y de rostro, se desparramaban sus cabellos, alentaba su pecho jadeante y se llenaba de rabia su feroz corazón.

50. Pareció de pronto más grande y se humanizó más su voz, cuando el dios, aproximándose a ella, la tocó. "¿Por qué tardas tanto —le dice— en hacer tus ofrendas y plegarias, troyano Eneas? No se abrirán, entretanto, para ti las puertas de esta mansión impresionante." En seguida, calla. Un estremecimiento helado recorre los miembros de los rudos troyanos, y el rey se apresura a elevar sus preces desde lo hondo del corazón.

55. "¡Oh Febo!, que tuviste siempre piedad de los crueles sufrimientos de Troya, y guiaste la flecha dárdana y la mano de Paris contra el cuerpo de Aquiles, bajo tu guía penetré en tantos mares como bañan las costas más opuestas, y en el país de los masilios, y hasta en los campos que bordean las Sirtes.

60. "Por fin hemos llegado a las costas de Italia, que siempre huían de nosotros. Pero es preciso que la suerte nos lleve más lejos todavía. También vosotros podéis acortar el destino de la nación de Pérgamo, ¡oh dioses y diosas!; vosotros todos, a quienes dan sombra Ilión y la inmensa gloria de las gentes troyanas.

65. "Y tú, ¡oh sabia profetisa que adivinas el porvenir! —no pido más reino que el que los hados me prometieran—, di a mis hombres que pueden establecerse en el Lacio, ellos y sus dioses errantes, y los Penates de Troya, tan traídos y llevados. Levantaré entonces un templo de mármol a Febo y a Diana.

70. "E instituiré, además, grandes fiestas en nombre de Apolo[242]. Por lo que toca a ti, te reservo en mi reino un santuario, donde dispondré tus oráculos y los secretos del destino anunciados a mi pueblo, y te elegiré sacerdotes que serán a ti consagrados, ¡oh Bienhechora!

75. "Mas ahora no fíes en tus versos proféticos para iluminarme; van escritos en hojas que pueden ser juguete de los vientos veloces. Yo te pido que me los des a conocer de viva voz." Y no habla más. Pero la profetisa se resiste aún al abrazo de los dioses, y se debate en lo profundo del antro, como una bacante salvaje, tratando de sacudir de su pecho a quien todo lo puede.

80. Mas pronto Febo la rinde, llenando de espuma su boca y doblegando su rebelde corazón. Y he aquí que entonces las cien puertas del santuario se abren por sí mismas, y dan paso en los aires a las respuestas de la virgen. "¡Oh tú —dice a Eneas—, que por fin te libraste de los duros peligros del mar! ¡Sabe que la tierra te los reserva más crueles todavía!

85. "Entrarán los descendientes de Dárdano en el reino de Lavinio, no lo dude siquiera tu corazón; pero también te digo que sentirán después haber entrado. Veo guerras, todo el horror de las guerras, y las aguas del Tíber

---

[242] Alúdese aquí a los juegos instituidos por Augusto.

enrojecidas de sangre. Porque no ha de faltarte nada: ni el Simois, ni el Janto, ni siquiera el campamento griego; ni aún Aquiles, que otro Aquiles ha nacido para el Lacio, también de una diosa[243].

90. "Juno seguirá encarnizándose en los troyanos. Y tú, en tu congoja, ¿a qué nación o ciudad no habrás de acudir con tus súplicas? Mujer e himeneo extranjeros serán una vez más causa de grandes desdichas para los troyanos.

95. "Pero no cedas ante la adversidad: afróntala con más confianza de lo que tu suerte parezca permitirte. Y sabe, además —bien, lejos estás de pensarlo—, que el primer camino de tu salvación partirá de una ciudad griega"[244]. Es así como la Sibila de Cumas extiende desde su santuario el sagrado horror de los oráculos ambiguos, mientras ruge en su antro, donde la verdad se envuelve en sombras.

100. No son otros los frenos humanos en que el dios desarma su furor, ni otro el pecho contra el que revuelve sus aguijones. Por eso espera el héroe Eneas, para tomar la palabra, a que la Sibila quede en éxtasis y su boca espumajeante se calme. Entonces dice así: "¡Oh virgen!, ningún sufrimiento se me presenta con faz inesperada y nueva.

105. "Todo lo preveo siempre, y lo vivo antes con el pensamiento. Una sola súplica te dirijo ahora: puesto que se halla aquí, según se dice, la puerta del rey de Los Infiernos, y el tenebroso pantano de los desbordamientos del Aqueronte, haz que tenga la dicha de ver el rostro querido de mi padre; muéstrame el camino y ábreme las puertas sagradas.

110. "Es aquel a quien cargué sobre mis hombros, apartándole de la muchedumbre de enemigos, a través de las llamas y bajo una granizada de dardos; es mi compañero de camino, que soportó, enfermo, todas las fatigas, las amenazas todas del cielo y de la tierra, más allá de las fuerzas humanas y de la débil condición de un anciano.

115. "Es, en una palabra, quien me rogó y ordenó que viniese a ti, en súplica de que me dejaras franquear tus umbrales. Eso es lo que te pido, ¡oh Bienhechora! Ten piedad de un hijo y un padre. Todo lo puedes tú, que no te propuso en vano Hécate para la guarda de los bosques sagrados del Averno. Y Orfeo bajó a esos profundos, para evocar los Manes de su esposa, con sólo su lira tracia de armoniosas cuerdas.

120. "Y Pólux rescató a su hermano[245] de la muerte, muriendo él a su tiempo, y haciendo y rehaciendo varias veces este camino. Como también Teseo, y el gran Alcides. ¿Por qué, pues, no he de aspirar yo a ese don, siendo

[243] Refiérese el poeta a Turno, hijo de la ninfa Venilia.
[244] La ciudad de Palantea, construida por el arcadio Evandro cerca del Aventino. Evandro auxilió a Eneas contra los rútulos.
[245] Castor y Pólux bajaban por turno al infierno. Eran hijos de Leda, y gemelos; pero dice la fábula que tenían padres distintos: Júpiter lo había sido de Pólux; y Tíndaro de Castor.

de la raza del soberano Júpiter?" Y, mientras así se expresa, tiene la mano puesta en el altar.

125. La sacerdotisa le responde: "¡Oh troyano, hijo de Anquises, nacido de sangre de dioses! Fácil es descender al Averno, porque día y noche está abierta la puerta del negro Plutón. Pero es penoso esfuerzo y muy dura prueba volver sobre los pasos y otra vez remontarse a la luz de la vida.

130. "Sólo pudo lograrlo algún hijo de dios, alguien favorecido por la amistad de Júpiter, o cuya ardiente virtud le elevase hasta el cielo; porque son espesísimos los bosques, y los rodean las aguas del Corito[246], con sus negros reflujos. Piensa, pues, bien si quieres o no satisfacer tu deseo, esa tu avidez de cruzar dos veces las aguas estigias[247] y de dos veces ver la sombra de Tártaro.

135. "Y si decides acometer, después de pensarlo, una empresa tan insensata, óyeme antes lo que debes hacer. Hay en el fondo de la selva un árbol frondoso, consagrado a la Juno infernal, y en él una rama flexible, cuya varilla y cuyas hojas son de oro. Lo protege la más densa maraña del bosque, y el valle oscuro lo envuelve con su sombra.

140. "No es posible entrar en los profundos de la tierra sin antes haber separado del árbol esa rama de las hojas de oro[248]. Es el presente que Proserpina dispuso que se ofrendara a su belleza. Por eso, arrancada una rama, ella pone otra, también de oro como la anterior.

145. "Levanta, pues, los ojos y busca. Así que encuentres esa rama, cógela con la mano, según dispone el rito. Ella se dejará coger, si es que los destinos te llaman; mas no siendo así, no habrá fuerza humana que consiga separarla del tronco. Y oye todavía otra cosa que ignoras. Mientras pisas mi umbral y me interrogas, yace inanimado en la playa el cuerpo de uno de tus amigos.

150. "Es preciso que des a ese cadáver la morada que le conviene, porque está manchando toda tu flota. Enciérralo, pues, en un sepulcro. Y lleva al altar dos ovejas negras, y sean ésas tus primeras expiaciones. No necesitas más condición para ver las selvas estigias y el reino que no tiene camino de retorno para los vivos."

155. Después de esto, enmudece. Eneas abandona el antro con el rostro afligido y la mirada en el suelo. Se aleja con el corazón agitado por estos acontecimientos misteriosos, en compañía del fiel Acates, que camina a su lado y tiene las mismas preocupaciones. Hablan los dos sin cesar de lo que acaban de oír, y se preguntan quién puede ser el compañero inanimado, el cadáver insepulto a que se refirió la Sibila.

160. Y he aquí que, al llegar a la playa, ven tendido a Miseno, hijo de

[246] Río del infierno.

[247] El destino de Eneas señalaba que bajaría por segunda vez a los infiernos, por más que, después de muerto, hubiera de quedar definitivamente entre los dioses.

[248] Refiérese, sin duda, Virgilio al muérdago, que entre germanos, griegos y celtas, era una planta dedicada a los infiernos.

Eolo, muerto de alevosa muerte que él nunca mereciera; a Miseno, que no tenía rival para llamar a los guerreros al son de la trompeta, y para inflamar con sus acentos el ardor de Marte.

165. Había sido compañero del gran Héctor, y siempre peleaba a su lado, llegando a hacerse famoso por el clarín y por la lanza. Y cuando el vencedor Aquiles arrancó a aquel héroe su preciosa vida, el intrépido Miseno vino a ayudar a los compañeros del dárdano Eneas, para seguir luchando.

170. Pero ocupado ahora, sin duda, en golpear las aguas con los senes retumbantes de su concha marina, ha desafiado el imprudente a los dioses, y el celoso Tritón, si es que puede creerse, le ha cogido de improviso, hundiéndole entre los peñascos de la orilla, bajo las olas coronadas de espuma.

175. Rodéanle los compañeros, entre gemidos y lamentaciones, sobre todo el piadoso Eneas. Pero no se toman tiempo para secarse las lágrimas, sino que cumplen al punto las órdenes de la Sibila, erigiendo en seguida una pira funeraria en forma de altar, que se yergue hasta el cielo.

180. Para ello se internan en el bosque, hasta las profundas guaridas de las bestias salvajes. Caen pronto los pinos; resuenan los troncos de encina bajo los golpes de las hachas; hienden fresnos y robles las cuñas, haciéndolos saltar; y no tardan en rodar unos y otros por la pendiente de los montes. Eneas alienta y enardece a sus hombres, tomando el hacha como ellos.

185. Pero está muy triste su corazón, y en densas sombras su pensamiento. He aquí las palabras que le arranca la vista el bosque inmenso que le rodea: "¡Oh, si el árbol de ramas de oro se me mostrase ahora entre estos árboles!, porque no me ha engañado, no, la Sibila, por lo que a ti se refiere, ¡oh Miseno!"

190. De pronto, y apenas acaba de hablar, descienden del cielo dos palomas, en raudo vuelo, ante sus mismos ojos, y se aposentan pacíficamente en la hierba. El héroe magnánimo reconoce entonces a los pájaros de su madre, y gozoso les dirige esta plegaria: "Yo os pido encarecidamente que seáis mis guías; como haya un camino para llegar al árbol cuyo ramaje de oro da sombra a la tierra fecunda, yo os suplico que dirija mis pasos hacia él vuestro vuelo. ¡Y tú, ¡oh madre mía!, no me abandones en esta incertidumbre!"

195. No dice más, y queda observando los signos que le dan y la dirección que toman las palomas. Estas vuelan primero ante él, picoteando en la hierba, y acaban alejándose hasta donde la mirada puede perseguirlas.

200. Apenas llegan a las pestíferas bocas del Averno, remóntanse con un batir de alas, y, deslizándose después por el aire líquido, acaban en un árbol cuyos reflejos de oro iluminan gran parte de la selva.

205. Las hojas de oro de este árbol, tan extrañas a él, recuerdan el muérdago, que, en el fondo de los bosques y bajo las brumas invernales, renace con nuevas hojas y rodea los troncos a él extraños con sus frutos de

color de azafrán.

210. No tarda Eneas en llegar a este árbol, y se apresura a atraer la rama hacia sí, arrancándola con violencia y llevándola solícito a la morada de la Sibila. Sus hombres, en tanto, reunidos en la playa, lloran a Miseno y hacen supremos honores a su ceniza insensible[249] . Han levantado ya la enorme pira de madera resinosa y de troncos de encina.

215. También han tapizado sus flancos con ramaje oscuro, y puesto delante unos cipreses fúnebres y encima las brillantes armas. Algunos de ellos calientan agua en vasos de bronce, que la hacen hervir sobre las llamas, y lavan el helado cuerpo del amigo bañándolo en perfumes.

220. Luego, entre gemidos de todos, recibe el lecho funerario aquel llorado cadáver, y sobre él colocan sus ropas de púrpura y su traje familiar[250] . Por fin, levantan otros la enorme parihuela, como un triste deber, y aplican la antorcha encendida, vuelto el rostro, conforme al rito de los antepasados.

225. Todo lo acumulado en la pira se quema: las ofrendas de incienso, las carnes de las víctimas y los receptáculos donde fue derramado el aceite. Cuando después las cenizas se desploman y las llamas se extinguen, lavan los restos del cadáver con vino, del que se empapa el polvo caliente, y recogen los huesos, que Corineo encierra en una urna de bronce. El mismo Corineo hace después tres aspersiones de agua lustral sobre los concurrentes, con una rama pequeña de romero y otra grande de olivo.

230. Es para purificarlos, mientras les dirige las últimas palabras rituales. Hecho esto, levanta Eneas a su compañero una gran tumba, y pone en ella sus armas, su remo y su trompeta, al pie todo de un elevado monte que lleva todavía en su honor el nombre de Miseno, y que lo guardará eternamente.

235. Cumplido así el deber con el amigo muerto, apréstase el héroe troyano a ejecutar las recomendaciones de la Sibila. Hay, en efecto, una caverna profunda que abre su boca monstruosa en las escarpas del roquedal, y cuya entrada defienden un lago negro y las tinieblas mismas de la selva.

240. Son tan pestilentes las emanaciones de ese lago, que no hay pájaro alguno que pueda volar sobre él, y de ahí que los griegos hayan dado a este paraje el nombre de Averno[251] . Es el lugar adonde Eneas se dirige, empezando por llevarle a la pitonisa cuatro terneras de lomo negro, sobre cuyas frentes hace las consabidas libaciones de vino.

245. Despunta luego el pelaje de entre los cuernos, y echa en el fuego

---

[249] Estas ceremonias supremas son las mismas que describe Homero en honor de Patroclo.

[250] Era costumbre quemar, con el cadáver, todos los objetos de valor que le hubiesen pertenecido, en particular las armas.

[251] Palabra que significa "sin pájaros." El país donde estaba este lago era, en efecto, sumamente malsano, hasta que Julio César mandó talar los bosques que lo circundaban.

sagrado esta ofrenda, llamando en voz alta a Hécate, que reina en el infierno y en el cielo. A continuación, se hunde el cuchillo en el cuello de las víctimas, y recógese su sangre tibia en las fuentes dispuestas. El mismo Eneas empuja con su hierro a una oveja de negro vellón, para la madre de Euménides[252] y su poderosa hermana, y a una vaca estéril para ti, ¡oh Proserpina!

250. Luego, y a favor de las sombras de la noche, levanta también altares al rey de Estigia[253] y entrega a las llamas la carne toda de las terneras recién sacrificadas, que rebosa un aceite pesado de sus entrañas palpitantes.

255. Y he aquí que, al primer anuncio de la aparición del sol, la tierra empieza a bramar bajo sus pies, y se agitan las cimas de los bosques, y se llenan las sombras del ladrar de los perros, todo en torno a la morada de la diosa. "¡Idos de aquí! —grita la Sibila—. ¡Idos de aquí, profanos! ¡Retiraos en seguida de la selva sagrada![254] .

260. "Y tú, ¡oh troyano!, adelante con el hierro dispuesto. Es la hora del valor y de la firmeza en el espíritu." No dice más, y se lanza rápidamente a la caverna donde mora tanto asombro. Detrás de ella va regulando Eneas su paso, sin temor, por el paso resuelto de su guía.

265. ¡Oh dioses que poseéis el imperio de las almas! ¡Oh sombras silenciosas de Caos y Flagetón[255] , que llenáis la noche! Haced que me permitan vuestras leyes decir cuanto oí, y que me tolere vuestra voluntad revelar las cosas sepultadas en las profundidades sombrías de la tierra[256] . Van también como sombras Eneas y la pitonisa, por la noche desierta, a través de la oscuridad y de las vastas moradas de Plutón.

270. Parecen viajeros que recorren países de asombro, bajo una luna incierta y una claridad diluida, cuando ya Júpiter ha cubierto de sombras el cielo y la negrura de la noche ha ahuyentado todos los colores. En el mismo vestíbulo de tal mundo siniestro, y a la entrada de las angostas gargantas del Orco, ven el lecho del Duelo y de los Remordimientos vengadores.

275. Viven también allí las pálidas Enfermedades, la triste Vejez y el Miedo; como también el Hambre, muy mala consejera, y la horrible Miseria, apariciones funestas ambas; asimismo la Muerte y el Sufrimiento; y el Sueño,

---

[252] Las Euménides, en número de tres, eran hijas de la noche y diosas de la Venganza. En Atenas se las llamaba, con halago, para mantenerlas propicias, *sennai* ("dignas de honor"), y en Sicione y Argos, *Euménides* ("las de recta intención").

[253] Los sacrificios a las deidades infernales tenían lugar de noche.

[254] La Sibila se dirige, con estas palabras, a los troyanos que acompañaban a Eneas.

[255] El Flagetón era un río del infierno. Caos, el más viejo de los dioses.

[256] Suponen los comentaristas de Virgilio que esta bajada de su héroe a los infiernos es una libre trasposición poética de la iniciación en los misterios de Eleusis, cuya atracción se hacía sentir en todos los grandes personajes de Roma, incluso en Augusto.

hermano de la Muerte, y todas las culpables Alegrías del alma.

280. Luego descubren enfrente a la Guerra, matadora de hombres, y a la feroz Discordia, siempre en delirio, con una cabellera de víboras que sujetan vendas empapadas en sangre[257] . Un olmo frondoso eleva, en el centro del vestíbulo, sus ramas seculares, lo mismo que brazos; y en ellas anidan, adheridos a todas las hojas, los inútiles Sueños.

285. No tardan, además, en presentarse a su vista fantasmas monstruosos y diversos animales salvajes: los Centauros, inmóviles delante de las puertas; los biformes Escilas; los cien brazos de Briarco; la hidra de Lerna, con sus silbidos espantosos; la Quimera, armada de llamas; y también las Gorgonas, las Arpías y la Sombra de tres cuerpos[258] .

290. Sobrecógele a Eneas un susto repentino, y requiriendo el hierro, vuelve su punta sobre todo ese cúmulo de apariciones siniestras. De no advertirle antes la Sibila, sabedora de ello, que sólo vería voltijear almas ligeras, todas sin cuerpo, bajo la hueca apariencia de fantasmas, hubiese hundido ahora en ellas su espada inútilmente.

295. Parte un camino desde aquí, ya en el Tártaro, a las aguas del Aqueronte. En seguida se ven los torbellinos de barro, y una ancha sima que hierve y vomita todo su légamo en el Cocito. Y guarda estas aguas, de suciedad espantosa, un horrible barquero que se llama Caronte.

300. Lleva barba blanca, larga y desaliñada; son sus ojos dos llamas inmóviles; y cuelga de sus hombros una tela raída. Él solo empuña el bichero, o hace jugar las velas de su barca color de hierro, y en ella transporta las sombras de los cuerpos. Es ya un anciano, pero tiene la sólida y firme ancianidad de los dioses.

305. Divisan de pronto Eneas y la Sibila una muchedumbre desbordada que llega hasta su orilla: la forman madres, esposos, héroes magnánimos que cumplieron su vida; así como niños, doncellas y muchachos que fueron colocados sobre las piras fúnebres a presencia de los padres. No de otro modo se arremolinan las hojas caducas de los bosques a los primeros fríos del otoño.

310. Ni se agrupan en número mayor los pájaros que vienen de muy lejos,

---

[257] Obsérvese cómo el poeta coloca convenientemente, entre los dolores y calamidades inherentes a la naturaleza humana, aquellos que provienen de nuestras propias pasiones.

[258] Eran los Centauros monstruos mitad hombres y mitad caballos. Las Gorgonas (tres hermanas), monstruos que convertían en piedra a quien las mirase; tenían serpientes por cabellos y se llamaban Medusa, Euríale y Esteno. La Hidra era una serpiente de siete cabezas, a quien Hércules dio muerte. La Quimera, un monstruo con cabeza de león, cuerpo de cabra y cola de dragón, que lanzaba llamas. Briarco, un gigante con cincuenta cabezas y cien brazos. Gerión, un gigante de tres cuerpos, a quien también mató Hércules. Y las Escilas, ninfas del mar.

cuando los pone en fuga la estación invernal y cruzan el océano con todo el ímpetu de sus alas, en busca de países de sol. Una misma súplica sale de todas las bocas de la muchedumbre: que se les deje pasar a la otra orilla.

315. Pero el adusto barquero divide en dos grupos a los que esto piden, y aparta a bastante distancia uno de ellos. Atónito Eneas ante el cuadro de esta multitud en desorden, se vuelve a la Sibila: "¿Puedes decirme, ¡oh virgen!, qué significa semejante carrera hasta la orilla del río? ¿Qué piden esas almas? ¿Y por qué esa diferencia entre ellas, alejadas unas de la orilla y transportadas otras por los remos que barren estas aguas lívidas?"

320. La anciana sacerdotisa le responde al punto: "¡Oh hijo de Anquises, que desciendes realmente del Olimpo!, ahí tienes las aguas estancadas y profundas del Cocito y el lodazal estigio donde los dioses temen invocar el poder del cielo con juramentos falsos.

325. "Esa muchedumbre que ves se halla huérfana de asistencia y privada de sepultura. Este barquero es Caronte, y los que lleva en su barca es porque fueron sepultados. No le está permitido pasar a la otra orilla, a través de las aguas glaucas, a muertos cuyas sombras no reposen en tumba. Toda esa multitud lleva cien años vagando por aquí, pidiendo en vano ser acogidos en la barca, para llegar a la ribera tan deseada."

330. Atónito se queda el hijo de Anquises, e inmóvil y mudo en sus pensamientos, conturbada el alma por la suerte de tantos desheredados. Y entre ellos reconoce, de pronto, huérfanos también de honras fúnebres y desolados, a Leucaspis y Oronte, viejos amigos suyos.

335. Oronte era jefe de la flota de los licios, y, habiendo partido de Troya con Leucaspis por los mares procelosos, viéronse asaltados por el Austro, y hundidos para siempre en el mar, ellos y sus navíos. También se acerca a Eneas el piloto Palinuro, que recientemente, en la travesía de Libia a Italia, y mientras observaba los astros, fue lanzado al seno de las aguas, cayendo por la popa.

340. Apenas reconoce Eneas en la densa sombra a este fantasma triste, a quien habla así: "¡Oh Palinuro!, ¿qué dios te separó de nosotros, hundiéndote en el mar? Dímelo. No tuve nunca de Apolo un oráculo falso, pero esta vez me engañó al anunciarme que nada deberías temer de las aguas, y que llegarías con vida a las costas de Ausonia. ¿Es así como mantuvo sus promesas?"

345. Palinuro responde: "No te engañó el trípode de Febo, ¡oh jefe mío, hijo de Anquises! Yo no sucumbí devorado por un dios, porque el timón que me diste a guardar, al que estaba asido y con el que regía nuestra marcha, fue de pronto arrancado violentamente.

350. "Y, al precipitarme en las olas, lo arrastré conmigo. Juro por los mares irritados que no temí tanto por mí como por tu navío, que, sin timón ni piloto, quedaba a merced de las aguas. Ya empezaba a agitarlas furiosamente el Noto, que me arrastró por su extensión inmensa, durante

tres noches tempestuosas.

355. "El cuarto día acababa de nacer cuando, desde lo alto de una ola, levantado en el aire, vi la costa de Italia. Me acerqué a ella nadando, y llegué a alcanzar asidero seguro, adheridas mis manos crispadas a los ásperos salientes de las rocas, bajo el peso de mis vestidos empapados.

360. "Mas he aquí que me acometen con sus armas unos hombres feroces, creyéndome, sin duda, en su ignorancia, rico y envidiable despojo. A partir de entonces pertenezco, a las olas, y los vientos me traen y me llevan por doquiera. Yo también te suplico, por la dulce luz del cielo, por el aire que respiras, por tu padre, por la esperanza de Iulo, pronto ya un hombre, ¡oh héroe invencible!, que me saques de esta desventura.

365. "Echa tierra sobre mi cadáver, tú que puedes hacerlo. No tienes más que buscarme en el puerto Velino. O si existe algún medio, y te lo indica tu madre divina —porque no te dispones a cruzar un río como éste ni el pantano estigio contra la voluntad de los dioses—, yo te pido que tiendas la mano a tu desgraciado compañero.

370. "Y que me pases contigo, en la barca a la otra orilla, para que pueda hallar, al menos, en la muerte, un asilo seguro." No acaba apenas de hablar cuando la Sibila contesta: "¿En qué se funda, ¡oh Palinuro!, ese tu deseo? Si no recibiste sepultura, ¿cómo piensas ver las aguas del Estigio, y el río sombrío de Euménides, y llegar a la orilla opuesta sin una orden de los dioses?

375. "No esperes, pues, que tus plegarias tuerzan el designio inmutable de las divinidades. Pero guarda en tu memoria estas palabras, que te consolarán al menos en tu desdicha: han ordenado mil prodigios celestes, a los pueblos vecinos y en todas sus ciudades, que purifiquen tus huesos.

380. "Así es que acabarán levantándote una tumba, y rindiéndote en ella honores supremos. Y el sitio en donde lo hicieren, llevará eternamente el nombre de Palinuro." Estas palabras disipan por de pronto su pena, y arrojan el tormento de su corazón. Le satisface que, al menos, lleve una tierra su nombre[259] .

385. Siguen su marcha la Sibila y Eneas, y se aproximan al río. Pero apenas el barquero, desde las aguas estigias, les ve cruzar el bosque silencioso y acercarse a la ribera, dice con un gruñido al héroe troyano, sin esperar a que éste abra la boca: "Quienquiera que seas, tú que vienes armado a nuestro río, párate y desde donde estás dime qué te trae.

390. "Ésta es la morada de las Sombras, del Sueño y de la Noche. Me está prohibido transportar en mi barca cuerpos vivos. Y ya en otra ocasión acepté en estas aguas contra mi voluntad a los que aquí vinieron, Alcides, Teseo y Peritoo[260] , hijos que eran de dioses y guerreros invictos.

[259] El cabo Palinuro.
[260] Rey de los Lafitas, hijo de Júpiter.

395. "Uno encadenó por su mano al guardián de Tártaro[261], luego de arrancarle del trono mismo de Plutón; y los otros intentaron levantar a la reina de los Infiernos de la cama del rey." Pero Anfrisa[262] le responde al punto: "No meditamos nosotros semejantes perfidias. Nada, pues, temas.

400. "No traen la guerra estas armas. Dejaremos tranquilo al perro guardián, para que siga asustando con su eterno ladrido a las sombras exangües, y en cuanto a la casta Proserpina, podrá también dormir libremente en el palacio de su tío[263]. El ínclito Eneas, que es notable por su valor y su bondad, baja a la noche profunda del Erebo para ver a su padre.

405. "Y si la idea de tan acendrado sentimiento filial no te conmueve, mira al menos esta rama." Al decirlo, le muestra la rama de hojas de oro que llevaba oculta bajo sus velos. Se apacigua, al verla, el corazón henchido de cólera del barquero. Nada más tiene que decir la Sibila. Caronte se inclina ante el venerado presente, rama fatal que no ve desde hace mucho tiempo, y, volviendo la popa de su nave, la acerca a la orilla.

410. Echa en seguida a las otras almas, sentadas ya a lo largo de los bancos, vacía por completo la cubierta, y recibe en ella al poderoso Eneas. Pronto gime el esquife bajo los nuevos pasajeros, y penetra por las junturas de sus piezas el agua del lodazal.

415. Pero cruza el río sin más dificultad, y deposita al héroe y a la sacerdotisa en unas algas glaucas. Pronto ven frente a sí al enorme Cerbero, con sus tres grandes bocas, que hacen retemblar con tres ladridos simultáneos el reino de los muertos. Mas, advirtiendo la Sibila que ya se enderezan las serpientes en el cuello del monstruo, le arroja una sustancia que lo adormezca, preparada con granos diversos y miel.

420. Hambriento y voraz, el animal engulle con su triple bocaza lo que acaban de echarle, y detiene su cuerpo monstruoso para tenderlo a lo largo del suelo, dentro del cubil, que llena enteramente. Eneas se apresura a cruzar los umbrales cuyo guardián está sepultado en el sueño, y con rápido caminar se aleja del río famoso que no se pasa dos veces.

425. Oye de pronto una algarabía de voces y una gran agitación: es que lloran las almas de los niños, de los pequeños seres que no conocieron la dulzura del vivir, y que un día aciago los arrancó, en el propio umbral de la existencia, del seno de sus madres, para hundirlos en la noche precoz de las tumbas.

430. Cerca de ellos están los inocentes, a quienes arrastró a la muerte una

---

[261] Perro que guardaba los infiernos. Tenía Cerbero tres cabezas, y por eso vigilaba asiempre, aunque con una de ellas durmiese.

[262] Río que bañaba la región de Tesalia, donde fue Apolo guardián de rebaños, cuando le expulsaron del cielo. Por eso a Apolo se le llama también Anfrisio, y Anfrisa a la Sibila, su sacerdotisa.

[263] Proserpina era a un tiempo sobrina y mujer de Plutón.

falsa acusación. Mas no gozan de sus sitios sin antes haber fallado el tribunal y la suerte. Preside Minos y agita su urna; y, antes de decidir, ha convocado el consejo de los Silenciosos, e investigado la vida de cada uno y su crimen.

435. Más allá encuéntranse, abrumados por la tristeza, los que, sin haberse manchado con delito alguno, se dieron la muerte por su propia mano, y, en odio a la luz, se expulsaron a sí mismos de la vida. ¡Cómo quisieran ahora remontarse al aire puro, y soportar la pobreza y todos los dolores! Pero se oponen el destino y el odioso pantano. Los encadenan sus aguas lúgubres, y los encierran nueve veces los pliegues del Estigio.

440. No muy lejos, se extienden por todas partes los campos de los Lloros, como así se les llama. Son aquellos en los que el duro amor devoró las entrañas con su odioso veneno, y se encuentran separados de los senderos oscuros, a la sombra de los bosques de mirtos. Hasta en la muerte les acompaña su mal de amor.

445. Tiene ocasión Eneas de ver a Fedra y a Procris, a la desolada Enfile, que sigue mostrando las heridas causadas por el hijo infame; a Evadne y a Pasifae; y cerca de ellas también, a Laodamia y Geneo, muchacho esta última antes de ser mujer, y a quien el destino ha devuelto a su forma de antaño[264].

450. Encuentra asimismo, entre las almas, a la infortunada Dido, con su herida fresca todavía, vagando siempre por la espesura de los bosques. Así que el héroe troyano se acerca a ella, y reconoce en la oscuridad su sombra pálida, como se ve o se cree ver la luna, en los primeros días del mes, a través de las nubes, échase a llorar, y le dice con voz quejumbrosa y enamorada:

455. "Eres tú, sí, ¡oh desgraciada Dido! ¿Cómo engañarme? No existes ya porque, hierro en mano, llegaste al límite de la desesperación. Mas, ¡ay!, ¿he sido yo, por desventura, la causa de tu muerte? Por los astros te juro, por los dioses olímpicos y por cuanto hay de sagrado en las profundidades de la tierra, que fue bien a mi pesar, ¡oh princesa!, cómo me alejé de tus costas.

460. "Me impulsaron a ello las órdenes de los dioses, las mismas que me obligan ahora a cruzar estos parajes de sombra, y estos sotos horribles y esta noche espesa. Yo no podía pensar que te produjese mi partida un dolor tan grande.

465. "Pero detente, ¡oh reina! No te ocultes a mis ojos. ¿Es de mí de quien huyes? Considera que es ésta la última vez en que los destinos me permiten hablarte." Así trata Eneas de dulcificar la cólera de esta alma, y de

---

[264] Fedra, hija de Minos y Mujer de Texo, se enamoró de su hijastro y acabó matándose. Procris fue muerta por Ericteo, su marido, rey de Atenas. Erifile, por su hijo Alcmeón. Evadne se arrojó a la hoguera donde ardía su marido. Pasifae, mujer de Minos, se enamoró de un toro y fue madre del Minotauro. Lacdamia murió de pena cuando vio morir a su marido a manos de Hércules. Ceneo, violada por Neptuno, le pidió que la transformara en hombre, y murió combatiendo contra los Centauros.

domar sus miradas feroces y arrancarle el alivio del llanto. Mas ella, vuelto el rostro, tiene clavados los ojos en el suelo.

470. No la han inmutado lo más mínimo las palabras del héroe, como si fuera su rostro de roca o de mármol de Paros. Hasta que, por fin, y con un brusco ademán, huye hostilmente a lo más intrincado del bosque, donde Siqueo, el primer esposo, responde a su amor y participa de su ternura.

475. La sigue Eneas, con los ojos llorosos, herido por tan gran infortunio, y la ve, con una pena infinita, alejarse para siempre[265]. Luego prosigue con paso lento el camino que le es permitido, y, en unión de la Sibila, alcanza la extremidad de esta región, donde está la apartada residencia de los guerreros ilustres.

480. Encuentra allí a Tideo[266], al famoso Partenopeo, célebre por sus hechos de armas, y también la pálida imagen de Adrasto. Comparecen asimismo los troyanos caídos en los combates, y largamente llorados en la tierra. A todos los ve en extensa hilera y por todos gime: Glauco, Medonte, Tersíloco, los tres hijos de Antenor, Polibetes, sacerdote de Ceres, e Ideo, con sus armas aún y con sus riendas.

485. Todas estas almas se agrupan a su derecha y a su izquierda. Y no se conforman con mirarle una vez, sino que le acompañan y se pegan a sus costados. Quisieran saber a qué ha venido. Pero también están allí los jefes griegos y las falanges de Agamenón.

490. Divisan en la sombra al héroe y el brillo de sus armas, y se sienten agitados por un gran pavor; unos vuelven la espalda, como cuando escapaban hacia sus navíos; y otros lanzan un débil grito, que no llega a clamor, ahogado en sus bocas abiertas.

495. Y he aquí que ve Eneas de pronto a Deífobo, hijo de Príamo[267], con el cuerpo hecho jirones, desgarrados cruelmente el rostro y las manos, hundidas las sienes, de donde cuelgan las orejas, y mutilada la nariz por una herida espantosa. Reconoce apenas a su antiguo caudillo, mientras trata de disimular los horribles estigmas. Eneas le habla, con suave voz y en tono familiar:

---

[265] Ha extrañado a muchos esta actitud de Dido, volviendo a Siqueo, pero no hay que olvidar que Eneas se halla en la mansión de los muertos, y que la infortunada reina se ha reunido allí con su marido para siempre.

[266] Tideo, hijo de Eneo, murió en el sitio de Troya. En cuanto a los siguientes, Adastro, rey de Argos, fue uno de los siete jefes de la expedición a Tebas, y único que en ella no pereció; Glauco, hijo de Hipólito, peleó también a favor de Troya; y asimismo Tersícolo, muerto por Aquiles; Ido había sido escudero de Príamo; los tres hijos de Agenor se llamaban Agenor, Aramas y Polibio. Por lo que toca a Polibetes y Medonte, se ignora quiénes eran.

[267] Esposo de Helena, a la muerte de Paris.

500. "¡Oh Deífobo, tan bravo con las armas, y nacido de la noble sangre de Téucro!, ¿quién tuvo corazón para infligirte esos suplicios crueles? ¿A quién se permitió tratarte de modo tan salvaje? Oí decir, en la última noche de Troya, que caíste en un montón confuso de cadáveres, agotado por el esfuerzo de matar enemigos.

505. "Entonces, y por mis propias manos, te elevé un cenotafio en el cabo Reteo, y tres veces llamé en voz alta a tus Manes. Consagran aquel lugar tu nombre y un trofeo de armas; pero a ti, amigo mío, no pude encontrarte, antes de mi partida, para haberte depositado en tierra de la patria."

510. El desgraciado hijo de Príamo le responde: "Nada has olvidado, ¡oh buen Eneas! Todos los deberes cumpliste con Deífobo y su sombra mortuoria. Pero mi destino y el crimen espantoso de Helena Lacedemonia me trajeron a estos males: he ahí los recuerdos que me dejó. Bien sabes las alegrías engañosas en que pasamos aquella noche suprema. ¿Cómo olvidarla?

515 "Cuando, por así quererlo la fatalidad, el caballo escaló las alturas de Pérgamo, con sus entrañas llenas de hombres armados, aquella mujer, fingiendo dirigir una danza, llevó a lo más alto de la ciudad a las mujeres frigias, como si fueran bacantes, y con una antorcha en las manos hizo señales a los griegos.

520 "Yo estaba, entretanto, rendido de sueño y abrumado por la fatiga, en mi lecho desgraciado de bodas, abrazado a un profundo y dulce reposo, muy parecido a la calma de la muerte. Entró más tarde mi esposa, y, después de retirar de bajo mi cabeza la fiel espada, recogió también todas las armas de la casa.

525 "En seguida llamó a Menelao y le abrió la puerta, esperando ganar con tan rico presente al hombre que amaba, y borrar así la memoria de sus antiguos crímenes. ¿Qué más puedo decirte? Los dos se precipitaron sobre mi cama, y con ellos el hombre de los crímenes todos, el nieto de Eolo, Ulises.

530. "¡Oh dioses!, renovad estos horrores contra los griegos, si es que mi boca puede pediros venganza[268] . Mas dime tú, a tu vez: ¿qué azares te trajeron aquí? ¿Fue tu errante carrera por el mar? ¿Una orden acaso de los dioses? ¿O por qué otra fortuna fuiste perseguido, para venir a estos parajes tenebrosos, a estas tristes moradas sin sol?"

535. Mientras hablan de esta suerte, ya la cuadriga de la Aurora ha franqueado la mitad del cielo, en su camino etéreo a la rosada luz; y el resto del tiempo permitido se pasaría en tales conversaciones de no advertir así a su compañero de viaje la Sibila:

540. "Está desvaneciéndose la noche, Eneas, y he aquí que pasamos las horas hablando. Mira el lugar donde el camino se bifurca: lleva por la derecha a los muros del gran Plutón, y es el camino del Elíseo, el nuestro; mientras

---

[268] Hay una situación muy parecida en el Canto XI de *La Odisea*.

que por la izquierda lleva al Tártaro impío, donde se castiga a los criminales[269]." Deífobo vuelve a tomar la palabra, para despedirse: "No te irrites, poderosa pitonisa, porque me alejo ya para unirme a la muchedumbre de Sombras y retorno a las tinieblas.

545. "Que puedas llegar a tu gloria, ¡oh Eneas!, y que goces de un destino más dichoso que el mío." No dice más, y desaparece. De pronto Eneas mira hacia su izquierda, y ve al pie de grandes rocas un largo recinto amurallado por triple muro, y ceñido por el torrente de llamas de un río estruendoso.

550. Es el Flegetón del Tártaro. Una puerta enorme hay a su frente, que tiene los batientes de hierro macizo, los que no podría violentar fuerza humana, ni máquina alguna de guerra, ni las manos siquiera de los habitantes del cielo.

555. En los aires se alza, además, una torre que es también de hierro, y cuya entrada guarda Tisífone noche y día, con sus ropas empapadas en sangre, siempre sentada y alerta. Salen de allí gemidos lúgubres, el acento desgarrado de las vírgenes y un ruido espantoso de arrastrar de cadenas. El héroe troyano se detiene y, lleno de horror, pónese a escuchar las causas de este estrépito.

560. "¿Qué crímenes se castigan aquí, oh virgen? —pregunta—. ¿Y cuáles son los suplicios que les corresponden? ¿Por qué vienen a mis oídos lamentaciones tan espantosas? Y le responde la sacerdotisa: "¡Oh jefe ilustre de los troyanos!, las leyes prohíben al hombre puro traspasar estos umbrales, donde reina la maldad. Pero, al confiarme Hécate la guardia de los bosques sagrados del Averno, me instruyó en los castigos instituidos por los dioses, y todos los puso ante mis ojos.

565. "En estos lugares ejerce el cretense Rodamanto un poder sin límites. Interroga y pone en tortura a los autores de crímenes ocultos, y les obliga a confesar los delitos de que inútilmente se envanecieron haber disimulado entre los hombres, y que no quisieron expiar hasta el momento, demasiado tardío, de su muerte.

570. "También está ahí la vengadora Tisífone, armada de un látigo[270]. Salta sobre los culpables, los azota y, extendiendo la mano izquierda hacia los feroces reptiles, llama a la tropa bárbara de sus hermanas. Sólo entonces los batientes malditos claman y giran sobre sus goznes, con terrible estrépito.

575. "¿Ves ese guardián sentado a la entrada, con una cara terrible que ocupa la puerta entera? Pues le gana en fealdad una Hidra monstruosa del interior, con sus cincuenta gargantas abiertas y negras. Y está también el

---

[269] Sabido es que los antiguos daban a sus difuntos instrucciones para el gran viaje. Por lo común iban grabadas en tablillas, o en láminas de metal, muchas veces de oro; y con frecuencia se leía en ellas: "Tuerce a la derecha, hacia las praderas y los bosques sagrados de Proserpina."

[270] Los condenados a muerte, en Roma, eran azotados antes de la ejecución.

Tártaro, que se abre en profundidad y se hunde en las tinieblas, dos veces otro tanto que como el espacio mide la mirada, hasta el Olimpo etéreo.

580. "Ahí es donde se hallan los viejos hijos de la Tierra, los Titanes[271], que se revuelven en el fondo del abismo, fulminados por el rayo. Y los dos hijos de Aloeo[272], de cuerpo monstruoso, que quisieron violentar las puertas del cielo, y echar a Júpiter de su trono. Como también se encuentra ahí Salmoneo[273], cuyo feroz castigo presencié.

585. "Este imitador de los rayos de Júpiter y los truenos del Olimpo atravesó los pueblos de Grecia y cruzó por en medio de la ciudad de Elida, arrastrado por cuatro caballos y agitando una antorcha, en la embriaguez del triunfo, pidiendo nada menos que honores divinos. El insensato se jactaba de remedar las tempestades con los cascos de los caballos y las ruedas de bronce.

590. "Pero el Padre todopoderoso, desde el acervo de las nubes, lanzó un rayo contra él, y no antorchas ni blandones de luces humeantes, como Salmoneo, y lo lanzó al abismo, envuelto en un torbellino de llamas verdaderas. También puede ver en ese lugar a Ticio[274], el hijo de la Tierra, madre universal.

595. "Su cuerpo cubre siete arpentas de tierra[275], y hay sobre él un espantoso buitre que roe sin cesar, con el pico ganchudo, su hígado inmortal y las entrañas fecundas en tormentos, siempre buscando de dónde comer, para alojarlo en el vientre sin fondo. No da nunca descanso a sus carnes, siempre renacientes.

600. "¿A qué hablarte de Lápitas, de Ixión y de Piritoo?[276] Un enorme peñasco les amenaza, próximo a caer sobre ellos. Están allí, además, los que odiaron a sus hermanos en vida; los hijos que pegaron a sus padres; los que urdieron perfidias contra los amigos; y la muchedumbre interminable de avaros, que amontonaron dinero sólo para ellos.

605. "Como también aquellos a quienes se mató por adúlteros; los sediciosos con armas impías; y los que no vacilaron en traicionar la fe jurada a sus mayores. Todos se hallan congregados en ese lugar, en espera de su castigo. Y no trates de averiguar qué castigo es ése, ni qué forma de crimen o

---

[271] Gigantes nacidos de la sangre que Urano derramó en la tierra.

[272] Aloeo era hijo de Titán y la Tierra. Los dos hijos se llamaban Otus y Efialtes, y Apolo y Diana los mataron, porque sin apenas contar nueve años de edad habían declarado la guerra a los dioses.

[273] Hijo de Eolo y rey de Elida.

[274] Lo mató Apolo porque intentaba violar a Latona.

[275] Lo que comúnmente se entiende por siete jornales.

[276] Piritoo era hijo de Ixión. A éste lo mató Júpiter porque se pavoneó de haberse acostado con Juno; y a Piritoo lo devoró el perro de los infiernos porque intentaba raptar a Proserpina.

qué destino les está reservado. A unos los despeñan de continuo en profundas simas, y a otros los descuartizan con grandes ruedas de dientes.

610. "El infeliz Teseo está clavado a su asiento, y a él quedará clavado toda la eternidad. Flegias[277] es tan desventurado, que advierte a todos con bronca voz, poniendo su sufrimiento por testigo: "Aprended en mi ejemplo a respetar la justicia y a no menospreciar a los dioses."

615. "Hay suplicios más crueles todavía. Se ven condenados hambrientos sobre altos lechos de fiesta, teniendo enfrente mesas de oro, llenas de suculentos manjares. Pero una de las Furias está oculta tras ellos, y, cuando los infelices alargan la mano para llevarse uno de los manjares a la boca, ella lo impide, con una tea encendida y una voz de trueno.

620. "Pero corren parejas los suplicios con los delitos castigados; porque está ahí también el que vendió por oro a su patria, imponiéndole el yugo de un tirano; el que clavó y desclavó leyes sin más que por dinero[278]; y el que asaltó el lecho de su hija, en himeneo cruel[279]. Todos cometieron hechos monstruosos, y se jactaron, además, de su audacia. Aunque tuviese yo ahora cien bocas, cien lenguas y una voz de hierro, no llegaría a expresar todas las formas de crímenes, ni a enumerarte todos los nombres de los suplicios."

625. Calla un momento la sacerdotisa, para al punto indicar: "Sigamos, empero, nuestro camino, si es preciso que cumplas lo que te propones hacer con la rama de oro. Apresuremos el paso. Veo ya los muros salidos de la forja de los Cíclopes, y, frente a nosotros, la puerta donde se nos mandó depositar esta ofrenda."

630. Diciendo así, cruzan una vaga claridad, atraviesan rápidamente el espacio que les separa de esa entrada y se plantan en ella. Adelántase Eneas, y, luego de lavarse en un manantial próximo de agua fresca, deja la rama de oro en el umbral[280].

635. Cumplidas estas abluciones, y hecha la debida ofrenda a la diosa, ven de pronto ante sí una risueña llanura que forman deliciosas praderas y rumorosos bosques, residencia, sin duda, de los seres felices. Allí es el aire puro y cristalino, y se halla todo envuelto en una suave luz de púrpura.

640. No faltan en semejante lugar el sol ni los astros; y de las sombras que lo pueblan, unas se ejercitan en la palestra, midiéndose en los juegos y luchando sobre la arena dorada, mientras otras se entregan a la danza, cantando al mismo tiempo.

---

[277] Padre de Ixión y rey de Tesalia. Su hija Coronis fue violada por Apolo, y Flegias quemó su templo.

[278] Roma grababa sus leyes en bronce, y las exponía en las paredes del Capitolio.

[279] Se trata de Tieste, que violó a su hija Peliopa.

[280] Era necesaria esta purificación antes de cruzar el umbral de los lugares sagrados donde residen las sombras de los justos.

645. Un sacerdote tracio, de largas vestiduras, saca armonías de las siete notas del canto, y toca la lira de modo alternativo, con los dedos y el plectro de marfil. Se ve entre esas sombras a los descendientes del antiguo Teucro, noble posteridad, héroe magnánimo, nacido en mejores tiempos: a Ilo, Asáraco y Dárdano, el fundador de Troya.

650. Eneas se queda mirándolos; están cerca de sus armas y sus carros guerreros, que son también sombras, como también los corceles en que cabalgaron, y que pacen ahora tranquilamente en la llanura. Sus descendientes en la tierra perpetúan su gusto por los carros y las armas, y el afán de mostrar caballos lustrosos, que ellos tenían en vida.

655. Volviendo después la mirada a derecha e izquierda, divisan otras suaves sombras, que hacen su yantar en la hierba placenteramente, o que cantan gozosas a coro en los bosquecillos de oloroso laurel, allí donde cambia de ruta el caudaloso Eurídano, para subir a la superficie de la tierra.

660. Más allá hay un grupo de héroes que sufrieron heridas combatiendo por la patria; y los sacerdotes que observaron toda su vida los ritos santamente; y los poetas piadosos cuya voz fue digna de Apolo; y los que merecieron una bella vida por la invención de las artes, como aquellos cuyas virtudes les valieron vivir en la memoria de los otros hombres.

665. Y llevan todos ceñidas las sienes con vendas blancas como la nieve[281]. La Sibila se dirige a las Sombras esparcidas a su alrededor, en particular a Museo[282], porque le ve en medio de la muchedumbre innúmera, sobrepasando de ella por sus altos hombros; y les pregunta así: "Decidme, ¡oh Sombras felices!, y tú, el mejor de los poetas, ¿cuál es la morada de Anquises y el lugar que ocupa?

670. "Hemos venido para verle, y por él atravesamos los grandes ríos del Erebo." A esto responde el héroe, con escasas palabras: "Ninguno de nosotros tiene lugar fijo. Vivimos en los bosques risueños; nos acostamos en el césped de las orillas, y vagamos por las frescas praderas, por donde vagan los arroyos.

675. "Pero si vuestro corazón lo desea, franquead conmigo esa colina, y os pondré en camino seguro." Dice así, y echa a andar ante ellos, no tardando en mostrarles una llanura resplandeciente, a la que bajan complacidos.

680. Ahora es el venerable Anquises quien recorre con mirada tierna y pensativa las almas que están allí congregadas, y que bebieron un tiempo la luz del día; se halla en este momento rememorando a los suyos, a los descendientes queridos y sus destinos, a su fortuna, su carácter y sus hazañas.

---

[281] Según Servio, estos muertos merecían semejantes honores divinos. Las sienes ceñidas por una banda blanca representaban a la divinidad.

[282] Pastor y poeta ateniense, contemporáneo de Orfeo.

685. Cuando ve avanzar a Eneas hacia él, por el césped, le tiende sus manos, lleno de alegría, y dícele, con las mejillas brillantes de lágrimas: "¡Hete aquí, por fin! Ha triunfado ya del áspero camino la bondad con que contaba tu padre. ¡Se me ha permitido ver tu rostro, hijo mío, oír tu querida voz y responderte!

690. "Gran verdad es que te esperaba, y no me ha engañado esa espera inquieta; por suponerlo seguro, he contado los días. ¡Cuántas tierras y mares tuviste que atravesar para llegar hasta mí! ¡Y cuántos peligros te asaltaron, amado hijo! ¡Qué miedo tuve del mal que pudieran causarte en el reino de Libia!"

695. Eneas le responde: "Fuiste tú, padre mío, tu triste imagen venida tan a menudo a mí, la que me decidió a franquear el umbral de estas moradas. Mi flota está anclada en aguas tirrenas. Pero dame tu mano, padre mío; dámela, para que yo la estreche, y no puedas ya escapar a mis abrazos." Y mientras habla así, le caen las lágrimas a lo largo del rostro.

700. Por tres veces trata de rodearle el cuello con el brazo, pero las tres esquiva sus manos la sombra, vanamente asida, como un soplo ligero, lo mismo que un sueño que se desvanece. Ve luego Eneas un gran bosque apartado, con matorrales que el viento agita: es una residencia apacible, que baña el río Leteo.

705. En sus riberas bullen naciones y pueblos innumerables, como en los prados los enjambres de abejas, cuando, bajo la luz serena del estío, se despliegan en torno a la blancura de los lirios y se posan en todas las flores. La llanura entera está llena de murmullo[283] .

710. A la vista de ello, estremécese vivamente el héroe troyano, que indaga en seguida la causa de tal misterio. ¿Qué río es ése, y cuáles los hombres que en muchedumbre ocupan sus orillas? Y he aquí la respuesta, de labios de su padre Anquises: "Son almas a las que debe el destino una nueva encarnación, y que, entretanto, beben el olvido y la paz junto al río Leteo.

715. "Hace ya tiempo que quería decírtelo; deseaba poner frente a ti esa posteridad que va a ser la tuya, para que te alegres más todavía de haber encontrado Italia." "¡Oh padre mío! —aduce Eneas—, ¿cómo es posible que haya almas que quieran otra vez remontarse al aire de los cielos, y que aspiren a entrar nuevamente en la estrecha cárcel de la carne?

720. "¿De dónde les viene a esos desgraciados tan insensato deseo de luz?" "Yo te lo diré, hijo mío —explica Anquises—. No quiero dejarte más tiempo en esa duda." Y le expone, a continuación, estos bellos secretos: "El cielo y la tierra, las líquidas llanuras y el astro titánico del Sol[284] están penetrados y vivificados por un espíritu.

---

[283] Este cuadro, de una insuperable belleza, bastaría por sí solo para inmortalizar a su creador.

[284] El Sol y la Luna eran hijos del Titán Hiperión.

725. "Este espíritu se halla repartido por todos los componentes del mundo, y es el que hace remover la masa entera, formando los cuerpos. De él nacen las razas de hombres, los animales terrestres, los pájaros y todos los monstruos que habitan el Océano, bajo su superficie, brillante como el mármol.

730. "Tienen estos gérmenes de vida un vigor ígneo que deben a su origen celeste, mientras las impurezas del cuerpo, no los contaminan, ni los embotan nuestros móviles terrenales o nuestros miembros ya destinados a la muerte. Pero cuando eso sucede, las almas conocen el temor y el deseo, la alegría y el dolor, y no ven la claridad de los cielos, presas en sus tinieblas y en su cárcel sin ojos.

735. "De ahí que en el día supremo, cuando la vida las abandona, no están completamente libres las desgraciadas del mal y de las manchas de los cuerpos. Sus vicios, endurecidos por los años, han echado raíces de profundidad asombrosa; y es necesario someterlas a castigos, para que los suplicios las limpien.

740. "Ahí tienes unas, suspendidas en el aire, expuestas al soplo veloz de los vientos; y otras lavando sus manchas en el fondo de los abismos; y otras purificándose en el fuego. Cada uno de nosotros tiene su sufrimiento, y muy de tarde en tarde y en escaso número pasamos al vasto Elíseo, donde ocupamos para siempre sus risueñas campiñas.

745. "No tiene esto lugar más que cuando se ha cumplido el curso de los tiempos, y se han borrado las antiguas fealdades, y devuelto a su pureza primitiva el principio etéreo del alma, que es esta chispa de fuego celestial. Es entonces cuando dichas almas, luego de voltearse la rueda de mil años, son llamadas por un dios, en larga hilera, a orillas del Leteo.

750. "El dios les dice que puesto que perdieron ya todo recuerdo pueden ver otra vez la bóveda celeste y disponerse a entrar en cárceles humanas." En diciendo esto, lleva Anquises a su hijo y a la Sibila al lugar de la muchedumbre rumorosa. Colócanse en una eminencia desde donde el héroe puede presenciar su imponente desfile, y aprender a conocer los rostros a medida que pasan.

755. "Voy a decirte ahora —continúa el anciano— la gloria que está destinada a la posteridad de Dárdano, los descendientes que tendrá de raza italiana y las almas ilustres que llevarán el nombre de nuestra familia. Es, pues, tu propio destino lo que voy a revelarte.

760. "Ese joven que ves ahí, apoyado en una lanza sin hierro, está señalado por la suerte para salir próximamente a la luz. Es así el primero que subirá a la morada de los hombres, llevando sangre italiana mezclada con la nuestra. Se llamará Silvio, de raza albana, y será el último hijo que te dé

tardíamente tu esposa Lavinia[285] , al final de tu vida, y que ella se llevará a un lugar apartado, haciéndole rey y padre de reyes[286] . Por él dominará nuestra familia en Albalonga.

765. "Un poco más allá están Procas, honor de la nación troyana, y Capis y Numitor; también el que hará revivir tu nombre, Silvio Eneas, ensalzándolo por igual su piedad y sus armas, si un día sube al trono de Alba.

770. "¡Qué gran juventud! Míralos. Están haciendo alarde de sus fuerzas, y llevan las sienes coronadas de encina cívica[287] . Debes ver en ellos a los futuros fundadores de ciudades, como Nomento, Gabios y Fidena; y a los que elevarán sobre cumbres los alcázares de Colacia, Pomacia, Castro de Ino, Bola y Cora[288] .

775. "Tales serán los nombres de fortalezas y lugares que hoy no lo poseen. Ahí tienes a Rómulo, hijo de Marte, a quien alumbrará su madre Ilía, de la estirpe de Asáraco. ¿No ves los dos airones que se yerguen sobre su frente, y cómo su padre, dándole sus propias insignias, le coloca ya en el número de los dioses?

780. "Bajo sus auspicios, hijo amado, la ilustre Roma igualará su imperio al universo y su alma al Olimpo, llegando a encerrar en una sola muralla hasta siete colinas. ¡Oh ciudad fecunda en héroes !

785. "Será en todo igual a la Madre del monte Berecinto, coronada de torres, llevada en un carro a través de las ciudades frigias, orgullosa de su trato con los dioses, y feliz de abrazar a sus cien nietos, todos habitantes del Olimpo, señores todos de las alturas de los cielos[289] .

790. "He ahí también a ese hombre divino, que te fue prometido tantas veces: César Augusto, linaje de un dios [290]. Él hará renacer la edad de oro en los campos del Lacio, donde antes reinara Saturno[291] , y él es quien empujará los límites del imperio hasta más allá del país de los garamantas y de los indios.

---

[285] Temiendo Lavinia que su yerno Ascanio diese muerte al hijo que de ella iba a nacer, fue a alumbrar a un bosque. El hijo, por tal razón, se llamó Silvio, y con él todos sus sucesores en el trono de Alba.

[286] Alude el poeta al antedicho nacimiento de Silvio en un bosque.

[287] La encina era símbolo de fortaleza.

[288] Nomento es hoy Lamentana, y Fidena, Castro Jubileo. Colacia era la patria de los Tarquinos. Pomacia, una ciudad de los volscos. Inuo se alzaba a orillas del mar Tirreno; y Bola y Cora, en el Lacio.

[289] Representábase a Cibeles, sobre todo en las montañas frigias, con la frente ceñida por una corona mural.

[290] Este dios es para Virgilio el divinizado Julio César, de quien Augusto era hijo adoptivo.

[291] Sabido es que Saturno, al ser arrojado del Olimpo por Júpiter, fue a establecerse en el Lacio.

795. "Llevará las fronteras hasta las comarcas que se extienden más allá de los signos del Zodíaco, y de las rutas del año y del sol, hasta el lugar en que Atlante, soporte del cielo, voltea sobre sus espaldas la bóveda adaptada a las ardientes estrellas[292].

800. "Ya ahora, al solo anuncio de su llegada, difunden un sagrado horror los oráculos sagrados por la tierra Meótica[293] y los reinos Caspios; y hasta las siete bocas del Nilo[294] se agitan espantadas. El mismo Alcides no recorrió tantos países, luego de matar la cierva de pies de bronce, de pacificar las selvas de Erimanto y de hacer temblar bajo su arco a los pantanos de Lerna.

805. "Ni el vencedor Baco, cuando bajó de las cumbres de Nisa[295], guiando su tiro de tigres, dóciles a las riendas de pámpanos. ¡Y dudamos todavía en manifestar nuestro valor! ¡Y es el miedo lo que nos impide fijarnos en las tierras de Ausonia! ¿Ves un poco más allá a ese hombre que de todos lo distingue una corona de olivo, y que lleva objetos sagrados?[296].

810. "En él reconozco la barba y el cabello blancos de un rey romano que dará a la naciente ciudad los fundamentos de la ley, y que recibirá de la mísera tierra de los Cures un reino poderoso. Tulio, que ha de seguirle, romperá la paz de los días en su patria, y llamará a las armas a los hombres dormidos en la inacción y a las tropas poco acostumbradas al triunfo.

815. "A éstos seguirá el jactancioso Anco, que ya en estos parajes se muestra demasiado sensible al favor popular. ¿Quieres ver a los Tarquinos[297], y el alma soberbia del vengador Bruto[298], y los feacios reconquistados?

820. "Éste será el primero que reciba el poder consular y las haces[299] severas; y como sus hijos quieran encender la guerra, él sabrá sacrificarlos a la libertad[300]. De cualquier modo que interpreten este acto las edades futuras,

---

[292] Parece más bien que son las estrellas las adaptadas al cielo. Se ha dicho que este país era Etiopía, alumbrada, según los antiguos, por estrellas distintas, a causa de estar fuera del Zodíaco.

[293] Pueblo que ocupaba las inmediaciones orientales del mar de Azof.

[294] Bocas por las que es sabido que el Nilo desagua en el mar.

[295] Monte en donde Baco fue criado por las ninfas. Se hace de todo incierta su localización.

[296] Se trata del rey Numa, en cuyas manos pone el poeta los símbolos sagrados, por ser él quien organizó la religión, y los tales símbolos el fundamento místico del pueblo romano.

[297] Tarquino el Antiguo y Tarquino el Soberbio, reyes quinto y séptimo, respectivamente, de Roma. Virgilio parece omitir aquí a Servio Tulio, el sexto rey, uno de los más notables.

[298] Lucio Junio Bruto, famoso por haber destronado a Tarquino el Soberbio, a quien todos odiaban por su tiranía, y haber fundado la república.

[299] Insignia del supremo poder. Eran unas varas atadas, con un hacha en medio. Llevábanlas los llamados lictores, precediendo a los primeros magistrados.

[300] Los hijos del cónsul Bruto habían apoyado la vuelta de los Tarquinos.

siempre habrá triunfado en su pecho el amor a la patria y una pasión inmensa por su gloria.

825. "Mira un poco más lejos a los Decios[301] , a los Drusos[302] , a Torcuato[303] con su segur ensangrentada, y a Camilo[304] , que vuelve con los estandartes recobrados[305] . Esas dos almas que ves brillar ahí, bajo una armadura semejante, y que hoy caminan de acuerdo mientras la noche se cierne sobre ellas, ¡qué de combates librarán entre sí, cuando se acerquen a la luz de la vida!, ¡qué de ejércitos, alineados en orden de batalla!, ¡qué de matanzas espantosas!

830. "Bajará el suegro de los reductos de los Alpes y de la fortaleza de Moneco[306] y el yerno vendrá contra él con su apoyo en Oriente. ¡Hijos míos!, no acostumbréis vuestros corazones a estas guerras abominables, ni volváis vuestras fuerzas contra las entrañas de la Patria! ¡Y tú, Eneas, dales ejemplo con tu moderación, tú que eres oriundo del Olimpo! Arroja las armas lejos de ti, ¡oh sangre de mi sangre!

835. "Éste, vencedor de Corinto, subirá al Capitolio en su carro triunfal, para siempre glorioso por la matanza de los aqueos; ese otro, por el contrario, destruirá a Argos, a la Micena de Agamenón, y hasta al mismo Eácides, descendiente de Aquiles, y el poder incontenible de sus armas vengará así a los antepasados troyanos y al profanado templo de Minerva.

840. "¿Quién te aventajará en el silencio, ¡oh gran Catón!, lo mismo que a ti, Coso[307] insigne? ¿Quien olvidará jamás a la familia de los Gracos?, ¿y a la de los Escipiones, esos dos rayos de la guerra, que serán la ruina de Libia?, ¿y a Fabricio, tan poderoso como pobre?, ¿y a ti, Serrano[308] , sembrador de todos tus surcos?

---

[301] Estos Decios eran tres: padre, hijo y nieto. Los tres sacrificaron su vida para asegurar la victoria a las tropas: uno en la batalla de Veseris (año 340 antes de nuestra Era), otro en la de Sentino (año 295)y el tercero en la de Asculo (año 279).

[302] Es decir, a Marco Livio Druso, padre e hijo, del mismo nombre ambos. Se hicieron famosos en la defensa de la ciudadanía romana.

[303] Lucio Manlio Torcuato, cónsul de Roma el año 340ac.

[304] Marco Furio Camilo, por cuatro veces dictador.

[305] Se entiende, recobrados a los galos. Estos habíanse apoderado de ellos en la batalla del Alia. Camilo los rescató en el año 389, durante su segunda dictadura.

[306] Sobrenombre de Hércules, adorado en cierto promontorio que se llamó Moneco ("solitario", en griego), y en el que más tarde levantóse Mónaco.

[307] Servio Carnelio Coso. Mató por su mano en un combate a Tolumio, rey de los veyenses, alcanzando así los máximos honores que se tributaban a quien daba muerte al jefe del ejército enemigo.

[308] Sobrenombre de Cayo Atilio Régulo, a quien se hizo abandonar sus tareas agrícolas para elevarle al consulado de la nación romana. Su nombre *Serranus* parece derivarse del verbo latino *severe*, "sembrar"

845. "¿Hasta dónde me exaltaréis, raza de los Fabios? Tú solo, ¡oh Máximo!, te servirás para levantar nuestra gloria. Creo también que habrá descendientes muy hábiles para dar al bronce el soplo de la vida, y sacar del mármol figuras con aliento.

850. "Como otros habrá que aplicarán las leyes de los hombres, o que sabrán medir con el compás el movimiento de los cielos y el curso de los astros. Acuérdate siempre, ¡oh romano!, de imponer tu imperio en todas las cosas a los pueblos. Serán tus virtudes dictar leyes de paz entre las naciones, dominar a los soberbios y perdonar a los vencidos."

855. Así les habla a los dos compañeros asombrados el venerable Anquises, prosiguiendo después: "Mirad cómo llega Marcelo, con el orgullo de sus ricos despojos, y cómo este vencedor sobrepasa de la cabeza a todos los demás. Cuando sobrevenga la conmoción de una guerra dura, sabrá detener en la pendiente de su ruina al poderío romano, y galopando a la cabeza de sus fieros jinetes, sabrá hundir en el polvo al cartaginés y al indómito galo. Y será el tercero que cuelgue del templo del padre Quirino la armadura de un caudillo enemigo."

860. De pronto le interrumpe Eneas, porque ve acercarse a un joven, de extraordinaria belleza, con sus armas brillantes. Pero no resplandece en su frente la alegría, y pasa de largo con la mirada baja y triste. "Padre mío, ¿quién es ese apuesto mancebo que tiene andar de héroe? ¿Es retoño de alguna noble estirpe?

865. "¡Qué rumor de aclamaciones de su cortejo! ¡Qué majestad la suya! Pero observo que vaga en torno a su cabeza la sombra triste de una noche negra." El venerable Anquises le responde entre lágrimas: "¡Ah, hijo mío!, no trates de conocer el dolor inmenso de los tuyos. Los hados han dispuesto que ese hermoso príncipe no haga más que asomarse a la tierra, para volver aquí de nuevo[309] .

870. "¡Oh dioses! Sin duda os parecería la nación romana excesivamente poderosa, de subir al trono este príncipe, y por eso cortáis el hilo de su vida. ¡Qué gemidos levantará esa desgracia en toda la inmensa ciudad de Marte! ¡Qué funerales presenciarás, río Tiber, cuando tus aguas pasen por delante de su tumba reciente!

875. "Ningún hijo de raza troyana llevará más lejos que éste la esperanza de sus mayores latinos. Ni jamás la tierra de Rómulo se sentirá tan orgullosa como con este niño, que no ha de serle conservado. ¡Oh piedad, y viejo honor, y brazo invicto de la guerra!

880. "Nadie se hubiese opuesto a los designios de este mancebo armado, bien que fuese a pie firme a combatir con el enemigo, o ya hundiera sus espuelas en los costados de un corcel brioso. ¡Ojalá, niño amado, causa de

---

[309] Sobrino de Augusto, muerto en temprana edad, mientras tomaba un baño.

tantas lágrimas, pudieses romper el rigor de tu destino! Será tu nombre Marcelo.

885. "Dadme lirios a manos llenas para derramarlos sobre ese nombre glorioso. ¡Que pueda al menos dedicar estas ofrendas al alma de mi nieto amado, y rendirle este mudo e inútil homenaje!" Así pasean de una parte para otra, a través del Elíseo, en las extensas y nebulosas llanuras que recorren con la mirada.

890. Cuando ya Anquises ha llevado a su hijo por todas estas maravillas, y encendido en su corazón el amor a la gloria futura, le habla de las guerras que habrá de sostener, y de los pueblos laurentinos, y del Lacio todo, así como de los medios para evitar o sufrir la desventura.

895. Tiene dos puertas el reino de los Sueños; es una de asta, según se dice, y salen por ella las sombras reales fácilmente, y es la otra de brillante marfil, pero los Manes no envían a través de ella a las alturas del mundo más que fantasmas ilusorios. Anquises, luego que ha terminado de hablar, hace salir a Eneas y a la Sibila por esta puerta de marfil. El héroe se dirige por el camino más corto hacia las naves, reuniéndose con sus compañeros.

900. Poco después, y sin alejarse de las costas, gana el puerto de Cayeta[310] . Las proas echan allí sus anclas, y las popas se alinean a todo lo largo de la orilla.

---

[310] Hoy Gaeta, al noroeste de Napoles.

LIBRO VII

ARGUMENTO

Después de navegar con su flota rumbo a Poniente, llega Eneas a la desembocadura del Tiber. Allí desembarca sus hombres de armas en la llanura de Laurento, país del Lacio donde reina el viejo rey Latino. Este príncipe tenía una hija, llamada Lavinia, la que, conforme al oráculo y a la voluntad del dios Fauno, debía casarse con un extranjero, si bien estaba prometida a Turno, rey de los rútulos y sobrino de Amata, mujer de Latino.

Como Eneas haya deducido de unas palabras sueltas del joven Ascanio que ésta es la comarca para él destinada por los dioses, se apresura a enviar embajadores al príncipe de los laurentinos. Este príncipe los acoge con grandes muestras de amistad y acepta todos sus presentes. Establécese entre ambos en seguida una alianza, y, siendo Eneas extranjero, Latino ve en él al señalado por los destinos. Así, pues, le ofrece en matrimonio a su única hija, Lavinia.

Pero entretanto, y en las etéreas regiones, la diosa Juno ve con muy malos ojos el éxito de los troyanos, por lo que se decide a evocar a la infernal Alecto. A instancias de la diosa, esta temible furia desliza una serpiente en el pecho de Amata, que trata inútilmente de hacer cambiar de opinión a su esposo el rey. Y no acaba esa serpiente de destilar su veneno en el corazón de la reina, cuando de sus sentidos se apodera el más grande furor.

Sale de palacio, acompañada de Lavinia, y, haciendo de bacante, lleva a su hija a los bosques, en donde a grito herido dice que la consagra al dios Baco, como también ella misma. Después de esto, provocada ya la inquietud en la morada real de Latino, pasa la furia a la corte del rey Turno, el prometido de Lavinia, e inspira a este valeroso príncipe el loco ardor de la guerra.

Y ella misma hace nacer la ocasión de esta guerra, cuando lanza la jauría del joven Ascanio tras las huellas de un ciervo amaestrado, cariño todo de la hija de un notable de la comarca. El país se levanta contra los cazadores, viendo su ciervo herido, y se libra un primer combate entre los extranjeros y los naturales, que se ven rechazados con grandes pérdidas.

A partir de ese momento, y excitada por Turno, la nación entera acude al rey Latino en demanda de justicia y venganza. El rey, que mantiene vivo en su espíritu el oráculo del dios Fauno, se opone a los propósitos de su pueblo, y se niega terminantemente a abrir las puertas del templo de Jano. Mas entonces es la propia Juno quien las abre, y, a despecho del rey, impotente para contener el bélico furor de sus súbditos, es declarada la guerra a los troyanos.

En seguida se congregan alrededor de Turno, poniéndose a sus órdenes, tropas y más tropas de todas partes. Y ello da ocasión al poeta para hablar de numerosos pueblos antiguos de Italia, como también para pintar sus costumbres, y cantar a las ciudades del Lacio, muchas de las cuales subsistían aún en la época de Virgilio, y perduran todavía en la nuestra, con la pátina de una recia perennidad.

TEXTO

Tú también, ¡oh Cayera, nodriza de Eneas![311], diste, muriendo, una gran fama a nuestras riberas; aún hoy el lugar donde reposan tus cenizas se ve honrado por tan valioso depósito, y, si es ello una gloria, tu nombre anuncia tu sepulcro en la gran Hesperia.

5. Así que Eneas ha celebrado los funerales de su nodriza y levantado el túmulo, viendo ya tranquilo el mar, hácese a la vela, abandonando el puerto. Cierra la noche y se eleva el viento, y los troyanos bogan felizmente, a favor de la luna, cuyos rayos esparcen una flotante luz sobre la superficie de las aguas. Son costeadas las orillas del promontorio circeo[312], donde la opulenta hija del Sol[313] hace resonar con sus cantos el bosque inaccesible[314]. Trabaja ella de noche, en el fondo de su soberbio palacio, donde el cedro quemado expande un agradable olor, y ocúpase en tejer finísimas telas con hilos delicados y una lanzadera sutil.

10. Allí es donde se oyen, al avanzar las tinieblas, rugidos de leones que se rebelan, y aullidos de enormes lobos prisioneros, como también de osos y fieros jabalíes. Estas feroces bestias fueron en otro tiempo hombres, a quienes la diosa cruel transformó, bajo el poder de sus encantos.

15. Temiendo ahora Neptuno que los troyanos vayan a caer en tan siniestras riberas, y para que no corran suerte semejante a la de tales monstruos, hincha las velas de su flota con viento favorable, y cruzan así de largo por ante parajes tan peligrosos.

20. Ya la Aurora brilla en su fúlgido carro, que arrastran dos caballos de rosado color, dorando las olas con sus rayos nacientes, cuando los vientos cesan. Ni el más leve suspiro parece mover el aire, y los troyanos vense obligados a empuñar los remos para hendir las tranquilas aguas. Ve entonces

---

[311] La Cayeta de que se habla es la Gaeta de hoy, ciudad italiana al noroeste de Nápoles, sobre el golfo de su nombre formado por el mar Tirreno. Eneas llamó Cayeta a dicha ciudad en memoria de Cayeta su nodriza, muerta allí mismo, y a la que el poeta invoca.

[312] Cabo en la campiña romana, llamado hoy Monte Circello. Es una alta montaña semejante a una isla, rodeada al Mediodía por el mar Toscano, y, al Norte, por las lagunas pontinas. Se halla a 40 Kilómetros al Oeste de Gaeta.

[313] Se suponía en dichos parajes la morada de la encantadora Circe.

[314] Inaccesible en el sentido de tener que exponerse a las transformaciones de que Circe hacía objeto a los que en él entraban.

Eneas, desde lo alto de su popa, un inmenso bosque atravesado por el Tíber, cuya rápida corriente se desliza sobre arenas doradas, camino del mar.

25. En sus rientes orillas pueden verse mil diversos pájaros, únicos habitantes de estos lugares, que llenan el bosque con sus dulces cantos. Eneas ordena en seguida torcer el rumbo, y que se vuelvan hacia aquel paraje las proas, para tomar tierra. Así es como entra alegre por el umbroso río, bordeado de árboles copudos.

30. Ahora, ¡oh divina Erato![315] , voy a decir cuáles eran los reyes del antiguo Lacio, y en qué orden se desarrollaron los acontecimientos que necesito relatar. Pintaré la situación del país al desembarcar en él la flota troyana, y me remontaré al origen de una guerra sangrienta. Sostén, pues, ¡oh Musa!, mi débil voz.

35. Voy a presentar horribles combates, ejércitos alineados en batalla, reyes que sólo alientan coraje y venganza, cómo los etruscos socorren a los troyanos, y de qué modo, en fin, arde en fuego de lucha toda Hesperia, y se levantan en armas sus pueblos todos[316] . Un larguísimo camino se abre ante mis ojos, y nunca mi espíritu acometió empresa semejante.

40. El rey Latino, encorvado ya bajo el peso de los años, regía apaciblemente los Estados sometidos a sus leyes. Hijo de Marica, ninfa del país de los laurentinos, había tenido por padre, según la tradición, a Fauno[317] , hijo de Pico, que descendía de ti, ¡oh Saturno!, y que en ti señalaban el origen de la raza.

45. Latino tuvo un hijo, al que los hados arrebataron en la flor de los días. Privado así de infantes varones, quedábale sólo una hija, heredera absoluta de sus vastos Estados y único sostén de su casa. Núbil ya, la joven princesa era objeto de las ansias de numerosos príncipes del Lacio[318] y de toda Ausonia.

50. El más destacado de sus amadores era Turno[319] , príncipe de sangre ilustre, y a quien la reina Amata, esposa de Latino, ambicionaba con ardor

---

[315] Musa de la poesía lírica, aunque se toma aquí en sentido de Musa en general. A Erato se la llamaba "la enamorada" y "la cantora del amor", representándosela con una pequeña cítara.

[316] Expresión literariamente hiperbólica, porque estas guerras no salieron de Etruria y el Lacio.

[317] Dios de los pastos y los ganados. Se le presentaba a menudo bajo la figura de macho cabrío, considerándole espíritu vital de la Naturaleza, cuya muerte significaba el fin de toda vida.

[318] El Lacio se extendía desde el Tíber hasta Liris, llamado hoy Carigliano, y comprendía estos pueblos: latinos, rútulos, equos, volscos, hérnicos y auruncos. En cuanto a los ausones, eran los más famosos de toda Italia, tanto que, por sus hazañas, dábase el nombre de Ausonia a todo el país.

[319] Turno era sobrino de la reina Amata, y fue educado en el palacio de Latino. Viendo que se le negaba a su prima Lavinia por esposa, para entregarla a un

para su hija; mas los dioses se opusieron con tenaces y terribles obstáculos a esta alianza.

55. En el lugar y el rincón más apartados del palacio de Latino había cierto laurel, que de tiempo inmemorial infundía piadoso respeto. Al plantarlo el rey en el propio lugar que escogiera para edificar su palacio, habíalo consagrado a Apolo, y de este célebre laurel fue de donde tomaron nombre los laurentinos[320].

60. Un enjambre de abejas llegó al laurel atravesando los aires, que llenaban con su bordoneo, y fue a posarse sobre las ramas más altas, quedando así todas suspendidas, por sus patas entrelazadas, del árbol sagrado. Entonces se consultó al adivino, que respondió:

65. "Veo un príncipe extranjero que se acerca a estos lugares. Le veo seguido de un pueblo numeroso, que trae el mismo camino de este enjambre; y le veo establecerse en este palacio." Otra vez, mientras la princesa Lavinia[321] estaba junto a su padre, haciendo un sacrificio y quemando perfumes sobre el altar, prendió el fuego en su hermosa cabellera.

70. Pasto fue de las llamas, con todos sus adornos, así como su corona de piedras preciosas; y, al llegar el fuego a las ropas, expandió en torno de la princesa una pálida claridad, envolviéndola en torbellinos de luz y de humo, que llenaron después todo el palacio.

75. Este accidente fue causa de gran espanto, y los adivinos dedujeron de él que la princesa tendría un destino brillante, pero que su gloria había de serle fatal a su pueblo, ya que por ella veníase precisado a sostener una guerra funesta.

80. Inquieto el rey por estos acontecimientos, decidió consultar a su padre, el dios Fauno. Emitía éste sus oráculos en un bosque umbroso, junto a la fuente de Albunea[322], cuyas aguas, al rodar, producían gran ruido y exhalaban horribles vapores.

85. Era a este oráculo al que acudían con sus cuitas y dudas los pueblos de Italia y, particularmente, todo el país de Enotria[323]. Cuando el sacerdote ha llevado las víctimas a la fuente, y las ha inmolado, extiende las pieles sobre el

---

extranjero, abandonó la corte y se puso a la cabeza de los rútulos, para hacer la guerra.

[320] Se llamaba también, en efecto, laurentinos a los habitantes del Lacio, por el extraordinario número de laureles que había en el país, desde la desembocadura del Tiber hasta las inmediaciones de Formies y Marica.

[321] Hija de Saturno.

[322] Hallábase esta fuente en la montaña de Tibur, y tomaba su nombre de la blancura de sus aguas. Por eso se llamaba también el Tiber Albula, y Albunea a la sibila Tiburtina, que moraba y hacía sus predicciones cerca de Tíbur.

[323] Llamábase así a cierta colonia de arcadios, llevada por Enotrio a Italia, y asentada en las márgenes del Anio.

suelo durante la noche, y duerme sobre ellas. Entonces ve mil fantasmas que voltijean en torno suyo.

90. Y oye voces distintas. Y habla con los dioses del Olimpo, y con las propias divinidades de los infiernos. Fue, pues, en este bosque donde el rey, para entrever el destino de la princesa, sacrificó cien ovejas al dios Fauno, y se acostó sobre sus pieles extendidas.

95. No había hecho más que conciliar el sueño, cuando una voz que salía del bosque le hizo oír estas palabras: "Guárdate, hijo mío, de casar a tu hija con ningún príncipe del Lacio, ni de llevar a cabo el proyecto de himeneo. Vendrán más bien yernos extranjeros, cuya sangre, mezclada con la nuestra, elevará hasta los astros la gloria de nuestro nombre.

100. "Su ilustre posteridad someterá así también un día a sus leyes a todos los pueblos que el sol alumbra." Apenas obtuvo el rey, en el silencio de la noche, esta respuesta del oráculo, la hizo pública. Y ya la Fama había enterado de ello a todas las ciudades de Ausonia, cuando los troyanos entraron en la desembocadura del Tíber, amarrando sus alineadas naves a lo largo de las orillas.

105. Eneas, Iulo y los principales jefes de la expedición pónense a descansar bajo un gran árbol. Allí, cuando se les han servido diferentes viandas, se les ofrecen frutas, con tortas de trigo puro, según inspiración del propio Zeus. El hambre les obliga a comer estas tortas.

110. Mas no hacen más que ponerse a partirlas con las manos y a hincarles el diente los de menos paciencia, cuando el joven Iulo grita: "¡Hasta las propias mesas, nos comemos!" Pronuncia estas palabras de modo rápido e inesperado, pero no le pasan por alto a Eneas, que las recoge; y herido por lo que acaba de oír, préstale en su ánimo una gran atención, cual si se tratara de predicciones que le causaran en otro tiempo viva inquietud.

115. "Yo te saludo —dice él a su vez—, ¡oh tierra que, por ley del destino, vas a pertenecerme! Y os saludo también a vosotros, ¡oh dioses tutelares de Troya! He aquí ya nuestra morada y nuestra patria. Recuerdo que mi padre, levantando el velo de los secretos del porvenir, díjome en cierta ocasión estas palabras:

120. "Cuando un día, hijo mío, llegues con tus compañeros a playas desconocidas, y allí el hambre, luego de comeros las viandas, os obligue a devorar las mesas, busca en aquel lugar un asilo seguro para tus fatigas, y disponte a fijar en él tu residencia, levantando una ciudad y fortificándola."

125. "He aquí, pues, el hambre anunciada. He aquí, por tanto, cumplido el último de los oráculos, y el fin de nuestras desdichas. Será preciso que mañana, al despuntar el día, nos aprestemos a descubrir el país, entrando en conocimiento de las ciudades y sus habitantes.

130. "Libemos, pues, ahora las páteras en honor de Zeus, invoquemos después a mi padre Anquises, y que el vino corra entre todos los presentes." Luego de este discurso, Eneas ciñe a su cabeza un verde ramo, invocando al

mismo tiempo el genio del lugar; y a la Tierra, la más antigua de las divinidades.

135. Y a las ninfas y a los ríos de Italia, que le son desconocidos; y a la Noche y los Astros que presiden las tinieblas; y a Júpiter Ideo[324] ; como también a la Madre frigia[325] ; y a su madre Venus, ciudadana del cielo; y a su padre Anquises, habitante asimismo del Elíseo. Apenas acaba de pronunciar su plegaria, cuando Júpiter hace retumbar tres veces el trueno.

140. Y vese brillar en lo alto de los aires una nube llena de luz y de llamas, que el mismo dios sacude. Al mismo tiempo, expándese por doquiera un fuerte rumor: el de haber llegado el día en que, conforme a lo prometido por los dioses, van ya a levantarse los muros de una nueva Troya.

145. Y los troyanos, ebrios de alegría ante tan felices presagios, pasan el resto de la jornada en alegres festines. A la mañana siguiente, cuando la Aurora lanza los primeros resplandores, todos pónense en camino para explorar el país, y conocer las ciudades, los habitantes y las fronteras.

150. Aquí hallan los estanques de la fuente del Númico[326] ; allá descubren que el río que baña la comarca es el Tiber, y que toda ella está habitada por los belicosos latinos. A su regreso, Eneas nombra cien embajadores, elegidos de entre todas las armas de su ejército, para que vayan al encuentro del rey Latino.

155. Deberán presentarse a él coronados de ramas de olivo, y cargados de ricos presentes. Una vez estos presentes ofrecidos, le propondrán una alianza. Los embajadores obedecen, sin más dilación; y parten hacia el rey, o, más bien, vuelan hacia él. Entretanto Eneas traza en la margen del río el plano de un gran fuerte, rodeado de foso profundo.

160. En seguida fortifica dicho lugar, y hace construir murallas en torno al nuevo campamento. Por su parte, los embajadores llegan ya a la vista de Laurento, y distinguen las torres y las altas casas de la capital de los latinos.

165. Este día precisamente la juventud de la ciudad se ejercita fuera de las murallas, unos domando caballos, otros haciendo volar los carros por la llanura, aquéllos manejando los arcos y lanzando flechas, y no pocos adiestrándose en la carrera y en la lucha.

170. Uno de los jóvenes caballeros, descubriendo a los embajadores troyanos, corre a anunciar al viejo rey Latino la presencia de una tropa de hombres de gran talla, que, sin duda, son extranjeros. El rey da orden de que al punto comparezcan todos ante él.

---

[324] Se llamaba así a Júpiter porque era adorado en el monte Ida, de Frigia.

[325] Por tener asimismo culto en Frigia, se llamaba Madre Frigia a Cibeles.

[326] Era éste un río de gran caudal en aquel tiempo, que corría entre Laurente y Ardea. Mas, a lo largo de los siglos, dicho caudal ha ido amenguando, hasta hallarse hoy agotado.

175. Y para recibirlos dignamente se sienta en el trono de sus antepasados, rodeado de toda su corte. El palacio augusto de este monarca, antigua morada del laurentino Pico, constada en lo más elevado de la ciudad, era un edificio sostenido por cien columnas.

180. El bosque sagrado que le rodeaba, junto con la piedad de los mayores, hicieron de él un lugar respetable. Allí se celebraban las ceremonias de coronación de los reyes, cuando se les ponía el cetro en las manos, y ante ellos se alzaban por vez primera las hachas y los haces[327].

185. A la vez era santuario de la justicia. Y en él también se inmolaba el ganado, y se celebraban sin cesar banquetes religiosos en honor de los dioses. El vestíbulo de este palacio estaba decorado con antiguas estatuas de cedro, que representaban a los ilustres antepasados del rey, tales como Italo[328] y Sabino[329], famoso éste por el número de viñas que plantó.

190. De ahí que se le representara con una serpiente en la mano. También figuraban aquellas estatuas el viejo Saturno[330], y Jano Bifronte[331], y los demás soberanos de la nación desde su origen, guerreros que habían recibido gloriosas heridas defendiendo valerosamente a la patria.

195. En la fachada del palacio, y en torno a la puerta, veíanse colgados los despojos tomados al enemigo: carros, armas de toda especie, hachas, cascos, escudos, tahalíes, cerraduras de puertas de ciudades y espolones de navíos. Y en medio de estos trofeos aparecía Pico[332], el célebre domador de caballos.

----

[327] Haces o varillas (fascio), símbolo del poder supremo, de que ya se habló en una nota anterior.

[328] Héroe epónimo de Italia, rey legendario de los sículos o los enotrios.

[329] Héroe epónimo de los sabinos. Sabino era hijo de Sanco. Él y su padre enseñaron a los habitantes de Italia a cultivar la tierra, a sembrar el grano, y a plantar los árboles, sobre todo las viñas.

[330] Saturno se refugió en el Lacio cuando Júpiter, su hijo, le arrojó del Olimpo. Saturno o Cronos era el dios del sol y de las cosechas, que devoraba a sus propios hijos. También era el dios de la siembra, por lo que a fines del otoño celebraban las *saturnales,* fiestas en que se cambiaban regalos y se hacían grandes ofrendas religiosas.

[331] Jano fue el rey de los latinos en cuya casa se refugió Saturno, cuando fue expulsado por su hijo Júpiter de las altas montañas de Asia, donde reinaba. Su doble frente o doble cara indica el gran conocimiento que tenía del presente y del porvenir. De su nombre tomó el suyo, entre los romanos, el mes de enero o januarius, mes que tiene, en efecto, dos caras: la que mira al año que acaba y la que mira al año que empieza.

[332] Pico estaba dotado del don profético, que conservó aún después de convertido por Circe en Picoverde, de cuyo hecho procedía su nombre.

200. Vestido con un traje corto en bandas de distintos colores[333] , llevaba en una mano el báculo augural[334] , y en la otra, un escudo. Era el Pico a quien su amante Circe, arrebatada por la pasión, habíale golpeado con su áurea vara, convirtiéndole, merced a cierto brebaje, en pájaro con plumas de mil colores[335] .

205. Tal era el palacio del rey Latino. Y fue en tan sagrado lugar donde, sentado en el trono de sus antepasados, recibió a los troyanos. Así que éstos fueron llevados a su presencia, el rey habló primero, expresándose bondadosamente en estos términos:

210. "Hijos de Dárdano, conocemos vuestra ciudad y vuestro origen, habiendo oído hablar de vosotros, antes de que llegaseis a este país. ¿Qué es lo que deseáis? ¿Qué motivo o qué necesidad os hicieron cruzar tantos mares para llegar a las riberas de Ausonia? ¿Acaso se han extraviado en el camino vuestros navíos?

215. "¿O fue la tempestad, como a menudo ocurre, la que os trajo a estas costas, impulsándoos a entrar en la desembocadura del Tiber, en busca de asilo? Aceptad, como quiera que sea, la hospitalidad que os ofrezco, y sabed que los latinos son el pueblo de Saturno.

220. "No es el temor a las leyes lo que nos lleva a practicar la virtud. Somos justos por inclinación, y conservamos las costumbres del reino de este antiguo dios. Recuerdo que los viejos auruncos[336] referían —según una tradición muy antigua— cómo Dárdano, fundador de Troya, partió de la ciudad tirrena donde naciera, penetrando en la Samotracia y en la Frigia[337] .

225. Héroe fue el tal que hoy vive entre los inmortales, y recibe el incienso de los humanos." Así que esto dijo el rey, tomó Ilioneo la palabra: "¡Oh ilustre hijo del dios Fauno! —dijo—, la tempestad nos ha traído a estas costas, y nuestras naves, guiadas fielmente por las estrellas, no desdeñaron el arribar a estas orillas.

---

[333] A este vestido se le llamaba *trabea*. Lo usaban en Roma los reyes, y, una vez éstos desaparecidos, pasó a ser la ropa regular de cónsules, augures y caballeros romanos, si bien con alguna modificación, y empleada por ellos solamente en las ceremonias.

[334] Pico llevaba este báculo, como antes se dijo, en su condición de augur. El tal báculo era un bastón de que los augures se servían para señalar el espacio de cielo de donde debían tomarse los augurios. Y llamábase augural por eso mismo, y también quirinal, por haberlo usado Quirino, o sea Rómulo, al tomar los augurios para la fundación de Roma.

[335] Ovidio refiere esta misma fábula en el libro catorce de sus *Metamorfosis*.

[336] Antiguo pueblo de Italia, situado en las fronteras de Campania, entre Minturne y Formies.

[337] Bárdano era hijo de Zeus y Electra, y fundó la ciudad de Troya al huir de su patria, Etruria.

230. "Expulsados del reino más floreciente que jamás el sol alumbrara, hemos venido a estos lugares más que nada por nuestra propia voluntad. Tienen a gloria los troyanos el descender de Júpiter, y nuestro rey Eneas, que a vosotros nos envía, nieto es de este dios supremo.

235. "¿Habrá alguien, bien sea en las extremidades del Océano[338], ya bajo los fuegos de la zona tórrida, que no haya oído hablar del formidable ejército de los griegos, torrente impetuoso que inundó los campos de Frigia? ¿Y habrá alguien que ignore asimismo el origen de esta guerra funesta entre Europa y Asia?

240. "Pues salvados de semejante diluvio, después de errar largo tiempo por todos los mares, venimos a pedir asilo en estos climas, y os rogamos que nos cedáis un pedazo de tierra a lo largo del río, para establecer en él nuestros dioses Penates[339]; y solicitamos también poder usar el aire y el agua, que pertenecen a todos los hombres.

245. "Tened presente que no deshonraremos vuestro reinado; os cabrá, además, la gloria del bien que nos hicisteis, y nuestro reconocimiento será eterno. En una palabra, nunca habréis de arrepentiros de la acogida prestada a Troya en vuestro imperio. Yo os lo juro por los destinos de Eneas y por su mano, tan fiel en los tratados como temible en los combates.

250. "Aunque nos veáis humildes y suplicantes ante vosotros, no es porque nos hayan rechazado numerosos pueblos, ni porque dejaran de hacernos buenas ofertas, sino porque los dioses han dispuesto especialmente que viniéramos a Ausonia. Dárdano nació en estos climas, y hoy vuelve a ellos, para fijar aquí su residencia.

255. "Las órdenes de Apolo le traen a las orillas del Tiber y a la fuente del estanque sagrado de Númico. Es, pues, el propio Dárdano quien os ofrece hoy, por nuestras manos, estos humildes presentes; salvados de las llamas de Troya y restos tristes de su magna opulencia.

260. "He aquí la copa de oro, de que Anquises, padre de Eneas, se servía en sus libaciones. He aquí el cetro y la tiara que, según costumbre, llevaba Príamo cuando dictaba leyes a sus pueblos en asamblea reunidos; estos ricos bordados obra son de nuestras damas troyanas."

265. Este discurso sorprende al rey de los latinos. Quédase inmóvil y clava sus ojos en el suelo, dándoles un aire pensativo. La magnificencia de los presentes y el propio cetro de Príamo le preocupan menos que la idea del himeneo de su hija.

270. Acuérdase del oráculo del dios Fauno, y comprende al punto que el príncipe extranjero que acaba de llegar a sus Estados es el yerno que los

---

[338] Parece ser que estas "extremidades del Océano" se refieren a las Islas Británicas, límite del mundo conocido en tiempo de los romanos.

[339] Los Penates, cuyas imágenes alzábanse en el hogar, eran todas aquellas divinidades que pasaban por protectoras de las provisiones domésticas.

dioses le destinan, que proveen así su sucesión bajo los auspicios más felices, y que de la unión de ese príncipe con la princesa deberá nacer una gloriosa posteridad, cuyo invencible valor asombrará al universo.

275. "Que los dioses —dice con viva satisfacción— secunden nuestros proyectos y cumplan sus oráculos. Troyanos, gustoso os concedo cuanto pedís, a la vez que acepto vuestros presentes. Mientras Latino reine, hallaréis en sus Estados cuantas ventajas tuvierais en Frigia, y la opulencia toda del país de Troya.

280. "Y si con tanto ardor desea vuestro príncipe aliarse conmigo, yo le invito a que venga a mi corte y no abrigue temor alguno de confiarse a un rey que le brinda toda su amistad. Quiero verle, quiero estrechar su mano, para así dar cimiento a nuestra alianza. Y he aquí lo que quiero que le digáis de mi parte:

285. "Tengo una sola hija, a la que numerosos prodigios celestes y no pocos oráculos me prohíben unir con príncipe alguno de Italia. Esos oráculos y prodigios me anunciaron la llegada de un príncipe extranjero, destinado a ser esposo de la princesa y a elevar hasta el cielo la gloria de nuestro nombre. Y, según las apariencias, es vuestro rey el que se me ha anunciado.

290. "Así lo creo, sin temor alguno a interpretar mal la voluntad de los dioses, y así lo deseo." Trescientos caballos magníficos componen las soberbias cuadras de este monarca, que da en seguida orden de que elijan cien, y los regala así a los embajadores. Van, además, cubiertos tan ligeros corceles de ricas gualdrapas bordadas en púrpura.

295. Sus arneses son dorados, y sus bocados, de oro macizo. A la vez envía a Eneas un carro, y a él uncidos caballos semejantes. Sale el fuego de sus belfos, siendo como son de la celeste raza de caballos del Sol, a los que la falsa Circe había llevado a cubrir ocultamente sus yeguas.

300. Con esta respuesta y tan ricos presentes de Latino, desandan su camino los embajadores, montados en los corceles briosos, y llevan al campamento la noticia de la alianza concertada con rey tan espléndido. Mas he aquí que la cruel esposa de Júpiter abandona Argos y, cruzando en su carro los aires, detiénese al pie del promontorio de Paquino.

305. Pasea desde allí su mirada por Italia, y descubre en la costa a Eneas, con la alegría pintada en el semblante. Ve anclada su flota, y a los troyanos ocupados en construir sus viviendas, con la alegría de quien se sabe poseedor del terreno que ocupa.

310. A la vista de ello, exclama la diosa, vivamente ofendida y sacudiendo con orgullo su cabeza: "¡Oh pueblo maldito! ¿Será posible que tu destino venza todos mis esfuerzos?, ¿que no hayas sido destruido en los sígeos campos?, ¿que no perecieras bajo los escombros humeantes de tu ciudad incendiada?

315. "¿Que escapases a mi venganza a través de las llamas y de las armas? ¿Tendré que ceder en mi persecución? ¿Se habrán por ventura calmado mi odio y extinguido mi cólera? Desde las riberas de Troya vengo persiguiendo a este pueblo por todos los mares.

320. "He sabido armar contra él a los dioses todos del mar y del cielo. Mas ¿de qué me han servido las Sirtes, ni Caribdis, ni Escila, ni todos los escollos? Los troyanos supieron vencer a las tempestades y vencerme a mí. Helos ya en las orillas del Tiber, consumados todos sus proyectos.

325. "Marte supo perder a la feroz gente de los lapitas[340], y Júpiter librar de la cólera de Diana a la antigua nación de los calidonios[341]. Mas ¿qué crimen habían cometido estos pueblos que mereciera semejante trato? En cambio, yo, esposa del primero de los dioses, he fracasado, ¡desgraciada de mí!, en todos los propósitos, en todas las intrigas y en todos los esfuerzos.

330. "Vencida he sido por Eneas. Pero, ¡ah!, puesto que mi poder es tan exiguo, recurriré de ahora en adelante a cuanto haya de más poderoso, y, en defecto de las divinidades del cielo, armaré en mi favor a las del infierno. Si no puedo ya impedir que el príncipe troyano reine en el Lacio, ni detener el destino que va a darle a Lavinia por esposa, sí podré acumular contra ellos toda suerte de obstáculos.

335. "Podré desencadenar una guerra cruel entre ambos pueblos, y destruir así los sueños de la princesa y del príncipe. Pueden, pues, aliarse el suegro y el yerno; mas, ¡ah, desgraciada princesa!, tu dote será la sangre de troyanos y rútulos, y Belona[342] será tu madrina.

340. "No habrá sido sólo Hécuba[343] la que llevó una antorcha en su seno; Venus correrá la misma suerte que la hija de Ciseida. Su hijo[344] vendrá a ser otro Paris, causa funesta asimismo de la caída y la destrucción de la nueva Troya."

---

[340] Pueblo de Tesalia. A la boda de su rey Piritoo con Hipodamia fueron invitados diosas y dioses, con la sola excepción de Marte. Irritado éste, suscitó una lucha, en el propio banquete de bodas, entre lapitas y centauros, que terminó con el aplastamiento brutal de los primeros.

[341] Calidonia era la capital de Etolia. Por un hecho análogo al referido en la nota anterior, o sea, por haber ofrecido su rey Eneo primicias a los dioses, con excepción de Diana, tomó ésta fiera venganza lanzando contra los calidonios un jabalí que provocó sangrientas desgracias, hasta que lo mató un hijo de Eneo llamado Meleagro.

[342] Diosa de la guerra. "Ser madrina" en ella equivale, como es lógico, a "originarse guerras".

[343] Hécuba, mujer de Príamo, según se dijo en una nota anterior, era hija de Ceseo, rey de Tracia. Hallándose encinta de Paris, soñó que llevaba una antorcha en su seno. Hécuba y Príamo tuvieron además una hija, la célebre sacerdotisa y adivina Casandra.

[344] Eneas.

345. Dichas estas palabras, la temible diosa desciende a la tierra. Llama en seguida a la cruel Alecto, y la hace salir de su morada infernal. Sólamente venganza respira esta furia, así como traición, guerras funestas y toda suerte de crímenes. El mismo Plutón[345] no puede dejar de ver con horror a este monstruo, aborrecido por sus propias hermanas.

350. No hay forma que no tome. Su cabeza está erizada de serpientes, y en su rostro aparece pintada la crueldad. Juno le dice así: "¡Oh hija de la noche!, sólo tú puedes prestarme el servicio que necesito. Se trata de vengar una afrenta.

355. "Haz de modo que el rey de los latinos se niegue al casamiento de su hija con el jefe de los troyanos, y que esos extranjeros no puedan establecerse en Italia. Bien sabes tú, cuando te place, armar al hermano contra el hermano; sembrar la discordia en las familias, encender la antorcha del odio y provocar riñas de muerte.

360. "Cien pretextos y medios tienes para aniquilar. Pon, pues, en juego tu genio fecundo; rompe la alianza que acaba de concertarse entre ambos reyes; echa entre ellos las simientes de la guerra; y que la juventud de esas dos naciones, llevada de bélico ardor, comience el combate, acudiendo sin demora a las armas."

365. Alecto, al punto, henchida de los venenos gorgóneos, empieza por dirigirse al Lacio. Una vez allí entra en el palacio del rey, y se introduce en la cámara de la reina, a la que encuentra irritada por el arribo de los troyanos a Italia y por la ruptura del himeneo de su hija con Turno.

370. Alecto arranca una de las serpientes que forman su cabellera, y la desliza por el seno de la reina, para que el furor que la domina se extienda a toda la real morada. La serpiente avanza de sinuoso modo por bajo las ropas, rozando ligeramente su piel, y forma un collar en torno a su garganta.

375. Es algo semejante a un bucle de cabellos o una larga trenza; y así va recorriendo sucesivamente sus miembros todos. Mientras de este modo se pasea por el cuerpo de la reina, va insensiblemente destilando el veneno en su corazón.

380. Al principio no advierte ella más que una ligera pestilencia; su odio es simplemente un leve fuego que no llega todavía a inflamar su alma. Y así es como usa aún el tierno lenguaje de las madres, y llora sobre su hija, y gime por su casamiento con un frigio.

385. "¡Ah, padre desnaturalizado! —dícele al esposo—, pretendes entregar Lavinia a estos troyanos fugitivos, y no tienes piedad ni de tu hija, ni de su madre, ni de ti mismo. Ese extranjero pérfido que ambiciona ser tu yerno levará anclas al primer viento favorable, y se nos llevará a la princesa.

---

[345] Dios de los muertos. Se le ofrecían sacrificios de animales negros, lo mismo que a ellos. Y, al invocársele, se golpeaba la tierra con las manos para que oyese.

390. "¿No fue acaso así como el pastor frigio[346] fue recibido por Menelao en Lacedemonia, acabando por llevarse a Troya a la hija de Leda?[347] ¿En qué ha venido a parar tu buena fe, tu ternura por la familia y la palabra que tantas veces diste a nuestro pariente Turno?

395. "Mas si es preciso que mi hija se case con un extranjero, y el dios Fauno, tu padre, promulgó dicha ley, ¿no deberemos entonces mirar como extranjero todo lo que esté más o menos apartado de nosotros? Ese es el sentido del oráculo. Y, siendo así, como busques en los antepasados de Turno, verás que este príncipe desciende de Inaco y Acrisio, siendo originario de Micenas[348]."

400. En vano se esfuerza la reina en hacer cambiar de resolución al rey su esposo. Entonces la serpiente viértele en las venas todo su veneno, y el furor se apodera de su alma. Sobresaltada ante estos prodigios, y aterrada por tan extrañas imágenes, abandona el palacio y recorre la ciudad, como insensible a todo.

405. Parece una de esas peonzas de los muchachos, que dan vueltas sobre su eje, trazando numerosos círculos, ante la admiración de los presentes, que la hacen bailar constantemente con sus látigos. Así es como va la reina, de ciudad en ciudad, ofreciéndose a la mirada de los pueblos belicosos.

410. Luego, más insensible y excitada todavía, huye a los bosques, como una bacante, acompañada de su hija, a la que quiere esconder en la selva, sustrayéndola a la persecución de los troyanos. Es a ti, ¡oh Baco!, a quien ella invoca en sus transportes, vociferando que eres tú el solo digno de la princesa.

415. Porque la Fama publica que por ti Lavinia toma los blandos tirsos[349], danza en torno a tus altares y deja crecer su cabellera[350]. Las matronas laurentinas salen también de sus casas, a ejemplo de la reina, y se desparraman por la campiña.

420. Flotantes sus cabellos sobre las desnudas espaldas, son juguete de los vientos. Otras, entretanto, vestidas con pieles de tigres y armadas con dardos

---

[346] Paris.

[347] Helena.

[348] Según unos, Micenas fue fundada por Perseo, hijo de Dánae; y, según otros, por Micena, hija de Inaco, formando parte del reino de Acrisio. Al saber éste que Dánae daría a luz un hijo que sería muerto por él, la encerró en una torre, para evitarle todo contacto con varón. Pero Júpiter entró en la torre, bajo la forma de lluvia de oro, y violó a Dánae, naciendo luego Perseo. Acrisio entonces encerró en una caja a la madre y al hijo y los echó al mar, mas uno y otra se salvaron por haber encallado la caja en la costa de Apulia, según los latinos, y de una de las islas llamadas Cicladas, según los griegos.

[349] El tirso era una especie de lanza, cubierta de hiedra y de pámpanos, que solían usar las bacantes, y con la que venía representándose a Baco.

[350] Consagrada a Baco, el Dionisos de los griegos.

adornados de pámpanos, pueblan el aire con sus gritos frenéticos. Rodeada de todo este tropel de Ménades, y con una antorcha en la mano, Amata celebra con sus canciones la boda de Turno con su hija.

425. Luego, con los ojos extraviados y teñidos de sangre, grita estentóreamente: "¡Oídme, mujeres latinas!, sí algún afecto os queda para la desgraciada Amata, si algo os interesáis todavía por el derecho de las madres, dejad flotar al aire vuestros cabellos y venid a celebrar conmigo las orgías sagradas."

430. Embriagada así la reina con el furor de Baco, va errante por los bosques y por los desiertos que habitan las feroces bestias. La diosa, entretanto, satisfecha por el desorden que ha provocado en la corte del rey, abandona el hueco de su mansión, despliega sus negras alas y emprende el vuelo hacia la ciudad donde vive Turno.

435. Es la ciudad que se dice fundada por Dánea[351] , llevada por el precipitado Noto.[352] , con sus colonos acrisioneos[353] . Su antiguo nombre de Ardua ha sido cambiado por el de Ardea, nombre de pájaro, que lleva con orgullo, como signo de su gloria y de su opulencia.

440. Está la noche en la mitad de su carrera, y hállase Turno sumido en profundo sueño, cuando, cambiando de cuerpo la furia y despojándose de su terrible figura, toma la de una anciana. Cúbrese de arrugas su espantoso rostro, y su cabeza, de cabellos blancos.

445. A la vez aparece su frente ceñida con una banda sagrada y una rama de olivo. Tiene así los rasgos todos de Calibe, vieja sacerdotisa del templo de Juno. Y es bajo esta encarnación como se acerca al lecho donde duerme Turno, hablándole así:

450. "¿Permitirás, ¡oh Turno!, que una colonia de troyanos te arrebate el cetro que por tus trabajos tan bien mereciste? El rey de los latinos te niega su hija, y te pospone a un extranjero para sucederle en el trono, digno pago a la sangre que derramaste en su defensa.

455. "Ofrécete ahora a no agradecidos peligros; pon en fuga a los tirrenos y asegura así la tranquilidad de los latinos. Juno me envía, en el silencio de la noche, para despertarte. Es ella quien te habla por mi voz. Levántate; arma a toda la juventud de tus Estados; lánzala contra los frigios, que acampan pacíficamente en las orillas del Tiber.

---

[351] Amante circunstancial de Júpiter o Zeus, según se ha visto en una nota anterior. La mística atribuye al padre de los dioses varias uniones de ese género, como, por ejemplo, la que, según la leyenda tebana, tuvo con Semele, hija de Cadmo, que murió en sus brazos, por haberse presentado a ella, no bajo la forma de lluvia de oro, sino como amo y señor del trueno.

[352] Dios del viento Sur.

[353] Del país de Acrisio, cuya leyenda se ha referido antes.

460. "Ataca rápidamente a sus jefes y quema sus navíos. Esta es la voluntad y la orden de los dioses. Y que el propio rey de los latinos, si persiste en su negativa, sea también objeto de tu venganza y pruebe la fuerza de tu brazo." Mas el joven príncipe, riéndose del discurso de la sacerdotisa, le contesta:

465. "Debes suponer que no ignoro la entrada de los navíos troyanos en el canal del Tiber. Así, pues, no trates de atemorizarme: basta con que Juno me proteja. Tu edad, vieja sacerdotisa, te hace demasiado crédula, amiga de lo falso y neciamente temerosa. Las querellas de los reyes te producen inútiles alarmas.

470. "Tu ministerio está en ocuparte del culto de los dioses, y en cuidar de sus ídolos y de sus templos. El asunto de la paz o de la guerra es asunto de guerreros." Semejante respuesta enciende la indignación de la falsa sacerdotisa. Alecto recobra al punto su terrible figura, hace silbar a sus serpientes, y deja que escapen las llamas de sus ojos furiosos.

475. Asustado el príncipe, trata en vano de abrir la boca para hablar, con el intento de calmar a la diosa irritada. Esta le rechaza, deja erguir sobre la cabeza a dos de sus serpientes y, desplegando el látigo vengador, le dice amenazadora:

480. "Heme aquí, doblegada por la vejez, yo, a quien la senectud hace crédula y amiga de lo falso, y a quien las querellas de los reyes causan vanas alarmas. Mírame: salgo de los propios infiernos y soy la temible furia que lleva en sus manos la guerra y la muerte." Y mientras habla así, arrójale una antorcha encendida, cubriéndole de llamas y de humo.

485. El pavor despierta a Turno, que se levanta bañado en sudor. Loco de ira, acude a sus armas, que busca en torno al lecho y en todo el palacio. En su cólera, no ve más que sangrientos combates, hierro homicida, guerra insensata. Parécese al agua que hierve en la caldera, cuando bajo ella arde, con gran chisporroteo, una llama de varas[354].

490. También el agua parece agitada por furiosa cólera, hasta que sobrepasa los bordes de la caldera y se expande por doquiera. Y como el príncipe se comportan los principales guerreros de su nación. Declárales él que se ha roto su alianza con el rey de los latinos, y que es preciso ir a su encuentro.

495. En seguida les ordena que empuñen las armas, para asegurar la paz en Italia y expulsar de ella a los troyanos. Si le siguen, él solo se bastará para vencer a los dos pueblos. Hecha esta declaración de guerra, seguida de los sacrificios acostumbrados, los rútulos anímanse uno a otro para empuñar las armas en honor al soberano.

500. Llévales a unos a la causa la belleza y la juventud del príncipe, a otros su valor tantas veces probado, y a no pocos lo elevado de su origen. Mientras

---

[354] Quiere decir de pequeñas ramas.

Turno comunica a todos su ardor guerrero, agita Alecto sus alas infernales, y pasa rauda por el campo de los troyanos, donde descubre al hermoso Iulo cazando en las márgenes del Tiber.

505. La hija de Cocito[355] infunde también su rabia a los perros del joven cazador, llena los aires de un olor que les es conocido y pone en su camino un ciervo, al que se aprestan a perseguir con el más vivo ardor. ¡Caza funesta, origen de todos los males, y que levanta contra los troyanos a los habitantes todos de la campiña!

510. Había un ciervo de gran belleza y cornamenta grande que, arrancado de su madre cuando lactaba, era mantenido cuidadosamente en su casa por los hijos de Tirro, intendente de los rebaños del rey y de sus vastos dominios. Silvia, hija también de Tirro, solía adornar la cabeza del ciervo con flores, y peinábale con cuidado, y a menudo le lavaba en corriente de agua pura.

515. El animalito, dócil y familiar, dejábase hacerlo todo, y estaba ya acostumbrado a la mesa de sus amos. De día erraba por los bosques, pero de noche volvía siempre a casa, por tarde que fuera. Este día, luego de bañarse en el Tiber, reposaba durante el calor sobre la hierba de la orilla

520. De pronto la jauría le olfatea, y Ascanio, ávido de gloria, le dirige una flecha del curvo cuerno[356], flecha cuyo vuelo guía la propia Alecto. Herido y cubierto con su propia sangre, el animal se refugia bajo techados conocidos; entra en un establo, lanzando gritos lastimeros, y parece implorar el socorro de las manos amigas que a diario le cuidan y mantienen.

525. Silvia es la primera en enterarse de la desgracia. Desesperada, levanta los brazos, llena con sus lamentos el aire, y llama a todos los aldeanos de las inmediaciones. La furia se ha ocultado, entretanto, en el bosque próximo. Los aldeanos acuden en seguida, unos con palos endurecidos al fuego y otros con pesadas mazas.

530. Su cólera convierte en armas cuanto las manos encuentran al paso. El mismo Tirro, ocupado a la sazón en derribar árboles, reúne a todos sus leñadores y se presenta a la cabeza de ellos, rugiente de cólera y blandiendo fiero el hacha.

535. Entonces sale del bosque la diosa cruel, acechando como estaba la ocasión de irritar todo mal; se lanza a los aires, y va a colocarse sobre la techumbre del establo del ciervo, desde donde saca de su cuerno un ruido tartáreo[357], que llena los vastos hogares y hace estremecerse a todos los árboles.

---

[355] A Alecto se la conocía también por este nombre, como diosa infernal, por ser el Cocito uno de los ríos del infierno.

[356] Es decir, el arco, hecho de cuerno de buey.

[357] Del Tártaro, es decir, infernal, horrible.

540. Este clamor percíbelo a lo lejos el lago de Aricia[358], y óyelo también el río Nar[359], con sus blancas aguas sulfurosas, como asimismo las fuentes del Velino[360]. En todas partes las madres, atemorizadas por semejante estruendo, estrechan entre los brazos a sus hijos.

545. Y en todos los lugares adonde llega el espantoso clamor acódese a las armas, y los feroces habitantes todos de las campiñas corren hacia el lugar de donde parte la siniestra señal. Por su parte, los troyanos preséntanse también, de uno y otro extremo, en socorro de Ascanio.

550. Se alinean los combatientes, en uno y otro lado, y no sólo hay palos puntiagudos para la lucha, sino también lanzas y jabalinas. En un momento se erizan los campos de espadas desnudas, y los brillantes escudos devuelven hacia los astros la luz de ellos reflejada. Simultáneamente estallan los horrores de una tempestad que empieza por blanquear el mar, hinchándolo poco a poco.

555. En seguida las irritadas olas se elevan desde el fondo de los abismos, y el movedizo lomo del mar se lanza furioso hacia los aires. La primera flecha que cruza el espacio alcanza a Almón, primogénito de Tirro, que combatía al frente de los aldeanos. Le atraviesa la garganta, y le hace perder, con un torrente de sangre, la voz y la vida.

560. Numerosos luchadores caen al punto en su derredor, entre otros el anciano Galeso, el más justo y rico varón de Ausonia, que se había puesto en medio de los combatientes, para llevarlos a concertar la paz. Este prudente anciano poseía cinco rebaños de ovejas y cinco de bueyes, empleando hasta cien carros en el laboreo de sus tierras.

565. Mientras por doquiera se combate con denuedo, sin ventaja para ninguna de ambas partes, viendo Alecto —luego de ejecutar cuanto prometiera a la reina de los dioses— teñida la tierra de sangre, y encendida la guerra por la primera batalla, abandona Hesperia y, orgullosa de su triunfo, remóntase hasta el Olimpo, dirigiéndose allí a Juno con este altanero lenguaje:

570. "He sembrado, ¡oh diosa!, la discordia conforme a tus deseos, y he encendido la guerra. He derramado la sangre ausonia por manos troyanas, y te desafío a ti misma a reconciliar a los dos pueblos. Si quieres, levantaré también a las naciones próximas, para que acudan en socorro de los latinos.

575. "Por doquiera encenderé el loco ardor de la guerra en los corazones, y cubriré los campos todos de armas y soldados." Mas la hija de Saturno le contesta: "No. Basta de intrigas y de alarmas. Tienen ya un motivo legítimo le guerra, y no abandonarán las armas que en sus manos ha puesto el azar.

---

[358] Hallábase este lago del Lacio en las inmediaciones de un bosque consagrado a Diana.

[359] Río de Umbría, hoy llamado Nera.

[360] Lago del país de los sabinos.

580. "Por eso es necesario que, en alto la lucha, el valiente hijo de Venus y el rey de los latinos celebren bajo buenos auspicios el himeneo que tienen acordado. En cuanto a ti, es mi deseo que te retires. Júpiter no te permitirá vagar mucho tiempo por el vasto espacio de los aires.

585. "Si algo queda por hacer todavía, yo me encargaré de ello." Al oír estas palabras, extiende sus alas la negra furia, hace que silben sus serpientes y, abandonando el cielo, toma de nuevo el camino de Cocito.

590. Hállase en el seno de Italia, al pie de altas montañas, el noble valle Ansancto[361] , de muy dilatada fama, rodeado por tenebrosos bosques y atravesado por un torrente que, precipitándose con estrépito desde lo alto de las rocas, va a perderse en un abismo.

595. Vese allí una profunda caverna, horrible respiradero de la triste morada de Plutón, como una boca apestosa por donde se desborda el Aqueronte[362] , y por donde las crueles Erinias[363] se repliegan al Tártaro, librando así a la tierra y al cielo de su presencia odiosa.

600. Entretanto, aplica Juno la última mano a la guerra encendida entre los troyanos y los pueblos de Hesperia. Los combatientes precipítanse todos desde el campo de batalla hacia la ciudad laurentina, llevando los cuerpos del joven Almón y del viejo Galeso, cubiertos de heridas.

605. Van implorando la justicia de los dioses y la venganza del rey. Llega Turno, y aumenta el terror por sus discursos cuando se refiere al crimen cometido por los troyanos. "He ahí —dice— a los extranjeros a quienes se llama para la sucesión a la corona.

610. "He ahí a los nuevos aliados. Mirad cómo se les recibe, mientras a mí se me rechaza." Entonces los hijos de todas las mujeres que vagan por los bosques, y que, siguiendo el ejemplo de Amata, celebraban sus orgías, empiezan a reunirse desde todos los puntos, gritando estentóreamente que hay que tomar las armas.

615. Pronto rodean el palacio del rey, y, enfurecidos por un insensato ardor, le instan vivamente a que emprenda una guerra fatal, condenada por los dioses. El rey se opone a ellos, desafiando reciamente sus clamores; parece un peñasco en medio de las olas, que no se abate ni por el soplo impetuoso de los vientos ni por el rumor de las aguas turbulentas.

---

[361] En el país de los hirpinos. Había allí un lago de igual nombre, lago de aguas sulfurosas, que por ello se consideraba como una de las entradas del infierno.

[362] Uno de los infranqueables ríos del infierno, llamado "río del dolor".

[363] Diosas de la venganza, en número de tres. Se las tenía por devoradoras de cadáveres, y en los tiempos primitivos se las representaba con la envoltura carnal de aves de rapiña. Solían perseguir a los asesinos fugitivos en forma de mujeres negras y aladas, alrededor de cuya cabeza se enroscaban serpientes. Y llevaban en las manos bien antorchas encendidas o ya un látigo, con cuyos golpes sumían a las víctimas en el aturdimiento y en la locura.

620. Aguas y vientos mueren a su pie de modo incesante, por él siempre destrozados y rotos. Por fin, viendo que no halla medio alguno de calmar el ciego furor de los latinos, y no pudiendo oponerse a la voluntad de Juno, señora de todos los espíritus, pone de ello por testigos a los dioses y al aire que respira.

625. "Arrastrado, ¡ay!, me veo —exclama— por los destinos, y sólo a mi pesar cedo a la tormenta. ¡Ah, desdichados latinos!, vuestra sangre expiará tan atroz sacrilegio. Tú mismo, ¡oh Turno!, tendrás también tu pena. Lleno de tardíos remordimientos, implorarás en vano a los dioses.

630. "En cuanto a mí, nada me importa lo que suceda en el poco tiempo que me queda de vida, ya que me acerco al puerto, y sólo deseo disfrutar de la paz. Mas, aún así, pierdo la esperanza de una muerte dulce y tranquila." Dichas estas palabras, el rey se encierra en su palacio, y suelta así las riendas de su imperio.

635. Había en el Lacio una antigua y sagrada costumbre[364], observada después por todas las ciudades albanas, y que Roma practica religiosamente en los comienzos de toda guerra, bien se trate de declararla a los gétulos, bien a los hircanios, ora a los árabes o ya a los indios[365].

640. Como igualmente, si se trata de seguir a la Aurora y exigir a los partos las enseñas[366]. Tiene el templo de Jano dos puertas, que la religión y el miedo al cruel Marte han consagrado, y que se llaman las puertas de la guerra. Durante la paz hállanse cerradas con cien cerrojos y por invencibles barras de hierro, montando la guardia el propio Jano.

645. Pues bien: cuando el Senado ha acordado la guerra, vestido el cónsul con la trábea quirinal[367] y ceñido la toga con un gabino[368], abre esas terribles puertas y anuncia los combates. Entonces toda la juventud romana aplaude y la ciudad entera se estremece bajo el guerrero son de las trompetas.

650. Preciso es que, antes de declarar la guerra a los troyanos, cumpla el rey con esta costumbre; pero se niega a tan odioso ministerio, y permanece oculto en el fondo de su palacio. Entonces la reina de los dioses baja del

---

[364] La costumbre que va a referirse fue establecida en Roma por Numa Pompilio.

[365] Los gétulos eran pueblos de Dacia, a los que venció y subyugó el procónsul Licinio Craso. Los hircanios, árabes e indios eran pueblos sometidos a los partos. El poeta refiérese aquí a la expedición de Augusto contra los partos, en el año 732 de la fundación de Roma.

[366] Se refiere a las enseñas tomadas por los partos a los romanos en la batalla de Carras, donde halló su fin Craso. En cuanto a la Aurora tómase aquí, en tropo retórico, por el Oriente.

[367] La toga de los cónsules, de que se habló en una nota anterior.

[368] Vestido cuyo vuelo se echaba por la espalda y rodeaba todo el cuerpo. Tomaba este nombre de los gabinos, o habitantes de Gabios, que se quitaban sus ropas cuando se disponían a hacer un sacrificio solemne.

cielo, rompe las barras de hierro y los cerrojos del templo, y, empujando ella misma las puertas violentamente, hácelas girar sobre sus goznes.

655. A esta señal la Ausonia entera acude a las armas. El pueblo que hasta ahora mostrose siempre tranquilo y apacible inflámase de pronto en el ansia de combatir. Unos se dirigen ya a pie contra el enemigo; otros, montados en soberbios caballos, levantan por doquiera nubes de polvo.

660. Se disponen en seguida las armas. Estos proveen de escudos, de lanzas y jabalinas; aquéllos afilan las hachas. Despliéganse los estandartes, y el son de las trompetas anima a la guerrera juventud. La poderosa Atina[369], la soberbia Tibur[370], Ardea, Crustumerios[371] y la turrigera Antemnas[372] ocúpanse únicamente en el forjado de armas.

665. Los yunques retiemblan bajo el golpeteo de los martillos. Se trabaja en cascos, en escudos, en corazas de bronce, en grebas de plata. No se fabrican ya hoces ni ruedas de carreta; cada cual se ocupa solamente en afilar las armas de sus padres.

670. El eco de las trompetas extiéndese ya por el espacio. Óyese la orden de marcha y cada combatiente empuña sus armas. Éste se apresura a ponerse el casco; aquél, a uncir a su carro los corceles. El otro pasa el escudo por su brazo y se viste la coraza tejida de hilos de oro; el de más allá cíñese orgulloso la espada fiel.

675. ¡Oh Musas! Descubrid ante mis ojos los secretos del Helicón[373], y dignaos guiar mi voz. Decidme cuáles fueron los príncipes que intervinieron en esta guerra famosa, y las tropas que siguieron a sus estandartes.

680. Decidme también los nombres de los guerreros que se distinguieron entonces en Italia, y los pueblos que tomaron las armas en la liga contra los troyanos. Haced memoria de ello, ¡oh diosas!, ya que sólo a vosotras se ha permitido referir hechos de los que apenas conservamos una débil tradición.

685. El primero que apareció a la cabeza de los combatientes fue el cruel Mezencio, rey de los tirrenos, menospreciador de los dioses[374]. Le acompañaba su hijo Lauso, el más hermoso de los príncipes de Ausonia, después de Turno. Buen domador de caballos y excelente guerrero en la

---

[369] Ciudad del país de los volscos, en el Lacio.

[370] Ciudad del Lacio situada a 28 kms. al nordeste de Roma, hoy Tívoli. Virgilio le da el epíteto de soberbia, por la respuesta de los romanos a los tiburtinos: "Soberbios sois". Aun hoy se conserva la leyenda de *Superbum Tibur* en los escudos de armas de Tívoli.

[371] Ciudad latina, situada a 20 kilómetros al nordeste de Roma, hoy Marcigliano Vecchio. En cuanto a Ardea, era la capital de los rútulos.

[372] Ciudad del Lacio, a cuatro kilómetros al norte de Roma.

[373] Monte de Beocia, consagrado a Apolo y a las Musas, el Sagara de hoy.

[374] Este rey se había refugiado cerca de Turno, al expatriarle sus propios súbditos, a causa de su impiedad y su crueldad.

lucha con los feroces habitantes de los bosques, llevaba ahora a sus órdenes inútilmente[375] mil soldados de la ciudad de Agila[376] .

690. Era príncipe digno de otro padre, merecedor de ser hijo de un rey menos aborrecible. Detrás de ellos iba Aventino, hijo de Hércules, joven guerrero tan bien formado como su padre, resplandeciente siempre en el carro tirado por sus caballos, a menudo vencedores en los juegos del circo.

695. La hidra de Lerna[377] , hidra de cien cabezas, grabada sobre el escudo, anunciaba ya su ilustre nacimiento. Después de la derrota de Gerión[378] , y habiendo llegado Hércules a las orillas del Tiber, con los bueyes traídos de Iberia, enamorose de la sacerdotisa Rea[379] .

700. De aquel amor había nacido Aventino, en los bosques del monte Aventino. Sus soldados, con un dardo en la mano, iban cubiertos de pieles y llevaban una larga punta de hierro, a la manera de los sabinos. Así que llegó ante el palacio del rey, Aventino echó pie a tierra.

705. Iba vestido como Hércules su padre, cubierta la cabeza con una piel enorme de león, desgreñada en su cerda con los blancos dientes. En seguida se vio aparecer a dos hermanos salidos de la ciudad de Argos, Catilo y Coras, fundadores de la ciudad de Tibur, a la que dieran el nombre de Tiburto, su hermano.

710. Uno y otro, a la cabeza de sus soldados, solían acometer a los batallones enemigos como los impetuosos Centauros, hijos de una nube[380] , cuando descendían de los montes de Otris[381] y Homolo[382] , penetrando en

---

[375] "Inútilmente" dice el poeta, en el sentido de que estaban destinados, como su jefe, a perecer.

[376] Ciudad de Etruria, capital del reino de Mecenzio. Hallábase en las fronteras del Lacio, y había sido levantada por los pelasgos salidos de Tesalia. Hoy se llama Cervetri.

[377] Había una Hidra, encarnación de las fuentes y pantanos de Lerna, al sur de Argos. Hércules la acometió, pero aunque a cada golpe cortábale una cabeza, brotaban en seguida dos nuevas en el sitio de la cercenada. Por fin, con ayuda de su amigo y cochero Yolao prendió fuego a la selva cercana, y así, al ir quemando las heridas iba secando las fuentes. Hércules acabó aplastando la última cabeza con un bloque de piedra, e impregnó sus flechas con el veneno de la temible Hidra.

[378] Consistió esta derrota en que al gigante Gerión (mugidor) le fueron robadas sus vacas por Hércules, en la isla Erithreia (tierra roja).

[379] Cibeles del Asia Menor y diosa de la maternidad. Mujer de Cronos y madre de Zeus. Entregó a su marido, simbolizando a Zeus, para que no lo devorase, una piedra bajo la figura de un niño. De ahí que Zeus o Júpiter, envuelto en las nubes de la tempestad y descendiendo de los cielos en forma de rayo, fuese considerado como la piedra productora del trueno.

[380] Se tenía a los Centauros por hijos de Ixión y de una nube, que Júpiter puso en lugar de Juno, a la que aquél había intentado seducir.

[381] Monte de Tesalia, hoy el Katavotry.

los más espesos bosques y haciendo que se doblaran los arbustos bajo su rauda y estrepitosa carrera.

715. Otro que se une a los demás combatientes es Céculo[383] . Siempre se creyó que este príncipe, hijo de Vulcano, había nacido en la campiña, entre los rebaños, y habíasele encontrado junto al fuego de un lar. Ahora manda un grupo numeroso de habitantes de las comarcas de Prenesta[384] y de Gabina[385]
.

720. Así como también de las frías orillas del Anio[386] del país de los hérnicos[387] , cortado por las montañas y los arroyos, de las ricas campiñas de Anagnia[388] y de las márgenes del río Amaseno[389] . Mas no todos tenían espadas, ni escudos, ni carros.

725. Unos iban armados de hondas para lanzar el plomo; otros llevaban dardos en la mano, y en la cabeza una piel de lobo; y todos ofrecían la pierna izquierda desnuda, y la derecha cubierta con una pieza de cuero. También acude al combate Mesapo, hijo de Neptuno.

730. Es gran domador de caballos, y ha vencido siempre al hierro y al fuego; ahora despierta el furor de los combates en el corazón de pueblos a los que una larga paz había hecho olvidar el duro oficio de la guerra. Así es como arma a los fesceninos[390] y a los faliscos[391] , pueblos célebres por sus leyes.

735. Y también a los habitantes de las alturas del Soracte[392] , como a los de las campiñas de Flavina[393] , y los de las riberas del lago Cimino[394] , y a los de los bosques de Capena[395] . Todos ellos caminan en orden, entonando himnos en honor de su jefe.

---

[382] Monte de Tesalia, donde vivían los Centauros.

[383] De Céculo se dice que era hijo de Vulcano, dios del fuego. La leyenda explica su nacimiento y dice que, hallándose su madre junto al fuego, le saltó una chispa al regazo y la fecundó.

[384] Ciudad del Lacio, a 34 kms. al este de Roma, hoy Palestrina.

[385] Juno Gabina era un especial sobrenombre de la diosa Juno, por ser adorada en Gabios, ciudad del Lacio.

[386] Afluente del Tiber, en las proximidades de Roma, hoy río Teverone,

[387] Pueblo del Lacio, que habitaba un país en extremo peñascoso.

[388] Ciudad del Lacio, a 37 kms. al sudeste de Roma, hoy Anagni.

[389] Río del Lacio, llamado hoy Topea, que desemboca en el mar cerca del cabo Circeo.

[390] Habitantes de Fescenio, ciudad de Etruria.

[391] Habitantes de Falerios, ciudad de Etruria, hoy Civita Castellana.

[392] Monte de Etruria, hoy Monterosi.

[393] Ciudad de Etruria.

[394] Lago situado en las inmediaciones de Falerios.

[395] Ciudad de Etruria, hoy Civitella.

740. Semejan las bandadas de cisnes, cuando, de vuelta de su pasto, hienden los aires sacando de sus alargadas gargantas cantos melodiosos, que resuenan a lo largo de las riberas del Caistro y del pantano Asia. Desde lejos se tomaría a estos soldados no por un cuerpo de tropas, sino por una nube de aves de paso.

745. Diríase que, luego de cruzar los mares, habíase esta nube abatido sobre el paisaje, celebrando con cantos la feliz llegada. Seguidamente vese aparecer a la cabeza de un vasto grupo a cierto guerrero que vale él solo por un batallón.

750. Es el famoso Clauso, de la antigua e ilustre familia de los Sabinos[396], rama de ella y jefe de toda la tribu Claudia, hoy tan extendida por Italia, desde que los sabinos se unieran al pueblo romano. Bajo su mando van al combate las cohortes de Amiterno[397], de Cures[398], de Ereto[399], de Mutusca[400], país cubierto de olivos...

755. ... de Nomento[401], de las húmedas campiñas del Velino[402], de los horribles montes Tétrica[403] y Severo[404], de los campos de Casperia[405] y de Foruli[406]; como también los que beben las aguas del Tiber, del Himela[407] y del Fabaris[408]...

760. ... así como los habitantes de la frígida Nursia[409], del país de Hortino[410], y de las nefastas orillas del Alia[411]. Tropas eran éstas tan numerosas que no se las podría contar, como no se cuentan las olas del mar

---

[396] Después de la expulsión de los Tarquinos, Clauso se había trasladado a Roma desde la ciudad donde tenía su residencia, llevándose consigo a su familia y a cinco mil de sus deudos y amigos, cambiando su nombre por otro romano, y llamándose a sí mismo Apio Claudio. Inmediatamente se le admitió en el rango de patricio, dándosele abundantes tierras más allá de las orillas del Anio.

[397] Ciudad del país de los sabinos, hoy Amatrica.

[398] Ciudad también del país de los sabinos.

[399] Ciudad asimismo de los sabinos, hoy Cretona.

[400] Igualmente ciudad sabina.

[401] Ciudad del Lacio, a 17 kms. al nordeste de Roma, hoy Lamentano.

[402] Lago sabino, en cuyas inmediaciones estaban los nombrados Campos Róseos, cerca de Reate.

[403] Monte del país sabino.

[404] Monte también sabino, hoy llamado Vissa.

[405] Aldea sabina.

[406] También aldea sabina.

[407] Río del país de los sabinos, hoy llamado Imele.

[408] Pequeño río sabino, afluente del Tiber.

[409] Ciudad sabina, hoy llamada Norcia.

[410] Ciudad de Etruria, hoy Horta.

[411] Arroyo del Lacio, afluente del Tiber, hoy llamado Aja.

Líbico, alborotadas por el fiero Orión, cuando el invierno se abate sobre las aguas.

765. Y como no se cuentan las espigas maduradas por el sol, en el país que riegan las aguas del Hermo, en las fértiles campiñas de Licia[412] . El aire se puebla del rumor de los escudos, y la tierra se estremece bajo el fuerte pisar de tanto soldado.

770. Por otra parte, acude también a la guerra Haleso, hijo de Agamenón[413] , enemigo del nombre troyano. Aparece montado en un carro, y se une a Turno, a la cabeza de un considerable número de combatientes de distintas comarcas: los que cultivan los fértiles viñedos del monte Másico[414] ...

775. ... los auruncos, habitantes de las altas montañas; los sidicinos[415] , que viven en el llano; y los pueblos de Cales[416] y de las riberas del Vulturno[417] . Se ven tras él a los feroces satículos[418] , y a los bravos oscos, armados de cortas mazas erizadas de puntas de hierro, que van sujetas a su brazo derecho por una correa[419] .

780. A la vez llevan en la mano izquierda un pequeño escudo; y todavía usan de espadas recurvas cuando se encuentran cerca del enemigo[420] . Tampoco he de olvidarte en mis versos, ¡oh ilustre Ebalo, hijo de la ninfa Sebetida[421] y del viejo Telón, rey de los teleboos[422] , pueblo de la isla de Capreas![423] .

785. No viendo Ebalo satisfecha su ambición con el pequeño reino de su padre, había conquistado el vasto país situado a lo largo del Sarno[424] ; y subyugado a los sarrastes[425] ; y sometido a su imperio a los pueblos de

---

[412] Fértil país de Lidia, comarca meridional de Asia, que era abundantísima en trigo.

[413] Haleso era uno de los hijos naturales del rey de Micenas, que, horrorizado del triste fin de su padre, huyó a Italia y allí fundó la ciudad de Fasquiles.

[414] Monte de Campania, renombrado por sus vinos.

[415] Pueblo de Campania, cuya capital era *Teanum Sidicinum,* hoy Teano.

[416] Ciudad de Campania, hoy Calvi.

[417] Ciudad de Campania, hoy Volturno.

[418] Habitantes de Satícula, ciudad del Samnib.

[419] Por medio de esta correa recuperaba el combatiente la maza, luego de lanzarla.

[420] Para la lucha cuerpo a cuerpo.

[421] Hija del río Sebeto, en Campania, cerca de Nápoles. Hoy es su nombre Fornelo.

[422] Pueblo originario de Arcadia, que en época anterior había en la isla jónica de Tafos.

[423] Isla del Mar Tirreno, hoy llamada Capri, enfrente de Nápoles,

[424] El famoso *Sarnus,* de la Geografía romana.

[425] Pueblo de Campania, establecido en las orillas del Sarno.

Rufras[426] , de Bátulo[427] , de Celemna[428] y del territorio de Abella[429] , tan fértil en avellanos.

790. El arma de todas estas gentes es una pesada jabalina, que lanzan con furor, a la manera de los teutones, y sus espadas y escudos son de bronce, y sus cascos hechos de corteza de alcornoque.

795. También tú acudes a la lucha, ¡oh Ufente!, insigne por tus proezas. Sales de la montañosa Nersas[430] , a la cabeza de tus equículos[431] , pueblo salvaje, acostumbrado a la caza en los bosques, a trabajar armado sus ingratas glebas[432] , y a vivir del robo y del pillaje.

800. Y tú, ¡oh Umbro!, gran sacerdote de Marruvio[433] , acudes igualmente a la batalla, por mandato del rey Arquipo, tu señor, llevando sobre el casco una corona de olivo[434] . La ciencia de este sacerdote, unida a sus palabras, llegaba a adormecer a las víboras y a las hidras, cuyo furor calmaba y cuyas mordeduras curaba.

805. Mas cuando la lanza de Eneas le causó una herida, ni su arte ni las hierbas somníferas recogidas en los montes marsos[435] , ni todos sus encantamientos, pudieron curarle. El bosque de Angitia[436] te lloró, ¡oh Umbro!, y también la fuente y el lago Fucino[437] .

810. Asimismo va camino del combate el hermoso Virbio, ilustre hijo de Hipólito y Aricia[438] , criado por su madre en los bosques sagrados de

---

[426] Ciudad de Campania.

[427] Aldea de Campania.

[428] Paraje de Campania, consagrado a la diosa Juno.

[429] Ciudad de Campania, al norte del Sarno, y país muy pródigo en frutos, sobre todo en nueces, de donde proviene la llamada *nux avellana*.

[430] Ciudad del país de los equos.

[431] Los equículos, o pequeños equos, hallábanse establecidos al norte de los equos propiamente tales.

[432] Tierras de difícil cultivo.

[433] Capital de los Marsos, hoy San Benedetto.

[434] Umbro llevaba el olivo en su condición de sacerdote, como testimonio de su inclinación por la paz, y su vigilancia para que no se derramara más sangre que la justa.

[435] País situado al nordeste del Lacio.

[436] Bosque situado en la orilla sudoeste del lago Fucino. Estaba consagrado a la diosa de su nombre, y que presidía los contra-venenos, cuyo secreto había comunicado a los marsos, que por eso le rendían culto en aquel lugar.

[437] El hoy llamado Lago di Fucino o di Celano.

[438] Aricia llamábase asimismo la ciudad donde naciera Virbio, situada en el Lacio, a 15 kms. al sudeste de Roma.

Egeria[439] , cerca de la orilla donde aún hoy se ve un célebre altar de la aplacable Diana[440] .

815. Es fama que Hipólito, después de ser inmolado por su madrastra a la cólera de Teseo, arrastrado y despedazado por sus propios caballos[441] , fue devuelto a la vida por Diana, luego de curar sus heridas con el auxilio de las hierbas peonías[442] .

820. Entonces Júpiter, indignado porque un mortal caído en las sombras le los infiernos retornara de nuevo a la luz, envió un rayó contra el inventor de este arte, el hijo de Apolo[443] , y le precipitó en el fondo de la laguna estigia. Pero Diana sustrajo a Hipólito de las iras del amo de los dioses.

825. Para ello le ocultó en un bosque y lo confió a la ninfa Egeria[444] , que le hizo vivir oscuramente el resto de sus días, desconocido para toda Italia, bajo el nombre de Virbio[445] . Por eso hay buen cuidado en alejar los caballos del templo de Diana y de sus sagrados bosques.

830. De otro modo los corceles de Hipólito, enfurecidos a la vista de un monstruo del mar, le lanzarían de su carro, haciéndole perecer trágicamente. Su hijo[446] no dejaba por ello de ejercitarse en la llanura con caballos fogosos, ni de combatir en un carro.

835. Turno, con su noble aspecto y su elevada estatura, da frente a todos estos guerreros. Su casco, adornado con triple airón, representa a la Quimera vomitando llamas lo mismo que el Etna. Cuanto más se encarniza el combate, más furioso pónese él, como si despidiese llamas.

840. Su escudo ofrece a los ojos la historia de Io[447] , y anuncia el alto origen de este príncipe. Unos cuernos se elevan de la frente de Io, mientras

---

[439] Bosques situados en las inmediaciones de Aricia. Habíales dado nombre la ninfa Egeria, que presidía una de sus fuentes.

[440] Este altar y su templo habían sido fundados por Hipólito, según la tradición, para "aplacar" a la diosa.

[441] Neptuno había suscitado la presencia de un monstruo marino que espantó los caballos de Hipólito, siendo así éste arrastrado y despedazado por entre las rocas. Y ello fue por haber invocado Teseo al dios de los mares en contra de Hipólito, ante la falsa acusación de su esposa Fedra, que dijo había intentado seducirla el hijastro.

[442] Hierbas medicinales, que tomaban su genérica denominación de Peón, dios de la medicina.

[443] Es decir, Esculapio, que, a ruegos de Diana, resucitó con hierbas a Hipólito.

[444] Ninfa antedicha, invocada también como diosa de los nacimientos.

[445] Este nombre significa "dos veces varón", y con él se alude a la doble vida de Hipólito, luego de resucitado por Esculapio, a instancias de Diana, que le protegía por su condición de cazador.

[446] Este hijo llamábase Virbio, como el padre.

[447] Io era hija de Inaco, rey de Argos. Júpiter se enamoró de ella, por lo que la celosa Juno la convirtió en vaca, dándosela a guardar a Argos, en las cercanías de Micenas. Este Argos era un vigilante que tenía cien ojos, de los que velaban siempre

ya su cuerpo se cubre de largo pelo, convirtiéndose en vaca. Junto a ella se ve a su guardián Argos, y a su padre Inaco con la urna de donde sale un río[448] .

845. Comparece Turno a la cabeza de una multitud de gentes de a pie, armadas de escudos: los argivos, los auruncos, los antiguos sicanos[449] , los sacranos y los lábicos[450] ; los habitantes de las riberas del Tiber y del Númico, de las montañas rútulas y del monte Circeo...

850. ...los que cultivan los campos de Tarracina[451] , donde preside Júpiter Anxuro[452] ; los vecinos del bosque consagrado a la diosa Feronia[453] ; y, por último, los pueblos de las orillas de la negra laguna de Satura[454] y del río Ufente[455] , que, luego de atravesar profundos valles, se pierde en el mar.

855. Asimismo se ve llegar del país de los volscos, a la cabeza de un brillante escuadrón, a la belicosa Camila, que, poco acostumbrada desde la infancia a la aguja y la rueca, hallábase más bien adiestrada en los penosos trabajos de la guerra.

860. Más veloz que el viento, podría volar sobre un campo de hierbas altas o de espigas sin doblegarlas bajo sus pasos, o bien hallar un camino en medio de las aguas y correr sobre las olas sin mojarse los ligeros pies.

865. La gente abandonaba sus hogares y campos, agrupándose por doquiera para presenciar su rápida carrera a través de los llanos. Y tanto los hombres como las mujeres acudían a admirarla, porque su ligereza atraía todas las miradas y enardecía todos los espíritus.

870. Un manto escarlata cubre sus delicados hombros, cargados con una aljaba licia; un broche de oro sujeta sus abundosos cabellos, mientras su mano ofrécese armada con una lanza de madera de mirto, semejante a un cayado de pastor, con una afilada punta de hierro.

---

noventa y ocho, durmiendo los dos restantes. Júpiter envió contra él a Hermes o Mercurio, que le hizo dormir con todos sus ojos y luego lo mató, libertando a Io.

[448] Había cerca de Argos un río que hoy se llama Planitza.

[449] Plinio cita a los sicanos cómo uno de los cincuenta y tres pueblos del Lacio que en su tiempo estaban ya extinguidos.

[450] Habitantes de Labico, ciudad del Lacio, situada a 20 kms. al sudeste de Roma, y hoy llamada Colona.

[451] Ciudad costeña del país de los volscos, en el Lacio, próxima al monte Circeo.

[452] Sobrenombre de Júpiter, al ser adorado por los habitantes de Tarracina, bajo la figura de un hombre joven.

[453] Diosa de la primavera, de las fuentes y los bosques sagrados, a la que se rendía culto principal entre los volscos.

[454] Una de las lagunas llamadas Pontinas, en el Lacio.

[455] Arroyuelo del Lacio, que corría al este de las lagunas Pontinas. Estas lagunas extendíanse en un espacio de doce leguas.

LIBRO VIII

ARGUMENTO

Enarbolado el estandarte de la guerra por Turno, con levas de soldados de todas partes, envía una embajada al célebre Diómedes, para atraerle a la liga contra los troyanos. Entretanto el poeta, dando una nueva intervención a lo sobrenatural, hace que se aparezca en sueños a Eneas el dios del Tiber, que le aconseja remontar el río y presentarse él mismo en la corte de Evandro, héroe que había establecido una colonia de arcades en el propio lugar donde, con el tiempo, sería fundada la ciudad de Roma.

Embarca Eneas, surca con entusiasmo las aguas corriente arriba, y llega a Palantea, ciudad de Evandro. Allí es bien recibido y se le admite al banquete sagrado que celébrase aquel día en honor de Hércules, y en reconocimiento por haber librado al país de un gran azote, matando a Caco, el monstruo infernal. Evandro refiere a Eneas el combate del dios con dicho monstruo, hijo de Vulcano, al que estranguló en su propia caverna.

Luego lleva a su huésped, terminado el festín, a la ciudad, y le muestra el monte Palatino. Con este motivo le refiere hechos singulares y curiosos, explicándole numerosos monumentos de la antigüedad. Después le entrega cuatrocientos caballos, mandados por Palante, su hijo único, y le aconseja a la vez que se ponga a la cabeza de los tirrenos.

Hállanse éstos en armas contra su tirano Mecenzio, a quien expulsaron del trono; pero los oráculos dijeron que no podía mandarlos ningún príncipe de Italia y por eso permanecen en la inacción, sin que pueda ponerse a su frente el hijo de Evandro, como ellos desearían. Mas Evandro aprovecha la feliz oportunidad de haberse presentado Eneas, príncipe extranjero, y le pide que los mande.

Eneas acepta y une a ellos los hombres que le acompañaron en la expedición. A la vez recibe la visita de Venus, que encargó a su esposo Vulcano la forja de armas de temple divino para su hijo Eneas y se las entrega amorosamente. Va entre esas armas un escudo magnífico, cincelado con supremo arte. Vulcano ha representado en él todas las grandes acciones que harán ilustre, con el tiempo, el nombre de los romanos. Se ve allí cincelada, sobre todo, la historia de Octavio, con el triunfo naval de Accio, conseguido contra Antonio y Cleopatra, y aparecen bellamente representadas las tres victorias del feliz triunviro llamado luego Augusto.

Y con ello el poeta, en lo que toca a la descripción magnífica del escudo, nos trae el recuerdo de un poema griego que, con ese propio título, "El Escudo", saliera de la pluma buril del inmortal Hesiodo.

TEXTO

Luego que Turno, desde lo alto de la ciudadela de Laurento, desplegó el estandarte de guerra[456] y dejó oír el clamor de sus trompetas, y luego que hostigó a sus caballos en la llanura, y que por sí agitó a los aires su lanza y su escudo, el furor se apoderó de los espíritus todos.

5. El Lacio entero se puso en movimiento, y la juventud impetuosa se entregó al más ardiente frenesí. Mesapo, Ufente y Mecenzio, el despreciador de los dioses, principales jefes del ejército latino, sacan tropas de todas partes, despoblando de labradores las campiñas.

10. A la vez es enviado Vénulo a la ciudad del gran Diómedes[457] para pedir socorro y decirle que los troyanos han llegado con su flota al Lacio, bajo la dirección de Eneas; que este príncipe pretende establecer allí sus dioses vencidos, y se dice atraído por los destinos al imperio de Italia.

15. Que al héroe dardanio se van uniendo muchas gentes, y que este nombre extranjero crece sin cesar; y que Diómedes comprenda mejor que Turno y que el propio rey Latino cuáles son las miras del troyano, y qué es lo que obtendrá, si la fortuna secunda sus deseos.

20. Entretanto Eneas, enterado de cuanto sucede en el Lacio, hállase en un hervidero de preocupaciones: le agitan mil cuidados, vese presa de las más crueles inquietudes, toma y rechaza alternativamente mil resoluciones, sin poder persistir en ninguna.

25. Sus inciertos pensamientos parécense a los rayos del sol o de la luna reflejados en la superficie temblorosa de un agua movida en un recipiente de bronce; la inconstante luz va y viene, se abate y se eleva, hiriendo sucesivamente los artesonados de las paredes y del techo.

30. Era de noche, y los habitantes todos de la tierra y el aire estaban sumidos en profundo sueño, reposo para sus cuerpos fatigados, cuando el jefe troyano, turbado por lo que la guerra significaba para unos y otros, tendiose en la orilla del Tíber, entregándose asimismo al descanso.

35. De pronto, parecióle que el dios del río, bajo la figura de un anciano, salía de su lecho por entre los álamos, cubiertos los hombros con un velo

---

[456] Costumbre era ésta de los romanos. Cuando se trataba de una guerra peligrosa, o que hubiera de ensangrentar el suelo de Italia, no se entretenían en hacer levas lentas de soldados, sino que el jefe del ejército se dirigía al Capitolio, y allí desplegaba dos banderas: una roja para la caballería, y otra azul para la infantería. En seguida, los que querían enrolarse se reunían, y a todos se les tomaba juramento a la vez. Solía llamarse a esto levas "por conjuración". El poeta las supone ya en tiempo de Turno, aunque ello, como es natural, no puede fijamente delimitarse.

[457] Esta ciudad era la de Arpos Hippium, Argyrippa o Arpi, en Apulia, cerca de la Foggia de hoy. Se atribuía su fundación a Diómedes, famoso personaje de *La Ilíada,* igual o superior en valor al propio Aquiles, y que, después de la guerra de Troya, se le supone llegado a Italia, donde tomó por esposa a Eripe, hija de Dauno. También se le cree fundador de Benevento.

azul de fina tela, y coronada la cabeza de cañas. Y que el dios le hablaba así, para calmar sus inquietudes:

40. "¡Oh príncipe salido de la sangre de los dioses y tan esperado en estas riberas!, puesto que debe renacer por ti Ilión en estos países, y gozar ya de una vida eterna, he aquí el lugar donde tienes que establecerte y donde habrán de reposar tus dioses domésticos.

45. "Que no te empavorezca la guerra que se te declara, porque ha cesado por entero la cólera de los dioses[458]. Pero, a fin de que no creas que lo que yo te anuncio es una ilusión, hallarás en esta misma orilla una cerda blanca, acostada bajo las encinas y rodeada de treinta cochinillos, también blancos, a los que amamanta.

50. "Ese será el sitio donde debes construir tu ciudad; ahí terminarán todos tus trabajos. Este presagio te dice que dentro de treinta años tu hijo Ascanio elevará los muros de la célebre ciudad de Alba[459]. Cuanto te predigo es cierto.

55. "Ahora voy a decirte en muy pocas palabras cuántas medidas deberás tomar para vencer los obstáculos. Óyeme con atención. El rey Evandro[460] trajo a estos lugares una colonia de árcades, que construyeron en las montañas una ciudad llamada Palantea, del nombre de Palas, antepasado de su rey.

60. "Como viven en continua guerra con los latinos, debes aliarte con ellos. Yo mismo te llevaré a su corte, y secundaré los esfuerzos de tus remeros para que remonten de prisa mis aguas. Levántate, pues, hijo de diosa; y así que el día empiece a clarear, trata de vencer, con tus plegarias y votos, la cólera de Juno.

65. "Cuando hayas triunfado de tus enemigos, me rendirás honores. Soy el dios del Tiber, cuyas aguas tan queridas del cielo corren a lo largo de estas orillas, regando los fértiles campos. Mi palacio está en el fondo de esas aguas, y mi corriente lava los muros de más de una ciudad famosa"[461].

70. Dichas estas palabras, el anciano mete la cabeza en el seno de las ondas y desaparece a los ojos de Eneas, cuyo sueño le abandona con la noche. Levántase y, dirigiendo su vista hacia la Aurora, que empieza a

---

[458] Contra Eneas, se entiende.

[459] Ciudad situada a 20 kms. al sudeste de Roma. Su nombre no parece derivarse de Albano, sino más bien Albano de ella, si se tiene en cuenta la leyenda de la cerda blanca. Tenía también el sobrenombre de Longa, que se atribuye comúnmente al hecho de estar construida en un sentido longitudinal.

[460] Príncipe árcade o arcadio que, obligado a salir de su país, se estableció en Italia.

[461] El Tiber nace en la vertiente occidental del Apenino, sirviendo en casi todo su curso de límite oriental a Etruria. De este modo podía lavar los muros de dos ciudades famosas: Arretio (hoy Arezzo) y Perusa (hoy Perugia).

desparramar sus primeros rayos, toma en sus manos agua del río y musita esta plegaria:

75. "¡Oh ninfas laurentinas![462] , ¡oh Náyades, de cuyas fuentes salen los ríos![463] ; ¡oh tú, dios del Tíber!, recibid en vuestras aguas a Eneas, y libradle de los peligros que le amenazan. Prometo rendirte mis homenajes, ¡oh río sagrado!

80. "Y ello será así, de cualquier tierra que salgas y de cualquier fuente que provinieres, porque te has compadecido de mis males. ¡Oh río, rey de los ríos de Hesperia!, seme propicio, y que tu pronto socorro justifique tu divina promesa."

85. Dicho esto, escoge dos galeras birremes de su flota, las provee de excelentes remeros y las llena de armas y soldados. De pronto, ¡oh prodigio!, ofrécese a sus ojos una cerda blanca, con treinta marranillos, blancos como ella, que se halla acostada en la orilla del río.

90. Es a ti, ¡oh poderosa reina de los dioses!, a quien Eneas ofrece esta cerda con sus crías, que en seguida inmola al pie de un altar. Entretanto, el dios del Tíber, cuyas aguas estuvieron agitadas toda la noche, déjalas tan encalmadas como las de un tranquilo pantano o un apacible estanque, para que los remos puedan abrirlas con facilidad.

95. Eneas embarca con su gente, lleno de esperanza y alegría, y las dos galeras vuelan sobre las aguas. El propio caudal del río y los grandes árboles que lo escoltan admiran a estas naves extranjeras, pintadas de diferentes colores, así como las brillantes armas de quienes las ocupan.

100. Se rema día y noche, y se sigue el curso del río, en todas sus revueltas, a través de los bosques. Y se halla el sol a la mitad de su carrera, cuando descúbrense a lo lejos unos muros, un fuerte y algunas casas, que más tarde la magnificencia romana transformará en soberbios palacios[464] .

105. No es, por el momento, más que una pobre ciudad, donde reside el rey Evandro[465] . A pesar de todo, se vuelven hacia ella las proas y se desembarca. Precisamente este día el rey árcade, acompañado de su hijo Palante, del modesto senado de su nación y de sus principales guerreros, está ofreciendo un sacrificio.

---

[462] Se entiende de la región o comarca de Laurento, y no de la ciudad, porque las ninfas eran divinidades campestres que presidían fuentes, ríos, selvas o bosques.

[463] Era costumbre representar a las ninfas fluviales vertiendo un ánfora de donde salía el agua del río que presidían.

[464] Hallábase, en efecto, situada esta ciudad en una de las siete colinas donde luego había de asentarse la de Roma, colina que después se llamó Monte Palatino. En lo sucesivo llamose *Palatium,* derivado del nombre anterior, a toda morada del emperador, en cualquier lugar que estuviese situada.

[465] Según este pasaje, y en contra del tópico histórico, Rómulo no habría fundado a Roma, sino sencillamente ampliado la ciudad fundada por Evandro.

110. Llévase éste a cabo en un bosque sagrado, cerca de la ciudad, y es en honor del ilustre hijo de Anfitrión[466] y de otros dioses, humeando ya sobre los altares la sangre de las víctimas inmoladas. Un súbito temor se apodera de la asamblea a la vista de aquellas naves que remontan el río por entre el bosque, y que avanzan sin ruido hacia la orilla.

115. Todo el mundo se levanta y quiere abandonar el festín sagrado. Mas el fiero Palante prohíbe que se interrumpa esta parte del sacrificio, y, cogiendo una jabalina, vuela hacia la ribera. Una vez allí, sobre cierto altozano, habla de este modo:

120. "¿Qué designio os trae a estos lugares, oh extranjeros? ¿Qué es lo que pretendéis? ¿Quiénes sois? ¿Qué nación tenéis y cuál es vuestro país? ¿Traéis la guerra o la paz?" Eneas le muestra un ramo de olivo, y le responde así, desde lo alto de su popa:

125. "Estás viendo a los troyanos, enemigos de los latinos, que han desdeñado nuestra alianza y nos han declarado la guerra, para expulsarnos de Hesperia. Venimos en busca de Evandro. Dile que aquí están los jefes de la nación troyana, y que le piden una alianza para ir todos contra los enemigos comunes."

130. "Quienquiera que seas, ¡oh extranjero!— replica Palante, oyendo el nombre de un pueblo tan célebre—, desciende a la orilla y ven a hablar con el rey, mi padre, entrando en nuestra ciudad como amigo." Dicho esto, acude presuroso a tender la mano a Eneas, y le abraza, cuando éste baja de su nave.

135. Uno y otro se alejan en seguida de aquel lugar, echando a andar juntos por el bosque. Una vez presentado Eneas a Evandro, dícele así: "¡Oh el más justo de los griegos! La fortuna me trae a estos lugares, con la rama de olivo en la mano y las bandas sagradas, para implorar tu auxilio.

140. "El hecho de que seas príncipe griego y árcade, y de que puedas pertenecer a la estirpe de los Atridas[467], no me inspira desconfianza alguna. El aviso de mi corazón, la orden de los dioses, un origen común y, por fin, tu fama, me han determinado a venir en busca de una alianza contigo.

145. "Dárdano, padre primero y autor de la ciudad ilíaca, nación, según los griegos, de Electra, cuyo padre fue Atlas, que sostiene el cielo sobre sus espaldas. Tú desciendes de ese mismo Atlas, porque la cándida[468] Maya, su hija, según la tradición, puso en el mundo, y en la helada cumbre del Cilene, a Mercurio, del que provienes.

---

[466] Sobrenombre de Hércules, por ser hijo de la esposa de Anfitrión llamada Alcmena.

[467] Los Atridas eran dos hermanos, hijos de Plístenes, rey de Atreo, hijo de Hipodamia, hija de Enomao, hijo de Atlante. Evandro pertenecía a la misma estirpe por ser hijo de Mercurio y éste de Maya, hija también de Atlante.

[468] "Cándido" significa, estrictamente, "blanco con resplandor", y, extensivamente, "hermoso".

150. "De ahí que sea común nuestro origen. Y por ello es por lo que no quise enviarte embajadores que te comunicaran mi propósito de acordar una alianza, sino que he preferido venir yo mismo a implorar tu apoyo. La nación de los rútulos, que te hace la guerra, nos la ha declarado a nosotros también.

155. "Si unos y otros pueden echarnos del país que ocupamos, verán que nada les impide apoderarse de toda Italia, y reinar en las orillas de ambos mares[469] . Recibe, pues, mi fe, ¡oh señor!, y dame la tuya. Tengo a mis órdenes jóvenes guerreros llenos de ardor, que en ocasiones numerosas dieron pruebas de su valentía. "

160. Mientras habla Eneas, Evandro observa con atención sus ojos, su aspecto, toda su persona. "¡Oh bravo troyano! —le dice luego—, ¡qué placer es para mí recibirte en mi reino, y ver nuevamente en ti a Anquises, tu ilustre padre! Me recuerdas el eco de su voz y las líneas todas de su rostro.

165. "Tengo en mi memoria la visita de Príamo a los reinos de su hermana Hesiona[470] , y le veo dirigiéndose a Salamina, y yendo después a los helados confines de Arcadia[471] . Yo estaba entonces en la flor de mis primeros años. Admiraba a los capitanes troyanos y, sobre todo, al rey Príamo.

170. "Mas Anquíses, que iba tras él, borraba a todos los demás. Yo ardía en deseos de hablarle, de entrar en amistad con él. Por fin me acerqué, uní mi diestra a la suya, y le llevé a mi casa, entre los muros de Feneo[472] . Al separarse luego de mí, hízome el presente de un magnífico carcaj lleno de flechas licias.

175. "Y también de un manto bordado en oro, y de dos frenos asimismo de oro, que más tarde di a mi hijo Palante. De modo que la alianza que tanto deseas está ya concertada entre nosotros desde hace mucho tiempo. Mañana, en cuanto el alba despunte, haré que mis tropas partan contigo, y te prestaré toda suerte de socorros.

180. "Entretanto, y puesto que has llegado cuando yo celebraba el sacrificio anual, que no es posible diferir, dígnate tomar parte en él como amigo, y acércate en seguida a la mesa de los que son tus aliados." Dicho esto, ordena traer el vino y las viandas que van a ser servidos.

185. Hace sentar a los troyanos en sus lechos gramíneos, e invita a su jefe a ocupar uno más elevado, de madera de arce, cubierto con una piel de león. Después de esto, traen las entrañas asadas de las víctimas el gran sacerdote y los jóvenes ministros del sacrificio, cubriendo con ellas las mesas.

---

[469] Es decir, del Mar Tirreno y del Adriático.

[470] Hércules dio a Hesiona por esposa al rey de Salamina, Telamón.

[471] La Arcadia, que forma una meseta en el centro del Peloponeso, es la región más alta de él, y de casi toda Grecia, y, por lo tanto, la más fría.

[472] Ciudad de Arcadia (la Fonia de hoy), residencia primera de Evandro.

190. Se sirven también en canastillas los dones de Ceres, y llenan hasta rebosar las copas los de Baco. Eneas y su gente comen un buey entero que se les sirve y las vísceras lustrales[473]. Cuando el banquete acaba, el rey habla de este modo:

195. "No es una vana superstición, ni una ignorancia de la religión antigua, lo que nos lleva a celebrar este sacrificio. Es el reconocimiento a la protección de un dios que nos ha preservado de un grave peligro. Todos los años renovamos en su honor esta fiesta.

200. "Mirad ese monte escarpado, esas rocas abruptas y esa morada derruida. Ved las grandes piedras desparramadas y todos sus horribles destrozos. En el seno de esa montaña hubo en otro tiempo una caverna profunda, inaccesible a los rayos del sol, y humeante siempre de sangre humana.

205. "Era la hedionda morada de Caco[474], el monstruo semihombre, de enorme talla. Hijo de Vulcano, su boca vomitaba torbellinos de llamas; y en su puerta veíanse siempre lívidas y sangrientas cabezas cortadas. Hasta que un día nos vimos libres de semejante azote por la llegada de un héroe a estos parajes.

210. "Fue el vengador de tanto crimen Alcides, que llegaba soberbio con la muerte y los despojos del triple Gerión, y traía a nuestra comarca sus ingentes toros, y con ellos cubría nuestros valles y las orillas de este río. A la vista de animales tan magníficos, encendiose la pasión de Caco.

215. "Para no dejar escapar la ocasión de ejercitar sus artes criminales, robó cuatro de los bueyes mayores y otras tantas terneras, las más finas. Y para no dejar huella de sus pasos, llevóselos tirando de sus colas, reculando hasta su sombría morada, donde los encerró.

220. "Ningún rastro pudo guiar hasta aquel lugar a los que buscaban las reses. Alcides, luego de engordar a su ganado en nuestros pastos, disponíase a abandonar estos parajes, cuando sus bueyes, mugiendo, hicieron retemblar bosques y montañas.

225. "A tan fieros mugidos respondió al punto una de las terneras encerradas en la cueva de Caco, traicionando así la esperanza de su detentador. En aquel momento Alcides, lleno de cólera, tomó sus armas y su pesada maza, y encaminose a la montaña abrupta.

230. "Entonces los pueblos de la comarca vieron por primera vez a Caco con temor. Desorbitados los ojos, y más veloz que el viento, dirigiose huyendo a su antro; el pavor le daba alas. Una vez dentro, rompió las cadenas forjadas por Vulcano, que sostenían sobre la puerta el peñasco enorme.

_____

[473] Víctimas lustrales, es decir, que habían sido objeto de la lustración o sacrificio.

[474] Gigante a quien Hércules venció, y cuyo episodio a continuación descrito es una de las doce aventuras de que salió triunfante el dios, según la leyenda.

235. "Pero de pronto se presentó al pie de la montaña, lleno de furor, el Tirintio[475] . En vano buscó, empero, la entrada de la caverna. Su rabia no conocía límites. Tres vueltas dio al monte Aventino[476] ; tres veces trató de remover el peñasco que guardaba la morada del monstruo.

240. "Mas las tres veces, vencido en sus propósitos, hubo de retornar al valle. Había en la cúspide de la montaña una gran roca puntiaguda y aislada, que servía de asilo a las aves de rapiña, y que estaba situada en línea recta sobre el antro de Caco, a la izquierda del Tiber.

245. "Dirigiose a esta roca Hércules, y, aplicándole las espaldas contra su flanco derecho, con tanta violencia la empujó que, removiéndola y desgajándola, hízola rodar pendiente abajo. El cielo todo retembló con el espantoso ruido de su caída.

250. "Asimismo se estremeció toda la ribera, y el espantado río retrocedió hasta su fuente. La luz penetró entonces, por vez primera, en la vasta y sombría morada de Caco. No de otro modo que si, por una violenta sacudida, se hubiese entreabierto el seno de la tierra...

255. "... y nos hubiese dejado ver los abismos infernales, el sombrío imperio de los muertos aborrecidos por los dioses, el horrible torrente estigio y los manes atónitos ante los rayos de una luz desconocida. Penetrado que hubo la claridad del día en la profunda caverna, ofreciose a los ojos de los espectadores la figura de Caco.

260. "El monstruo temblaba en su fortaleza, dando aullidos espantosos. Alcides empezó por lanzarle sus dardos, y en seguida recurrió a todo género de armas, haciendo llover sobre él palos y piedras enormes. Mas, ¡oh prodigio!, viéndose el monstruo asediado y sin poder huir, sacó de su propio pecho una espada centelleante.

265. "Era una espada que llenó el antro de humo, de fuego y de sombra, y que desnudó ante los ojos de su enemigo. Irritado por esta resistencia, precipitose Alcides en la caverna, por entre el más espeso torbellino de humo y de llamas que puede concebirse.

270. "Una vez allí, cogió a Caco, a pesar de los fuegos que vomitaba; le estrechó fuertemente, le cerró la garganta, le hizo salir los ojos de la cabeza y le estranguló. En seguida removió el peñasco que obstruía la entrada; y dio libertad a todos los animales de que el monstruo se había apoderado.

275. "Sacó de la caverna, arrastrándolo, el horrible cuerpo, y los pueblos todos de los alrededores se pusieron a examinar aquel espantoso rostro, sus

---

[475] Sobrenombre de Hércules por haberse criado en Tirinto, ciudad de Argólida.

[476] El Aventino, hoy llamado Monte di Santa Sabina, está situado entre el Tiber y los montes Celio y Palatino, siendo, por tanto, la más meridional de las siete colinas de Roma. Su nombre antiguo —Aventino— veníale del de este héroe, hijo de Hércules y Rea.

ojos amenazadores todavía y su pecho cubierto de un pelo semejante al de las bestias, como su temible boca, que ya no lanzaba llamas.

280. "Después de esta victoria memorable, y para testimoniar nuestro reconocimiento al vencedor, todos los años celebramos en su honor una fiesta, que instituyó Policio[477] . La familia Pinaria[478] , depositaria de las ceremonias de este culto, ha erigido un altar en medio de los bosques.

285. "Para nosotros será siempre un gran altar, y eternamente a nuestros ojos el más grande de los altares[479] . Celebrad, pues, con nosotros, ¡oh troyanos!, esta fiesta de Hércules. Coronad vuestras frentes con hojas. Invocad, como nosotros, a ese dios que ha de ser el dios tutelar de una y otra nación.

290. "Que pasen las copas de mano en mano, y sea prodigado el licor de Baco." Dichas estas palabras, Evandro ciñe su cabeza con ramas del hercúleo álamo[480] , y toma una copa sagrada llena de vino, de la que caen algunas gotas en la mesa.

295. Su libación es imitada al punto, con alegría, por todos los presentes, e invócase al mismo tiempo a todas las divinidades del Olimpo. Cuando luego la estrella del Sur empieza a remontarse en el horizonte, vese aparecer a Poticio, a la cabeza de los sacrificadores, que van vestidos con pieles de león.

300. Y que, conforme a la costumbre, llevan antorchas en las manos. Al momento se reanuda la comida, y vuelven a ser presentados sobre el altar nuevos platos cargados de viandas. En seguida los Salios[481] , coronados también de ramas de álamo, rodean los altares del dios, donde el incienso humea.

---

[477] Tronco de una familia consagrada al culto de Hércules.

[478] Se debe a Dionisio Halicarnaso la referencia de que Evandro encargó para siempre el culto de Hércules a la familia "Potitia", y, posteriormente, también a la familia "Pinaria", aunque subordinada a la anterior.

[479] En tiempos de Augusto se llamaba *ara máxima* (el altar mayor) al que tenía Hércules en Roma, cerca del mercado de bueyes, y llevaba tal nombre desde mucho tiempo atrás.

[480] El álamo estaba consagrado a Hércules. Dice la leyenda mítica que, sofocado de calor y cansancio Hércules cuando bajó al infierno, púsose para refrescarse una corona de álamo. El sudor hizo que quedasen blancas las hojas por la parte que tocaban su cabeza, a la vez que el ambiente infernal las dejaba negras por el otro lado.

[481] Los salios eran sacerdotes romanos de Marte, que tenían a su cargo la conservación de doce escudos, uno de los cuales se decía caído del cielo. Proviene su nombre del verbo *salive*, que significa *saltar*, a causa de las danzas a que se entregaban en los sacrificios. Fueron instituidos por Numa, pero Virgilio, en uno de tantos anacronismos como esmaltan su obra, coloca ya esta institución, al igual que otras romanas, en los tiempos de Evandro.

305. Divididos en dos grupos, uno de jóvenes y otro de viejos, todos entonan alabanzas a Alcides y celebran su hazaña inmortal. Refieren cómo en su primera infancia estrujó entre sus manos a dos serpientes, monstruos primeros que su madrastra envió contra él[482] .

310. Y cómo asaltó dos egregias ciudades, Troya y Ecalia[483] ; y cómo, por orden del rey Euristeo[484] , siguiendo la voluntad de Juno, se entregó a un gran número de peligrosas empresas[485] .

315. "¡Oh tú, indomable guerrero —le dicen—, que venciste a los dos centauros hijos de una nube, Hileo y Folo! ¡Oh tú, que domaste al rebelde toro de Choso[486] y al enorme león de la selva nemea![487] . Tú llevaste el espanto hasta las orillas de la laguna Estigia.

320. "Tú hiciste estremecer al propio Cerbero, oculto en su antro teñido de sangre, tras un montón de huesos a medio roer. En cambio, a ti nadie te amedrentó jamás: ni el gigante Tifeo con sus armas[488] , ni la hidra de Lerna con todas sus cabezas retoñantes.

325. "Nosotros te reverenciamos, ¡oh digno hijo del soberano de los dioses, nuevo ornato del cielo! Acoge favorablemente nuestro sacrificio y protégenos." Después de celebrar de esta suerte las grandes hazañas del ilustre Alcides, sus cánticos acaban con el recitado de la victoria sobre Caco.

330. Refiérense al valor del héroe, matando al monstruo en su caverna, a pesar de las llamas que vomitaba. El bosque y las colinas retiemblan bajo estos cantos sagrados. Y, terminada la ceremonia, retornan todos a la ciudad.

335. Abatido Evandro por el peso de los años, camina apoyado en Eneas y en su hijo Palante, que le sostienen, y sobrelleva la fatiga de la marcha entretenido en su conversación. Eneas observa complacido este país, que sobremanera le encanta.

340. Y mientras sus ojos regocijados se pasean por doquiera, va enterándose de todo, y se instruye con placer en las tradiciones y hechos antiguos de la nación. "Los habitantes originarios del país son los faunos y

---

[482] La esposa de Júpiter, su padre, o sea Juno.

[483] La primera, o sea Troya, la asaltó por haberse negado Laomedonte a darle la recompensa prometida por la liberación de Hesiona. En cuanto a Ecalia, el asaltarla fue debido a haberle negado su rey Eurito la mano de su hija Iole.

[484] Rey de Micenas y primo de Hércules, al que impuso los famosos Doce Trabajos.

[485] Juno había conseguido de Júpiter que aquel de los dos primos que naciese antes tendría sometido al otro; y, después, consiguió adelantar el nacimiento de Euristeo.

[486] Toro que Hércules llevó vivo a Eristeo, en la isla de Creta, lo que constituyó uno de los famosos Doce Trabajos.

[487] León que Hércules mató, en el valle de Argólida, llamado Nemea.

[488] Estas armas eran las llamas que vomitaba constantemente por las cien bocas de sus cien cabezas, como hijo que era del Tártaro y de la Tierra.

ninfas que en otro tiempo habitaban estos bosques —le dice Evandro—, al que debemos considerar como el primer fundador de Roma.

345. "Estaban entonces estos lugares poblados por salvajes, sin costumbres ni leyes, duros como las encinas de donde habían nacido. Ignoraban el arte de cultivar la tierra, y no sabían amasar ni retener provisiones para las necesidades de la vida.

350. "Vivían exclusivamente de la caza y de los frutos silvestres que recogían, siendo su yantar sin condimento alguno. Hasta que un día Saturno fue echado del Olimpo por su hijo Júpiter, y, huyendo de él, vino a refugiarse a estos parajes.

355. "En seguida reunió a los hombres feroces esparcidos por nuestras montañas. Les dio leyes, y fue su voluntad que el país donde se había ocultado, y que era para él tan seguro asilo, llevase el nombre de Lacio. Dícese que su reino constituyó la edad de oro, y que en él se gobernó con extrema dulzura.

360. "Pero tan excelente edad fue degenerando de sensible modo, y los hombres acabaron por abandonarse al furor de los combates y a la sed de las riquezas. Entonces los ausonios, y a continuación los sicanos[489], invadieron el país, que cambió muchas veces de nombre y de rey.

365. "Por fin lo conquistó Tibris[490], y los italianos dieron su nombre a este río, que antes llevaba el de Albula[491]. En cuanto a mí, expulsado de mi patria[492] y errante por los mares, trájome a estas costas la fortuna todopoderosa y el inescrutable destino.

370. "Y en estos lugares fijé mi residencia, siguiendo los respetables consejos de la ninfa Carmenta, mi madre[493], y las resueltas órdenes de Apolo." Así habla Evandro, mientras se dirige con los demás a la ciudad. Más adelante muestra a Eneas el altar erigido en honor de Carmenta.

375. La antigua profetisa fue quien primero anunció la gloria de los descendientes de Eneas y del monte Palanteo. Luego le señala el bosque donde Rómulo debería en la posteridad fundar un asilo, y le hace ver al pie de una roca el famoso Lupercal, consagrado al dios Pan[494].

---

[489] Antiguos habitantes del centro de Italia, que pasaron más tarde a Sicilia.

[490] Bandido que, según la leyenda, pereció en un combate a orillas del Albula.

[491] Originariamente se llamó Albula al Tiber por el color blanco de sus aguas.

[492] Como en otra nota se dijo, Evandro fue expulsado de su patria, viniendo a establecerse en Italia unos sesenta años antes del sitio de Troya.

[493] Esta ninfa era una de las llamadas Camenas, antiguas divinidades italianas, equivalentes a las Musas griegas. Posteriormente hízose de ella una profetisa arcadia llamada Nicóstrata, que tuvo de Mercurio a Evandro, con el que pasó a Italia. Llamábasela Carmenta por dar sus profecías en verso (carmen en latín).

[494] Era el Lupercal una gruta, situada al pie del Monte Palatino, en donde es fama que una loba había amamantado a Rómulo y Remo. Su nombre procede,

380. Y ello siguiendo el culto de los árcades, que adoraban a este dios en el monte Liceo. Tampoco se olvida de hacerle mirar hacia el bosque del sagrado Argileto[495] , y pone por testigo la tumba de Argo, que él mismo levantara, de que no era en modo alguno culpable de la muerte de su huésped[496] .

385. Después de esto, Evandro lleva a Eneas al monte Tarpeyo[497] , donde hoy se levanta el magnífico Capitolio, y que entonces estaba cubierto de brezos y espinas. Mas había ya en aquel tiempo un lugar sagrado que inspiraba respeto y temor a los habitantes de la campiña.

390. "En esa montaña —dice Evandro— vive un dios que desconocemos. Los árcades creen haber visto al propio Júpiter sacudir su negra égida[498] y acumular las nubes tormentosas. He ahí los restos de dos antiguas fortalezas, construida una por Jano y otra por Saturno, de donde una se llama Saturnia y otra Janícula."

395. Mientras hablaban de esta suerte, iban aproximándose a la casa real, en la que no se veían riquezas ni ornamentos. Ante sus ojos extendíase el campestre lugar que es hoy la gran plaza de Roma y el magnífico barrio de Carenas[499] . Entonces era un humilde prado lleno de rebaños mugientes.

400. Así que hubieron llegado, Evandro dijo: "He aquí la mansión, donde en otro tiempo recibí al gran Alcides. Éste es el palacio que le alojó. Desdeña, como él, el fausto y el lujo; perdónanos nuestra pobreza, y no seas más exigente que un dios."

---

según unos, de esa misma loba *(lupa* en latín), y, según otros, de la circunstancia de ser una cueva consagrada a cierto dios llamado Luperco (de *lupus*, lobo, y *arceo*, apartar). Cuando las dos mitologías, romana y griega, llegaron a identificarse, supúsose que este dios era Pan, llamado Liceo (del griego *licos*, que significa asimismo lobo).

[495] Colina próxima al Monte Capitolino. Su nombre procedía, según unos, de su naturaleza arcillosa *(argilla* en latín), y según otros a haber encontrado allí su muerte Argo.

[496] Argo fue, en efecto, muerto por los súbditos de Evandro, que suponían iba a atentar contra su rey. Este criminal propósito le había privado del sagrado derecho de hospitalidad, por lo que Evandro puede decir que no mató a su huésped Argo, ya que había dejado de serlo.

[497] Monte Tarpeyo o roca Tarpeya, en la parte meridional del Capitolio. Virgilio emplea anticipadamente este nombre, ya que no se le puso a la roca o monte hasta el tiempo de Rómulo, cuando, según la tradición, la hija del gobernador de la ciudadela, Tarpeya, facilitaba por allí el acceso a los sabinos sitiadores. Tarpeya acabó asesinada por sus escuderos, siendo enterrada en el propio lugar donde se le diera muerte.

[498] Es decir, la piel de la cabra Amaltea, su nodriza.

[499] Barrio romano, entre el Palatino y el Esquilino, cuyas viviendas tenían los techos a semejanza de las carenas de los navíos.

405. Dicho esto, hace entrar al príncipe troyano en su casa, y le invita a sentarse en un montón de hojas cubiertas con la piel de una pantera de Libia. Entretanto llega la noche, y envuelve a la tierra en el manto de sus sombrías alas.

410. Venus, a quien alarman las amenazas de los latinos y el movimiento de las gentes todas de Hesperia, recurre a Vulcano. Está con él acostada en un lecho de oro, y le habla así, con suaves flexiones de ternura: "Mientras los reyes de Grecia, ¡oh querido esposo!, sitiaban a Ilión...

415. "... y lanzaban fuego enemigo sobre aquella ciudad destinada a reducirse a cenizas, no te importuné en favor de los desventurados troyanos; ni recurrí tampoco a tu arte, ni de ti solicité auxilio. A pesar del interés que me inspiraba la familia de Príamo y de las lágrimas que derramaba por mi hijo Eneas, expuesto siempre en los combates, no te pedí en su provecho cosa alguna.

420. "Mas he aquí que hoy, por mandato de Júpiter, hállase en las fronteras de los rútulos. Y has de soportar que te dirija un ruego, que invoque tu poder, que te reverencie una vez más y que, como madre que soy, te pida armas para mi hijo. La hija de Nereo y la esposa de Titón[500] bien lograron ablandarte con sus lágrimas.

425. "Mira, pues, la liga que se ha formado contra mí. Cuenta los pueblos que la forman, y ve los encerrados todavía entre sus muros, afilando el hierro para la destrucción de mis queridos troyanos." Dicho esto, besa tiernamente al esposo y le estrecha con amor entre sus bellos brazos.

430. Insensible Vulcano hasta entonces, siente de pronto renacer su primer ardor por la divina esposa. Un fuego para él desconocido recorre sus venas y se le expande por todos los miembros, no de otro modo que como el relámpago escapa de la nube inflamada, y va de un polo a otro.

435. Con placer observa Venus el efecto de sus caricias y el triunfo de sus encantos, de los que no dudaba. Y oye estas palabras del dios, que no había dejado de amarla: "¡Oh diosa!, ¿por qué buscas motivos tan lejanos?, ¿dónde está la confianza que en mí tenías antes?

440. "De habérmelo dicho, yo hubiese dotado de armas a los troyanos. Ni Júpiter ni los hados habrían pedido que su ciudad subsistiera, ni que Príamo reinase todavía diez años. Mas siendo así que tienes hoy que mantener una nueva guerra, yo te ofrezco, ¡oh querida esposa!, los recursos todos de mi arte.

445. "Como todo cuanto mis fraguas y mis fuelles pueden operar con el hierro, y con el metal de fundición compuesto de oro y plata. Cesa, pues, en tu plegaria, que no otra cosa es dudar de tu imperio sobre mí." Y dándole al

---

[500] La hija de Nereo era Tetis, madre de Aquiles, para quien pidióle armas a Vulcano. Y la esposa de Titón, la Aurora, que también hizo igual petición a Vulcano para su hijo Memnón.

mismo tiempo los besos más ardientes y delicados, duérmese tranquilamente recostado en su seno.

450. Promediada la noche, cuando disipa los primeros sueños, y a semejanza de la mujer a quien su pobreza obliga a buscar en los trabajos de Minerva[501] con qué subsistir, la cual mujer se levanta antes del alba, despabila su fuego dormido bajo la ceniza y distribuye la tarea entre sus obreras, a las que hace trabajar todavía a la luz de una lámpara...

455. ... Y al igual de ella, que por este medio guarda la fidelidad del lecho conyugal, y se dispone a bien criar a sus hijos, así el dios del fuego sale de entre los brazos del dulce sueño, y se levanta con diligencia a medianoche para vigilar los trabajos de su forja.

460. Entre Sicilia y la isla de Lipara[502], una de las Eolias, levántase una isla cubierta de rocas, cuya cima vomita horribles torbellinos de humo y llamas. Bajo aquellas rocas tronantes, émulas del monte Etna, hay un antro profundo minado por los hornos de los cíclopes que hacen gemir incesantemente a los yunques bajo los pesados martillos.

465. Un vivo fuego, animado por los fuelles, va allí moldeando el hierro, que ruge y chisporrotea bajo los golpes redoblados de los forjadores. Es a esa ardiente isla, morada de Vulcano, de quien toma su nombre, adonde el dios del fuego baja desde lo alto de los cielos.

470. Brontes, Esteropes, Piracmón y otros cíclopes, desnudos sus miembros, están batiendo el hierro. Acaban de forjar precisamente uno de los rayos que, con frecuencia, lanza a la tierra el padre de los dioses.

475. La labor, que, en una buena parte, es algo informe todavía, exige tres rayos de agua retorcida[503], tres de lluvia, tres de fuego y tres de viento. Trabájase para reunir los terribles relámpagos, el ruido atronador, las llamas, la cólera de Júpiter y el espanto de los mortales.

480. En otro lado se construye un carro para el dios Marte, y se forjan ruedas volantes que lleven velozmente al dios de la guerra hacia las naciones a las que incita a combatir. Otros cíclopes ocúpanse en pulir una temible égida destinada a la belicosa Palas, y en adornarla con placas de oro y escamas de serpientes.

485. Se ve en el centro del tal escudo la cabeza amenazadora de Medusa, erizados los cabellos y lanzando miradas horribles. Mas Vulcano dice, al llegar: "Cesen todos los trabajos y oíd mis órdenes. Es preciso que forjéis armas para un guerrero ilustre.

---

[501] Los trabajos de Minerva eran los trabajos en lana, de muy escaso lucro.

[502] Isla hoy de Lipari, una de las Eolias. Llamábase con este nombre a todo el archipiélago situado al nordeste de Sicilia. Entre esta isla y Lipara, principal de las Eolias, hallábase la de Hiera o Thermessa (hoy Volcano), a la que Virgilio llama especialmente Vulcania.

[503] Es decir, de granizo.

490. "Trabajad con ardor. Desplegad totalmente vuestras fuerzas y vuestro arte. Apresuraos." Los cíclopes obedecen, y en seguida pónense a la labor, que se distribuyen debidamente. Corren al momento arroyos de oro y de bronce, y el hierro homicida aúlla en los inmensos hornos.

495. Rápidamente forjan un gran escudo de siete hojas, aplicadas una sobre otra, impenetrable a todos los dardos de los latinos. Y mientras unos meten el aire en los fuelles gigantes, y le hacen salir impetuosamente, otros sumergen en un lago el chirriante metal.

500. La caverna entera retumba con los golpes descargados sobre los yunques. Los forjadores levantan alternativa y cadenciosamente sus brazos nervudos, y con grandes tenazas dan vuelta al ¡hierro que se aprestan a batir.

505. Mientras el dios de Lemnos[504] hace fabricar todo esto, he aquí que el retorno de la luz y el canto de los pájaros sobre el humilde techo de la morada de Evandro despiertan a este príncipe. Levántase el anciano, toma su túnica y su calzado etrusco, ata a su lado y a sus hombros una espada tegea, y se viste la piel de pantera.

510. Recordando lo que la víspera habló con Eneas, y dispuesto a mantener su palabra, sale de su cámara, en la compañía de dos perros, que son su guardia fiel, y dirígese a la de su huésped, que, tan diligente como él, muéstrase ya levantado.

515. Únense al punto, uno acompañado de su hijo Palante, y el otro de su amigo Acates. Se dan recíprocamente la mano y se sientan. Es Evandro quien toma la palabra y dice a Eneas: "¡Oh príncipe ilustre de los troyanos!, mientras tú vivas, nunca creeré extinguido el imperio de Troya.

520. "El socorro que yo puedo ofrecerte es bien exiguo para una guerra de tal importancia. Mi reino es pequeño: por un lado nos pone límites el Tiber, y por el otro nos cierran el paso los rútulos, que llegan en sus carreras hasta nuestras murallas.

525. "Mas yo quiero procurarte tropas auxiliares de una nación grande y opulenta: los hados parece que te han guiado hasta aquí, para que utilices tan favorable coyuntura. Cerca de este reino, y en una montaña, hay una antiquísima ciudad llamada Agila[505].

530. "Esa ciudad fue fundada por una colonia de lidios, pueblo guerrero que, cruzando los mares, vino a establecerse en las montañas etruscas. Floreciente durante mucho tiempo, ha gemido luego bajo el yugo del cruel y soberbio Mecenzio, que la conquistó.

535. "¿Te imaginas la sangre que ese Mecenzio habrá derramado y sus bárbaros crímenes? ¡Que los dioses se lo hagan sufrir todo a él mismo y a su

---

[504] Sobrenombre de Vulcano. La mítica dice que este dios, arrojado del cielo al nacer, por su extremada fealdad, había caído en la tal isla de Lemnos.

[505] Esta ciudad de Etruria llamóse más tarde Cere, y hoy se la conoce con el nombre de Cervetri.

posteridad! Gustaba de tender a un hombre vivo sobre un cadáver, nuevo género de suplicio, juntándoles sus bocas, sus manos y todos sus miembros.

540. "De este modo proporcionaba una muerte lenta, en medio de una horrible infección, obligando a morir a los vivos abrazados a los muertos. Hasta que, cansados sus súbditos de obedecer a príncipe tan inhumano, se sublevaron, tomaron las armas, saquearon el palacio y le prendieron fuego.

545. "El rey, empero, pudo librarse de esta matanza, refugiándose entre los rútulos y poniéndose bajo la protección de Turno. Pues hoy, en armas toda Etruria, llena de muy justo furor, pide que se le entregue el tirano para darle muerte.

550. "He ahí las tropas numerosas, cuyo mando quiero procurarte. Sus naves hállanse reunidas en la orilla del río, y no esperan más que la señal. Un viejo arúspice las detiene, porque les dijo: "¡Oh lidios, que conserváis el noble valor de vuestros antepasados! Justo es el odio que os arma contra Mecenzio.

555. Pero los dioses prohíben que en esta guerra os mande capitán alguno de Italia; escoged cualquiera de los generales extranjeros." Y es por esta orden del cielo por lo que el ejército etrusco no se pone en campaña. El propio Tarcón, su jefe, me ha enviado embajadores, para que tome yo el mando.

560. "Por medio de ellos me ha ofrecido la corona de Etruria, anticipándome ya el cetro y los signos todos de la realeza. Mas la edad ha helado ya en mis venas la sangre. Soy demasiado viejo para mandar y entregarme a los combates.

565. "Podría poner a mi hijo en mi lugar, pero su madre era hija del rey de los sabinos y no es, por lo tanto, extranjero. En cambio, tu nacimiento, ¡oh príncipe!, tu edad y los dioses mismos parecen llamarte para el mando de esas tropas. Sé, pues, su jefe, como lo fuiste ya de los troyanos.

570. "Quiero que te siga mi hijo, mi esperanza y mi consuelo, y que, formado por ti en el duro oficio de la guerra, haga bajo tan insigne maestro sus primeras armas, y se acostumbre a presenciar tus hazañas, y sepa ya admirarlas desde su primera juventud.

575. "Yo pondré a sus órdenes doscientos caballeros árcades escogidos, y él brindará otros tantos en su propio nombre." Eneas y Acates se encierran en un triste silencio, representándose los peligros de la guerra que van a sostener, cuando de pronto Citerea, la diosa, les hace ver un signo favorable.

580. Expándense de pronto por los aires un gran clamor y una luz cegadora. La tierra parece temblar, y percíbese el mugir de una trompeta etrusca. Levantan los ojos. El clamor va en aumento, y, de súbito, brilla en lo alto un trozo de cielo, puro y sereno, a través de una nube, y vense las armas, de cuyo choque brota el clamor.

585. Quedan todos aterrados. Eneas es el único que no se inmuta. Conoce el estruendo de las armas divinas y comprende que se cumple la promesa de Venus. "No te inquiete este prodigio —dice a Evandro—; me

atañe a mí. Por medio de él me anuncia Venus que si se me ha declarado la guerra, ella me enviará desde lo alto del cielo las armas forjadas por Vulcano.

590. "¡Ah! ¡Cómo va a correr por los campos la sangre de los desventurados laurentinos! ¡Cómo vas a ser castigado en tu audacia, oh temerario Turno! Y tú, ¡oh dios del Tíber!, ¡qué de escudos, y cascos, y cadáveres, vas a arrastrar entre tus aguas!

595. "¡Que rompan ahora la alianza que juraron, y que reúnan sus batallones!" Dichas estas palabras, levántase Eneas y, acompañado de la juventud troyana, vase con Evandro a reavivar el fuego en el altar de Hércules. En seguida rinde homenaje a los dioses domésticos.

600. Y, luego de inmolarles ovejas escogidas, según la costumbre, vuelve a las galeras, donde le esperan sus compañeros, y elige a los más valientes para que sigan al ejército de los etruscos.

605. Los demás, a su orden, descienden tranquilamente el río, para llevar al joven Ascanio las noticias de su padre, y darle a conocer el éxito de su viaje. Evandro hace entregar caballos a todos los troyanos que van a acompañar al ejército etrusco, y regala a Eneas un soberbio corcel, engualdrapado con una piel de león que ornan garras doradas.

610. Corre al punto por la pequeña ciudad palantea el rumor de que la juventud árcade va a montar a caballo para hacer la guerra al rey de los etruscos. Alarmadas las madres, redoblan sus votos por el retorno de sus hijos. Su espanto acrece con el peligro, y represéntanse ya vivamente todos los horrores de la guerra.

615. El rey Evandro abraza tiernamente a su hijo, en el momento de partir. Y, sin poder contener sus lágrimas, háblale de este modo: "¡Ah, hijo mío, si Júpiter me devolviera mis años mozos! ¡Ah, si tuviese la edad en que hice pedazos un ejército enemigo bajo las murallas de Prenesta, y en que quemé un montón de escudos!

620. "Durante esa edad, mi brazo precipitó en los infiernos al rey Erulo, a quien la ninfa Feronia[506], su madre, por un prodigio inaudito, habíale dado, al nacer, tres cuerpos y tres armaduras. Hubo que darle, pues, tres muertes. Y fue esta mano la que le arrancó todas sus almas y le quitó sus almas todas.

625. "Quiero decir con esto, hijo mío, que si yo conservase aquel vigor, no partirías ahora solo. Ni el odioso Mecenzio habría despreciado mi debilidad, derramando en torno mío tanta sangre y privando a la ciudad de tantos ciudadanos.

630. "¡Oh dioses, y, sobre todo, oh gran Júpiter!, ¡oh poderoso señor de todos los dioses! Ten piedad del rey de los árcades, y escucha la voz de un padre: si tu voluntad y los hados me conservan a este hijo, yo te pido que prolongues mis achaques y mis días para verle y besarle.

---

[506] Diosa italiana de los campos.

635. "Mas si es que me preparáis, ¡oh fortuna, oh dioses!, el golpe más terrible, séame entonces permitido acabar esta vida, llena solamente de miedo, de incertidumbre, de inquietud; acabe ahora mismo que te tengo en mis brazos, querido hijo mío, alegría única de mi triste vejez, antes de que una horrible noticia venga a herir mis oídos."

640. Tal es el adiós emocionante de Evandro a su hijo. Dichas estas palabras, el anciano se desvanece, y los esclavos lo trasladan a su cámara. Entretanto, ha franqueado ya la caballería las puertas de la ciudad. Va a su frente Eneas, acompañado de su fiel Acates, y de otros caballeros troyanos.

645. Palante destaca entre todos por la magnificencia de sus arreos militares y el resplandor de sus armas: aseméjase a la estrella de la mañana, la más querida para Venus, que, mientras sus hermanas están aún mojadas de las aguas del Océano, ya ella muestra en lo alto de los cielos su cabeza sagrada, y hace desaparecer las sombras de la noche.

650. Se ve acurrucadas en los baluartes a las trémulas madres, que siguen con los ojos la polvorienta nube y el brillante escuadrón. Éste toma, por entre la maleza, el camino más corto para su designio, y desemboca a poco en una llanura, marchando en orden de combate y dando grandes gritos.

655. El campo todo retiembla bajo el galopar de la soberbia caballería. Cerca de un río que baña los muros de Cere hay un gran bosque consagrado por la religión de sus viejos habitantes, y todo él rodeado de colinas cubiertas de setos.

660. Se dice que fueron los pelasgos, primeros griegos que en otro tiempo vinieron a establecerse en Ausonia, en las fronteras de los latinos, quienes consagraron este bosque a Silvano[507], que preside los campos y los rebaños, y que en su honor instituyeron un día de fiesta.

665. Es en las cercanías de este bosque donde se ve a Tarcón y los tirrenos a sus órdenes. Desde lo alto de una colina puede divisarse todo su ejército, desparramado en el llano. Ya en esa altura, Eneas ordena a su gente que eche pie a tierra, y da así descanso a la fatiga de hombres y caballos.

670. Entretanto, aparece Venus en una nube, con las armas destinadas a su hijo. Así que le ve reposando a orillas del río, muéstrase a sus miradas, y le habla de esta suerte: "He aquí el presente prometido, hijo mío. He aquí las armas que Vulcano ha forjado para ti.

675. "No temas desafiar en el combate a los soberbios laurentinos ni al belicoso Turno." Dice así, y, luego de besar a su hijo, déjale las brillantes

---

[507] Espíritu de las selvas y de los bosques, por lo que se le representa con una corona de pino en los cabellos, y un ramo, también de pino, en el brazo. Cuando los bosques fueron sustituidos por huertos y jardines, pasó a ser protector de éstos, representándosele, en tal concepto, con una podadera, un delantal de piel lleno de frutos y un perro.

armas muy cerca, al pie de una encina. El regalo de la diosa llena de gozo y de gloria los ojos de Eneas.

680. No se cansa de ver, de observar, de admirar el casco brillante y su temible penacho; ni la vengadora espada, con la brillante coraza de bronce, del color de la sangre, semejante a una nube fecundada por los rayos del sol.

685. Ni las ligeras ataduras, hechas de metal compuesto de oro y plata, como su ornato todo; ni la lanza, ni el escudo, obra maravillosa sin descripción posible. Instruido Vulcano por los oráculos y el porvenir, había grabado allí los más famosos acontecimientos de la historia de Roma.

690. Había representado a los gloriosos descendientes de Ascanio, así como los combates y triunfos de los romanos. Veíase en un antro consagrado al dios Marte una loba recostada en la hierba, de sus ubres mamaban dos niños gemelos[508].

695. Sin temor alguno jugueteaban éstos en torno a la bestia feroz, a la que miraban como madre, y que, volviendo hacia ellos la cabeza, les lamía tiernamente. Cerca de ellos veíase la nueva ciudad de Roma, a las sabinas arrebatadas, contra el derecho de gentes, de su asiento de la cávea[509] ...

700. ... y la guerra encendida, con este motivo, entre Rómulo y el viejo Tacio, rey de los austeros sabinos. Aparecían estos dos príncipes, una vez depuestas las armas, ambos en pie y armados ante el altar de Júpiter, cada cual con una copa, inmolando cada uno una víctima, y jurándose mutuamente una alianza eterna.

705 Más allá, en un bosque, podía contemplarse cómo unos caballos, por orden de Tulo, desgarraban los miembros de Meto[510] —Albano infiel, ¿por qué no cumplías tus juramentos?—. Los breñales y los espinos probaban su sangre.

710. También se veía a Porsena mandando acoger a Tarquino expulsado de Roma, y poniendo a la ciudad estrecho cerco; y a los romanos combatiendo con ardor por la defensa de su libertad. Porsena, con los ojos fulgurantes, aparecía estremecido de cólera a la vista del intrépido Cocles, que rompía un puente ante él[511].

---

[508] Rómulo y Remo.

[509] O sea del Circo, donde tenían lugar los juegos durante los cuales fueron raptadas.

[510] Dictador de Alba, en tiempos del rey romano Tulo Hostilio. Este le hizo despedazar por dos cuadrigas dirigidas en sentido contrario, a consecuencia de su traición, ya que primero luchó contra los romanos, luego fue aliado suyo, y, por fin, trató de venderlos.

[511] Horacio Codes defendió él solo, en la guerra con Porsena, y contra todo el ejército enemigo, el puente Sublicio. Cortado éste, se arrojó al Tiber, ganando a nado la orilla que daba entrada a la ciudad.

715. Y a la vista también de la valerosa Clelia, que, habiendo roto las cadenas, pasaba el Tiber a nado sin temor alguno[512]. En la parte superior del escudo veíase el templo de Júpiter, levantado sobre el monte Tarpeyo, y la regia morada de Rómulo, cubierta de paja[513].

720. También estaba allí presente Manlio, encargado de la custodia del Capitolio. Un ganso, volando sobre los pórticos dorados del templo, ponía en guardia a la ciudad con el batir de sus alas plateadas.

725. Y con sus gritos advertía a los romanos la proximidad de los galos, que, deslizándose por entre los breñales, y a través de las tinieblas, pretendían caer sobre la ciudadela[514]. Hacíanse visibles por su rubia cabellera y por el oro que despedían sus rayados sayos.

730. Como también por el que mostraban en sus albos cuellos, ornados con brillantes cadenas. Llevaban todos dos dardos en cada mano, y en la otra un largo escudo que les protegía todo el cuerpo. Más allá veíase danzar a los salios, y también a los lupercos, enteramente desnudos[515].

735. Como asimismo a los sacerdotes de Júpiter con sus bonetes adornados de lana[516]. Y podían contemplarse los pequeños escudos caídos del cielo[517], y las damas romanas, famosas por su castidad, que, llevadas muellemente en los carros, paseaban por la ciudad los objetos del culto público.

740. Vulcano había esculpido en otra parte el profundo imperio del dios de los muertos, las prisiones de Tártaro y los suplicios de los culpables. Se te

---

[512] Hallándose en poder de Porsena, como rehén, la joven romana Clelia, logró escaparse, atravesando a caballo la campiña y a nado el Tiber, hasta llegar a la ciudad.

[513] Se conservaba en Roma, sobre el monte Capitolio, y con una especie de religiosa devoción, la casa de Rómulo, cubierta de paja. Virgilio llegó todavía a verla.

[514] Después de apoderarse de Roma los galos, y cuando éstos trataban de tomar el Capitolio, fueron rechazados bravamente por Manlio, a quien es fama que despertó el canto de un ganso al ver acercarse al enemigo.

[515] Sacerdotes del dios Liuperco, de los que se habló en una nota anterior. Las fiestas llamadas lupercales tenían lugar el 15 de febrero, en ellas se sacrificaban dos cabras y un perro, de cuyos pellejos se hacían látigos. Con ellos recorrían los salios la ciudad, desnudos, azotando a todo el que encontraban, en particular a las mujeres.

[516] Se llamaba Flámines a estos sacerdotes, y de ellos los tres principales estaban consagrados a Júpiter, Marte y Quirino.

[517] Dice la tradición que, en tiempos de Numa Pompilio, cayó del cielo un escudo, al que los oráculos declararon unidos los destinos de Roma. Para impedir que se perdiera, Numa ordenó fabricar otros once iguales, e instituyó, para guardarlos, los doce sacerdotes llamados salios.

veía a ti, ¡oh Cartilina!, colgado de un amenazador escollo[518], y temiendo a los rostros de las Furias vengadoras.

745 En un lugar apartado estaban los hombres virtuosos, a los que Catón dictaba sus leyes. Y, en el centro del tal escudo, veíase representado en oro un mar hinchado por los vientos. Barrían con su cola la líquida llanura los delfines, navegando en círculo, y hendían así las olas plateadas.

750. En ese mar se descubrían dos flotas enemigas y el combate de Accio[519]. Podía contemplarse todo el Leucate[520], cubierto de navíos de guerra, llenos de soldados cuyas armas brillaban al ser reflejadas por las ondas. El propio Augusto aparecía en pie sobre la popa de su nave...

755. ... teniendo bajo sus banderas al Senado, al pueblo romano, a los dioses de la patria y a los grandes dioses del Olimpo. Dos rayos salían de sus sienes, y sobre su cabeza nacía la estrella de César su padre[521]. Mandaba el ala derecha de la flota el bravo Agripa[522], favorito de los vientos y los dioses, ceñida su cabeza con corona lustral.

760. A la cabeza de la escuadra enemiga veíase a Antonio, vencedor de los pueblos de la Aurora[523], y llevaba una muchedumbre de bárbaros, tales como los pueblos que habitan las orillas del mar Rojo y las riberas del Nilo, los bactros[524], y, en una palabra, las fuerzas todas de Oriente.

765. Seguíale con sus naves, ¡oh vergüenza!, su esposa la reina de Egipto. Y se veía el choque de las dos flotas, y el seno de las aguas por doquiera coronado de espuma, y en todas partes rasgado por los remos y los espolones de las galeras.

---

[518] Amenazador, porque amenaza desplomarse, arrastrándolo consigo. Catilina fue el jefe de la famosa conjuración de su nombre, que logró Cicerón desbaratar, el año 63.

[519] Promontorio de Acarnia, donde se libró la célebre batalla naval entre Octavio y Antonio.

[520] Promontorio al sudoeste de la isla Leucadia o de Leucate, hoy Santa Maura, frente a la costa de Acarnania.

[521] Conocida es la tradición histórica de que, durante los funerales de Julio César, apareció un cometa, que se tomó por el alma del héroe entrando en los cielos. De ahí parte la suposición de Virgilio de que otra estrella parecida, forjada por Vulcano, comienza a brillar sobre la cabeza de Octavio, el adulado señor de nuestro poeta.

[522] Yerno de Octavio, y a quien éste debía sus victorias.

[523] Es decir, de Oriente.

[524] Habitantes de Bactrania, parte izquierda de la cuenca alta del Oxus, hoy Djihun o Amu Daria.

770. A la vista de tan grandes navíos, creyérase que eran las propias Cícladas navegando por aquellas aguas[525] , o bien montañas que chocaban entre sí. De una parte a otra volaban mil fuegos y mil dardos; una espantosa carnicería coloreaba los campos de Neptuno.

775. La reina, en medio de su escuadra, hacía avanzar las naves al son del sistro egipcio[526] , sin advertir que unas serpientes esperaban su retorno. Además de eso, una multitud de dioses monstruosos, siguiendo al ladrador Anubis[527] , trataban de combatir contra Neptuno, Venus y Minerva.

780. También aparecía representado en el hierro Marte, en medio de los combatientes, insuflándoles su rabia. Las crueles Furias volaban por los aires, poblándolos. La Discordia arrastraba con regocijo su manto desgarrado, siguiéndola Belona[528] , con su sangriento azote.

785. Apolo contemplaba el combate desde lo alto del promontorio de Accio, mientras blandía su arco; ante esto, poníanse en fuga egipcios, indios, árabes y sabeos. La reina huía a velas desplegadas, implorando el auxilio de los vientos.

790. Vulcano la había representado pálida, con la muerte en los ojos, y a su navío empujado por el yápigo[529] . Y frente a ella al dios del Nilo, con un cuerpo enorme, mostrando sus senos y saludando con toda su vestidura[530] a los vencidos, para tratar de librarlos de su perseguidor.

795. De vuelta a Roma, César recogía tres veces los honores del triunfo[531] , y, en cumplimiento de su promesa, hacía levantar en la ciudad trescientos altares. Las calles todas retemblaban de gritos de júbilo y de aplausos; y los templos todos veíanse rebosantes de matronas romanas.

800. No se veía por doquiera más que altares y víctimas inmoladas. En el vestíbulo del templo de Apolo, esculpido en mármol blanco, César recibía los presentes de diversas naciones y los consagraba al dios. Se veía caminar una larga hilera de pueblos vencidos, cuyos trajes y armas eran tan diferentes como su lenguaje.

---

[525] Las Cícladas, en número aproximado de cincuenta, son islas del archipiélago, dispuestas en torno a la de Delos. Su misma disposición, en círculo (curtos en griego) les dio nombre.

[526] El sistro egipcio era un instrumento de cuatro cuerdas, semejante a una pequeña harpa, lleno de bajo relieves que representaban a la diosa Isis.

[527] Dios egipcio, al que se representaba con cabeza de perro.

[528] Diosa latina de la guerra.

[529] Viento Noroeste, que recibía su nombre por soplar de la parte de Yapigia, comarca de la Italia meridional. Virgilio lo emplea en el sentido de viento favorable para el retorno a Egipto.

[530] Tenían costumbre los antiguos de, en las bienvenidas o despedidas, agitar los pliegues de su vestido, como nosotros el pañuelo.

[531] Triple honor, correspondiente a sus tres victorias: Accio, Dalmacia y Alejandría.

805. Vulcano había representado aquí a los africanos y a los nómadas con ropas flotantes[532] ; allí a los lélegas[533] , los carias[534] y los gelonos[535] , excelentes arqueros. Más allá, al Eufrates, menos orgulloso en sus aguas[536] .

810. Y a los morinos[537] , habitantes de las extremidades de la tierra; y al bicorne Rin[538] ; y a los dabas[539] , siempre indómitos; y al Araxes[540] , enfurecido con el puente que le encadena.

815. Tales eran los temas grabados por Vulcano en el divino escudo. Eneas, lleno de alegría, gózase en su contemplación; mas el porvenir está aún velado para él. Toma el escudo, y carga así sobre sus hombros la gloria y los destinos de su posteridad.

---

[532] Tratábase de pueblos pastores del norte de África, que iban a la guerra sin ceñidor que sujetase sus ropas, quedando éstas, por lo tanto, flotantes.

[533] Pueblo que primero residió en Asia Menor y luego en Grecia.

[534] Pueblo de Asia Menor, que dio su nombre a Caria.

[535] Pueblo de Tracia.

[536] Metáfora para expresar que los habitantes de sus riberas iban cautivos.

[537] Pueblo de la Galia.

[538] Se llama aquí bicorne al Rin por su condición de bifurcado.

[539] Habitantes de las orillas del Mar Caspio.

[540] Río impetuoso de Armenia, hoy el Aras.

LIBRO IX

ARGUMENTO

Mientras Eneas está alejado de los suyos, la diosa Juno envía a Iris a Turno para que aproveche la ausencia del troyano y ataque su campamento. Pónese, pues, en marcha a la cabeza de sus tropas, y empieza por reconocer los muros teucros, tratando de sacar a los enéadas de sus baluartes, para con ellos entablar la lucha a campo abierto.

Pero los troyanos no acuden a esa llamada, porque Eneas les ordenó que se mantuvieran entre sus muros, fortificándolos y aprestándose a toda suerte de obras de defensa. Turno entonces, viendo que no logra sacarlos, se dispone a quemarles sus naves, ancladas en el río. Mas tiene lugar un prodigio inesperado. Esas naves, que habían sido construidas en lo alto de un monte consagrado a Cibeles, tenían la protección de esta diosa. Habíale prometido Júpiter que si un día las tales naves troyanas corrían peligro cierto en aguas de Italia, podrían ser transformadas en ninfas del mar. Y eso es lo que ocurre, a la vista de Turno y de su gente.

A Turno, sin embargo, no le sobrecoge este prodigio. Piensa, por el contrario, que así los dioses le ahorran el incendio de las naves y cierran, a la vez, el único camino posible de fuga para los sitiados. Y se dispone a atacar a éstos, colocando sus hombres ante todas las puertas del campamento frigio.

Los enéadas, entretanto, celebran consejo para decidir la manera de enviar un emisario al caudillo, dándole a conocer lo grave de la situación. Y cuando se hallan en estas deliberaciones, preséntanse dos jóvenes, Niso y Euríalo, íntimos amigos, que se ofrecen espontáneamente para tan peligrosa embajada. Ascanio, hijo de Eneas, acepta en nombre de todos los jefes tal ofrecimiento, y los muchachos se ponen en camino. Todo les sale bien, en un principio, aun teniendo que atravesar el campamento del sitiador, pues el vino y el sueño han rendido a las gentes de Turno, pero se deleitan en la matanza de los centinelas, y el alba les sorprende cuando apenas acaban de salir de entre el enemigo, cargados con sus despojos de cascos y armaduras.

No es, empero, sólo el alba quien los descubre, sino también un destacamento de jinetes latinos, que, al mando de Volcente, vienen a incorporarse a Turno; y aunque los dos troyanos buscan refugio en un bosque, no consiguen huir. Sin embargo, se defienden con denuedo. Niso mata a dos oficiales de Volcente y a éste mismo, pero poco después los jinetes latinos se incorporan a las tropas de Turno llevando a su frente, clavadas en sendas largas picas, las cabezas de los dos troyanos.

La visión de estas cabezas enardece a sitiados y sitiadores, y ábrese la lucha con violencia extraordinaria, llena de incidentes sangrientos y gloriosos. Turno es el combatiente más temible y temido; y como dos troyanos temerarios, encargados de la custodia de una puerta, la abran de par en par retando a los sitiadores para que entren por ella, Turno lo hace valerosamente, quedando solo entre las murallas troyanas cuando la puerta se cierra, y sembrando el espanto y la desolación por doquiera.

Pero la diosa Juno se cansa, al fin, de sostenerle, y, acosado el héroe por todos los sitiados que quedaron con vida, repliégase hacia el lado del campamento que tiene por muralla el Tiber. Armado y todo, y cubierto de heridas, arrójase a las aguas, y éstas, acogedoras, le sostienen y vivifican, devolviéndole a su propio ejército, después de la gesta que acaba de escribir con la sangre de los demás y con la suya propia.

TEXTO

Mientras estas cosas tienen lugar en uno y otro campo, la hija de Saturno[541] ha hecho bajar a Iris a la tierra, para que visite al audaz Turno. Hallábase este príncipe en el fondo de un bosque, en un valle consagrado a Pilumno[542] , antepasado suyo.

5. He aquí las palabras que brotan de los rojos labios de Iris: "¡Oh Turno!, la ocasión te ofrece hoy lo que ningún dios se atrevió nunca a prometer a tus deseos[543] . Eneas ha dejado su campo, su gente y su flota, para dirigirse al monte Palatino y presentarse en la ciudad del rey Evandro.

10. "No siendo esto bastante, ha penetrado en el país de Corito, frontera de Etruria. Allí ha levantado en armas a los soldados lidios y a todos los habitantes de la campiña. ¿A qué, pues, esperas? Ha llegado la hora de que pongas en marcha tus caballos y carros. Apresúrate a llevar al campo enemigo el estruendo y la confusión."

15. Dice la diosa así, y, desplegando sus alas, hiende los aires, vuela en dirección al cielo, y deja, al huir, sobre las nubes un gran arco de luz. En esta señal reconoce el príncipe a la mensajera de los dioses. Así es como levanta las manos al cielo y, siguiéndola con la vista, dice:

20. "¡Oh Iris, ornato del Olimpo!, ¿qué deidad te hizo bajar a la tierra, en la envoltura de tan brillante nube? ¿De qué procede esta súbita serenidad? Veo abrirse el cielo, y errar las estrellas, y me abandono a un presagio feliz.

25. "¡Oh dios que me ordenas combatir!, quienquiera que seas, yo te obedezco." En seguida se acerca al río, toma agua de él y se purifica. Al

---

[541] La diosa Juno.

[542] Trátase de una deidad primitiva del Lacio, representativa del mortero o mano de almirez, con que se molía el grano. De ahí su nombre: Pilumno, de *pilum*. Era el dios de los panaderos, y se le tenía por hijo de Júpiter y padre de Dauno, que, al parecer, lo era de Turno.

[543] Los deseos de Turno eran arrojar de Italia a Eneas, que había arribado allí por designio de los dioses.

mismo tiempo invoca el auxilio del cielo y le dirige mil votos. Va ya en orden de batalla el ejército todo del rey de los rútulos.

30. Lo componen tropas rícamente vestidas, y una abundante caballería. La vanguardia va conducida por Mesapo, y la retaguardia, por los jóvenes tirridas; brilla Turno en el centro, con el resplandor de sus armas, y sobrepasa de la cabeza a todos los demás combatientes.

35. Parece el desfile de sus tropas el correr de las profundas aguas del tranquilo Ganges, que engrosan siete apacibles ríos, o bien de las del Nilo, cuando luego de derramar sus fértiles ondas por los campos vuelve a recogerse en su álveo.

40. Los troyanos ven levantarse a lo lejos una espesa nube de polvo, y oscurecerse los campos. Llama Caico el primero, desde la atalaya frontera[544]: "¡Troyanos!, ¡un negro torbellino se acerca! ¡A las armas! ¡A las armas! ¡Subid a los muros! ¡El enemigo está ahí! ¡Alerta! ¡Alerta!"

45. De todas partes le responden con grandes gritos, y cada cual corre a su puesto en el muro. Eneas, antes de partir, les ordenó, cual diestro general, que llegado el caso no salieran de sus trincheras para ofrecer batalla, y que se limitaran a defender el campo.

50. De este modo, aunque su honor y su valentía les llevan a ir contra el enemigo, obedecen lo prescrito, cierran las puertas, y dispuestos tan sólo a defenderse, esperan la acometida a pie firme, en las murallas y en las torres.

55. Destácase Turno del grueso del ejército, y avanza lentamente, a la cabeza de veinte caballeros escogidos, montando un corcel moteado, y llevando un dorado casco, sobre el que flota un penacho rojo. "¡Oh jóvenes guerreros! —dice—, ¿cuál de vosotros quiere conmigo lanzarse el primero contra el enemigo?"

60. Dicho esto, tira una flecha, en señal de estar la guerra declarada, y hace caracolear orgullosamente a su caballo en la llanura. Los rútulos lanzan gritos terribles y aplauden a su rey. Mas de pronto danse cuenta de que los troyanos no se atreven a salir de su campo.

65. Y atribuyen a cobardía el que de ese modo rehusen la batalla. Furioso Turno, da la vuelta a todo el baluarte enemigo, buscando el sitio por donde forzarlo. Semeja un lobo que rondase un aprisco, en noche de tempestad, batido por la lluvia y los vientos.

70. Mientras los corderos balan, seguros, contra el vientre de sus madres, el cruel animal, devorado por el hambre y ávido de sangre, no pudiendo hacer presa, aúlla de cólera y desesperación. De igual modo acrece el furor de Turno a la vista del campo enemigo que no puede asaltar.

75. ¿Qué hacer? ¿De qué medio valerse para forzarlo? ¿Cómo atraerá a los troyanos hacia la llanura? Su flota está anclada en el canal del Tíber,

---

[544] Es decir, desde la torre que da frente al camino por donde los latinos se acercan.

defendida por el río mismo y por uno de los lados del campamento. Turno se acerca a esos barcos, y pide a su valiente escuadrón que los incendie.

80. Todos ellos, en un momento, animados por la presencia de su rey, y a ejemplo suyo, se proveen de hachas encendidas y tizones ardientes, que sacan de los hogares. Un humo espeso, mezcla de llamas sombrías y de chispas voltijeantes, se eleva en seguida hacia los astros.

85. ¡Oh Musas!, decidme qué deidad preserva a la flota troyana de tan funesto incendio. Hay una fe antigua para el hecho, mas el recuerdo nunca se borrará[545] . En el tiempo en que Eneas, preparándose para cruzar los mares, hacía construir sus barcos en el monte Ida, créese que Cibeles le habló de esta suerte a Júpiter:

90. "Tu madre, ¡oh hijo mío!, te pide una gracia en reconocimiento del poder que tienes en el cielo, y que se lo debes a ella[546] . Hay en la cumbre del monte Ida un bosque de pinos, que me es muy querido desde hace algún tiempo, porque en él me ofrecen sacrificios los frigios.

95. "He permitido a un príncipe troyano abatir los árboles para construir su flota; mas hoy me siento alarmada, ¡oh hijo mío!, a causa de ese bosque sagrado. Calma las inquietudes de tu madre, y concédele el favor que te implora; que los navíos que en él se construyen puedan siempre resistir el furor de las olas y de los vientos.

100. "Que sea para ellos ventajoso el haber nacido en una montaña que me pertenece." El señor del mundo respondió: "Pero, ¡oh madre mía!, ¿vas a pretender violentar el destino? ¿Quieres que unos barcos, obra de mano mortal, tengan el privilegio de los inmortales, y que pueda así hallarse Eneas en el seno del peligro sin nada que temer?

105. "¿Qué dios otorgó jamás semejante privilegio? Sin embargo, he aquí lo que te prometo: cuando la flota toque la ribera de Ausonia, y el príncipe troyano llegue a los campos laurentinos, transformaré esas galeras, cualesquiera que quedasen[547] , en diosas inmortales del mar.

110. "Con ellas haré como con la nereya[548] Doto y Galatea, que cortan con el pecho las espumosas olas." Dicho esto, y luego de jurarlo Júpiter por

---

[545] O lo que es igual, que la prueba única del hecho es una creencia antigua.

[546] Júpiter debía, en efecto, la vida y el trono de los cielos a su madre Cibeles. Dice la Mitología que, sabiendo Saturno que uno de sus hijos había de destronarle, los devoraba a todos al nacer. Pero cuando Cibeles tuvo a Júpiter, lo ocultó en un bosque, disimulando los vagidos y el llanto del recién nacido con la música de los coribantes. Así es como, más tarde, pudo Júpiter expulsar a su padre Saturno del cielo, quedándose a reinar para siempre en él.

[547] Quedaban quince naves, en efecto, de las veinte que componían la flota de Eneas al salir del puerto de Antandros.

[548] Hija del dios marino Nereo, "el fluyente", divinidad poseedora de la sabiduría y la autotransformación.

el río de su nombre y por las riberas del negro remolino inflamado[549], inclinó dulcemente la cabeza, y todo el Olimpo tembló.

115. Había, pues, llegado el día que se señaló en los cielos a este acontecimiento, y las Parcas acechaban todos los instantes que le precedieran. El furor de Turno fue un aviso para la madre de los dioses de que debía proteger aquellas naves contra el incendio.

120. Viose entonces brillar una nueva luz. Pasó de Oriente a Poniente con gran rapidez una inmensa nube, y mientras los coros ideos[550] llenaban los aires, una temible voz se extendió a un tiempo por encima de los teucros y de los rútulos.

125. "¡Oh troyanos! —dijo—, no os inquiete la defensa de estos navíos. Turno incendiará antes los mares que esta flota sagrada. Navegad, ¡oh galeras!, y transformaos en diosas del mar. ¡La madre de los dioses lo ordena!" Al momento, ¡oh prodigio!, cada galera rompió sus amarras, y todas ellas se hundieron en el seno de las aguas, lo mismo que delfines.

130. Mas al instante reaparecieron, ofreciéndose a la vista de todos transformadas en ninfas. El temor y la sorpresa se apoderaron de los rútulos. El propio Mesapo tenía pintado el espanto en la cara y erizados los cabellos. Hasta el Tíber, estremecido, retrocedió en su curso, hacia su fuente.

135. Únicamente Turno quedose impávido. Reprochó aquel pavor a los demás, y habloles de esta valerosa manera: "Este prodigio atañe sólo a los troyanos. Júpiter les priva así de sus recursos. Así los rútulos ahora no necesitarán combatirles ni quemar sus navíos.

140. "En adelante, cerrado está para ellos el camino del mar; no pudiendo huir, veranse precisados a permanecer en tierra, donde somos los amos, y donde hay armados cien pueblos de Italia para destruirlos. No me amedrentan los oráculos de cuyo favor ellos se envanecen.

145. "Están ya en los campos de la fértil Ausonia, y cuanto a Venus se le prometiera ha quedado cumplido. Mi misión, pues, empieza ahora, y es exterminar por el hierro a una criminal nación que pretende arrebatarme mi esposa. No sólo los Atridas recibieron semejante ofensa[551].

150. "Ni le es solamente lícito a Micenas el tomar las armas[552]. Pero ¿no bastará haber ya cometido un crimen, y sufrido el castigo por ello? ¿No es bastante haber ya una vez atemorizado a las mujeres? Vanamente les

---

[549] Es decir, del infierno.

[550] Del monte Ida, consagrado a Cibeles, que en ella había ocultado a su hijo Júpiter, según se ha visto en una nota anterior.

[551] Es decir, no solamente recibió esa ofensa Menelao, a quien Paris robó su esposa Helena, sino Agamenón, su hermano, que la sintió como propia.

[552] Alúdese aquí al ejército griego reclutado para vengar el rapto de Helena por Paris, y que estuvo a las órdenes de Agamenón, rey de Micenas.

aseguran estas trincheras, estos fosos, estas barreras colocadas entre ellos y la muerte.

155. "¿Acaso no fueron devorados por las llamas los muros de Troya, y estaban construidos por las propias manos de Neptuno? ¡Oh bravos compañeros!, ¿quién de vosotros me sigue para asaltar ese débil baluarte y forzar el campo donde reina el espanto?

160. "No necesito armas forjadas por Vulcano, ni una flota de mil navíos[553]. Decláreseme por ellos Etruria entera. No han de temer tampoco por mi parte las sorpresas nocturnas, ni el hurto cobarde del Paladio, ni el degüello de la guardia de un templo.

165. "Tampoco nos ocultaremos en los oscuros flancos de un caballo de madera; será a la luz del día como vayamos a incendiarles su nueva ciudad. Y no tendrán que habérselas con griegos, detenidos diez años ante Troya por un Héctor.

170. "Y ahora, compañeros, puesto que ha transcurrido ya la mayor parte del día, emplead el resto en descansar de vuestras fatigas; pero estad vigilantes, y prontos a entregaros al asalto mañana." Dicho esto, da a Mesapo el cuidado de poner centinelas ante todas las puertas del campamento troyano y de encender hogueras en torno a los baluartes.

175. Destina a catorce oficiales, con cien hombres cada uno, a cubrir los puestos y relevar las guardias. Todos ellos van magníficamente vestidos, y sobre sus cascos flotan brillantes airones. Mientras unos vigilan, los otros, tendidos en la hierba, pasan la noche entregados al juego y al vino, alumbrados por las hogueras en todas partes encendidas.

180. Observan, por su parte, los troyanos, en armas sobre sus muros, este movimiento de los adversarios. Alarmados por el sitio que les amenaza, inspeccionan cuidadosamente todas las puertas de su campamento, y construyen puentes de comunicación entre las obras de defensa.

185. Todos ellos van provistos de dardos, y reciben órdenes de Mnesteo y del ardoroso Seresto, encargados de la misión por Eneas, en el caso de que el campamento fuese atacado. Se echan suertes para montar alternativamente la guardia, y cada cual vigila en el puesto que le fue señalado.

190. Se ha confiado una de las puertas del campamento a Niso, hijo de Hitarco, joven de gran valor, diestro en el manejo del arco y la jabalina, y que en otro tiempo abandonara el monte Ida, país de abundante caza, para seguir a Eneas.

195. Con él monta la guardia su compañero Euríalo, más hermoso que el cual no hubo otro entre los enéadas ni vistió armas troyanas, y que se halla en la flor de sus primeros años. Tiernamente se aman uno a otro, sin que se hayan separado jamás en los combates.

---

[553] Refiérese aquí el poeta a los mil navíos que los griegos llevaron en su expedición contra Troya.

200. Niso dice a su amigo: "¡Oh querido Euríalo!, ¿será una celeste inspiración el ardor que siento, o simplemente uno de esos deseos naturales que se nos figuran por el cielo inspirados? Harto ya de un tranquilo reposo, he aquí que ardo en ansias de luchar y de señalarme en cualquier bella acción.

205. "Observa la confianza de los rútulos, entregados a la embriaguez y al sueño. Casi todos sus fuegos se han extinguido, y un silencio profundo reina en su campamento. Voy, pues, a decirte mi propósito. Jefes y soldados, todos deseamos con ardor el retorno de Eneas, y que alguien, al menos, nos traiga sus noticias.

210. "Yo no pido nada para mí: me basta con la gloria. Pero si me prometen para ti lo que yo pida, creo tener a lo largo de esta colina un camino que lleve a la propia ciudad palantea." No menos ávido Euríalo de gloria que Niso, y asaltado por el propio designio, le responde:

215. "¿Te desdeñarás, ¡oh Niso!, de asociarme a tan gloriosa empresa? ¿Te dejaría yo correr a ti solo semejante peligro? Un sentimiento así no me lo inspiró jamás mi padre, el valeroso Ofeltes, ni en el sitio de Troya, ni en medio de los más sangrientos combates y riesgos.

220. "Desde que sigo al magnánimo Eneas, y estoy siempre a su lado, ¿sorprendiste en mí nunca esa cobardía? Mi pecho, ¡oh querido Niso!, desafía a la muerte, y comprará voluntariamente, al precio de su vida, el propio honor que para ti deseas."

225. Niso le replica: "Jamás he dudado de tu valor, y habría hecho muy mal en dudar. ¡Que Júpiter y los dioses todos, propicios a mi designio, me devuelvan triunfante! Mas si en empresa tan peligrosa hubiera algún dios enemigo que me hiciese perecer, quiero, al menos, que tú me sobrevivas.

230. "La tierna juventud hace tus días más preciosos que los míos. Quiero que rescates mi cuerpo, si pierdo la vida en esta expedición, y que cumplas conmigo los deberes de la sepultura; y que, si la suerte no me es propicia, me eleves, al menos, un túmulo, y celebres mis funerales.

235. "No quiero tampoco causar un dolor mortal a tu madre dejando que me acompañes. Ella es la única, de entre tantas madres, que ha desafiado todos los peligros para seguir a su hijo hasta estos lugares, negándose a quedarse en el reino de Acestes."

240. "Me opones verdaderos motivos —dice, a su vez, Euríalo—, mas no puedo cambiar de resolución. Partamos." Y en seguida dirígense a relevar a los soldados de la guardia, por ser ya la hora. Desde ese momento, y en su nueva función, Euríalo y Niso dedícanse a prepararlo todo para ponerse en camino de encontrar al rey.

245. Es de noche, y ya el sueño hizo olvidar a los animales todos sus sueños e inquietudes. Están reunidos en consejo los principales jefes tróyanos, con los más bravos guerreros, en pie en la plaza de armas, la mano en sus escudos y apoyados en las largas jabalinas.

250. Hablan de diferentes asuntos y, sobre todo, de elegir a uno de ellos que vaya a buscar a Eneas. Entonces se presentan Niso y Euríalo, pidiendo con insistencia que se les deje exponer un asunto importante, porque los momentos son preciosos. Viendo su prisa, Ascanio les hace adelantar, y concede la palabra a Niso.

255. "Oídnos con interés, ¡oh señores! —dice éste—, y no juzguéis por nuestra edad de lo que vamos a deciros. No viene ya ruido alguno del campamento de los rútulos; todos ellos están sumidos en el vino y en el sueño, y un negro humo se eleva de sus hogueras casi apagadas.

260. "Si nos permitís aprovechar esta ocasión, iremos al encuentro del rey en los muros palantes, y pronto volveréis a verle, cubierto de sangre de enemigos y cargado con sus despojos. Hemos recorrido varias veces, cazando, las orillas de este río, y hemos observado un curioso camino.

265. "Es en dirección a la puerta de nuestro campamento más próxima al mar, y ofrece la sorpresa de que se parte en dos, y lleva a la ciudad de Evandro, que hemos también divisado a la salida de un oscuro valle."

270. "¡Oh dioses de Troya! —grita el viejo y prudente Aletes—, seguro es que no habéis resuelto nuestra perdición, y que en ningún momento dejáis de protegernos, puesto que así inspiráis, de entre nosotros, a jóvenes guerreros con tan gran valor." Dichas estas palabras, Aletes cierra las manos, abraza a los muchachos y les riega el rostro con sus lágrimas.

275. "¿Cómo pagaros —les dice— el servicio que os disponéis a prestarnos? Vuestra virtud y la justicia de los dioses serán vuestra primera recompensa. Contad con las mercedes de nuestro rey, y estad seguros de que Ascanio, su hijo, nunca olvidará vuestras nobles palabras."

280. "¡Oh bravos guerreros! —interviene, a su vez, el joven príncipe—, en nombre de los dioses protectores de la casa de Asáraco, y por el santuario de la blanca Vesta, yo os conjuro a que vayáis al encuentro de mi padre y le traigáis aquí. Pongo en vosotros mi esperanza y mi dicha.

285. "Su presencia disipará todas nuestras alarmas. Como recompensa os daré dos vasos de plata cincelada, que mi padre llevose en otro tiempo de la vencida Arisba[554]; y, además, dos cubetas de oro, con muchos talentos, y una crátera antigua que Dido me dio.

290. "Si llega a pasar a nuestras manos el cetro de Italia, y podemos sortear los despojos de nuestros enemigos, cuenta ya desde ahora como premio, ¡oh Niso!, con el caballo que le has visto a Turno, y su brillante armadura. Te prometo que ni eso, ni su escudo, ni su casco de penacho rojo entrarán jamás en reparto.

295. "Mi padre añadirá a estos presentes doce bellas mujeres, numerosos cautivos con sus armas y, finalmente el propio campo en que estamos, que pertenece al rey Latino. En cuanto a ti, ¡oh Eurialo!, de tierna juventud y de

[554] Ciudad de la Troada.

edad que apenas sobrepasa a la mía, serás en adelante mi amigo y confidente, y mi compañero en la paz y en las fatigas de la guerra."

300. "Nadie me verá de otra suerte —replica el joven guerrero— si sobrevivo a esta arriesgada empresa. Mas yo os pido, ¡oh señor!, una sola gracia, que prefiero a cuanto me prometéis. Me ha seguido a estos países mi madre, rama del viejo tronco de Príamo.

305. "Ni las costas de Troya, ni la ciudad de Acestes, pudieron retenerla. Tengo resuelto ocultarle el peligro a que voy a exponerme, y partir sin besarla. Por testigos pongo a vuestra mano y a la noche, ¡oh señor!, de que no resistiría sus lágrimas.

310. "Pues bien: yo os suplico que la consoléis de mi ausencia, y que la sostengáis en tan cruel abandono. Permitid que me lleve esta dulce esperanza, que me hará desafiar todos los peligros." Emocionada por este discurso, apenas puede la asamblea contener sus lágrimas.

315. Tan bello ejemplo de piedad filial produce fuerte impresión en el joven Iulo. "Yo te prometo —dice a Euríalo— que haré por ti cuanto merece tu generosa empresa. Miraré por tu madre como si lo fuera mía; sólo le faltará el nombre de Creusa. Cualquiera que sea la suerte de su hijo, tendremos siempre en cuenta que le dio nacimiento.

320. "Cuanto a ti te prometo para tu regreso, hágolo también a tu madre y a toda tu familia. Lo juro por mi propia cabeza, que es lo que toma como testigo mi padre cuando hace sus juramentos." Habla así el joven príncipe, con lágrimas en los ojos.

325. Al mismo tiempo regala a Euríalo su espada, que tiene el puño de oro y la vaina de marfil, obra del célebre artífice gnosio Licaón. A la vez Mnesteo da una piel de león a Niso, y Aletes le cambia el casco por el suyo. De esta suerte armados, Niso y Euríalo se ponen en camino.

330. Les acompañan hasta la salida del campamento los jefes troyanos, guerreros de distintas edades, que hacen mil votos por su feliz regreso. Ascanio, que hace gala de una prudencia y un interés desproporcionados a sus años, les encarga mil cosas para su padre. ¡Vanas palabras que se llevan los vientos y en los aires se pierden!

335. Salen los dos amigos del recinto murado, y, a favor de las tinieblas, penetran en el campamento enemigo, de donde no saldrán más que después de haber derramado mucha sangre. Por doquiera ven soldados sumidos en la embriaguez y en el sueño, tendidos en la hierba.

340. Están inmóviles los carros a lo largo de la orilla del río, y duermen sus conductores entre las ruedas y bajo los arreos. Y están desperdigadas aquí y allá las armas, revueltas con vasos llenos aún de vino. Euríalo dice a su compañero Niso: "Hay que dar un golpe audaz. La ocasión nos invita.

345. "Yo voy a avanzar por este lado; tú, entretanto, vigila bien, para que el enemigo no venga a sorprendernos por la espalda. Voy a degollar a todo el

que encuentre a mi paso, y ten por seguro que voy a abrirte una ancha senda."

350. Dicho esto, precipítase, espada en mano, sobre el soberbio Ramnetes, que, acostado en mullido lecho, dormía profundamente; príncipe él también, que le era muy querido a Turno por su habilidad para predecir. Pero toda su ciencia augural no puede librarle ahora de la muerte.

355. En seguida sorprende a tres esclavos de Remo, acostados junto a sus armas, así como al auriga conductor de su carro, que dormía en éste, con la cabeza doblada sobre los caballos. Con su espada lo abate, haciéndolo caer a sus pies, lo mismo que al dueño.

360. Sepárale a éste la cabeza del tronco, y baña con su sangre el lecho y la tierra. Igual destino corren Lamiro, Lamo y el joven Serrano. Éste último acababa de entregarse al sueño, luego de pasarse jugando gran parte de la noche: ¡cuán feliz hubiera sido de jugar hasta el alba!

365. Compórtase Niso en el campamento de los rútulos como un león hambriento que cae sobre un rebaño: desgarra y abate a las trémulas reses, víctimas de su furor desatado y de su ansia de sangre. Y no cede ante este furor el propio de Euríalo, que hace caer bajo sus golpes a una multitud de guerreros vulgares.

370. Sorprende así desprevenidos a Fado, a Herbeso, a Reto y a Abaris. Reto no dormía; pero, viendo la matanza que se hacía de sus compañeros, ocultábase, temeroso de correr la misma suerte, tras una crátera. Sin embargo, el joven troyano le descubre apenas levanta un poco la cabeza, y húndele toda la espada en el pecho.

375. Antes de que la retire, ya expira Reto, vomitando su alma entre arcadas de sangre y de vino. Animado por estas primeras hazañas, dirígese Euríalo al barrio de Mesapo, donde las hogueras estaban ya casi extinguidas y los caballos pastaban desuncidos.

380. Pero Niso advierte que el furor lleva demasiado lejos a su amigo, y le dice: "Dejemos esto, porque se acerca el día y nos será contrario. Bastante sangre derramamos ya; nos hemos abierto un camino a través de los enemigos, que es lo que importaba."

385. No les tienta el botín, ni se detienen a recoger deslumbrantes armaduras, ni preciosos vasos, ni soberbios tapices. Sin embargo, Euríalo toma los jaeces de Ramnés y su banda guarnecida de clavos de oro: presente que en otro tiempo envió a Rémulo de Tiber el opulento Cédico, para estrechar más entre ellos los lazos de hospitalidad.

390. Rémulo, al morir, la legó a su nieto, y desaparecido éste, habíanse apoderado de ella, en una guerra, los rútulos, y tocádole a Ramnés. Euríalo la coge, y trata en vano de cargarla sobre sus hombros. También se apodera del casco de Mesapo, adornado con un brillante airón. De este modo salen uno y otro del campamento, poniéndose en salvo.

395. Entretanto, iban trescientos caballos, salidos de Laurento y mandados por Volcente, al encuentro de Turno, para llevarle las novedades del ejército acampado a distancia. Todos los jinetes llevaban brillantes escudos. Y acercábanse ya al campamento de sus aliados, cuando descubrieron a lo lejos a los dos jóvenes troyanos, que doblaban a la izquierda, en su camino.

400. Empezaba a clarear, y el brillante casco de Mesapo hizo traición al imprudente Euríalo. "No me engaño —dícese Volcente; y grita, desde el frente de su escuadrón—: "¡Alto, muchachos! ¿Qué motivo os trae? ¿Quiénes sois? ¿Adónde vais?" Niso y Euríalo, lejos de responder, emprenden precipitada fuga.

405. Dirígense a un espeso bosque, donde podrán huir, ya seguros a favor de las tinieblas. Pero Volcente, que conoce el país, ordena a sus hombres que tomen todas las salidas de ese bosque, muy lleno de espinos y de negras encinas, con sólo algunos senderos angostos y poco pisados.

410. La oscuridad y el peso del botín de que Euríalo va cargado detiénenle en su carrera, a la vez que el miedo hace su camino más difícil. Niso avanza entretanto, sin saber si Euríalo le sigue hasta que penetra en el bosque, y nada tiene ya que temer del enemigo.

415. Está junto a uno de los lagos que con el tiempo se llamarán albanos, tomando su nombre de la ciudad de Alba. Allí encuéntranse los establos magníficos que guardan los ganados del rey Latino. Niso se detiene, y sus ojos buscan en vano al compañero.

420. "¡Euríalo!le grita—, ¿dónde estás? ¿Por qué lado te buscaré, desgraciado de mí?" Vuelve sobre sus pasos, y toma de nuevo los oscuros y tortuosos senderos que antes recorrió; mas no halla por doquiera más que el silencio propio de los bosques.

425. De pronto percibe a sus espaldas ruido de caballos, y rumor de voces confusas hiere sus oídos. Vuelve la cabeza y descubre a Euríalo, que, habiéndose perdido en la oscuridad, viene ahora arrastrado por manos enemigas, tratando inútilmente de desasirse de ellas.

430. ¿Qué podrá hacer Niso para libertar a su amigo? ¿Apelará a la fuerza? ¿Buscará una muerte heroica al atacar él solo a una tan numerosa tropa? Blande su arco, y, levantando los ojos hacia el astro de la noche, dice: "¡Oh diosa, que brillas en el cielo, y que presides a los bosques!

435. "Si mi padre Hirtaco llevó por mí ofrendas a tus aras, y si yo mismo colgué de las bóvedas de tus templos despojos de los bosques, permite que pueda librarme de este escuadrón, y guía tú misma los dardos que voy a lanzar." Dicho esto, lanza, en efecto, una flecha con todas sus fuerzas.

440. La flecha hiende las tinieblas, y va a dar en la espalda de Sulmón, rompiéndose en él y atravesándole el pecho. Sulmón cae, vomitando oleadas de sangre, y expira. Asombrada la tropa, dirige en vano sus miradas a todas partes.

445. Niso, entretanto, envalentonado por lo que acaba de hacer, levanta el brazo y lanza una segunda flecha, que va a herir, silbante, a Tago y le atraviesa ambas sienes. Volcente, loco de furor, busca en vano el lugar de donde parten los golpes. Y no sabiendo qué hacer, se dirige a Euríalo, diciéndole:

450. "Tu muerte va a vengar la de estos guerreros." Y en seguida dirígese a él, espada en mano, para cumplir su amenaza. Ante esto, Niso se estremece; su razón le abandona; no puede mantenerse oculto, ni presenciar un espectáculo que va a traspasarle de dolor.

455. "Soy yo —grita—, soy yo quien ha lanzado esas flechas. Castigadme, rútulos; yo soy el único culpable. Ese no ha hecho nada contra vosotros; lo juro por el cielo y por los astros. Su crimen es haber amado mucho a su desgraciado amigo."

460. Mientras así habla, la espada del furioso Volcente hiere implacablemente el costado y el pecho del joven Euríalo, que cae muerto; arroyos de sangre brotan de su hermoso cuerpo, y su cabeza languideciente cuelga sobre uno de los hombros. Muere lo mismo que una flor nueva tronchada por el peso de la carreta.

465. O como las adormideras, que doblan la cabeza sobre el cuello cansado cuando se ven abrumadas por el huracán y la lluvia. Al instante se precipita Niso en medio del escuadrón enemigo, y busca a Volcente. No quiere más que a él.

470. En seguida le rodean, le aíslan, le atacan con furor. Mas nada le detiene; todo cede a su espantosa espada. Cuando, por fin, tropieza con Volcente, se la hunde en el cuerpo hasta el puño, metiéndosela por la boca, que halla frente a sí, en el momento mismo en que le hieren de muerte.

475. Ensangrentado cae, bajo mil golpes, sobre su querido Euríalo, y expira al punto, contento de haberse vengado. ¡Oh afortunados amigos!, si mis versos tienen algún poder, nunca quedaréis borrados de la memoria de los hombres. Viviréis en tanto el Capitolio sea la morada de los descendientes de Eneas, y en tanto sean los romanos los dueños del universo.

480. Después de desnudar a los dos troyanos, tienden los rútulos en sus largos escudos el cuerpo de Volcente, y, deplorando su suerte, lo trasladan al campamento, llenó también de dolor a la vista de Ramnetes, de Serrano y de Numa, como de los otros jefes caídos en la misma matanza.

485. Acuden todos y se congregan en torno a los muertos y a los heridos que respiran todavía. Se ve la tierra humeante de su sangre nuevamente vertida. Entre los despojos de los dos troyanos reconócese el casco brillante de Mesapo y la rica banda de Ramnetes, despojos que tanto había costado recobrar.

490. Expande ya la Aurora, saliendo del dulce lecho de Titón, una nueva luz sobre la tierra, y los rayos del sol naciente empiezan a dejar ver los

objetos, cuando se presenta Turno, brillantemente armado, y hace llegar a todos la orden de hallarse dispuestos para atacar el campamento enemigo.

495. Los jefes todos reúnen en seguida las tropas bajo sus banderas, y excitan con sus arengas el ardor de los combatientes. A la vez hacen colgar de dos largas lanzas las cabezas de Niso y Euríalo; horrible trofeo, al que siguen los gritos de todos los soldados.

500. Los enéadas, entretanto, endurecidos por el trabajo que representa un asedio, concentran todas sus fuerzas en la izquierda del campamento, que por la derecha cubre y defiende el río. Unos cavan los ingentes fosos, y otros guardan las altivas torres.

505. Ofrécese de pronto a sus miradas tristes el espectáculo de dos cabezas cortadas, que reconocen con dificultad. Pronto derrama la fama por la ciudad tan deplorable nueva, que llega en sus alas hasta los oídos de la madre de Euríalo.

510. En seguida la abandonan sus fuerzas y su calor; los husos se le caen de las manos, y toda la labor se esparce por tierra. Cuando, por fin, recobra el sentido, se arranca los cabellos, y, llenando el aire con sus gritos, corre enloquecida, sube a las murallas y avanza hasta las primeras filas.

515. No le importa mezclarse con los soldados, ni ofrecer su cuerpo a los dardos de los asaltantes. "Pero ¿eres tú —exclama— ese despojo que veo, mi amado Euríalo? ¿Eres tú, el consuelo de mi vejez? ¿Cómo has podido abandonarme tan cruelmente?

520. "¿Por qué, antes de exponerte a tan grandes peligros, no viniste al menos a recibir mis besos últimos? Tu cuerpo tendido en tierra extranjera va a ser, ¡ay!, presa de perros y de pájaros. ¡Ah, madre desgraciada! No he podido cerrarte los ojos, ni siquiera lavar tus heridas.

525. "Ni cubrir tu cuerpo con estas ropas en que trabajé para ti día y noche, trabajo que consolaba las penas de mi triste vejez; ni rendirte al menos los fúnebres deberes. ¿Adónde ir ahora? ¿Dónde hallaré los desdichados restos de tu cuerpo? Nunca volveré ya a verlos, ¡oh hijo mío!

530. "Ésto es lo que vine a encontrar a través de tantos mares y de tantas tierras. ¡Oh crueles rútulos!, si queda en vosotros algo de piedad, lanzad contra mí todas vuestras flechas. Apresuraos a darme la muerte. ¡Ten tú siquiera, ¡oh gran Júpiter, padre de los dioses!, compasión de mi dolor!

535. "Caiga tu rayo sobre esta cabeza mía, objeto de tu odio, y precipítame ya en los infiernos, si no puedo de otro modo librarme de esta vida cruel." Semejantes lamentaciones enternecen todos los pechos. Los troyanos todos, penetrados de dolor, gimen como ella.

540. Su desgracia les hunde en el abatimiento. Por mandato de Ascanio y de Ilioneo, entre Ideo y Actor se llevan a la desolada madre, que no cesa de gemir, y la llevan a su techado. Suena de pronto a lo lejos el ruido hiriente de las terribles trompetas, y el aire todo se estremece con los agudos gritos de los rútulos.

545. Ya los volseos avanzan, cerrando sus escudos y formando la tortuga[555] . Mientras unos adelantan, con ánimo de rebasar los fosos y arrancar las empalizadas, otros se acercan a los muros para escalarlos por los puntos que se presenten más débiles y menos guarnecidos por soldados.

550. Mas los troyanos están aguerridos en este género de combate, porque aprendieron a resistir los asaltos en un largo sitio, y así es como emplean toda suerte de armas contra los atacantes. Aquí rechazan a los enemigos con largas lanzas; allí hacen llover sobre ellos pesadísimas piedras.

555. Con eso tratan de aplastar su tortuga, que parece, sin embargo, invencible, puesto que desafía todos los esfuerzos de los sitiados. Mas no tarda en sucumbir; pronto se precipita una enorme roca, lanzada por vigorosos brazos, sobre la larga bóveda de escudos, y la hunde, aplastando a miles de soldados y desbaratando todo el batallón.

560. Entonces se ve desconcertados a los fieros rútulos, que renuncian a la guerra ciega[556] , y se dedican a lanzar flechas contra los sitiados, para retirarlos de las murallas. Mecenzio, cuya sola vista infunde horror, va de un lado para otro sacudiendo una antorcha etrusca.

565. Con ella, que lanza raudales de llamas y de humo, trata de prender fuego a las empalizadas. A la vez Mesapo, famoso domador de caballos, intenta destrozar los baluartes y pide escalas para tomarlos por asalto.

570. ¡Oh Musas y, sobre todo, oh Calíope![557] , inspirad aquí mi canto. Referidme las sangrientas hazañas de Turno en esta jornada. Decidme los guerreros que viéronse precipitados en el tenebroso imperio de Plutón. Desvelad ante mí los grandes acontecimientos de este sitio. Porque vosotras, ¡oh Musas!, todo lo recordáis y podéis describírmelo[558] .

575. Había una torre de gran elevación, ventajosamente situada, que a viva fuerza querían tomar los sitiadores. Los teucros la defendían con vigor, haciendo llover sobre el enemigo, y por las troneras, una granizada de piedras y dardos.

580. Fue Turno quien primero lanzó un hacha encendida contra esta torre, logrando que prendiera la llama. Pronto, a favor del viento, esta llama

---

[555] Llamábase así, en efecto, por la apariencia de caparazón de tortuga que ofrecían los escudos, tan estrechamente unidos.

[556] "Guerra ciega", es decir, combate en que no se veía al enemigo, ya que impedíalo la antedicha "caparazón de tortuga".

[557] Musa que presidía la poesía heroica. Virgilio la invoca por la pintura epopéyica que está haciendo de la lucha entre Turno y los troyanos, a todo lo largo de este Libro IX. Calíope era, en efecto, la musa de los cantos heroicos y de las elegías, representándosela, por ello, con tablillas para escribir y estilete.

[558] Parece ser que este último concepto es un verso interpolado, que no escribió Virgilio.

propagose a tablas y postes, que empezaron a consumirse. Empavorecidos ante ello los sitiados, corren de un lado para otro con azoramiento.

590. Y se refugian en los sitios donde el incendio no hizo presa todavía. Mas huyen inútilmente de la desgracia que les persigue, porque mientras ellos se precipitan hacia el lado opuesto a las llamas, la torre se desploma hacia allí con horrible estrépito, que puebla los aires.

595. Unos caen aplastados bajo la mole del edificio, mientras otros se ven heridos por sus propias armas, o abrasados por los tizones, sin que apenas escapen más que Helenor y Lico. Helenor, el de más edad, era hijo del rey de Meonia[559] y de la esclava Licinia, que, habiéndole criado secretamente, le envió con armas vedadas[560] al sitio de Troya.

600. Eran estas armas una espada desnuda y un escudo blanco[561]. Así que este guerrero se ve en medio de las gentes de Turno, y envuelto por todas partes, por rútulos y latinos, lánzase contra los dardos, cual fiera asaltada por un grupo de cazadores, que afronta por debajo de las flechas una muerte cierta.

605. No de otro modo se arroja el intrépido Helenor sin esperanza, en medio de los enemigos, y ataca él solo a los batallones erizados de lanzas y de jabalinas. Lico, más ligero, hiere de través a los adversarios y escapa.

610. Llegado al pie de los baluartes, trata de remontarlos, con la ayuda de sus compañeros, que le tienden las manos. Pero Turno le alcanza. "Insensato —le dice—, ¿creíste que escaparías?" Al mismo tiempo, tira de él con fuerza y lo arranca con un trozo de muro.

615. No de otro modo que cuando el águila se precipita sobre un cisne o una liebre, y se los lleva hacia las nubes; o cuando el lobo audaz arrebata del aprisco un cordero, al que su madre llama con tiernos balidos. Semejante hazaña de Turno es aprobada por los gritos de todos los soldados.

620. Estos avanzan en seguida para colmar el foso, a la vez que lanzan antorchas contra las torres. Cuando Lucrecio prende fuego a una de las puertas, Ilioneo deja caer sobre su cabeza una piedra enorme que lo aplasta. Liger, hábil en arrojar dardos, mata a Ematión.

625. Asilas, cuya segura mano pone a lo lejos la flecha donde quiere, arroja una que alcanza y hiere a Corineo. Asimismo Ceneo mata a Ortigio, y recibe, a su vez, la muerte de Turno, que al mismo tiempo sacrifica a Itis,

---

[559] Nombre antiguo de Lidia.

[560] Lo de "vedadas" significa para unos que "su padre le había prohibido ir a la guerra", y para otros que Helenor, como hijo de esclava, tenía "vedado" usar las armas propias de los hombres libres.

[561] De acuerdo con la última interpretación de la nota anterior, dice aquí el poeta "espada desnuda" y "escudo blanco". Sabido es que sólo los guerreros de categoría podían llevar en el escudo molduras o trofeos y la espada envainada.

Clonio, Dioxipo, Prómolo, Sagaris e Ida, encargados de la defensa de las torres.

630. Capis inmola a Priverno. Este, herido ya por la lanza de Temila, había arrojado su escudo y llevábase la mano al boquete abierto en su carne cuando la alada flecha de Capis, hendiendo los aires le atravesó la mano y el pecho, haciéndole perder la respiración y la vida.

635. Distínguese el hijo de Arcente por la belleza de su rostro, el resplandor de sus armas y su manto de púrpura de Iberia, ricamente bordado. Antes de exponerle su padre a los peligros de la guerra, habíale educado cuidadosamente en las riberas del Simeto[562] ...

640. ...en un bosque consagrado al dios Marte, donde hoy se alza el suntuoso y aplacable[563] altar de Palico[564] . Viéndole Mecenzio, deja las astas[565] , y dando tres vueltas en torno a su cabeza a la estridente honda, lánzale una pelota de plomo, que vuela por los aires, hiende la cabeza del hijo de Arcente y le deja muerto en la arena.

645. Dícese que fue en este combate donde el joven Ascanio, que nunca hiciera más que asustar a los tímidos habitantes de los bosques, probó por vez primera sus rápidas flechas. Tendió con una de ellas al fuerte Numano, apodado Rémulo, que recientemente se había casado con la hermana menor de Turno.

650. Orgulloso[566] de su alianza con un rey, iba a la cabeza de la primera línea, insultando soezmente a los troyanos en voz alta, y vomitando contra ellos las más horribles injurias.

655. "¡Oh frigios cobardes! —les gritaba—, ¿no os avergonzáis de veros sitiados por segunda vez, y de poner de nuevo unas murallas entre vosotros y la muerte? ¡Esa es la nación que, con las armas en la mano, trata de arrebatarnos una princesa! ¿Qué dios o, más bien, qué furia os ha traído a Italia?

660. "No encontraréis aquí a los hijos de Atreo, ni al fanfarrón Ulises, sino hombres robustos, que bañan en los ríos a sus hijos al nacer, y que después los endurecen en los hielos. He aquí los juegos de nuestra infancia: recorrer los bosques, perseguir a las fieras, domar caballos y lanzar venablos.

665. "Nuestra juventud, sobria y laboriosa, cultiva la tierra o empuña las armas. Incesantemente tenemos el hierro en la mano, y de un dardo nos

---

[562] Río de la Sicilia oriental, hoy el Giaretta.

[563] Es decir, que sirve para aplacar a la divinidad.

[564] Se llamaba altar de Palico o de los Palicos. Estos eran dos gemelos, hijos de Júpiter y de la diosa Talía. Ese altar o templo estaba cerca de una ciudad del mismo nombre —Palica—, y junto a él había dos fuentes de agua hirviente, sobre la que se prestaba juramento.

[565] Es decir, las lanzas.

[566] Se entiende Numano.

servimos como aguijón para castigar a nuestros bueyes a la carreta uncidos. Y la lenta vejez no abate nuestro valor ni nuestras fuerzas.

670. "Con un casco cubrimos nuestros blancos cabellos. Nos enriquecemos constantemente con nuevos despojos, y vivimos del botín. Vosotros, en cambio, ¡oh troyanos!, no lleváis bajo vuestras ropas brillantes más que corazones cobardes, buenos sólo para la danza y la estéril diversión.

675. "Anuncian ya vuestra blandura esas túnicas de largas mangas y esas mitras adornadas de cintas. Id, pues, ¡oh frigias!, puesto que no merecéis siquiera el nombre de frigios, a danzar a los altos Díndimos[567], donde podrán gozar vuestros oídos acostumbrados al bíforo son[568] de la flauta.

680. "Os llaman este instrumento y panderos de la diosa Idea[569]. Renunciad, pues, a las armas, y dejad el hierro para los hombres." No ha podido sufrir Ascanio tal sarta de insultos, y así es como ha empuñado el arco, dirigiendo a la vez a Júpiter esta plegaria:

685. "¡Oh dios todopoderoso!, favorece este primer golpe mío. Te haré grandes ofrendas en tus templos. Te inmolaré un toro joven, blanco, con los cuernos dorados, tan grande como su madre, que sabrá ya embestir, y cuyos pies harán volar el polvo."

690. El padre de los dioses le atiende: he aquí que, en medio de un cielo sereno, retumba el trueno a su izquierda. En seguida lanza su flecha, que parte, vuela, silba y hiere en la cabeza a Rémulo, atravesándole ambas sienes. "Insulta ahora al valor —le dice— con tus palabras insolentes.

695. "He aquí la respuesta de estos cobardes frigios, que se dejan vencer dos veces en sus muros." No dice el valeroso príncipe[570] más que esto, y los troyanos todos, ebrios de alegría y de triunfo, aplauden enardecidos.

700. Está viendo, entretanto, el crinado Apolo[571], desde lo alto de una nube, el ejército de los rútulos y el campamento de los enéadas, y dice al joven Ascanio: "Valor, ¡oh niño intrépido! Así es como se consigue la inmortalidad. Desciendes de dioses, y los dioses deben descender de ti.

705. "Un día la raza de Asáraco acabará con todas las guerras que el destino haya encendido[572]. Troya no te contiene ya."[573] Dichas estas

---

[567] Montes de Frigia, consagrados a la diosa Cibeles. Su nombre es hoy Murad-Dagh.

[568] "Bifore son", es decir, sonido de dos flautas desiguales.

[569] Se llamaba también Idea a la diosa Cibeles, por estar a ella consagrado el monte Ida. Los panderos de que se había, así como las flautas, eran los que se hacían sonar en las fiestas y sacrificios que celebrábanse en su honor.

[570] Ascanio.

[571] Se le llama "crinado" por parecer que forman su crin o cabellera los rayos del sol.

[572] Alude aquí el poeta a la llamada, en la Historia, "paz octaviana".

[573] Es decir, "eres ya demasiado grande para Troya".

palabras, el dios desciende de la nube, hiende los aires y se acerca al joven príncipe, bajo la figura del anciano Butes.

710. Había sido éste en otro tiempo escudero de Anquises, y fiel guardián de su puerta, y más tarde ayo de Ascanio. Apolo ha tomado exactamente la apariencia del viejo, su voz, su piel, sus cabellos blancos y sus armas ordinarias.

715. "¡Oh hijo de Eneas! —le dice, arrebatado—, gran empresa ha sido para ti haber vencido al bravo Numano. Tan gloriosa hazaña la debes al favor de Apolo, que nunca se siente celoso de las armas iguales a las suyas[574] . Y ahora, valeroso infante, deja ya de exponerte a los peligros de la batalla."

720. Dicho esto, Apolo se despoja de su vida mortal, y se desvanece en los aires. Entonces los capitanes troyanos que rodean a Ascanio reconocen al dios, en el ruido de su carcaj y de sus flechas. Y siguiendo los divinos consejos del desaparecido, reprimen el belicoso ardor del joven príncipe.

725. Así es como le sustraen a los peligros. En cuanto a ellos, seguirán combatiendo y afrontando todos los azares. Levántase de pronto un gran clamor a lo largo de las murallas. En seguida se tienden todos los arcos, y son lanzadas mil flechas, que al impulso de brazos vigorosos atraviesan los aires.

730. La tierra toda, en un momento, se cubre de dardos; retiemblan cascos y escudos bajo los golpes que reciben, y el combate se hace en extremo furioso; no de otro modo que cuando azota el suelo un aguacero, viniendo de la parte del ocaso con los lluviosos Cabritos[575] .

735. Y no de otro modo que cuando Júpiter levanta los vientos del Mediodía, y provoca una atroz tempestad, rompiendo las nubes, de las que cae una horrible escarcha que se precipita sobre la tierra.

740. Había en el campo de los troyanos dos hijos del ideo Alcanor[576] , llamados Pandaro y Bitias, a los que su madre, Iera[577] , había criado, como habitante de los bosques, en uno consagrado a Júpiter. Pues estos dos guerreros, de talla igual a los montes y a los abetos del país en que nacieran...

745. ... abrieron, bien empuñadas las armas, la puerta cuya custodia se les había confiado, y desafiaron al enemigo para que entrase en el campamento. Orgullosamente se mantenían, casco en la cabeza y hierro en la mano, a ambos lados de la entrada que el adversario debía franquear.

---

[574] O que sean tan hábilmente manejadas como las suyas por él. Estas armas, con las que se representa a Apolo, son, como es sabido, el arco y la flecha.

[575] Mientras unos dicen que estos "Cabritos" son las llamadas "Cabrillas" o Pléyades, afirman otros que debe entenderse por tales a las dos estrellas de la constelación de Bootes, o el Boyero o Carretero.

[576] "Ideo", es decir, oriundo del Monte Ida, en Troada; o, lo que es lo mismo, y por extensión, "troyano."

[577] Ninfa del mismo monte Ida.

750. Semejaban a dos encinas del Po o del Atesis[578] , de las que elevan hasta los cielos sus cabezas batidas por el viento. Los rútulos, viendo abierta aquella brecha del campamento, se precipitan en multitud. Son muchos los que acuden a atacar a los dos hermanos:

755 Quercente, el brillante Aquículo, el temerario Tmaro y el mavorcio[579] Hemón, a la cabeza de sus soldados; mas todos son puestos en fuga, o bien quedan tendidos a los pies de entrambos gigantes. Semejante espectáculo redobla en uno y otro lado el furor. Envalentonados los enéadas, acumúlanse en aquella misma puerta, y, ardiendo en deseos de combatir, franquean la peligrosa barrera.

760. Los rútulos hacen saber a Turno, ocupado valerosamente en otra parte, que los frigios acaban de abrir las puertas de su campamento, haciendo una salida contra los sitiadores, y llevando a cabo entre ellos gran matanza.

765. Turno, trémulo de furor, abandona su ataque y acude al lugar de la puerta abierta, precipitándose en medio de los temibles hermanos. Antes de llegar, es Antífates, hijo natural del alto Sarpedón y de una tebana, quien primero se ofrece a sus golpes.

770. Turno le arroja un dardo ítalo, con el que le atraviesa el pecho. Penetra el hierro hasta sus pulmones, quedando en la herida, de la que brota un torrente de sangre. La misma suerte sufren Merope, Erimanto y Afidno. En seguida se lanza contra el valeroso Bitias, cuyos ojos centellean y cuyo pecho se estremece de cólera.

775. A éste no le ataca con un dardo, porque un dardo no le quitaría la vida, sino con la formidable falárica[580] , que Turno lanza con la misma impetuosidad con que su rayo Júpiter. La violencia de tan terrible golpe no la resiste el escudo de Bitias, hecho de diez cueros, ni su fiel coraza de mallas de oro.

780. Herido de muerte, se desploma con su enorme altura. La tierra gime bajo el peso de su cuerpo, y el escudo tintinea. No de otra suerte, en la ribera de Bayas[581] , cae en el mar una gran masa de peñas, revolviendo las aguas, levantando una negra arena del fondo de los abismos...

785. ... y haciendo retemblar a las islas Proquita[582] e Inarime[583] , impuestas como funesto lecho, por mandato de Júpiter, al horrible cuerpo

---

[578] Adige, río de Venecia.

[579] "Mavorcio" equivale a "belicoso" o "guerrero", por provenir etimológicamente de Mavorte o Marte, dios de la guerra.

[580] La falárica era un gran dardo cuyo hierro tenía tres pies de largo; entre este hierro y el mango atábanse estopas impregnadas en materias inflamables. Se le prendía fuego al ir a arrojarla.

[581] Ciudad de Campania, cerca de Cumas.

[582] Isla situada frente al cabo Miseno, en Campania. Hoy se llama Prócida.

[583] Isla situada al Oeste de la anterior. Se la conoce hoy con el nombre de Isquia.

del gigante Tifeo. El dios Marte, a partir de este momento, reaviva el valor de los latinos y abate el de los troyanos, enviándoles la Fuga y el Temor.

790. Agrúpanse los primeros, llegados de todas partes, a la vista del enemigo fuera de las murallas, animados como están por el dios de los combates. Así que Pandaro ve a su hermano tendido en tierra, y a sus compañeros de armas llevando la peor parte...

795. ... aplica sus anchas espaldas contra la puerta, aun a pesar del esfuerzo de los asaltantes, y consigue cerrarla; mas deja fuera del campamento a numerosos troyanos, empeñados en sangriento combate. Muchos otros vuelven a entrar en el campo con él, mas no ve el insensato que entre ellos entra también el rey de los rútulos.

800. Penetra en el campamento enéada como un tigre cruel en medio de un rebaño indefenso. En seguida se reconocen el estruendo de sus armas, el rojo penacho que flota sobre su casco, los temibles resplandores de su escudo, su apuesta figura y su elevada talla.

805. Ante él se estremecen los troyanos. Mas Pandaro, sin asustarse, va a su encuentro, ávido de vengar la muerte del hermano. "No es éste —le dice— el palacio de Amata, donde Turno se jacta de casar a su hija. No te hallas tampoco entre los muros de tu patria Ardea.

810. "He aquí, ¡oh Turno!, que te hallas en medio de tus enemigos, y que no conseguirás escapar." El jefe adversario, sin intimidarse, le responde con una sonrisa: "Si tienes valor, ven contra mí. Podrás de ese modo contar a Príamo que también aquí se ha encontrado un nuevo Aquiles."

815. Súbitamente le lanza Pandaro, con todas sus fuerzas, una terrible jabalina de nudoso mango. Mas el golpe se pierde en los aires. Juno la desvía, y el terrible dardo queda hundido en la puerta. "No evitarás —le dice Turno— el golpe que mi mano te destina.

820. "Éste es otro brazo que el tuyo, y vas a probar su destreza y vigor." Dice así, y, levantando una terrible cimitarra, descarga sobre él tan violento golpe, que le hunde la cabeza entre ambas sienes y separa sus dos mejillas, todavía imberbes.

825. Su partida cabeza dóblase al punto sobre los hombros, sus sesos se esparcen sobre las armas ensangrentadas, y el cuerpo vibra bajo el peso de su cuerpo enorme. A la vista de esto, llenos de espanto, los enéadas emprenden la fuga; y si Turno hubiera pensado entonces en romper las puertas del campamento...

830. ... para hacer entrar a sus tropas, ese día habría sido el último de la guerra y de la nación troyana; pero se dejó llevar simplemente por el afán de la matanza. Así es como cae primero sobre Falaris y Giges, al que corta una rodilla; y recoge los dardos que le tiran y los lanza a su vez contra los que huyen muertos de terror.

835. Juno aumenta su fuerza y su valor. El héroe mata a Halis y Fegeo, atravesando su adarga. Luego sube a los muros, y allí mata a Alcandro, a

Halio, a Nemón y a Pritanis, ignorantes de su presencia en el campamento. Lánzanse entretanto contra él Linceo y sus compañeros.

840. Pero Turno previene sus golpes, parapetándose contra la muralla, y de un tajo que da a Linceo le hace volar la cabeza con el casco. Asimismo mata a Amico, el más famoso cazador de su tiempo y el más hábil emponzoñador de dardos con jugos venenosos. En seguida vuelve sus armas contra Clicio, hijo de Eolo.

845. Y contra Creteo, favorito de las Musas, que, prendado de la armonía de los versos y de la música, solía cantar en su lira las carreras de los caballos y los combates de los guerreros. Danse cuenta los dos jefes teucros Mnesteo y Seresto del estrago que está haciendo Turno en el campamento, y acuden presurosos.

850. Ven entonces al enemigo entre sus muros, y a los defensores fugitivos. Y Mnesteo les grita: "¿Adónde vais? ¿Tenéis por ventura otras murallas que éstas? ¿Será posible que un hombre solo, encerrado entre ellas, mate impunemente a la flor de nuestros jóvenes guerreros?

855. "¡Cobardes! ¡Habéis olvidado qué os debéis a vuestra patria, a vuestro rey, a vuestros dioses!" Semejantes palabras reavivan el espíritu de los troyanos, que se rehacen y encaran con el enemigo. Turno rehúye el combate, y se retira insensiblemente hacia la parte del río.

860. Entonces los enéadas se agrupan para atacarle; lanzan grandes gritos y le persiguen con ardor. El retrocede rugiendo, como un temible león acosado por nutrido grupo de cazadores, y lanza a todos miradas aterradoras. Su valor y su cólera le impiden huir.

865. Quisiera, mas no puede, lanzarse sobre todos sus atacantes, y abrirse paso a través de dardos y espadas. Entretanto, el orgulloso Turno sigue retrocediendo, vacilante y furioso, bien a pesar suyo. Por dos veces rechaza él solo a un numeroso grupo de enemigos, y otras tantas obliga a huir a lo largo de los muros al fuerte pelotón de troyanos.

870. Mas, reunidas así contra él todas las tropas sitiadas, no se atreve ya Juno a protegerle contra tantos brazos. A la vez, y en este momento, Júpiter envía a Iris a su divina esposa con amenazadoras órdenes, si Turno no se apresura a abandonar el campamento de los teucros.

875. Advierte entonces el héroe que su fuerza y su valor le abandonan; apenas puede ya levantar el brazo para herir; apenas ya puede oponer su escudo a los golpes que se le dirigen. Su casco y sus armas todas retiemblan bajo los dardos y piedras que le lanzan.

880. Su propio penacho se ha vuelto del revés, y su escudo vese ya incapaz de parar tanta acometida. Ni siquiera le deja respirar el fulmíneo[584] Mnesteo, a la cabeza de sus guerreros armados de lanzas.

---

[584] Es decir, semejante al rayo.

885. Por fin, cubierto de sudor, de sangre y de polvo, y falto ya de aliento, arrójase con todas sus armas al río. El Tíber le acoge en su seno. Sus tranquilas aguas le sostienen, y, luego de lavarle la sangre que le cubre, lo restituyen gozoso a su ejército.

LIBRO X

ARGUMENTO

Reúne Júpiter el Consejo de los dioses, para instigarles a que reinen entre ellos la paz y la concordia, y que no se ensangriente todavía el suelo de Italia. "Tiempo habrá de ello —viene a decir el señor de los cielos—, cuando en la guerra púnica asalten ese suelo las legiones de Aníbal."

Venus y Juno son las que, a propósito de los troyanos, se dirigen los más vivos reproches. Cansado Júpiter de oírlas, y viendo que no puede en modo alguno reconciliarlas, anuncia que en lo sucesivo no tomará partido por uno ni otro bando, y que dejará la guerra abandonada a sí misma.

Entretanto, y abajo en la tierra, los rútulos se aprestan a atacar los baluartes de la nueva Troya, que los teucros defienden denodadamente. El propio Eneas, que ha reclutado ya tropas auxiliares de Etruria, acude por mar al campo de batalla, luego de embarcar al frente de una treintena de navíos. En el viaje rodean el suyo las nuevas ninfas del mar, de que se habló en el Libro IX, y le exponen los peligros a que sus gentes se hallan sometidas en la nueva Troya.

Cuando Eneas llega, los enemigos se oponen a su desembarco, trabándose duro y cruel combate. Palante, hijo del rey Evandro, al que éste despidió con los más tiernos acentos de su alma, es sacrificado por Turno, el príncipe rútulo. Furioso Eneas por esta pérdida, lleva a cabo una verdadera matanza en el campo adversario. A la vista del jefe, salen los troyanos de sus baluartes, uniéndose a las tropas árcades y etruscas, con lo que la batalla se encarniza más aún, al ganar en extensión y ferocidad.

Teme la diosa Juno por la suerte de Turno, que va ya a entrar en un cuerpo a cuerpo con Eneas, y se vale de la siguiente añagaza para salvarle: forma un fantasma con todas las apariencias de Eneas, su rostro, su aspecto, su andar, sus propias armas... Al verle, Turno va a él creyéndole ciertamente Eneas. Pero el fantasma huye y se refugia en un barco anclado en la orilla. Turno le sigue, y cuando salta también al navío, las amarras de éste se rompen, y el barco, solo, se lanza a navegar mar adelante, sin más viajero que Turno —ya desvanecido el fantasma— y con toda la rabia y desesperación del príncipe rútulo, que ve en ello un castigo y no un premio, ya que huye vergonzosamente del campo de batalla, dejando a su gente en medio del peligro. Pero Juno le protege de este modo, devolviéndole a la capital de su reino, sano y salvo.

Entretanto, en el campo de lucha ocupa Mecenzio el puesto del ausente, y hace una carnicería en las filas teucras y aliadas. Eneas se arroja contra él, no llegando a matarle, porque en el último momento le protege con su cuerpo Lauso, su hijo. Este valeroso mozo perece poco después en la contienda con Eneas, y cuando sus soldados le llevan muerto ante Mecenzio, el viejo guerrero se sobrepone a sus heridas, monta a caballo y corre a llevarle a Eneas la muerte.

Mas tampoco le es propicia la fortuna en este segundo combate, y Eneas triunfa de nuevo, degollando ahora al padre como antes hiciera con el hijo, aunque rindiendo a ambos el debido homenaje a su virtud y a su valentía.

TEXTO

Ábrese entretanto el palacio del Olimpo[585] , y reúne Júpiter a los dioses en derredor de su trono, sembrado de estrellas. El padre de los dioses y de los hombres, dirigiendo sus miradas hacia la tierra, ve desde allí el campamento troyano y el ejército latino. Siéntanse los dioses en los techados abiertos[586] , y Júpiter habla así:

5. "¿Por qué habéis cambiado de resolución, ¡oh grandes ciudadanos de los cielos!? ¿Por qué os dividen este odio y esta parcialidad? Yo había prohibido que los pueblos de Italia hicieran la guerra a los troyanos: ¿de dónde, pues, viene esta discordia que, a pesar de mis órdenes, reina entre las dos naciones? ¿Qué terror les hizo tomar las armas a uno y otro bando?

10. "¿Qué pudo llevarles a entregarse al combate? Vendrá un tiempo fatal; un día en que Italia será teatro de sangrienta guerra, cuando la feroz Cartago, luego de abrirse camino a través de los Alpes, amenace caer sobre el Capitolio[587] . Entonces os será permitido dar rienda suelta a vuestros odios y devastar estas comarcas. Entretanto, dejad reinar entre vosotros la alegría y la paz."

15. Apenas dice esto Júpiter, toma la palabra la hermosa Venus, que se explica así largamente: "¡Oh padre! ¡Oh eterna potestad de los dioses y de los hombres! Tú eres el único a quien podemos demandar auxilio, y tú mismo ves cómo los rútulos nos ultrajan. Brilla Turno entre sus numerosos escuadrones, soberbio en su triunfo.

20. "No están seguros los troyanos dentro de sus baluartes, porque el rútulo penetra en el recinto de su campo. Allí ataca encarnizadamente a los

---

[585] Imagínase aquí el poeta el Olimpo al estilo de los palacios reales de los tiempos heroicos, es decir, con la morada del rey en el centro y, en torno suyo, los aposentos de los cortesanos.

[586] Hay quien cree que se trata de una estancia abierta por dos lados (*tectis bipatentibus,* en el original), pero es más presumible que, se trate de una sala con las dos hojas de su puerta abiertas. Así las tenía el Senado romano, durante sus sesiones, para que el pueblo pudiera presenciar y seguir los debates sin necesidad de entrar.

[587] Alúdese aquí a la segunda guerra púnica, en que Aníbal pasó los Alpes, batió a los mejores generales de la república y pudo llegar a poner en grave peligro a Roma, a no ser por las históricas "delicias de Capua". "Roma" está aquí representada, retóricamente, por el Capitolio, su más representativo monumento.

sitiados, y hasta los fosos rebosan sangre. Por su parte, Eneas, ausente, ignora cuanto ocurre. ¿Es que va a ser destruida la nación troyana? He aquí que apenas empiezan a elevarse los muros de la nueva Troya, un ejército los sitia.

25. "Diómedes[588] surge nuevamente de los campos de Etolia[589] contra los teucros. Yo misma, sin duda, debo también esperar nuevas heridas[590]; yo, hija tuya, estoy destinada todavía a los golpes de un mortal. Si los troyanos vinieron a Italia sin tu permiso y contra tu voluntad, que paguen sus pecados.

30. "Niégales todo tu apoyo. Pero si los trajeron los oráculos, si han tenido que obedecer al cielo y a los infiernos, ¿cómo nadie puede ahora escarnecer tus leyes y cambiar los destinos? ¿Tendré que recordar el incendio de nuestras naves en el litoral ericinio?[591].

35. "¿Tendré que hablar del rey de las tempestades[592], y de los vientos desencadenados en Eolia? ¿Habré de referirme, finalmente, a los viajes de Iris a la tierra? No falta ya más que alzar en contra nuestra a las divinidades infernales. He aquí a Alecto, que sale de pronto del Tártaro...

40. "... y sopla su furor contra todas las ciudades de Italia. No pido ya el imperio para mis hijos. En él pensábamos mientras la fortuna nos era favorable; pero puedes ya dar la victoria al que te plazca. Mas si ninguna región puede entregar a los teucros tu dura cónyuge, yo te conjuro, ¡oh padre mío!, en nombre de las ruinas humeantes de la desgraciada Troya...,

45. "... a que me sea lícito retirar incólume de las armas a Ascanio, mi nieto. Que Eneas, puesto que así se dispone, vague sin cesar por los mares ignotos; pero que pueda yo apartar, al menos, a su hijo de los peligros que le rodean en el campamento y del cruel combate.

50. "Conservo yo mis dominios de Amatonte[593], Pafos[594], Citera[595] y la mansión de Idalia[596]; pues que Ascanio renuncie a la gloria de las armas, y

---

[588] Hijo de Tideo, uno de los caudillos que lucharon contra Troya.

[589] Más estrictamente de Arpi o Argiripa, ciudad de Apulia, por el propio Diómedes fundada.

[590] Alúdese aquí a las hazañas de Diómedes, que, en la guerra de Troya, había herido a Venus. Ladiosa, en vista de aquello, presiente heridas nuevas en el nuevo combate contra sus hijos.

[591] El monte Erice, hoy Castel San Giuliano, en Sicilia, da aquí nombre al litoral. Ya en el Libro IV se dijo cómo las mujeres troyanas habían quemado las propias naves de Eneas, en número de cuatro.

[592] Eolo.

[593] Ciudad de la isla de Chipre, en la que había un templo consagrado a Venus. Hoy se llama Limiso.

[594] Ciudad de la misma isla, famosa por igual razón que la anterior. Su nombre es hoy Kuklia.

[595] Isla situada al sur del Peloponeso, que hoy se la conoce por Cerigo. En su capital había asimismo un templo dedicado a Venus.

viva en cualquiera de esos lugares días tranquilos e ignorados. Manda que oprima Cartago a la Ausonia: él[597] no ha de oponerse. Mas, ¡ay!, ¿de qué le sirvió a Eneas haber sobrevivido a los azotes de la guerra?

55 "¿De qué nos sirvió salvarnos de los fuegos enemigos, y vencer todo género de peligros en la tierra y el mar, para llegar a Italia con el designio de levantar una nueva Pérgamo? ¿No habría sido mejor reposar en las cenizas últimas de la patria, en el propio sitio donde Troya sucumbió?

60. "Devuélvenos el Janto y el Simois; danos de nuevo las orillas de esos ríos, aunque tengan que volver, para los infelices troyanos, todas las penalidades del sitio de su ciudad." Irritada Juno por estas palabras de Venus, interrumpe: "¿Para qué me obligas a romper mi silencio y a exponer las quejas que con mi dolor ocultaba?

65. "¿Quién de entre los dioses o los hombres obligó a Eneas a tomar las armas y a declarar la guerra al rey de los latinos? Bien que fuera a Italia obedeciendo a los hados y a la profetisa Casandra; pero ¿le aconsejé yo que dejara el campamento y desembarcase en el Tiber? ¿Le dije yo que confiase a un niño la suerte de la guerra y la defensa de sus murallas?

70. "¿Ni que fuera a convencer la fe de los tirrenos, ni a soliviantar a naciones apacibles? ¿Qué dios le empujó a estos hechos? ¿Dónde está mi funesta influencia? ¿Qué tienen que ver con ello Juno y los mensajes de Iris? ¿Es injusto que los ítalos incendien la nueva Troya?

75. "¿Lo es que subsista en el suelo patrio Turno, nieto de Pilumno y de la diosa Venilia? ¿Pues qué? ¿Iban a arrebatar impunemente los troyanos las tierras de los latinos? ¿Iban así a oprimir las comarcas ajenas, y llevarse las presas, y elegir los suegros a su antojo, y raptar las mujeres ya prometidas?

80. "¿Iban, en una palabra, a conseguir la paz declarando la guerra? Tú, ¡oh diosa!, tuviste habilidad para sacar a Eneas de entre los griegos; para salvarle, valiéndote de una nube y del viento; para transformar sus naves en ninfas del mar. Y, siendo así, ¿no iba yo a poder proteger a mis rútulos?

85. "Dices tú que Eneas ignora lo que pasa en tu campo. ¿Y qué importa? Tienes Pafo, Idalia y la alta Citerea. ¿Por qué no los estableces allí? ¿Por qué irritas a una nación numerosa y guerrera? A creerte a ti, ya quiero exterminar los restos de Troya; pero ¿encendí acaso la guerra entre los griegos y los infelices troyanos?

90. "¿Quién levantó a Europa contra Asia, para vengar un pérfido atentado? ¿Fue por orden mía como el adúltero dardanio[598] saqueó la ciudad de Esparta? ¿Fui yo quien le dio las armas, y encendió en su pecho el culpable ardor que originó la guerra? Entonces era cuando debiste temblar

---

[596] Ciudad de la isla de Chipre, con templo también ofrendado a Venus, como Amatonte y Pafos.

[597] Ascanio.

[598] Paris.

por tu nación querida. Hoy son vanas tus invectivas, y tardías e injustas tus lamentaciones."

95. Así habla Juno. Los discursos de las dos diosas dividen a los presentes. Prodúcese en la asamblea divina un murmullo semejante al naciente soplo del viento que agita las copas de los árboles y anuncia en las costas la tempestad ya próxima. Por fin, toma la palabra el soberano árbitro del universo.

100. Los dioses se callan, la tierra tiembla, un profundo silencio reina en lo alto de los espacios, los vientos retienen su aliento y el mar calma sus olas. "Oídme —dice Júpiter— y grabad en vuestros espíritus lo que voy a deciros.

105. "Puesto que los ausonios están en discordia con los teucros, y no cesa entre vosotros la división, cualesquiera que sean la suerte o la esperanza del troyano o del rútulo, prometo no favorecer a uno ni a otro. El sitio del campamento troyano puede ser fatal para Italia, como que los extranjeros hayan acudido a ella por oráculos mal entendidos.

110. "Yo no absuelvo a los rútulos[599]. Desde ahora, las hazañas de unos y otros podrán serles favorables o adversas. Júpiter es el mismo rey para todos, y cuanto en adelante suceda será por haberse cumplido los destinos." El Olimpo entero retiembla cuando Júpiter, dicho esto, inclina su cabeza, luego de jurar por su hermano, el rey de los infiernos, por las temibles orillas del torrente de azufre y por el horrible abismo bituminoso.

115. Así termina el celestial consejo. Levántase Júpiter de su trono de oro, y todos los dioses le rodean, acompañándole hasta su palacio. Los rútulos, entretanto, han atacado todas las puertas del campamento de los teucros, esforzándose en echarlos de sus baluartes y en quemarles las murallas.

120. Los enéadas se ven sitiados por todas partes, sin esperanza alguna de retirada. ¡Desgraciados! En vano defienden sus altas torres, y ya sus muros no retienen más que un exiguo número de soldados. Puede verse en primera fila a Asio, hijo de Imbrasio; a Timetes, hijo de Hicetaón; a los dos hermanos Asáracos, y al anciano Timbris con Cástor.

125. Y detrás a los príncipes de Licia, Claro y Temón, hermanos de Sarpedón. Acmón el lirnesio[600] digno hijo de Clitio y digno hermano de Mnesteo, avanza sobre el parapeto llevando una enorme piedra arrancada de una montaña y la precipita sobre los asaltantes.

130. Otros, al mismo tiempo, hacen llover sobre ellos una granizada de dardos y flechas, mientras no pocos lanzan teas encendidas. Ascanio, justo objeto de los cuidados de Venus, recorre las filas; con la cabeza desnuda. Sus cabellos, recogidos con un broche de oro, flotan sobre sus hombros de deslumbradora blancura.

---

[599] Es decir, no les exime de que estén sujetos a los hados.

[600] Oriundo de Lirneso, ciudad de Misia, próxima al golfo Adramita, en el Asia Menor.

135. Brilla en medio de los jefes, como una perla engastada en oro, ornato de cuello o de cabeza, o como el marfil, artísticamente rodeado de ébano o de terebinto oricio[601]. Se ve asimismo al valiente Ismaro, nacido en la fértil Meonia[602], donde el Pactolo[603] rueda sobre arenas de oro.

140. Se le ve lanzar las flechas emponzoñadas con jugos venenosos. Y se descubre también al bravo Mnesteo, cuya gloria mayor es haber hecho huir de los baluartes a Turno; y al ilustre Capis, de donde toma su nombre la ciudad de Capua[604].

145. Mientras el cruel combate se desarrolla entre los dos bandos, Eneas boga por el mar, en medio de la noche. Luego de dejar a Evandro, y de reunir el ejército etrusco, dirígese al rey Tarconte; le da a conocer su nombre y su origen ilustre, y háblale del socorro que pueden prestarse recíprocamente.

150. Como también de la liga que Mecenzio ha formado, y de los violentos pechos[605] de Turno. Le convence de que es preciso desafiar los acontecimientos, y añade las súplicas a las reflexiones. Tarconte accede a unir sus fuerzas con las de Eneas, y queda la alianza concertada entre ellos

155. Entonces la nación lidia[606], viendo cumplido el oráculo, marcha, conforme a la voluntad de los dioses, bajo las órdenes de un general extranjero, y embarca en su flota. Va a la cabeza el barco de Eneas, adornada su proa con dos leones de Frigia que parecen tirar de él[607], y llevando encima[608] el Ida, tan grato a los teucros.

160. Sentado va allí el gran Eneas, meditando sobre los diferentes sucesos de la guerra. Palante, a su izquierda ora le pregunta qué astros rigen el curso de un navío durante la noche, ora le pide que cuente algo de lo mucho que

---

[601] Es decir, que crece cerca de Orico, hoy Erico, ciudad de Etruria. La madera de este árbol es negra y resinosa, y sus hojas muy parecidas a las del boj.

[602] Nombre antiguo de Lidia.

[603] Río de Lidia, llamado hoy Sabarat. Su fama de arrastrar pepitas de oro tiene un origen legendario. Un rey de Lidia, el famoso Midas, había conseguido de Baco la merced de poder cambiar en oro cuanto tocase. Pero como, por esta razón, se le cambiaban en oro hasta los alimentos, y el codicioso rey se moría de hambre, consiguió que le retiraran tal privilegio, para lo cual se bañó en el río Pactolo.

[604] Capital de Campania.

[605] Animos.

[606] Esta nación lidia son aquí los etruscos, ya que se les suponía originarios de dicho país.

[607] Las naves antiguas llevaban determinadas figuras en las proas, siempre simbólicas. Las de Frigia solían ostentar leones arrastrando el carro de la diosa Cibeles.

[608] En la popa, se entiende.

sufrió en el mar y en la tierra. Abridme, ¡oh Musas!, el templo de Helicón[609] y dignaos acoger mis cantos.

165. Decidme qué pueblos y qué jefes embarcaron con Eneas en la flota etrusca. Corta Másico el mar con un navío cuya proa representa un tigre; a sus órdenes van mil guerreros que han abandonado los muros de Clusio y de Cosas[610] . Son sus armas dardos y flechas, y penden de sus hombros el temible arco y el ligero carcaj.

170. En la misma línea boga la nave del feroz Abante, cuya popa está adornada con un Apolo de oro. Las tropas todas de este príncipe llevan brillantes armas: son seiscientos jóvenes soldados, muy aguerridos, que sacó de la ciudad de Papulonia[611] , y que unidos van a los trescientos reclutados en la isla de Ilva[612] , célebre por sus inagotables minas de hierro.

175. Tras ellos boga Asilas, intérprete de los dioses, que sabe leer en las entrañas de las victimas, en los astros y en el canto de las aves, y sacar presagios del rayo que hiende la nube; manda mil soldados, prácticos en formar un impenetrable batallón erizado de lanzas. El mando de estas tropas se lo dio al bravo Asilas la ciudad de Pisa, en Etruria[613] , fundada por una colonia de origen alfeo[614] .

180. Sigue a los anteriores el pulcro Astir, con su fe en el caballo y en las armas policromadas. Su gente, que, gozosa, le obedece, hállase formada por trescientos soldados de Cere, de la vieja Pirgos[615] , de Graviscas[616] y de las campiñas que riega el Minión[617] .

185. No te pasaré en silencio, ¡oh Ciniro!, valiente en la guerra, jefe de los ligures; ni a ti tampoco, ¡oh magnánimo Cupavo!, que sólo llevabas a tus órdenes un puñado de soldados. Las plumas de cisne que flotaban sobre tu casco anunciaban que el tierno amor había sido el crimen de tu casa, habiendo causado la transformación de tu padre.

190. Porque se cuenta que Cieno, apesadumbrado por la muerte de su amado Faetón, pasó llorando el resto de sus días, a los pies de las hermanas

---

[609] El Helicón era un monte de Beocia, consagrado a Apolo y a las Musas. Su nombre es hoy Sagara.

[610] Clusio estaba situada en la orilla de un lago que atravesaba el Clanio, afluente del Tiber. Cosas era una ciudad de la costa de Etruria, acaso lo que es hoy Orbitelo o Ansedonia.

[611] Ciudad de Etruria, hoy llamada Piombino.

[612] La actual isla de Elba, en el Mar Tirreno, que hizo famosa el destierro de Napoleón.

[613] La propia actual ciudad de Pisa.

[614] Según la leyenda, fue fundada por colonos oriundos de otra ciudad de Pisa, en la Elida, a orillas del Alfeo.

[615] Ciudad etrusca.

[616] Ciudad también de Etruria.

[617] El Mignone de hoy, río de Etruria.

de su amigo, cambiadas en álamos, expresando su dolor en los cantos[618] ; así como que en su vejez convirtieron los dioses en plumas sus canas, y que voló después al cielo, en figura de cisne, sin dejar de cantar.

195. Su hijo, cuya tropa estaba compuesta por soldados de igual talla, maridaba un gran navío llamado Centauro. Esculpido este monstruo en la proa, sobre el agua, parecía amenazar a las olas con un gran peñasco, mientras el resto de su cuerpo, dentro del líquido, dejaba blanca estela. Seguía luego Ocno, hijo de Tiber y la profetisa Manto, con soldados reclutados en su país.

200. Fue él, ¡oh célebre Mantua!, quien levantó tus muros, y te dio el nombre de su madre. Mantua tuvo más de un ilustre fundador, de distinto origen: tres naciones, con cuatro pueblos diferentes cada una, comparten su territorio y la reconocen por capital; pero la fuerza principal del país mantuano reside en la nación etrusca.

205. La guerra contra Mecenzio había agrupado bajo las mismas banderas y embarcado en el mismo navío quinientos guerreros de las orillas del Mincio[619] , hijo del lago Benaco[620] . Las orillas de este río están siempre cubiertas de cañas. Va también Aulestes, jefe respetable, en esta galera, que hiende las olas con cien remos blancos de espuma.

210. Muestra esculpido la proa un Tritón enorme, que espanta con su concha las procelosas aguas; es, en su horrible figura, un hombre nadando, hasta los lomos, y en el resto del cuerpo un grueso pez; y el agua parece hervir bajo su pecho erizado de pelo. Tales eran los ilustres jefes de esta flota, compuesta de treinta galeras, que vuela, sobre la líquida llanura, en socorro de la nueva Troya.

215. Ya cesó de brillar el día, y la luna, de paseo en su carro nocturno, ha llegado a la mitad de su carrera. El propio Eneas, sentado en la popa, gobierna el timón y las velas de su navío, ya que sus inquietudes no le permitieron entregarse al reposo.

220. En la mitad está de su camino, cuando he aquí que se reúnen en torno a su navío y le siguen las ninfas en que la madre de los dioses había transformado sus barcos. De lejos han reconocido a su antiguo dueño y, navegando con orden y cadencia, más bien parecen componer un coro en torno suyo.

225. De pronto Cimodocea, la más elocuente de estas ninfas, elévase hasta la cintura sobre la superficie de las tranquilas aguas, y apoyando su mano derecha en la popa, mientras se ayuda a navegar con la izquierda, habla

---

[618] En efecto, según la leyenda, tanto lloraron a su hermano las Helíadas, que fueron convertidas en álamos blancos y sus lágrimas en ámbar.
[619] Río que baña a Mantua.
[620] Hoy lago de Garde, que da origen al Mincio.

de este modo al rey de los troyanos, para enterarle de lo que ignora: "¿Vigilas por ventura, hijo de Venus? Vigila y despliega todas tus velas.

230. "Nosotras fuimos un día las naves que construiste en los bosques del monte Ida, mas hoy somos ninfas del mar. Cuando el pérfido rútulo, con la tea en la mano, estuvo a punto de hacernos perecer, nos vimos obligadas a romper las amarras y a alejarnos de la orilla. Te buscamos por las aguas. Fue entonces Cibeles, compadecida de nosotras, quien cambió nuestra forma natural.

235. "Ella nos transformó en diosas, dándonos una vida inmortal en el seno de las ondas. Ahora se baila en gran peligro tu hijo Ascanio, asaltado por el ejército de los latinos. La caballería árcade, unida a las tropas etruscas, ocupa ya los lugares mandados; pero es resolución de Turno impedir que todos ellos entren en contacto con las gentes troyanas.

240. "Apresúrate, pues, y con las primeras luces de la aurora pon sobre las armas a todos tus aliados. Tú mismo deberás armarte con el escudo impenetrable que Vulcano forjó para ti. Si no tomas mis palabras por vanas promesas, ten la seguridad de que el nuevo día verá una espantosa matanza de rútulos, y sus cadáveres tendidos en toda la ribera."

245. Dicho esto, y práctica en el arte de navegar, empuja hábilmente la popa del navío de Eneas, y le hace volar sobre las aguas, con más rapidez que un dardo o una flecha que igualen la velocidad de los vientos. Los otros barcos tienen que forzar remas y velas para seguirle.

250. No sabe el héroe de dónde parte este prodigio, pero acepta un augurio que así levanta su esperanza, y dirige esta plegaria a Cibeles: "¡Oh poderosa madre de los dioses, reina de Ida, para cuyo corazón son gratos los Dindimos![621] ¡Oh tú, que proteges las ciudades fortificadas con torres, y cuyo carro es arrastrado por dos leones dóciles! Bien veo que hoy me ordenas combatir.

255. "Haz, pues, favorable este augurio, y presta tu auxilio a tus queridos frigios." Tal es su plegaria. Mientras habla, ya el retorno de la claridad ha ahuyentado las sombras de la noche. Eneas comienza por ordenar a todas las tropas que se coloquen bajo sus banderas. Y les invita a acrecer su ardor, y a mantenerse prontos para el combate.

260. En pie sobre la popa, divisa ya las fortificaciones de su campamento, y a los troyanos que las defienden. Entonces eleva su brazo izquierdo, armado del escudo resplandeciente. Desde lo alto de los muros reconocen los troyanos a su rey, y lanzan gritos de alegría. La esperanza revive en su corazón, y enciende su coraje.

---

[621] Monte de Frigia, que mostraba en su cima un templo consagrado a Cibeles. Por los muchos templos y ciudades ofrendados a ella representábase a esta diosa coronada de muros y torres.

265. Mil dardos parten súbitamente de sus manos, hendiendo los aires; no de otro modo, y luego de anunciar su partida, toman vuelo las grullas, bajo el cielo cubierto de espesas nubes, y atraviesan los éteres con sonido[622] , rehuyendo así los notos. Turno y sus jefes asómbranse de tan súbito ardor en los troyanos.

270. Mas pronto cede su sorpresa al divisar unos navíos que vuelven ya sus popas, y ver una flota entera que se apresura a anclar. Al mismo tiempo divisan al rey de los troyanos, con su casco brillante, de cimera de oro y rojo penacho, que parece vomitar llamas. No de otro modo el lúgubre cometa expande una luz cegadora en medio de una noche sin nubes.

275. Ni de otra suerte nace el ardor sirio[623] , trayendo la sed y las dolencias a los desgraciados mortales, y con su luz aciaga contrista el cielo. Sin embargo, no pierde su ánimo el valeroso Turno: sigue con el propósito de ser dueño de la ribera, rechazar al enemigo y cortar su retirada. Y habla así a su gente, para reavivar su valor y excitarlos a la lucha:

280. "Acordaos de vuestras mujeres y vuestras casas, que se trata de defender, y tened en cuenta las hazañas de vuestros antepasados. Debemos impedir el descenso a nuestros enemigos: hay que combatirlos al desembarcar. La fortuna ayuda a los audaces."

285. De este modo habla Turno; y, al propio tiempo, delibera consigo mismo sobre el grupo de tropas que lanzará contra el recién venido adversario y las que dejará prosiguiendo el cerco. Eneas, entretanto, hace arrojar los puentes para que desembarquen sus soldados. Unos buscan los sitios que puedan confiar al vado, mientras otros saltan ligeramente a la arena, apoyándose en los remos.

290. Después de examinar la orilla, cree Tarcón descubrir un lugar seguro para el desembarco, donde las olas no se estrellan con estruendo, y el flujo y reflujo no son peligrosos. Ordena que se dirijan hacia allí las proas, y dice a los marineros: "¡Valor, remeres hábiles! ¡Redoblad el esfuerzo!

295. "Haced volar vuestras galeras. Dejen ellas, con sus espolones, al abordar, un profundo surco en esta orilla enemiga. Si tomo aquí tierra, ¿qué me importa que mi nave se quiebre?" Todos obedecen. Se fuerzan los remos, y las proas de las galeras hienden y hacen hervir las aguas.

300. Hasta que llegan sin ningún accidente. Pero la tuya, ¡oh valeroso Tarcón!, es menos feliz. Encallada en un banco de arena, batida por las olas y por ellas balanceada largo rato, rómpese su quilla y toda la tripulación cae al agua. En ella los retienen los bancos esparcidos de los remeros, los maderos flotantes y todos los otros restos del naufragio

---

[622] Es decir, graznando.

[623] El "ardor sirio", esto es, el brillo ardiente de la estrella Sirio, o sea, la Canícula. Su aparición coincide con el comienzo de los grandes calores.

305. Pero la misma violencia de las olas, que la orilla rechaza, impídeles salvarse a nado y tomar tierra. El intrépido Turno, a la vista de este desorden, corre allí con su gente, que pone en línea de batalla. Suenan las señales de ataque.

310. Eneas es quien primero acomete, como presagio de la lucha[624], y deshace las milicias latinas reclutadas en los campos. Contra él avanza su jefe Terón, de descomunal estatura. Eneas descubre el vacío de su coraza de bronce y de su túnica de escamas de oro, y le hunde por allí su espada en el costado., sin retirarla más que para clavarla luego en el cuerpo de Licas.

315. Desde su nacimiento había escapado Licas de los peligros del hierro, ya que le sacaron del vientre de su madre, muerta ésta. Por eso había sido consagrado al dios de la medicina, cuyo arte pusiera en el mundo. También mata Eneas al duro Ciseo y al gigante Gías, cuyas enormes mazas derribaban filas enteras de soldados.

320. De nada les valieron sus fuerzas, ni las armas de Hércules, ni las lecciones de Melampo, su padre. Mientras Fero, en otro lugar, llena el aire de amenazas inútiles y grita con todo su ánimo, he aquí que Eneas toma un dardo y se lo hunde en su bocaza abierta.

325. También tú, ¡oh infortunado Cidón!, que no llevas las armas en esta guerra más que para acompañar al rubicundo Clitio, cuyas mejillas empiezan apenas a revestirse de vello, hubieras sido inmolado por el brazo de Eneas, perdiendo para siempre las delicias que encontrabas en la juventud...,

330. ... si los siete jóvenes hijos de Forco no hubiesen desviado el golpe que amenazaba tu vida. Estos siete hermanos lanzaron a la vez contra Eneas siete jabalinas, unas de las cuales fueron rechazadas por su escudo y su casco, mientras las otras, detenidas en su camino por Venus, no llegaron a rozarle siquiera. Eneas dijo entonces a su fiel Acates: "Dame los dardos que lanzaba contra los griegos en los campos de Ilión.

335 "Ninguno de ellos lo lanzará ahora inútilmente mi mano contra los rútulos." Y tomando uno, lo lanza inmediatamente contra Meón. El dardo atraviesa a la vez su escudo de bronce, su coraza y su pecho. Y todavía conserva fuerza bastante para herir en el brazo a su hermano Alcanor, que habíase adelantado para sostenerle en la caída.

340. Alcanor no puede ya hacer uso de su brazo, falto de movimiento y de vida. Otro hermano de Meón, llamado Numitor, retira el dardo y lo lanza contra Eneas; mas el golpe no llega a alcanzarle, consiguiendo tan sólo rozar la coraza del valeroso Acates.

345. Durante este tiempo, confiado Clauso en su juventud, lanza de lejos una jabalina contra Driope, le atraviesa la garganta con ella y hácele perder la

---

[624] La iniciativa del ataque, por parte de Eneas, es considerada como un feliz augurio para el éxito final de la batalla.

voz y la vida. Driope golpea el suelo con la frente, mientras su boca vomita oleadas de sangre.

350. El mismo brazo hace perecer, por diferentes heridas, a tres jóvenes tracios, del antiquísimo linaje de Bóreas[625] , y a tres hijos de Idas, salidos de los patrios Ismaros[626] . Acude solícito Haleso, con los auruneos[627] , y, Mesapo, hijo de Neptuno, a la cabeza de su caballería.

355. Los dos bandos se disputan el suelo, avanzan y retroceden alternativamente: es campo de batalla la frontera de Ausonia. Así es como luchan los vientos contrarios, cuando dos soplos de igual ímpetu provocan recio combate en los aires. Ni las nubes, ni las olas del mar, ni los vientos entre sí se ceden el sitio uno a otro.

360. La resistencia es tenaz por ambas partes, y la victoria se mantiene indecisa. No de otra suerte es el choque entre las armas troyana y latina: cada cual se lanza contra su enemigo, y el combate se hace cuerpo a cuerpo. La caballería árcade se ve obligada a echar pie a tierra y a combatir así, contra su costumbre, en cierto lugar del campo de batalla donde un torrente había amontonado piedras y raíces de árboles.

365. Pero atacada de súbito por la infantería latina, se repliega y emprende la fuga. Interviene Palante, tratando de reavivar su valor con reproches y súplicas, único medio en semejante situación. "¿Por qué huís, amigos míos? — les dice—. En nombre de vuestras famosas hazañas; en nombre de Evandro, que os llevó a la victoria tantas veces.

370. "En nombre de la esperanza que yo tuve de caminar gloriosamente sobre las huellas de mi padre, no busquéis vuestra salvación en la cobarde huida. Hemos de abrirnos un camino a través de lo más espeso de esos batallones. Y por ese camino es por donde vuestro jefe, Palante, quiere veros volver.

375. "No combaten los dioses contra nosotros. Mortales somos, y únicamente por mortales nos vemos atacados. Tenemos tantos pechos y tantos brazos como ellos. Además, de este lado el mar es para nosotros una barrera; y del otro, la tierra nos niega todo asilo. ¿Adónde, pues, huir? ¿Nos abandonaremos a las olas, o marcharemos hacia la nueva Troya?"

380. Dicho esto, se arroja en medio de los batallones enemigos. Es el primero que se ofrece a sus golpes Lago, allí llevado por su mala fortuna. Mientras se esfuerza en arrancar una gruesa piedra, para lanzarla contra Palante, éste le alcanza con un dardo en el lugar donde el espinazo da separación a, las costillas.

---

[625] Dios del viento Norte. Dice la leyenda que habitaba en una cueva del monte Hemo, en Tracia, y que, habiendo raptado a Oritia, hija del rey de Atenas Erecteo, tuvo de ella tres hijos: Zetes, Calais y Cleopatra.

[626] Montes de Tracia.

[627] Pueblo que habitaba én la parte sudeste del Lacio.

385. Trata Hisbón de vengarle; mas el príncipe árcade lo ve, e Hisbón, a quien la muerte de su querido Lago había puesto furioso, cae con el pecho atravesado por la espada de Palante. En seguida ataca a Estenio, y al incestuoso Anquémolo, de la vieja estirpe de Reto, que osara hollar el lecho de su madrastra[628].

390. También vosotros perecisteis a manos de Palante, ¡oh Laris y Timbro, hijos gemelos de Dauco! Vuestra notable semejanza confundía a vuestros mismos padres, y les causaba agradables errores. Pero Palante puso este día entre vosotros una trágica diferencia: la cimitarra de su padre Evandro, con la que iba armado, te cortó a ti la cabeza, ¡oh desgraciado Timbro!...,

395. ... y a ti, ¡oh Laris infortunado!, te arrancó la mano derecha. Caída ésta en el suelo, buscaba en vano el brazo de donde fuera separada, y, al moverse los moribundos dedos, parecían manejar todavía las armas. Estas hazañas de Palante, junto con sus reproches, reavivan el valor de los árcades: el arrepentimiento y la vergüenza les llevan al combate.

400. Aún hiere su príncipe a Reteo, que, montado en su carro, emprendía la fuga. Su muerte retarda un instante la de Ilo. Iba contra éste dirigido el dardo de Palante, cuando huyendo Teteo ante ti, ¡oh bravo Teutra!, y ante tu hermano Tires, se ofreció por sí mismo al golpe fatal para Ilo destinado.

405. Así es como cayó de su carro, herido de muerte, y tendido quedó, sacudiendo con los talones exánimes la tierra rútula. Y así como el pastor en el estío, aprovechando el viento favorable, envía a las selvas dispersos incendios[629], que se extienden por las vastas campiñas, y contempla alborozado, colmados sus votos, las victoriosas llamas...

410. ... así era plena la alegría de Palante viendo el renovado ardor de los árcades, inflamados por su voz para la lucha. El bravo Haleso va ahora contra ellos, cubierto con su escudo. Y así mata a Ladón, a Fereto y a Demodoco. Con el revés de su brillante espada, corta la mano a Estrimonio, que la dirigía contra su garganta[630].

415. Al mismo tiempo hiere con una piedra a Toante, y le hunde el cráneo, dispersando el hueso y los sesos ensangrentados. El intrépido Haleso había tenido por padre a un adivino, que, previendo la suerte de su hijo, le

[628] Cuéntase que el rey de los marsos, Reto, tuvo un hijo llamado Anquémolo, que se enamoró de su madrastra, Casperia, y, una vez forzada, huyó a los dominios de Turno, perseguido por su padre. Esa es la razón de que se halle ahora bajo sus banderas.

[629] Conocida es la costumbre de los pastores de quemar los pastos de las selvas en el estío, para así renovar su césped.

[630] Es decir, la diestra de Estrimonio dirigida contra la garganta de Heleso.

ocultó en los bosques. Mas apenas los ojos del anciano se cerraron a la luz, echáronle mano las Parcas[631] , consagrándole a Evandro.

420. Palante le ha acometido ahora, luego de decir estas palabras: "Guía a este hierro, ¡oh padre Tíber! Que se abra paso a través de ese guerrero temible. De una encina plantada en tus orillas colgaré las armas y los despojos todos de tan fiero enemigo." El dios le oye, y cuando Haleso va a cubrir a Himaón con su escudo, se descubre él mismo, ofreciéndose al dardo asesino del príncipe árcade.

425. Pero Lauso, uno de los jefes principales de las tropas latinas, no permite que la muerte de tan gran capitán las descorazone. Avanza contra Abante, cuyo valor era obstáculo a su victoria, y le tiende a sus pies. En seguida se vuelve, y deshace a una multitud de árcades y etruscos. También vosotros, ¡oh valientes troyanos!, que tantas veces resististeis el hierro de los griegos...,

430. ... habéis ahora de sucumbir bajo el brazo de este príncipe. Iguales son el valor de los jefes y el esfuerzo de los soldados de uno y otro bando. Se estrechan en ambos las filas, y apenas queda espacio para jugar las armas. Aparecen al frente de sus tropas respectivas Palante y Lauso, los dos de una misma edad y de formas egregias.

435. Y los dos condenados a no volver a ver la patria. No permite Júpiter que los dos se combatan mutuamente, y a cada uno de ellos le reservaron los hados el perecer a manos de un enemigo más ilustre todavía[632] . Entretanto, la ninfa Juturna, hermana de Turno, avisa a éste que vaya en socorro de Lauso.

440. Turno vuela en seguida con su carro y atraviesa los batallones. "Deteneos —grita al llegar—; soy yo quien va a combatir contra Palante; ese adversario me está reservado. ¿Por qué será Evandro espectador de nuestro combate?" Al punto se abren las filas, y dejan sitio a los dos ilustres rivales.

445. El joven Palante admira el fiero mandar de Turno y la pronta obediencia de los dóciles rútulos. Fija en él su vista, contemplando su alta talla, y lánzale miradas terribles, a la vez que le dirige esta altanera amenaza: "Me voy a cubrir gloriosamente con tus despojos, y a inmortalizarme con tan ilustre hazaña. Cualquiera que sea mi suerte, el rey mi padre quedará contento de mí. Déjate, pues, de amenazas."

450. Y dicho esto, lánzase a su encuentro. Los árcades todos tiemblan por su príncipe. Por su parte, salta Turno del carro, y aprestase al encuentro con su rival. La fiera actitud del soberbio rútulo recuerda la del león que desde lo alto de una montaña ve en lo hondo a un toro ganoso de pelea.

---

[631] Se entiende a Alejo.

[632] Palante muere, en efecto, a manos de Turno, y Lauso a las de Eneas, según veremos luego.

455. Viendo Palante a su enemigo al alcance de su lanza, trata de ver si la fortuna suplirá la desigualdad de fuerzas y favorecerá su audacia. Y dirige esta plegaria al cielo: "¡Oh gran Alcida!, yo te pido, por la casa y la mesa de mi padre, que en otro tiempo te acogieron[633] , que secundes mis esfuerzos generosos.

460. "Que Turno expire bajo mi brazo, viéndose desarmado, y que sea su vencedor objeto de sus últimas miradas." Escucha Hércules la plegaria del joven guerrero, y gime interiormente por su destino, derramando inútiles lágrimas.

465. Júpiter le dice, para consolarle: "Hijo mío, contados tiene cada mortal sus días. Corta e irreparable es la duración de la vida humana; mas la virtud asegura una vida inmortal en la memoria de los hombres. ¡Cuántos héroes, salidos de sangre de dioses, perecieron bajo los muros de Troya![634] .

470. "Hasta cayó Sarpedón, progenie mía[635] . El propio Turno ha sido ya llamado por los Destinos, y toca al final de su carrera." Así habla Júpiter, y, al mismo tiempo, aparta sus miradas de los campos del Lacio. Empieza Palante por lanzar una jabalina con todas sus fuerzas, a la vez que saca de la vaina su brillante espada.

475. El dardo vuela, hiere el borde del escudo de Turno, alcanza lo alto de la coraza de éste, y le roza ligeramente el hombro. Turno, a su vez, toma otra jabalina y la balancea largo tiempo antes de arrojarla contra Palante. "A ver si mi dardo —le dice— penetra mejor que el tuyo." Y esto dicho, la jabalina parte.

480. El escudo de Palante, aún formado por numerosos cueros, y recubierto de escamas de hierro y de bronce, es alcanzado en su mitad, y, a pesar de la espesa coraza que protege al héroe, el funesto dardo le penetra en el pecho. En vano el héroe trata de arrancarse el hierro de la herida. Su sangre y su vida se escapan por el propio boquete.

485. Cae. Tintinean sus armas, en la caída, y su boca ensangrentada muerde el polvo del suelo enemigo. Turno entonces, en pie frente al cuerpo de su rival, habla de este modo: "¡Oh árcades!, trasmitid fielmente estas palabras a Evandro: le devuelvo su hijo, que mereció verle.

490. "Permito para él los honores del túmulo y el consuelo de la sepultura. ¡Cuán cara le habrá costado su alianza con Eneas!" Tras estas

---

[633] Ya en otra ocasión se dijo que Hércules, a su regreso de Hesperia, donde matara al gigante Gerión, y a su paso por Italia, fue huésped del rey Evandro.

[634] Murieron, efectivamente, en el sitio de Troya, Aquiles, hijo de Tetis; Memnón, hijo de la Aurora; Asclafo, hijo de Marte, y Sarpedón, al que más tarde se cita.

[635] Sarpedón era hijo de Júpiter y Laodamia, y rey de Licia. Murió en el sitio de Troya, a manos de Patroclo.

palabras, apoya su pie izquierdo en el cuerpo del vencido, y levanta su tahalí, que era de un peso enorme.

495. En él había cincelado el sabio Clono, hijo de Eurito, aquel sangriento episodio de los cincuenta esposos jóvenes inmolados, en su noche de bodas, en la alcoba nupcial de las pálidas Danaides. Dueño Turno de este despojo, muéstrase satisfecho de su victoria.

500. Mas ¡cuán ciegos están los hombres sobre su porvenir y sus destinos! ¿Por qué no sabrán ser moderados en la prosperidad? Llegará un momento en que Turno se duela de semejante victoria y aborrezca el instante en que se llevó tal despojo.

505. Los árcades, entretanto, penetrados de dolor y derramando lágrimas, extienden sobre un escudo el cuerpo de su príncipe y se lo llevan. ¡Ah, desgraciado Palante! ¡Cuán glorioso y cuán triste este retorno tuyo a la casa de tu padre! El primer día que te vio combatir te vio perecer; pero has dejado grandes montones de rútulos en el campo de batalla.

510. Eneas conoce esta triste nueva no por la voz de la Fama, sino por un aviso pronto y cierto. Dícenle que sus tropas se hallan en grave riesgo, y que es preciso socorrerlas. Y parte al instante; destruye cuanto se opone a su espada, y ábrese un largo paso a través de los batallones latinos. Es a ti a quien busca, ¡oh Turno!, embriagado con tu triunfo reciente.

515. Tiene ante sus ojos a Palante y al rey Evandro: su hospitalidad, la alianza, el reconocimiento de sus mercedes; todo vive en su espíritu. Empieza por apresar a ocho jóvenes soldados, cuatro criados por Sulmón[636] y cuatro educados por Ufente[637], y los aparta para ser inmolados a los manes de Palante, y regar con su sangre las llamas de su escudo.

520. Prosiguiendo su venganza, dirige un dardo terrible contra Mago, que rehúye el golpe bajando la cabeza. Mago se echa a sus plantas y le habla de este modo: "En nombre de tu padre Anquises y de tu hijo Ascanio, que es tu esperanza, conserva un hijo a su padre y un padre a su hijo.

525. "Tengo un soberbio palacio; una gran cantidad de plata amonedada, sepultada en tierra; y grandes pedazos de oro, trabajado y en lingotes. Mi muerte no señalará la victoria para los troyanos, ni la vida de un hombre es capaz de ocasionar tan gran diferencia."

530. Eneas le responde: "Déjales todos esos tesoros a tus hijos. Palante, a quien Turno ha matado, no me permite hablar con mis enemigos. No habrá piedad. Así lo ordenan los manes de Anquises y mi hijo Iulo." Dicho esto, arranca con su mano izquierda el casco de Mago, le inclina la cabeza y le hunde la espada en la garganta.

535. No lejos de allí ofrécese a su vista el hijo de Hemón, gran sacerdote de Apolo y Diana, cuya frente ciñe una banda sagrada. Se destaca entre todos

[636] Hijos suyos.
[637] Alumnos suyos.

por sus soberbias ropas y sus brillantes armas. Eneas marcha hacia él, le persigue, le alcanza, le inmola y cubre sus ojos con la noche eterna.

540. Seresteo se apodera de sus armas, para elevarte a ti un trofeo, ¡oh rey gradivo![638] . Rehacen los batallones Céculo, hijo de Vulcano, y Umbro, salidos de las montañas de los marsos[639] . Eneas les hace probar el furor de sus golpes. El último, que acababa de abatir el brazo y de hundir el escudo de Anxur, había pronunciado un oráculo en su favor.

545. Con ello se prometía una gran reputación y una larga vida. Ufano del brillo de sus armas, Tarquito, hijo de Dríope y del dios Fauno, va a encontrarse delante del intrépido[640] . Lánzale éste un dardo con todas sus fuerzas, que atraviesa su escudo y su coraza y le impide ya defenderse.

550. En vano demanda piedad el infeliz; Eneas lo remata, y, haciendo rodar su cuerpo con el pie, dice estas palabras, irritado: "Queda ahí tendido en el polvo, ¡oh guerrero temible! No te enterrará tu buena madre, ni podrá llevarte a la tumba de los tuyos. Abandonado quedarás a las aves de rapiña.

555. "O juguete será de las aguas tu cuerpo, arrojado al río, y pasto entonces de los peces hambrientos." En seguida se pone a perseguir[641] a Anteo, a Lucas, al valeroso Numa, al rubio Camertes, hijo del intrépido Volcente, el más rico príncipe de Ausonia, rey de la silenciosa Amiclas[642] .

560. Lo mismo que Egeón, de quien se dice que tenía cien brazos y cien manos, y que echaba fuego de sus cincuenta bocas y pechos, cuando, al hacer frente a los rayos de Júpiter, se valía de otros tantos escudos y desenvainaba igual número de espadas[643] ...,

565. ... así se comportó Eneas en el campo de batalla, desde que empezó a entibiar su espada de sangre. Hele ahí marchando contra Nifeo, que monta

---

[638] Sobrenombre de Marte que significa "el que anda", es decir, "el que va en la guerra de una parte a otra".

[639] Pueblo que habitaba al nordeste del Lacio.

[640] Eneas.

[641] Se supone, claro, que Eneas.

[642] Ciudad del Lacio, situada al sudeste de Roma. Hay diferentes versiones para explicar el adjetivo "silenciosa" que aquí se le añade. Una es que se observaban allí las doctrinas pitagóricas, las cuales prescribían el silencio. Otra, que se ordenó guardar silencio sobre la llegada de enemigos, para no infundir alarmas, por cuyo motivo la ciudad fue sorprendida. Y otra más que, por haberla invadido las serpientes, quedó desierta y, por lo tanto, silenciosa. La segunda de estas explicaciones aparece confirmada en un pasaje de Lucilio: "Necesito hablar, pues sé que Amiclas, al callar, perecerá." *Mihi necesse est loqui; nam scio Amyclas tacendo periisse.)* Esta ciudad había sido fundada por una colonia de griegos procedentes de la Amiclas laconia.

[643] Es decir, cincuenta escudos y otras tantas espadas. Este Egeón no es otro que el gigante Briareo, hijo del Cielo y de la Tierra, y el más temible de cuantos gigantes hicieron la guerra a Júpiter.

un carro tirado por cuatro caballos. Cuando estos corceles le divisan de lejos, enloquecen de furor, y retroceden espantados, volviéndose contra su auriga y arrastrando el carro hacia la ribera.

570. Luego, entretanto, con su hermano Ligero, en pie sobre un carro que tiran dos caballos blancos, y blandiendo las espadas, irrumpen en medio de las tropas troyanas. Guía el carro Ligero. No puede Eneas soportar semejante temeridad, y se va contra ellos, armado de larga jabalina.

575. Ligero, entonces, le habla así: "No son éstos los campos de Frigia, ni éstos los caballos de Diómedes, ni éste el carro de Aquiles. En estos lugares vas a encontrar el fin de la guerra y de tus días." Tales son las palabras que el insensato Ligero deja volar por los aires.

580. Eneas no se digna siquiera responderle. Levanta su brazo, al mismo tiempo que Ligero espolea a los caballos con la punta de la jabalina, y que adelanta el pie izquierdo sobre el borde del carro, aprestándose al combate. Entonces Eneas le lanza el dardo que atraviesa su escudo, le perfora la ingle izquierda y le hiere de muerte.

585. Luego le dice, con tono insultante: "Ni la lentitud de tus caballos, ¡oh Lucago!, ha traicionado tu ardor, ni les espantó la vista del enemigo. Eres tú mismo quien ha saltado a tierra, abandonando el carro." Dicho esto, sujeta a los caballos por las riendas.

590. Ligero, medio exánime, caído con su hermano, tiende las manos a su vencedor y le dice: "¡Oh ilustre troyano! Por ti y por los autores de tu vida, te suplico que perdones la mía." "No hablabas así hace un momento —le replica Eneas—. Muere, pues, y ve con tu hermano a los infiernos."

595. Y, al propio tiempo, le hunde la espada en el pecho, último refugio de su espantado ánimo. Mientras Eneas, como un torrente furioso o un negro torbellino, allana cuanto se opone a su cólera, Ascanio y los demás jóvenes troyanos, animosos ahora, salen del campamento.

600. Júpiter, entretanto, habla de esta suerte a la reina de los dioses: "¡Oh hermana mía!, ¡oh querida esposa!, razón tienes para pensar que Venus protege a los troyanos, porque no tienen ardor, ni coraje, ni firmeza en los peligros"[644]. Juno le responde humildemente:

605. "¿Por qué, ¡oh amable esposo!, gustas de atormentarme, si tengo ya sobre mí tantas penas, y temo siempre tanto de la dureza de tus palabras? Si me amas tiernamente, cual en otro tiempo, como debes hacerlo, no me negarás lo que deseo, omnipotente como eres.

610. "Quisiera salvar a Turno todavía, y devolverlo indemne a los brazos de su padre Dauno. Mas es preciso que este príncipe perezca, víctima de la

---

[644] Palabras que Júpiter dice, como fácilmente se advierte, en irónico sentido.

ambición troyana; ¡este príncipe de quien Pilumno fue cuarto abuelo[645], que es de estirpe divina, y cuyas ofrendas enriquecieron tantas veces tus altares!"

615. Replícale el rey del cielo con estas palabras: "Si quieres que se retrase la muerte de Turno, y si comprendes que debo ser yo quien te conceda semejante gracia, he aquí el remedio: haz de modo que se retire hoy mismo del combate, y procura sustraerle así a la persecución del destino.

620. "Es cuanto puedo hacer por él. Mas si bajo esa plegaria que me has dirigido ocultaste alguna secreta intención, si imaginaste con ello que yo cambiaría y subvertiría el orden todo de esta guerra, debo decirte que alimentaste una vana esperanza."

625. "¡Oh querido esposo mío! —vuelve a decir Juno, con lágrimas en los ojos—, lo que no quieres otorgarme abiertamente, ¿no podrías concedérmelo de un modo tácito y prolongar la vida de Turno? Bien veo, que, sin merecerlo, tendrá una triste suerte, o yo estoy vana de lo verdadero[646].

630. "¡Ah, si todo hubiera sido un falso temor! ¡Ah, si tú quisieras cambiar, con lo fácil que te es, tus divinos decretos!" Dichas estas palabras, envuélvese Juno en una gruesa nube de las que anuncian la tempestad, y, atravesando los aires, desciende hasta el llano que es teatro de la lucha entre troyanos y latinos.

635. Una vez allí, y con un jirón de la espesa nube, forma una vana y ligera imagen del príncipe troyano. ¡Oh prodigio! La diosa logra dar a este fantasma parecidas armas, y un escudo, un casco y un penacho en todo semejantes. Le da también una falsa voz, y palabras sin pensamiento, y un andar parecido al del héroe.

640. Como los simulacros que revolotean, según es fama, después de la muerte; o tal que los sueños, que engañan nuestros sentidos, cuando dormimos. El espectro se pone rápidamente a la cabeza del ejército troyano, y lanza dardos contra Turno y le desafía al combate.

645. Turno marcha hacia él, y, en el camino, hace silbar un darlo que le arrojó con fuerza. Mas he aquí que el espectro, espantado, vuelve la espalda y emprende la fuga. Turno cree que es Eneas quien huye, y en un transporte de alegría llénase de vana esperanza.

650. "¿Adónde huyes, Eneas? —le grita—. No abandones así los tálamos ofrecidos. Mi mano te cederá el país que tanto buscaste a través de los mares." Y, mientras esto dice, persigue al imaginario rival, espada en mano. Y no ve más que los vientos llevándose su falsa alegría. No lejos de allí está casualmente el gran barco de Osinio, rey de Clusio.

---

[645] O sea, tatarabuelo, Pilumno era hijo de Júpiter, pero la posterior genealogía hasta Turno no se ve clara.

[646] Vana o vacía de lo verdadero, es decir, ignorante de la verdad, equivocada o engañada.

655. Permanece amarrado a una escarpada roca, hallándose aún tendidas las escalas y planchas para el desembarco. Y es en él donde se oculta la sombra fugitiva de Eneas. Turno vuela tras ella, franquea las planchas y salta al navío. Pero apenas pisa la proa, Juno rompe el cable, arranca al barco de la orilla, lo empuja hacia el mar y le hace bogar.

660. Durante este tiempo, el verdadero Eneas ha ido buscando a Turno por el campo de batalla, y ha entregado a la muerte a una multitud de guerreros que se opusieron a sus golpes. De pronto el ligero fantasma deja de ocultarse: reaparece, se eleva a los aires y se pierde en las nubes, mientras las olas arrastran a Turno mar adentro.

665. Turno comprende, al fin, su error, pero ignora que es obra de Juno y desconoce la mano que le salva. "¡Oh dios! —exclama—, ¿cuál fue mi crimen, para merecer tan rígido trato? ¿Adónde voy? ¿De dónde he salido? ¿Dónde me he refugiado? ¿Cómo volver con mis gentes? ¿No veré acaso más los muros laurentinos? ¿No retornaré jamás a mi campamento?

670. "¿Qué pensarán de mí los guerreros que me seguían, y a los que he dejado vergonzosamente en medio del peligro? Los veo huir por todas partes. Oigo sus gritos desesperados. ¿Qué hacer? ¿Qué profundo abismo me engullirá? Tened piedad de mí, ¡oh vientos!

675. "Turno os rinde homenaje, e implora vuestro socorro. Romped este navío contra las rocas, o llevadlo a los crueles vados de la Sirte, adonde no me sigan ni los rútulos ni mi propia fama sabedora[647]." Entregado a estos pensamientos, no sabe Turno qué resolver.

680. Medita si será lo mejor herirse con la espada y lavar semejante afrenta con su propia sangre; o si deberá, más bien, precipitarse en el seno de las aguas, y ganar la costa a nado, para volver al combate contra los teucros. Tres veces está decidido a hacer una cosa o la otra.

685. Pero las tres le contiene la poderosa Juno, reprimiendo así este su desatado ardor. Hasta que el navío, hendiendo las olas y empujado por ellas, vese arrastrado hasta la vieja ciudad de Dauno, devolviendo así a Turno a su patria y a su padre.

690. Entretanto, inspirado por Júpiter, toma el puesto de Turno el fogoso Mecenzio, y ataca vivamente a los troyanos vencedores. Todos los etruscos se oponen a su esfuerzo, y vuelven contra él su odio y sus armas. Mas él no se inmuta, aún hallándose frente a tanto enemigo.

695. Parece un peñasco elevado sobre la vasta superficie de las olas, expuesto a la furia de los vientos y las tempestades, pero que desafía todos los furores del cielo y del mar, sin ser abatido. Así es como este príncipe tiende en tierra Hebro, prole de Dolicaón, a la vez que a Palmo y Latago.

700. Sucumbe éste bajo el peso de una enorme piedra, que le ha alcanzado el rostro; y muere aquél, con una pierna cortada, cuando huía,

---

[647] Sabedora de lo que él considera vergonzosa fuga.

cobarde. En seguida le quita Mecenzio las armas y el soberbio penacho, y se los da a su hijo Lauso. Hecho esto, mata al frigio Evante, y también a Mimante, compañero de Paris...,

705. ... a quien Teano alumbró de Amico, la misma noche en que alumbró a Paris la reina Ciseida[648] , preñada de una tea. Paris y Mimante vivieron unidos por estrecha amistad; mas su destino no fue igual, porque París murió en el seno de su patria, mientras Mimante perece sin gloria en los campos laurentinos.

710. Como el jabalí sacado de los altos montes por los perros, al que defendió muchos años el pinífero Vésulo[649] , y alimentó también muchos en su selva de cañas el pantano laurentino, luego de caer en las redes, brama feroz y se erizan sus espaldas, y no tiene nadie el valor de acercarse, ante sus agudos clamores, el rechinar de sus dientes y el sacudir de las lanzas de su lomo...,

715. ... así en la red de enemigos en que ha caído Mecenzio no hay quien ose acudir a él con el hierro empuñado, y se limitan todos a provocarle desde lejos, como las jaurías de perros en torno al jabalí. Preséntase entonces Acrón, que llegó de los confines de Corito[650] , y que en tierra griega dejó, fugitivo, los no cumplidos himeneos.

720. Así que le ve de lejos Mecenzio, en medio de las filas enemigas, con el brillante penacho y el manto purpúreo, presentes de la esposa, y como el hambriento león que, a impulsos de su rabia, si ve casualmente en los rediles que ataca una cabra fugitiva o un ciervo de alta cornamenta, se alboroza, abre sus fauces y corre hacia su presa, ávido de abrevar en su sangre...,

725. ... precipítase con denuedo en las densas filas enemigas, y cae sobre el desgraciado Acrón, al que mata. El infeliz hiere al punto la tierra con sus pies, mientras la sangre que de él brota inunda sus propias armas rotas.

730. A la vista de esto, huye Orodes. Mecenzio, entonces, fieramente, desdeña herir al otro en su fuga, lanzándole un dardo que Orodes no vería, y corre tras él, le alcanza, le detiene y le ataca de frente. Uno es más astuto, el otro más valeroso. Lo echa al suelo[651] , le pone un pie en la garganta, y, apoyándose en la lanza con que le ha herido, grita:

735. "¡Compatriotas! He aquí una ventaja más: está vencido el gran Orodes." Sus soldados le contestan con aplausos y clamores de alegría. Y Orodes, levantando hacia él los ojos, le dice con voz agonizante: "Quienquiera que seas; no te glorificarás con tu victoria.

---

[648] Hécuba, hija de Ciseo y viuda de Príamo.

[649] Se llama hoy monte Viso, y es una de las cimas más altas de los Alpes.

[650] Su nombre es hoy Cortone, ciudad situada cerca del lago Trasimeno, entre Clanis y el Tiber.

[651] Mecenzio a Orodes, se entiende.

740. "Voy a ser vengado. Te espera un destino semejante, ya que tendido has de quedar también en este campo de batalla." Mecenzio le contesta, dirigiéndole una sonrisa llena de cólera: "Eso es cosa de Júpiter. Tú, por de pronto, muere." Dicho esto, retira la lanza del cuerpo de Orodes.

745. Se ve en seguida cómo sus ojos caen en un sueño de hierro, y se cierran para siempre a la luz. Entretanto, Cedico corta la cabeza a Alcatoo; Sacrator hiere a Hidaspes; Rapo inmola a Partenio y al duro en fuerzas[652] Orses. Clonio combate con Mesapo, cayendo a tierra por un resbalón de su caballo. Y el propio Mesapo, con el licaonio Eriquetes, ambos a pie.

750. Valero, digno heredero del valor de sus antepasados, triunfa sobre el licio Agís, que le acometía. Y Salio, después de dar muerte a Autronio, es sacrificado a su vez por Nealces, diestro en el manejo del arco y de la jabalina, que engaña desde lejos[653].

755. Hasta este momento, Marte sembró los pesares y la muerte, por partes iguales, entre ambos bandos contendientes; en uno y otro había tantos vencedores como vencidos, y ninguno de ellos había dado un paso atrás. Reunidos los dioses en el palacio de Júpiter, miran compasivos el inútil furor de los combatientes.

760. Y se lamentan de que haya para los mortales tan grandes trabajos. Juno aquí y allá Venus, permanecen atentas a todos los incidentes del combate, mientras la pálida Tisifone enardece a los luchadores, en medio de sus filas. Entretanto, reaparece en éstas el valeroso Mecenzio, blandiendo amenazador una enorme jabalina. No de otro modo camina a través de los estanques de Nereo[654] el gran Orión[655] ...,

765. ... abriéndose camino por entre las olas, sobre las cuales asoman sus espaldas. Y así como se ve al gigante bajar de las altas montañas, apoyado en el tronco de un añoso quejigo[656], con la cabeza oculta en las nubes mientras sus pies tocan la tierra, así muéstrase el rey Mecenzio con sus armas de descomunal tamaño.

770. Eneas le ve, desde su puesto entre las filas, y se dispone a ir a su encuentro. Por su parte, Mecenzio espera a tan fiero enemigo sin espanto e inmóvil. Apenas le ha visto, ya empuñó un dardo. "Mi brazo —exclama— es mi dios; a él, pues, invoco, y a este dardo que voy a lanzarte.

---

[652] Es decir, robusto.

[653] O sea, que hiere desde lejos, sin que se la vea.

[654] Es decir, del mar. Nereo (el fluyente) es, como se sabe, uno de los distintos nombres con que se conoce al dios del mar.

[655] Gigante que recibió de su padre Neptuno el privilegio de caminar sobre las aguas del mar. La leyenda mítica añade que fue transportado al cielo, donde forma una constelación.

[656] Se entiende, sirviéndose de él como bastón.

775. "Te prometo, ¡oh Lauso, hijo mío!, que si mato a este malvado has de revestirte con sus despojos." Dice esto, y al instante le arroja desde lejos su arma. Hiende el dardo los aires, resbala sobre el escudo de Eneas y va a herir el costado del valiente Antor, compañero en otro tiempo de Hércules, y que habiendo salido de Argos para unirse a Evandro se estableció en su reino.

780. Herido así Antor por un dardo que no le estaba destinado, levanta los ojos al cielo y expira invocando el nombre de su patria. En seguida Eneas, con brazo vigoroso, lanza un dardo, que atraviesa el escudo de Mecenzio, formado por tres cueros y cubierto de telas y escamas de bronce, y le alcanza en el bajo vientre.

785. Amortiguado el golpe por el escudo, no produce en Mecenzio la impresión debida, aunque se ve correr la sangre. Súbitamente Eneas saca la espada y la hunde en el adversario, antes de que salga de su asombro. Herido Lauso en su tierno amor por el padre, gime su triste suerte, sin poder contener las lágrimas.

790. ¡Oh joven príncipe, digno de eterna memoria! Debo celebrar aquí tus heroicos hechos y tu fin desastroso, que serán creídos por la posteridad. Herido así Mecenzio, fuera de combate y con gran pérdida de sangre, retírase del campo de batalla, arrastrando en su escudo el dardo que acaba de herirle.

795. Le sigue Eneas, y ya levanta el brazo para darle con su espada el último golpe, cuando Lauso se arroja entre los dos rivales y lo para, permitiendo que su padre, a quien el escudo protegía, se ponga en salvo. Los latinos dan entonces grandes gritos y se ponen a arrojar desde lejos mil dardos contra Eneas.

800. Furioso éste, vese obligado a cubrirse con sus armas y permanece inmóvil. Como el viajero espera el fin de la tempestad, ya en el hueco de una escarpada roca o en el antro de la orilla de un río, cuando la impetuosa granizada se precipita de las nubes sobre la tierra, y los labradores y cuantos cultivan los campos...

805. ... huyen a lugar seguro, hasta que el retorno del buen tiempo les permita reanudar sus labores, y al viajero su jornada, así Eneas, acometido por todas partes y en el centro de una nube de flechas, espera impávido a que éstas dejen de llover sobre él. Entonces se vuelve a Lauso y le representa en tono amenazador el peligro a que se expone.

810. "¿Por qué buscas la muerte? —le dice—. ¿Por qué ha de ser tu osadía superior a tus fuerzas? Te ciega, ¡oh joven guerrero!, el imprudente amor a tu padre." El insensato Lauso sigue jactándose de su pretenciosa confianza; mas ya el fuego del príncipe troyano se reaviva, y las Parcas empiezan a hilar los últimos momentos del desgraciado[657].

---

[657] Lauso.

815. Con brazo vigoroso atraviesa Eneas su escudo y su túnica, que la madre tejiera de hilo de oro, y le hunde en su cuerpo la espada hasta la empuñadura. En seguida inúndase su seno de sangre, y el alma fugitiva vuela tristemente a la mansión de las sombras.

820. Sin embargo, a la vista del expirante Lauso, y de la palidez de su rostro, en todos los trazos desfigurado por la muerte, Eneas se impresiona. Comprende de pronto el amor de este príncipe a su padre y extiende la mano.

825. "¡Oh joven guerrero, de lamentable suerte! —exclama—. ¿Qué podrá hacer ahora Eneas para honrar tu virtud? Te dejaré las armas que tanto amaste, y, si te parece mejor, te enviaré a la tumba de tus padres, para que tus cenizas reposen con las de tu familia. Consuélate, sin embargo, ¡oh desgraciado príncipe!...,

830. ... de tu funesta muerte: no sucumbiste más que a manos de Eneas." Dicho esto, llama a los tardos compañeros de Lauso[658] , cuyos hermosos cabellos chorrean sangre, y les ayuda él mismo a levantar su cuerpo. Mientras esto ha ocurrido, lavaba Mecenzio su herida en las aguas del Tíber, apoyado contra un árbol, tratando de recobrar sus fuerzas.

835. Tenía el casco colgado lejos de él, y reposaban en la pradera sus armas temibles. En torno suyo había un escogido número de guerreros. Se ve al héroe abatido, débil, sin poder respirar apenas; su cabeza está doblada sobre el pecho, que sombrea espesa barba. Pide noticias de su hijo, inquieto por su suerte.

840. Le envía recados para que venga con él, y hace que le comuniquen las órdenes de un padre alarmado. Mas pronto son sus propios soldados, llenando el aire de gemidos y gritos, quienes le traen el cuerpo de su hijo, tendido sobre su armadura, con profunda y mortal herida. Asalta al padre, que oyó el clamor a lo lejos, un presentimiento funesto.

845. Y adivina la causa. Entonces se desploma en el suelo, y el polvo mancilla sus cabellos blancos. Cuando el hijo llega, levanta ambas manos al cielo y abraza su cuerpo amado. "Pero ¿es posible —gime— que el deseo de vivir me llevara, ¡oh querido hijo mío!, a exponer tu vida para proteger la mía?

850. "¿Vivo ahora acaso por tu muerte, y son tus heridas las que mantienen mis días? Es ahora cuando comprendo lo duro de mi destierro, y cuando mi corazón recibe un golpe profundo. Mis crímenes, ¡oh hijo mío!, te deshonraron, y se revolvieron contra mí, arrojándome del trono de mis mayores. ¡Que no haya yo sucumbido a su odio! ¡Que no haya sido inmolado a la patria!

855. "¡Ojalá hubiese aceptado todas las especies de muerte, para acabar mi culpable vida! Respiro aún; puedo todavía permanecer entre los hombres,

---

[658] Tardos, es decir, que no se apresuran a recogerlo.

y gozar de la luz. Mas no; voy a perderla ya." De pronto, y aún a pesar de la herida de su pierna, se levanta y ordena que le traigan su caballo, soberbio corcel que era su consuelo y su gloria, ya que le vio triunfar en cien combates.

860. El bruto, a la vista de su amo, parece tomar también parte en su dolor. "Mi vida, ¡oh Rebo! —le dice Mecenzio—, ha sido bastante larga, si puede decirse que los hombres viven mucho. O vengamos hoy mismo la muerte de Lauso, y traes tú mismo el despojo sangriento de la cabeza de Eneas, o, si sucumbo yo, los dos pereceremos.

865. "Estoy seguro de que no obedecerás a otro que a mí, y de que nunca te someterás a un troyano." Dicho esto, sube a él penosamente, toma numerosos dardos, cubre su cabeza con un casco que adorna la flotante cola de un caballo, y en seguida, con rápida carrera, hiende los batallones.

870. Agitan su alma, excitándole a la venganza, la desesperación, la vergüenza, el dolor por la pérdida de su hijo, el amor paternal y la confianza en su propio valor. Tres veces llama a Eneas con voz de trueno. Eneas le oye y reconoce; y, ebrio de gozo, le grita:

875. "¡Que el padre de los dioses y el gran Apolo inspiren a Mecenzio el venir otra vez a combatir conmigo!" Después de estas palabras, Eneas va a su encuentro, lanza en ristre. "¿Crees que vas a intimidarme?, ¡oh cruel asesino de mi hijo! —le dice el rey de los etruscos—. Hallaste el único medio de hacerme perecer. No temo a la muerte, y desafío a todos los dioses.

880. "Déjate, pues, de amenazas. Yo voy a morir; pero, antes de expirar, quiero enviarte estos presentes." Dicho lo cual, arroja un dardo, con todo furor, contra su enemigo. Excitado, y formando un gran círculo en su derredor, le lanza dardos y más dardos, que siempre contiene Eneas.

885. Tres vueltas da alrededor del troyano, sin dejar de atacarle, mientras él presenta siempre el escudo de bronce, recogiendo los dardos todos. Fatigado por tan largo combate y cansado de arrancar de su escudo los dardos que lo erizan, busca la manera de atacar a su vez.

890. Toma partido con que salir de lucha tan desventajosa para él, y arroja contra el caballo de Mecenzio una jabalina que le cruza las sienes. Se encabrita el caballo, golpea el aire con sus patas, derriba al jinete y se desploma sobre él.

895. Un gran clamor se eleva, a la vista de esto, de troyanos y latinos. Eneas acude y, sacando su espada, pregunta: "¿Dónde están ahora Mecenzio y su feroz intrepidez?" El caído le responde, recobrando el aliento y clavando en el cielo los ojos: "¡Oh enemigo bárbaro!, ¿por qué te burlas de mi desdicha? ¿Por qué me amenazas?

900. "No es ya crimen para ti el cortar mis días. No he venido a luchar para que me perdones. Mi hijo Lauso no concertó contigo semejante vergüenza. Mas si los vencidos pueden solicitar alguna gracia, permite únicamente que sea enterrado mi cuerpo.

905. "Sé que mis súbditos me aborrecen. Líbrame, pues, de su furor, y júntame en una misma tumba con mi hijo." Dichas estas palabras, recibe en la garganta el golpe que esperaba, y vierte la vida sobre sus propias armas, entre los borbotones de su sangre.

LIBRO XI

ARGUMENTO

Al amanecer del día siguiente a la victoria, Eneas da gracias a los dioses por ella, consagrándoles los despojos de Mecenzio, que erige en trofeos. Luego, cumple con el triste deber de devolver a Evandro el inerte cuerpo de su hijo Palante, muerto gloriosamente. Se pinta con todo detalle el fúnebre cortejo, así como el dolor inmenso de Evandro, que conjura a Eneas a vengar la muerte de su hijo.

Llegan al campamento troyano emisarios del rey Latino, con la petición de inhumar a los soldados caídos en el reciente combate. Con este motivo se conviene un armisticio de doce días, durante los cuales los teucros queman sus muertos. Entretanto, y en el campamento latino, vuelve Vénulo, cumplida su misión cerca de Diómedes, a quien fue a convencer para que se sumase a la guerra. Vénulo trae una respuesta negativa: Diómedes no quiere combatir con los troyanos, a los que conoce bien por haber con ellos sostenido una guerra de diez años, o sea el sitio de Troya.

Latino entonces llama a consejo a los principales de su reino, y les dice que debe concertarse una paz con los troyanos, dándoles cuantas ventajas se dignen aceptar. Drances, jefe de la misión que fue a pedir la inhumación de los soldados muertos en batalla, y que es enemigo personal de Turno, opina como el rey. Pero Turno le contesta con arrogancia, apelando al valor de la gente latina y ofreciendo su vida propia, antes que la de ninguno, para ir contra el enemigo.

Terminada la tregua, Eneas ordena a su caballería que marche sobre la ciudad laurentina, que se propone tomar por asalto. Él por su parte, y a la cabeza de los infantes, dará un rodeo a través de las montañas para converger en el mismo punto. Llanura adelante, y al encuentro de los frigios, galopa también la caballería de Turno, mandada por Camila, reina de los volscos, princesa guerrera, como las famosas antiguas amazonas. A sus órdenes van Mesapo y los demás príncipes tiburtinos. En cuanto a Turnus, adentrase en las selvas montañosas, ganoso de preparar una emboscada.

Cuando los dos ejércitos se encuentran en el llano, la lucha es inevitable y cruel, llena de episodios heroicos y de hazañas aisladas. Camila, luego de cubrirse de gloria, por su destreza y valor, cae atravesada por el dardo mortal de Arrunte, el que, a su vez, perece también, según designio de los dioses. La muerte de la amazona determina el desorden y la confusión en las filas de los latinos, que abandonan el campo de batalla, y vuelven grupos en dirección a su ciudad, perseguidos por los troyanos. Llegados a ella, los propios perseguidos se matan ante las puertas, que unos cerraron y que no dejan trasponer a los otros, ante el pavor de que con esos otros puedan también penetrar los enemigos.

Cuando Turno se entera de la derrota de su caballería, deja el escondite para ir en auxilio de la ciudad. Eneas le sigue y alcanza; mas la noche les impide combatir. Los dos ejércitos, bajo la noche y junto a la ciudad, en él llano, acampan y se atrincheran, con el ánimo inquieto y anhelante del nuevo día.

TEXTO

Entretanto, se levanta la Aurora y abandona el Océano. Eneas, aunque impaciente por rendir a sus compañeros los póstumos honores, y a pesar de la turbación que tanto funeral produce en su espíritu, empieza por cumplir, ya en los primeros fuegos del día, y como vencedor reconocido, los votos que hiciera a los dioses.

5. Da orden de que se despoje de sus ramas a una gran encina que se yergue sobre cierto altozano, y la adorna con armas resplandecientes, despojo del rey Mecenzio. Es a ti, ¡oh Belipotente!659 , a quien consagra este trofeo. A ella660 acomoda el penacho del vencido, chorreando sangre todavía; y los truncados dardos del héroe.

10. Como también su coraza, doce veces atravesada661 . A la izquierda coloca su escudo de bronce; y de lo que figura cuello hace pender la espada ebúrnea662 . Rodeado luego de sus jefes de armas, que se sitúan a uno y otro lado, he aquí las palabras que dirige a los compañeros triunfantes: "¡Oh guerreros!, hemos hecho mucho. No haya en nadie temor por lo que resta.

15. "Estos despojos arrebatados a un rey soberbio no son más que las primicias de nuestra victoria. Ved ahí a Mecenzio, puesto así por mis manos. Ahora están ya abiertos los caminos hacia la ciudad y el rey de los latinos. Preparad, pues, vuestras armas, y presumid con esperanza663 el combate que se acerca.

20. "Para que de ese modo, y cuando los dioses lo permitan, no os sorprenda la orden de arrancar los estandartes664 , y de hacer salir del

---

659 Sobrenombre de Marte, que vale tanto como "poderoso en la guerra".

660 A la encina.

661 Literalmente "dos veces seis veces". Según el libro anterior, Eneas no asestó los doce golpes. Por eso algunos comentaristas opinan que tal vez respondan esos doce golpes a los dados por los doce jefes de las doce tribus etruscas, que así castigaran uno tras otro al enemigo común.

662 Es decir, con empuñadura de marfil.

663 O sea, "tened esperanza en el combate", traducción más amplia que la anterior, estrictamente literal.

664 Los romanos plantaban sus banderas allí donde acampaba el ejército, por lo que el "arrancarlas" equivalía a "ponerse de nuevo en marcha".No se sabe con exactitud si los primeros pueblos de Italia hacían lo propio, pero el poeta les atribuye lo mismo que luego hicieron sus sucesores. Era de buen augurio arrancar

campamento a nuestra juventud guerrera, y el temor entonces no encadene vuestro arrojo. Confiemos ahora a la tierra los cuerpos de nuestros compañeros sin sepultura, único honor que esperan en las sombrías orillas del Aqueronte[665] .

25. "Id, pues, y pagad el último tributo a esos espíritus generosos que, con su sangre, nos han comprado esta patria nueva. Ante todo, llevad a la ciudad de Evandro a ese bravo Palante, que un destino fatal nos arrebató para hundirlo en la sombra de las tumbas." Habla así Eneas, mientras se le llenan de lágrimas los ojos.

30. Después se dirige al lugar en donde reposa el inanimado cuerpo de Palante, que guarda el anciano Acestes, escudero que fue de Evandro, y más tarde ayo y compañero fiel del joven príncipe, bajo no tan felices auspicios. Allí están, en derredor de Palante, todos sus servidores, y una muchedumbre de desolados troyanos, hombres y mujeres, con el cabello suelto, al uso antiguo.

35. Así que Eneas aparece bajo los altos pórticos, todas las mujeres se golpean el pecho, elevando a los cielos gemidos profundos, y el palacio entero gime bajo las lamentaciones desgarradas. El mismo, cuando ve la reclinada cabeza, y las facciones del niveo Palante y la herida en su pecho de la lanza ausonia...,

40. ... no puede menos de prorrumpir así, con los ojos arrasados en lágrimas: "¿Es posible, ¡oh joven desdichado!, que en el momento que me sonríe la Fortuna me haya arrebatado un amigo leal, que no verá mi nuevo reino ni entrará victorioso en los paternos muros?

45. "No es esto lo que yo prometiera a tu padre Evandro, al separarme de él, cuando, con su abrazo de despedida, me enviaba a la conquista de un gran pueblo, y me advertía, no sin temor, que iba a encontrar enemigos intrépidos y que íbamos a luchar con una nación ruda y fuerte.

50. "Acaso él hace votos en estos momentos, y carga de ofrendas las aras, mecido por una vana esperanza. Entretanto, lloramos nosotros a este joven sin vida, y rodeamos de honores inútiles a quien no espera ya nada de los dioses. Tendrás que ver, ¡oh padre desventurado!, los crueles funerales de tu hijo. Estos son el retorno feliz y los triunfos esperados.

55. "Ésto es lo que habrás de creer de mis promesas. Pero al menos, ¡oh Evandro!, no lo verás volver a ti con heridas vergonzosas, ni te habrá proporcionado tu hijo, salvando cobardemente sus días, el deseo de una muerte amarga. ¡Ay! ¡Qué gran protección pierdes, oh Ausonia! Y tú lo

---

esas banderas fácilmente, y de mal presagio el conseguirlo con dificultad. Tales banderas quedaban siempre plantadas o clavadas ante la tienda del general.

[665] Según la leyenda, los que no habían sido enterrados no podían pasar el infernal río Aqueronte en la barca de Carón, más que después de haber vagado cien años por las orillas.

mismo, ¡oh Iulo!" Dicho esto, manda Eneas que se recojan aquellos restos tristes.

60. Escoge de entre todo su ejército mil guerreros, para que acompañen al fúnebre cortejo y mezclen sus lágrimas con las del padre; débil consuelo para tan gran dolor, y duelo mayor, más bien, para el padre atribulado. Y hace que otros tejan con vergas de madroño y ramas de encina un muelle féretro, que al punto sombrean con tendido de fronda[666].

65. Sobre él colocan al joven guerrero. Parece una flor cogida por mano virginal, ya de blanda violeta o bien de lánguido jacinto, de la que no han huido todavía el fulgor ni la hermosura, mas a la que ya no alimenta ni da vigor el suelo maternal.

70. Hecho esto, dispone Eneas que le traigan dos brillantes telas de púrpura y oro, para él trabajadas en otro tiempo por las propias manos de la sidonia Dido, y en cuyo tejido había ella intercalado el oro[667]. Con una de esas telas cubre, como triste y último honor, el cuerpo del joven Palante.

75. Y con la otra oculta su cabellera, que las llamas quisieron devorar. En seguida ordena que se reúnan los más ricos despojos logrados en los campos laurentinos por el joven guerrero, y que todo ello siga, en gran aparato, al cortejo fúnebre. Así es como se juntan los corceles y las armas arrebatados al enemigo.

80. Tras esto colócase, con las manos atadas a la espalda, a los cautivos que deberán seguir a Palante en su morada última, y cuya sangre deberá enrojecer las llamas de su túmulo. El héroe dispone que sean los mismos jefes quienes lleven en sus lanzas los trofeos de armas donde están inscritos los nombres de los enemigos vencidos.

85. Se lleva, además, en medio de tan tristes filas, al desgraciado Acestes, abrumado por la vejez y la pena, y que tan pronto se golpea el pecho con los puños como se rasga con las uñas el rostro, o el dolor le desploma, rodando por el polvo. Vienen a continuación los carros, teñidos de sangre de los rútulos.

90. Detrás avanza, sin ornato alguno, Etón, el caballo de guerra de Palante, que humedece su rostro con grandes gotas de llanto. Otros son portadores del casco y la lanza del héroe, porque el resto de sus armas cayó en poder de Turno, su vencedor. Finalmente, detrás de todo ello, en triste y recogido silencio, marcha, con las armas boca abajo, una escolta de troyanos, tirrenos y árcades.

95. Cuando este largo cortejo queda desplegado en la llanura, detiénese Eneas y dice así, tras profundo suspiro: "La suerte horrible de la guerra nos llama todavía a nuevos hechos creadores de lágrimas. Recibe la eterna

---

[666] Es decir, con hojas extendidas.
[667] O sea, que las había bordado con hilo de oro.

salutación, ¡oh intrépido Palante! ¡Adiós para siempre!" Y esto dicho, toma de nuevo el camino de los baluartes y regresa al campamento.

100. Ya había en él mensajeros de la ciudad laurentina. Llevaban la frente ceñida con ramas de olivo, y venían a impetrar de Eneas la merced de llevarse los cuerpos de aquellos compañeros a los que el hierro tendiera en la llanura, para rendirles los últimos honores. Dícenle que no puede ya combatir con semejantes enemigos vencidos y privados de la luz de los cielos...,

105. ... y que debe así respetar a los que en otro tiempo fueran sus huéspedes y aliados. Eneas se compadece de tan justas plegarias, y dice a los emisarios bondadosamente: "¿Qué adversa fortuna, ¡oh latinos!, pudo llevaros a guerra tan desastrosa y a rechazar mi amistad? Me pedís la paz para los que ya no viven, por haber caído bajo los furores de Marte.

110. "Mas, ¡ay!, que yo quisiera dársela también estando vivos. No hago la guerra a vuestra nación, sino a vuestro rey, que, violando la hospitalidad que a él me ligaba, prefirió confiarse a las armas de Turno.

115. "Más justo habría sido que Turno afrontase aquí esta muerte[668]. Si quería dirimir con el cuchillo nuestras querellas, y expulsar de Italia a los troyanos, ¿por qué no vino a medirse conmigo, y con armas iguales? Ahora viviría sin rival aquel de nosotros dos a cuyo brazo los dioses hubieran dado la fuerza de vencer y vivir.

120. "Id, pues, y llevaos a las hogueras de la tumba los cuerpos de vuestros desgraciados compañeros." Dice esto Eneas. Los emisarios se miran unos a otros, silenciosos e inmóviles. Entonces el viejo Drances, enemigo siempre en sus odios y acusaciones del joven Turno, toma la palabra y dice:

125. "¡Oh héroe troyano, grande por tu fama, pero más grande todavía por tus armas!, ¿con qué lenguaje podría yo exaltar dignamente tu gloria? ¿Qué deberé admirar más: tu justicia o tus dotes guerreras? Llevaremos estas palabras de tu sabiduría a nuestra patria ciudad; y si de algún modo nos abriese camino la Fortuna, te uniríamos al rey Latino.

130. "Y que Turno busque entonces otras alianzas. Pero haremos más: los muros que te fueron prometidos por los hados los levantaremos nosotros mismos, y será un placer para nuestras manos el transportar las piedras de la nueva Troya." Dice así, y le responde un murmullo unánime de aprobación. Después de esto se pactan dos veces seis días[669].

135. Esta paz temporal permite que troyanos y latinos, confundidos, vaguen libremente por bosques y montañas. Suena el alto fresno bajo los golpes del hacha de dos filos, y caen abatidos los pinos que se elevaban hasta los cielos. La encina y el oloroso cedro gimen bajo las cuñas agudas que los desgarran, y no cesan de chirriar los carros con el transporte de los robles.

[668] La muerte de los que cayeron combatiendo, y cuya inhumación le piden a Eneas.

[669] O lo que es igual, una tregua de doce días.

140. Entretanto vuela la Fama, rápida mensajera de duelo, y llena de siniestros clamores el corazón de Evandro, su palacio y las murallas, que hasta hace poco se alborozaron con los triunfos de Palante en el Lacio. En multitud se precipitan los árcades a las puertas, agitando en sus manos, al uso antiguo, antorchas funerarias.

145. Toda la explanada relumbra con la claridad de una larga hilera de hachones, cuya luz se expande hasta la lejanía de los campos. Van así al encuentro de los troyanos y, al juntarse, funden entrambas tropas reunidas sus gemidos. Apenas penetra el cortejo en las murallas, llenan las mujeres con sus lamentos la ciudad desolada.

150. El viejo Evandro no puede contenerse más y se lanza en medio de la multitud. Así que ve el fúnebre lecho depositado en el suelo, arrójase sobre Palante, al que estrecha entre sus brazos, sin que nadie pueda separarle de allí. Finalmente, velada la voz por el dolor, dice de esta suerte: "¿Es esto, ¡oh Palante!, lo que a tu padre habías prometido?

155. "¿Eras tú quien iba a afrontar con prudencia los furores de Marte? No ignoraba yo lo que pueden sobre un pobre corazón los anuncios de la gloria y la dulce sugestión del honor en un primer combate. ¡Oh ensayo deplorable de tu primer valor! ¡Oh cruel presentimiento de una guerra tan próxima a nosotros! Los dioses todos han permanecido sordos a mis votos y plegarias.

160. "¡Oh tú mi virtuosa esposa, feliz de no existir ya, porque así te ahorras tan inmenso dolor! Yo, por el contrario, viviendo, he vencido a mis hados[670] para que, siendo el padre, haya podido sobrevivir a mi hijo. ¿Por qué no habré seguido a las banderas troyanas? Hubiese caído bajo las flechas de los rútulos, y no se dedicarían ahora estos honores a mi hijo, sino a mí.

165. "Pero no os achaco a vosotros esta desgracia mía, ¡oh troyanos! Ni acuso a vuestra alianza, ni al día en que se unieron nuestras manos en señal de hospitalidad. Estaba reservada a mi vejez esta triste fortuna. Al menos, si una muerte prematura ha abatido a mi hijo, sé que inmoló a millares de volscos, abriendo así a los teucros las puertas del Lacio.

170. "Ni yo mismo, además, ¡oh Palante!, podría otorgar a tus cenizas más dignos honores que los que han dispuesto para ti el piadoso Eneas, los magnánimos frigios, los jefes tirrenos y el ejército todo. Los trofeos que llevan, ¡oh hijo mío!, son despojos de enemigos que tu brazo inmoló. También tú estarías ahí en imagen, ¡oh Turno!, dentro de una armadura inmensa...

175. "... si mi hijo hubiese tenido una edad igual a la tuya, y la fuerza que te dieron los años. Mas, por muy infortunado que sea, ¿por qué he de retener más tiempo a los troyanos lejos del combate? Id y transmitid fielmente mis

---

[670] Quiere decir "he vivido más de lo prudente", o sea "más de lo que mis hados habían dispuesto".

palabras a vuestro rey. Decidle que aborrezco la vida desde que Palante ha perdido la suya.

180. "Pero que la soporto todavía, confiando en que su brazo vengador debe a mi hijo y a su padre la muerte de Turno. No espero ya más bien de él ni de la Fortuna. Porque en la vida no quedan dulzuras para mí. Él no existe ya, y es preciso que yo le lleve un consuelo a la profunda mansión de las sombras." Entretanto devuelve la Aurora la dulce luz del día a los míseros mortales...

185. ... y les renueva una vez más trabajos y dolores. Ya el prudente Eneas, ya Tarcón, han hecho elevar hogueras a lo largo de las orillas; y cada cual llevose los cuerpos de los suyos, conforme a la costumbre de sus antepasados. Negros fuegos se encienden, y una espesa humareda llena el cielo de tenebrosos vapores. Tres vueltas dan los de a pie, cubiertos de brillantes armaduras y con paso rápido, en torno a las hogueras.

190. Y tres también los caballeros, sobre sus corceles, emitiendo lúgubres clamores en torno a las piras funerarias. Las lágrimas bañan sus armas e inundan la tierra; y sus gritos y el rasgado son de los clarines se elevan hasta los cielos. Unos echan a las llamas los ricos despojos arrebatados a los latinos que amontonó la muerte.

195. Cascos, ricas espadas, frenos y ruedas hirvientes[671]; otros arrojan los propios escudos de aquellos a quienes lloran[672], armas que sirvieron mal a su valor. También se inmolan, en torno a las hogueras, numerosos toros, así como puercos y ganado de las inmediaciones.

200. Desparramados por el litoral, troyanos y árcades ven quemarse los restos de sus compañeros; los ven a medio consumir, en torno a las piras, y nada habrá de arrancarles a este penoso deber, mientras la húmeda noche no corone el cielo con brillantes estrellas. También los latinos, por su parte, encienden hogueras numerosas.

205. Ya enterraron una parte de sus muertes en el mismo lugar donde cayeron. Otros son trasladados a los campos de los alrededores, o bien enviados a la ciudad laurentina. El resto de las víctimas, inmenso y confuso montón de cadáveres ensangrentados, arde revuelto y sin honores. Las vastas llanuras brillan de hogueras por doquier.

210. Cuando la tercera Aurora expulsa del cielo las frías sombras de la noche, terminan los latinos, silenciosos y contristados, su tarea de retirar de los altos montones de cenizas los mezclados huesos, cubriendo de tierra tales despojos todavía humeantes. Pero es en los muros y en la propia ciudad del rico y poderoso Latino donde los gritos de desesperación...

---

[671] Se supone, con hipérbole, hirvientes a las ruedas por haberse calentado de excesivo modo en fuerza de correr o rodar.

[672] Es decir, de los mismos compañeros muertos.

215. ... y los lamentos largos y desgarrados estallan con mayor violencia. Las míseras madres, las esposas infortunadas, las hermanas desoladas y tiernas, los hijos privados de sus padres, maldicen aquí y allá tan execrable guerra y el himeneo de Turno. Piden que sea él solo quien combata y se arme de hierro, ya que aspira al imperio de Italia y a los honores del supremo rango.

220. Apoya estos reproches el odio de Drances, el cual asegura que Eneas no pregunta más que por Turno, y sólo a Turno quiere para el combate. Mas, al propio tiempo, otras numerosas voces se alzan en favor de Turno, al que protegen el nombre de la reina y la justa y merecida fama de sus muchos trofeos.

225. En medio de todo esto y de tan apasionados debates, he aquí que llegan, para empeorar aún la situación, entristecidos por la respuesta que traen, los embajadores enviados a la gran ciudad de Diómedes. De nada han servido las penas ni los esfuerzos; ningún provecho dieron los presentes, ni el oro, ni las súplicas acuciadoras.

230. Los latinos tendrán que buscar otras alianzas o pedir la paz al troyano. El rey recibe con estas nuevas un terrible golpe. Reconoce que protegen a Eneas los hados y el cielo: bien se lo indican la cólera de los dioses y las tumbas recientes que tiene ante los ojos. Entonces reúne en su palacio el consejo supremo, del que forman parte los jefes de la nación.

235. Todos acuden a una orden suya, inundando apresuradamente en oleadas los salones de la vasta morada. Latino se sienta en medio de ellos, con la frente entristecida, como el primero que es por la edad y la dignidad del cetro. Y concede la palabra a los embajadores recién llegados de la ciudad etolia.

240. Quiere conocer, en palabras precisas, la respuesta que han traído de Diómedes. Súbitamente encadena el silencio todas las lenguas, y Vénulo, obedeciendo al rey, habla de este modo: "Vimos, ¡oh ciudadanos!, a Diómedes y los campos argivos. Tras largo camino, y vencidos todos los casos[673], llegamos a tocar la mano bajo la cual cayó Troya.

245. "Había fundado este vencedor[674], en los campos yapigos, al pie del monte Gárgano, la ciudad de Argiripa, nombre de su primera patria[675]. Llevados ante él, y obtenida la venia para hablar, le ofrecimos nuestros presentes, le dijimos nuestro nombre y el de nuestro pueblo, y le descubrimos la causa de esta guerra y el objeto que nos llevaba a Arpos.

---

[673] Quiere significarse "vencidos todos los obstáculos".
[674] Vencedor de los mesapios, pueblo que vivía en la antigua Calabria.
[675] Esta ciudad se llamaba, en efecto, *Argos Hippium* (ecuestreo de los caballos). Los caballos de esta región habían cobrado gran fama, y el nombre de Argos correspondía a la primitiva Argos, patria de Diómedes.

250. "Luego de oírnos, Diómedes nos respondió con tranquila voz: "¡Oh nación infortunada, imperio de Saturno, estirpe ilustre de Ausonia!, ¿qué funesto destino turba hoy tu reposo y te empuja a combatir con un pueblo que no te es conocido? Todos los que con el hierro violamos los ilíacos campos...

255. "... (y omito las penalidades sufridas al guerrear bajo aquellos muros, así como los varones que el Simois[676] guarda), todos hemos expiado por el orbe entero nuestros crímenes, con los sabidos suplicios y castigos, que conmoverían hasta al propio Príamo.

260. "Lo sabe Minerva, que levantó las tempestades contra nosotros[677]; lo saben las rocas de Eubea[678] y Cafareo[679], el vengador de nuestras injusticias. Después de guerra tan funesta, y apartados a un litoral opuesto, Menelao el Atrida llegó hasta las columnas de Proteo[680], y Ulises hubo de ver los cíclopes del Etna.

265. "¿Referiré los reinados de Neoptolomeo[681], y los vueltos Penates de Idomeneo[682], expulsado de Creta, su país? ¿O acaso hablaré de los locrios habitantes en el litoral líbico?[683]. El propio Agamenón, noble jefe de los pueblos de Grecia, pereció en el umbral de su palacio, a manos de la esposa execrable: un infame adulterio sorprendió en sus redes al vencedor de Asia[684]
.

270. "¿Mencionaré el castigo que los dioses me dieron al regresar a mi patria, privándome de ver a una esposa querida y a la bella ciudad de

---

[676] Río que se hizo famoso en la guerra de Troya.

[677] Minerva había, en efecto, desencadenado una tempestad contra Ayax, hijo de Oileo, de regreso de la guerra de Troya, héroe que la noche de la entrada de los griegos en la ciudad forzó a Casandra, hija de Príamo, en el propio templo del que era sacerdotisa, y que estaba consagrado a Palas, es decir, a dicha diosa Minerva.

[678] Isla del Mar Egeo, hoy Negroponto.

[679] Promontorio al sudeste de la isla de Eubea. Se cuenta que en él encendió hogueras para atraer a los barcos griegos un rey de Eubea llamado Nauplio. Las naves atraídas se estrellaron contra las rocas del promontorio. con lo que Nauplio se vengó de los griegos que, por orden de Ulises, en la guerra de Troya, habían asesinado a su hijo Palamedes.

[680] Rey de Egipto, a donde arrojaron las tempestades a Menelao de regreso de Troya.

[681] Hijo de Aquiles, llamado también Pirro.

[682] Rey de Creta. Una tempestad le asaltó a su regreso de Troya; Idomeneo prometió sacrificar, si se libraba de ella, a la primera persona que encontrase en su reino; mas, como esta persona fuera su propio hijo, su corazón de padre le impidió cumplir lo ofrecido y hubo de expatriarse.

[683] Costa septentrional de África. Los compañeros de Ayax Oileo se habían establecido, en efecto, allí.

[684] Agamenón. Le mataron su esposa Clitemnestra y Egisto, amante de ella.

Calidonia?[685] Y aún más horribles prodigios han espantado doquiera a mis ojos. Se han perdido mis compañeros para mí. Yo les vi elevarse con sus alas en los aires[686] , y, lo que es más suplicio para mi corazón...,

275. "... les he visto vagar a lo largo de los ríos, convertidos en pájaros, y llenar con sus gritos plañideros todos los roquedales de la costa. Debí esperar todo eso, desde el día en que mi furor insensato, armado del hierro impío, atacó a los propios dioses e hirió con sacrílega flecha la mano de Venus.

280. "No me arrastraréis, pues, a parecidos combates. No quiero ya guerrear con los troyanos desde la ruina de Pérgamo, ni alegrarme ni recordar siquiera sus pasadas desgracias. Los presentes que me traéis del país de vuestros mayores ofrecedlos a Eneas. Nosotros nos vimos una vez frente a él, con armas en las manos. Conocemos, pues, su fuerza.

285. "Yo puedo hablaros, con la voz de mi experiencia, del ímpetu con que maneja el escudo, y de la mano flamígera[687] con que arroja los dardos. Si la tierra idea hubiese producido dos guerreros más como él, los troyanos hubieran atacado por sí mismos las ciudades inoquias[688] , y Grecia entera, contrario al destino, lloraría hoy sobre sus ruinas.

290. "Fueron Héctor y Eneas los que, bajo los muros de la valerosa Ilión, contuvieron la victoria de los griegos y la hicieron retroceder hasta el décimo año. Los dos eran grandes por su valor, y los dos ilustres por sus hazañas deslumbrantes; mas Eneas ganaba a Héctor en piedad. Aliaos, pues, con él, al precio que fuere, y no oséis medir vuestras armas con las suyas. Ésta ha sido, ¡oh el mejor de los reyes!, la respuesta de Diomédes y ya sabéis lo que él piensa de esta importante guerra."

295. Así que el embajador termina de hablar, un confuso estremecimiento recorre la Asamblea de los ausonios. No de otro modo que, cuando se despeñan por los roquedales las rápidas corrientes, un sordo murmullo se eleva del seno de las aguas profundas, y las orillas próximas retiemblan con el estruendo por ellas producido.

300. Por fin se calman los espíritus y se acallan las voces tumultuosas. El rey, entonces, luego de invocar a los dioses, habla así desde lo alto de su trono: "Bien hubiera querido, y fuera lo más prudente, haber deliberado sobre todo esto mucho antes, y no reunir el consejo cuando está el enemigo al pie de nuestras murallas.

---

[685] Ciudad donde residía Diómedes, que estaba situada frente a Corinto.

[686] La leyenda dice, en efecto, que los compañeros de Diómedes fueron convertidos en aves, por haber injuriado a Venus. Creen unos que en cigüeñas, y otros que en halcones.

[687] Rápida y violenta como si llevase el rayo.

[688] Es decir, ciudades bañadas por el Inoco, río que tomó su nombre del fundador de Argos, porque bañaba esta ciudad.

305. "Luchando estamos, ¡oh latinos!, bajo auspicios funestos, contra un pueblo de estirpe de dioses, contra guerreros invencibles a los que no fatiga la guerra y que ni aún vencidos deponen las armas. Si alguna esperanza pusisteis en la ayuda de los etolios, quitadla para colocarla sobre nosotros mismos y nuestros pobres recursos.

310. "Por todas partes es desesperada nuestra situación: vedla con vuestros ojos y tocadla con vuestras manos. No acuso a nadie. Lo que el valor pudo hacer lo ha hecho. Se ha combatido con las fuerzas todas de nuestro pueblo. Sin embargo, hay un proyecto que mi espíritu irresoluto medita. Oídme, porque voy a exponerlo en pocas palabras.

315. "Poseo yo de antiguo un dominio, cerca del río toscano, que se extiende en estrecha faja a lo largo del Tíber y hasta los confines sicanos. Auruncos y rútulos cultivan sus estériles campos; ellos pasan el arado por las duras colinas, y llevan sus rebaños a las peladas cimas. Sea, pues, cedida esa región, toda ella cadena de montañas y sombra de pinos...,

320. "... a los fieros troyanos, en prenda de amistad. Concertemos una alianza con ellos bajo estas condiciones, y con ellos partamos nuestros derechos de ciudadanía. Si tantos encantos guarda para ellos este país, establézcanse en él y funden aquí una ciudad.

325. "O si es su propósito buscar otras comarcas, una nación nueva, y se deciden a abandonar nuestro suelo, construyamos para ellos, de la mejor encina de Italia, veinte navíos, o cuantos desearen. Dispuestos se hallan los materiales en la ribera. Que ellos mismos indiquen el número y la forma de esos navíos.

330. "Todo lo pondremos nosotros: el bronce, los brazos y el conocimiento. Más aún: para hacer estas proposiciones y confirmar nuestros tratados, que cien latinos principales vayan a ellos, con el ramo de olivo en la mano, y les lleven como presentes talentos[689] de oro y de marfil, y la silla y la trábea, insignias de nuestro reino[690].

335. "Esto es dicho. Examinadlo, y que vuestra sabiduría halle un remedio para los males de la nación." Entonces se levanta Drances, a quien ofusca la gloria de Turno, y al que en secreto atormenta el aguijón de la envidia. Es rico y elocuente, mas frío en los combates; hábil en el consejo y temible en la sedición.

340. Orgulloso de la noble sangre de su madre, pero hijo de padre desconocido. En seguida vierte su odio en acusaciones contra Turno, e irrita

---

[689] En sentido genérico, es decir, como cantidad considerable.

[690] La tal silla, símbolo de dignidad en Etruria y en Roma, iba adornada con marfil y se llamaba curul por ir colocada sobre carros. Cuando los romanos — costumbre tomada, sin duda, de los etruscos— querían rendir honores a príncipes aliados, les enviaban dicha silla, que posteriormente, y desaparecida la monarquía, llegaron a usar cónsules, censores, pretores y ediles.

más con ello todavía los espíritus. "¡Oh el mejor de los reyes! —dice—, la cuestión que has tratado es luminosa para todos, y no necesita que mi voz la aclare.

345. "Cada uno de nosotros sabe lo que la situación exige, mas nadie osa decirlo. Permítaseme, pues, hablar, y que oculte su orgullo aquel cuya funesta influencia y siniestro carácter[691] —he de decirlo todo, aunque me esperen el cuchillo y la muerte— hicieron caer tantos héroes, luminarias de la patria, y hundirse en el duelo nuestras ciudades...

350. "... mientras él se entregaba a la fuga, en los campamentos troyanos, y aún aterraba al cielo con sus armas[692]. A esos presentes numerosos, que destinas a los troyanos, añade uno más, ¡oh el mejor de los reyes!, y que ninguna violencia encadene tu voluntad de padre, ni te impida dar tu hija a un yerno ilustre, cimentando así la paz con una alianza eterna.

355. "Porque si tanto pavor oprime nuestros pechos y mentes, supliquemos a él[693] y de él obtengamos esta gracia en favor de la nación. Sea él quien remita el propio derecho al rey y a la patria. ¿Por qué tú, ¡oh Turno!, fuente e instrumento de todas las gracias del Lacio...,

360. "... has de llevar siempre a inevitables peligros a tus infelices conciudadanos? Ninguna salvación hay en la guerra para nosotros, ¡oh Turno!, y te pedimos la paz, y la sola garantía de una paz inviolable[694]. Yo mismo, a quien supones enemigo, de lo que no me defiendo, soy el primero en suplicártelo. Ten piedad de tus conciudadanos. Depón tu orgullo. Vencido ya, retírate.

365. "Bastante tiempo hemos visto a la muerte diezmando nuestras filas; ya desoló bastante la guerra nuestros campos. Mas si estás aún ávido de gloria, si presumes todavía de tu valor, si está de tal modo en tu corazón una dotal regia[695], atrévete a merecerla y ofrece intrépidamente el pecho a tu enemigo.

370. "Pero ¿es que para que Turno tenga una esposa real hemos de quedar tendidos en el campo de batalla nosotros, la turba vil condenada a no obtener ni tumbas ni honores? Si tienes corazón todavía, ¡oh Turno!, si queda algo en ti del valor de tus padres, atrévete a mirar cara a cara al rival que te llama."

375. Al oír ésto, se enciende la cólera de Turno. Y, en seguida, exhala su resentimiento con estas palabras, que le salen del fondo del pecho: "Pródiga

---

[691] Turno.

[692] Alúdese aquí a la marcha de Turno en pos de la sombra que representaba a Eneas, según se vio en el libro anterior.

[693] A Turno.

[694] Es decir, el matrimonio de Eneas y Lavinia.

[695] O sea, menos literalmente, una esposa que lleve en dote un reino.

es en palabras tu boca, ¡oh Drances!, cada vez que reclama brazos la guerra; y siempre que se reúne el consejo de la nación, acudes el primero.

380. "Mas no ha de ser rellenada la curia[696] con las pomposas palabras que echas a volar sin peligro, cuando sólo un muro nos separa del enemigo, y nuestros fosos pueden inundarse de sangre. Haz que truene aquí tu elocuencia, que es tu arma ordinaria; acúsame de cobardía, ¡oh Drances!, tú, que a tantos troyanos mataste por tu mano...

385. "... y que nuestras llanuras cubriste de brillantes trofeos[697]. Pero ¿quieres que uno y otro demostremos lo que puede un varón valeroso? No hay que ir muy lejos en busca de enemigos: por todas partes rodean nuestros muros. ¡Vayamos, pues, contra ellos! ¿Qué te detiene? ¿No estará el valor más que en tu lengua llena de viento y en tus pies siempre prontos a huir?

390. "¿Yo vencido, oh miserable? ¿Quién puede justamente acusarme de ello, si he visto el Tíber hinchado por la sangre troyana, y la casa de Evandro cayendo, con toda su raza, bajo mis golpes, y a los árcades despojados de sus armas?

395. "No me probaron cobarde ni Bitias ni Pandaro, gigantes enormes, ni otros mil guerreros a los que mi brazo vencedor precipitó en el Tártaro, cuando quedé encerrado en la fortaleza y rodeado de enemigos. ¡Que no hay salvación en la guerra! Dirige ese lenguaje al jefe troyano y a los de tu partido.

400. "Sigue extendiendo por doquiera la duda y el terror; y exaltando a una nación diez veces vencida y rebajando a las latinas armas. Ahora tiemblan a la vista de los frigios los capitanes de los mirmidones, y el Tidida[698], y el lariseo Aquiles[699].

405. "Y hasta el Aufido[700] ante ellas huye de las aguas adriáticas hacia atrás[701]. Este hipócrita malvado finge temer mi cólera, y, con la simulación de su temor, no hace más que presentarme odioso. Deja, pues, de temblar, ¡oh Drances! Jamás esta mano se manchará con tu impura sangre. Siga viviendo tu alma en ese cuerpo, digna residencia de ella.

410. "Ahora, ¡oh padre mío!, tengo que dirigirme a ti y a tus graves preocupaciones. Si no tienen en adelante más esperanza en nuestras armas; si hasta este punto nos abandonamos; si una primera derrota de nuestro

[696] Llamábase así en Roma al lugar donde el Senado celebraba sus deliberaciones.

[697] Todo ello está dicho, claro, en sentido irónico.

[698] Diómedes, hijo de Tideo.

[699] Llamábase "lariseo" a Aquilea, por ser su padre rey de Tesalia, país cuya principal ciudad era Larisa.

[700] Río de Apulia, hoy Ofanto. Tenía su desembocadura en el Adriático, cerca de los llamados campos de Diómedes, donde estaba la ya citada ciudad de Argiripa.

[701] Es decir, retrocede en su curso, se aleja de la desembocadura.

ejercito nos deja ya sin aliento y sin fe en la fortuna, imploremos la paz y tendamos al vencedor nuestras manos suplicantes.

415. "Mas, ¡ah!, todavía queda, sin embargo, en nosotros alguna chispa del antiguo valor; y será a mis ojos el más valiente y el más feliz de los guerreros aquel que caiga, para no ver semejante vergüenza, y que con su boca moribunda muerda el polvo del campo de batalla. Porque teniendo aún recursos y estando entera nuestra juventud...,

420. "... ofreciéndonos apoyo las ciudades y pueblos de Italia, y puesto que los troyanos han comprado su gloria con ríos de sangre, y ellos también celebran sus funerales y gimen como nosotros, bajo los golpes de la guerra, ¿por qué retroceder cobardemente a la entrada del camino? ¿Por qué temblar de miedo antes de que suene el clarín?

425. "En el curso de la vida producen a menudo cambios felices el tiempo y la rápida sucesión de las cosas. Frecuentemente juega la Fortuna con los mortales, y se complace en devolverlos al sitio de donde los quitara. Podemos no tener el auxilio del etolo[702] y de los pueblos de Arpos, pero contamos con Mesapo y el feliz Tolumnio, y tantos otros jefes famosos enviados por tantas naciones.

430. "No puede tardar la gloria en nimbar al escogido ejército del Lacio y de los campos laurentinos. También está con nosotros Camila, de la estirpe ilustre de los volscos, que manda una tropa de caballeros resplandecientes en sus bronces. De todos modos, si los troyanos me llaman a mí solo al combate...

435. "Si os place ese desafío y soy tan grande obstáculo para la dicha común, no huyó de mí la victoria hasta ahora de tal modo que me niegue a intentar hazaña tan gloriosa. Iré sin temor alguno contra mi rival, aunque se muestre tan grande como Aquiles, y lleve, como él, armas forjadas por el propio Vulcano.

440. "Yo, Turno, que no cedo en valor a ninguno de mis antepasados, os aseguro que daré mi vida por vosotros y por Latino mi suegro. ¿Eneas ha desafiado solamente a Turno? Pues bien: eso es lo que yo deseaba. Si la cólera de los dioses se vuelve contra mí, no la aplacará la muerte de Drances; y si la victoria es el premio a mi valentía, tampoco en ello ha de alcanzarle a él honor alguno."

445. Mientras tiene lugar este debate sobre la incierta situación del Lacio, levanta Eneas el campo y despliega a toda su gente en la llanura. Y he aquí que un mensajero se presenta con gran estrépito, llenando de alarma el palacio y toda la ciudad. Anuncia que los troyanos abandonaron las orillas del Tíber, y avanzan en orden de batalla, con los tirrenos, cubriendo ya todo el llano.

---

[702] Diómedes.

450. Los pechos se sobrecogen ante esta noticia, el pueblo se agita y el aguijón de la cólera lo revuelve todo. Cada cual se apresura a tomar las armas, y la vibrante juventud espera con ansia el combate, mientras los consternados padres lloran y confunden los gemidos. Un inmenso clamor se eleva por doquier hasta los cielos sobre este montón de sentimientos distintos.

455. Semeja el confuso rumor de una bandada de pájaros abatiéndose en profundo bosque, como cuando los roncos cisnes despiden graznidos en las orillas del Podusa[703] , abundantes en peces sus cantarinas aguas. Turno aprovecha este momento favorable. "Valor, ¡oh ciudadanos! —les grita.

460. "Seguid hablando en vuestros asientos, muy tranquilos, y envaneceos con las dulzuras de la paz, mientras el enemigo viene con todas sus armas contra nosotros." Dicho esto, abandona el consejo y se lanza fuera del palacio. "Tú, ¡oh Voluso! —dice—, ordena a los volscos que tomen las armas, y pon también sobre ellas a los rútulos.

465. "Tú, ¡oh Mesapo!, y tú, ¡oh Coras!, con tu hermano, desplegad vuestra caballería en la llanura; que otros guarnezcan las entradas de la ciudad y defiendan las torres; y que el resto esté pronto para venir conmigo adonde yo le llame." La ciudad entera se pone en movimiento, dirigiéndose a los baluartes.

470. El propio rey Latino abandona el consejo y sus grandes principios[704] , turbado por aquel mal tiempo que todo lo trastorna. Acúsase de no haber aceptado por yerno al héroe troyano, asociándole así a su imperio. Entretanto, sus hombres cavan hondos fosos ante las puertas, o acarrean piedras y estacas, mientras el agudo clarín da la sangrienta señal del combate.

475. Pronto se coronan los muros de una multitud confusa de mujeres y niños; el grande y supremo peligro a todos los reúne. También la reina, seguida de numeroso cortejo de mujeres latinas, dirígese a la alta ciudadela y lleva sus ofrendas al templo de Palas.

480. Va a su lado la joven Lavinia, causa de tan enormes desgracias, que lleva los ojos bajos. Entran las dos en el templo, que perfuman con vapores de incienso, y, bajo el alto pórtico del santuario; exhalan esta plegaria dolorosa: "Oh diosa guerrera, virgen Tritonia, que riges la suerte en los combates, rompe con tus manos la lanza del raptor frigio. Hazle morder el polvo. Déjale muerto ante nuestras puertas."

485. Turno, por su parte, se arma con premura. Hele ya cubierto con su coraza rutilante, erizada de escamas de bronce; se ha encerrado ya las piernas en las grebas doradas, y todo él resplandeciente, con la espada al cinto y la cabeza aún desnuda, acude a la ciudadela. La alegría le invade y, ya en la esperanza, precipítase sobre el enemigo.

[703] El brazo más meridional del Po, que desemboca cerca de Rávena. Parece ser, según Plinio, el que luego fue canal Fossa Augusta.

[704] Es decir, las importantes deliberaciones iniciadas.

490. Semeja el corcel que, rotas las ligaduras, escapó del establo, y, libre al fin, se apodera de la llanura inmensa; tan pronto vuela a los pastos y a los rebaños de yeguas como, hundiéndose en el río conocido, se abandona a la delicia de las aguas; o como salta, enderezada la soberbia cabeza, estremecido de fuerza lujuriante, y con la crin flotante al viento sobre su cuello.

495. Camila acude a la llamada de Turno, a la cabeza de sus tropas volscas. Llegadas éstas a las puertas de la ciudad, apéase la reina de su corcel. Sus caballeros la imitan y echan asimismo pie a tierra.

500. "¡Oh Turno! —dícele ella—, si te es permitido depositar una justa confianza en mi valor, yo me atrevo a prometerte ir contra las gentes de Eneas y hacer frente sola a los caballeros tirrenos.

505. "Deja que corra yo los primeros azares de la guerra, y quédate tú aquí en los baluartes, con tu infantería, defendiendo la ciudad." Turno contesta, con los ojos puestos en la intrépida virgen:

510. "¡Oh virgen, honor de Italia!, ¿cómo alabar y recompensar dignamente tal servicio? Mas, ya que tu gran corazón está por encima de todos los peligros, ven a participar conmigo en los trabajos de esta jornada. Si he de creer a la Fama y a las nuevas de mis exploradores, Eneas ha enviado delante su caballería ligera, que avanza por la llanura.

515. "Él, entretanto, franqueando las montañas por senderos desiertos, se dispone a caer sobre nuestra ciudad. Yo le preparo una emboscada en cierta encrucijada del bosque, y cerraré, con aguerrida gente, las dos salidas del desfiladero. Lleva, pues, tus banderas contra los escuadrones tirrenos, en compañía del valiente Mesapo, de los caballeros latinos y de las tropas de Tiburto[705] Acepta esta orden."

520. Con un discurso semejante arenga a Mesapo y a los jefes aliados, y luego vuela hacia el enemigo. Hay en el país un valle tortuoso y profundo, favorable a las sorpresas y a las astucias de la guerra. Lo cierran por uno y otro lado colinas de follajes espesos y sombríos, y no se llega a él más que por un sendero, entre gargantas estrechas y traidoras.

525. En la elevada cima del monte extiéndese una llanura oculta a los ojos, puesto cómodo y seguro, bien se trate de caer sobre el enemigo, por la derecha o por la izquierda, o ya se quiera hacer rodar sobre él, desde tan gran altura, peñas enormes.

530. A ese punto se dirige el joven héroe, por caminos que le son conocidos, y, apoderándose de la posición, se parapeta oculto en el pérfido bosque. Entretanto, en lo alto de las divinas moradas, habla la hija de Latona con Opis, una de sus vírgenes compañeras, la más veloz de su tropa sagrada, y le dirige estas palabras:

535. "Camila se dirige, ¡oh ninfa!, a un combate funesto, y es en balde que vaya cubierta con mis armas. Querida me es entre todas las vírgenes, y no es

---

[705] Diana.

reciente este amor en el pecho de Diana, ni éste un sentimiento cuya dulzura me haya cautivado de súbito. Destronado Metabo[706] por el odio y sus soberbias fuerzas[707], al huir de la antigua ciudad de Priverno[708] ...

540. "... llevose con él, como compañera de destierro, a su hija, niña aún, y a la que, con un ligero cambio en el nombre de Casmila, su madre, la llamó Camila. Con ella contra el seno, fue buscando los senderos secretos de los bosques solitarios. Los dardos crueles le perseguían por todas partes, y los volscos, hierro en mano, daban vueltas sin cesar en derredor de él.

545. "De pronto, en lo más apurado de su fuga, viose abocado al Amaseno[709], con sus rumorosas aguas, abultadas por los torrentes de lluvia que se precipitaran de las nubes. Metabo quiso cruzarlo a nado, mas le retuvo su amor paternal por la querida carga que en los brazos llevaba.

550. "Por fin, no sin pena y después de mil pensamientos, tomó esta resolución. Llevaba el robusto guerrero una enorme jabalina, cuya madera, endurecida al fuego, ofrecía todos sus nudos, y pasándola por una corteza de alcornoque, en la que previamente metiera a su hija...,

555. "balanceó la carga entera con su brazo vigoroso, y dijo así, clavando los ojos en el cielo: "¡Oh tú, hija de Latona, habitante de los bosques!, pon tu mirada en esta niña que su padre consagra a tus altares. Por primera vez, teniendo tus armas, huye temblorosa de sus enemigos; acoge, pues, ¡oh diosa!, como bien tuyo a la que yo confío ahora a la ruta incierta de los aires."

560. "Dijo así, y, echando el brazo para atrás, lanzó la jabalina. Se estremecieron las ondas, y la infortunada Camila voló sobre ellas con la lanza silbante. Entonces Metabo, al que sus enemigos iban estrechándole más cada vez, se arrojó al río y, ganando a nado la orilla opuesta, arrancó del césped la jabalina y la niña, don consagrado a Diana.

565. "Mas ningún techo recibió a Metabo, ni ciudad alguna le ofreció asilo entre sus muros, mostrándose él a la vez demasiado salvaje para vivir en poblado. Pasó, pues, su vida en los montes solitarios, a la manera de los pastores. Y allí, en medio de los brezos y la espesura de las selvas, crió a su hija con leche de una yegua...,

570. "...ordeñando en sus tiernos labios de niña las ubres de su salvaje nodriza. Apenas la así criada empezó a andar, ya cargó sus manos con la aguda jabalina, y colgó de sus débiles hombros un arpo y unas flechas.

575. "En lugar de trenzas de oro y de un amplio vestido flotante, pendía de su cabeza y cubría su cuerpo el despojo de un tigre. Sus tiernas manos sabían ya lanzar una flecha ligera. Y era diestra, además, volteando en torno a

---

[706] Rey de los volscos, padre de Camila.

[707] Violencias, menos literalmente, cometidas con sus vasallos.

[708] Ciudad del Lacio, situada a 70 kms. al sudeste de Roma. Hoy se llama Piperno Vecchio. Era el principal núcleo de población de los volscos.

[709] Río que baña a Priverno.

su cabeza los cueros de la honda, en abatir el blanco cisne y la grulla estimonia.

580. "En vano una multitud de madres tirrenas la pidieron en esposa para sus hijos. Contenta con servir a la divina Diana, Camila guardaba amor eterno a nuestras armas y a su pureza virginal. Hubiera yo querido que, menos impulsiva en su guerrero ardor, no hubiese intentado provocar a los troyanos.

585. "Sería de ese modo ahora una de mis compañeras más amadas. Pero ya que un fatal destino pesa sobre ella, abandona los cielos, ¡oh ninfa!, y baja a los campos latinos, en los que, bajo tristes auspicios, se prepara un combate funesto. Toma las armas, y saca de mi carcaj un dardo vengador.

590. "Y aquel que profane con una herida el cuerpo sagrado de la virgen, quienquiera que sea, troyano o ítalo, pague con su sangre tan audaz sacrilegio. Yo misma elevaré después, en una nube, el cuerpo de la infortunada guerrera con sus armas, que no le serán arrebatadas, y la devolveré a su patria, a la tumba de sus padres."

595. Dicho esto, baja de los cielos la ninfa, en vuelo rauda, y, hendiendo los ligeros aires, envuélvese en una oscura nube. Entretanto, va acercándose a los muros laurentinos la milicia troyana, con los jefes etruscos y la caballería entera, que se parte en escuadrones iguales.

600. El corcel trepidante hace temblar el llano bajo sus cascos, y trata de saltar aún con el freno que le contiene. A lo largo se erizan los campos de hierros agudos, y resplandecen con el brillo de las armas enhiestas. Mesapo, los ágiles latinos, Coras y su hermano, y el escuadrón de la joven Camila, avanzan en orden de combate contra los frigios

605. Presentan, extendiendo los brazos, sus largas lanzas, y blanden agudos dardos. A medida que se acercan, jinetes y caballos vibran con más enconado ardor. Se detienen ambos ejércitos a un tiro de flecha. Entonces parte, de pronto, un grito y se expande: cada cual excita con la voz a su corcel impaciente.

610. Sobre ambas tropas se extiende, a un mismo tiempo, una nube de dardos, espesos como copos de nieve; y el cielo se cubre de sombras. Tirreno[710] y el valiente Aconteo se precipitan, lanza en ristre, uno contra otro, y chocan con espantoso ruido, caballo con caballo y pecho con pecho.

615. Derribado Aconteo, con el ímpetu del rayo, como una piedra lanzada por la ballesta, es echado a lo lejos, mientras exhala su vida en los aires. Las filas entonces se rompen; los latinos vuelven la espalda, y, poniéndose los escudos sobre los hombros, espolean a los caballos hacia sus murallas.

620. Les siguen los escuadrones troyanos, con Asilas a la cabeza, hasta muy cerca del pie de sus baluartes. En ese momento lanzan grandes gritos los

---

[710] Guerrero etrusco.

latinos, y vuelven hacia el combate los flexibles cuellos[711]. A su vez, entonces los troyanos, soltando las riendas, emprenden la fuga y vuelven precipitadamente a su base. No de otro modo hace el mar cuando, balanceando su seno de modo alternativo...,

625. ...tan pronto se precipita hacia la tierra, echando sus espumas sobre las rocas e inundando las más lejanas arenas de la orilla, como, replegándose con rapidez sobre sí mismo, se lleva a sus simas hirvientes las propias piedras que arrastrara, y aparta de la playa sus aguas rumorosas. Dos veces rechazan los etruscos ante sí a los rútulos hacia su ciudad...

630. ...y dos veces son por ellos a su vez rechazados, volviendo la espalda al enemigo y cubriéndose con las armas. A la tercera vez que se enciende el combate, los dos bandos se mezclan, y cada guerrero ataca a un guerrero. No se oyen más que los gritos de los moribundos. La matanza amontona y confunde, en sus torrentes de sangre, armas, cadáveres, caballos y guerreros.

635. Por doquier caen éstos sin vida sobre la arena, y el combate se hace horrible. Orsíloco, que no se atreve a atacar a Rémulo, le lanza una jabalina a su caballo, penetrándole el hierro por debajo de la oreja. Furioso el animal por la herida y el golpe, se encabrita y bate el aire con sus patas. El jinete es despedido y rueda por el polvo.

640. Cotilo mata a Iolas, y también a Herminio, orgulloso de su valor, de su elevada estatura y de sus armas. Tenía roja la cabellera este guerrero, y era su costumbre luchar con la cabeza y los hombros desnudos, presentándose en descubierto, y sin temor a las heridas, ante el hierro enemigo.

645. El dardo de Cotilo se hunde así, vibrante, en los anchos hombros del guerrero, y, atravesándole de parte a parte, le obliga a encorvarse sobre el dolor de la doble herida. Por todas partes corren negros arroyos de sangre, y el hierro arrebata la vida a los luchadores, que con las heridas buscan una muerte gloriosa.

650. En el centro de la matanza triunfa la intrépida amazona Camila, desnudo un pecho y con el carcaj a la espalda. Tan pronto hace llover su mano una espesa granizada de flechas como arma su brazo infatigable con un hacha de dos filos. Resuenan sobre ella el arco de oro y las armas de Diana, y cuando, rechazada, vese obligada a huir, todavía parten de ese arco flechas matadoras.

655. Van con ella sus compañeras preferidas: la casta Larina, Tula y Torpeya, que blande una segur de bronce; las tres son nobles vírgenes de Italia, que componen la corte de Camila, y son su consejo en la paz y su sostén en la guerra. Semejan las tracias amazonas cuando baten las aguas del Termodonte y guerrean con sus pintadas armas...,

660. ... ya en torno a Hipólito, ya cuando la gentil Pentesilea se transporta en su carro, y las huestes femeniles de broqueles lunados engríense con

---

[711] Se entiende, los cuellos de sus bien amaestrados caballos.

descomunal tumulto. ¿Quién es el primero y quién el último que tú derribas, ¡oh virgen!, temible?

665. El primero es Enneo, hijo de Clicio. Se presentó a la virgen con el pecho descubierto, y Camila le atravesó con su larga jabalina. El héroe cayó vomitando ríos de sangre, mordiendo el mismo polvo que enrojecía, y revolcándose sobre su propia herida. En seguida inmola a Liris y a Pagaso.

670. Al uno, en el momento en que despedido por su herido corcel, se disponía a coger las riendas de nuevo; y al otro, cuando le tendía a su compañero una mano desarmada. Por la misma mano heridos los dos, los dos cayeron juntos. A estas víctimas añade ella Amastro el hipotada[712]; y persigue y alcanza con su lanza a Harpalico, Tereas, Demofonte y Cromis.

675. Tantos guerreros frigios sucumben cuantos dardos parten de la mano de la virgen. Muéstrase a lo lejos el cazador Ornito, con armas desconocidas[713] y caballo yapigo[714]. Cubre sus hombros con la piel de un pugnador novillo[715], y su cabeza con la de un lobo, cuyos dientes brillan todavía en la abierta mandíbula.

680. Agítase orgulloso en medio de los escuadrones, y sobrepasa de la cabeza a todos los otros caballeros. Camila le alcanza y hiere con uno de sus dardos, en medio de la tropa en desorden, y dícele con acento hostil: "¿Pensaste, ¡oh tirreno!, que ibas a dar caza aquí a las fieras de tus bosques?"

685. "El día ha llegado en que una mujer tenía que acabar con tu insolencia. Ahora podrás decir a los manes de tus padres que no es pequeña gloria caer bajo el hierro de Camila." En seguida derriba a Orsíloco y a Butes, troyanos los dos de enorme talla.

690. A Butes le hiere de una lanzada en el lugar donde el casco y la coraza dejan el cuello del guerrero indefenso, y donde el escudo cuelga sobre el brazo izquierdo. En cuanto a Orsíloco, huye delante de él, describe en su torno un gran círculo, que va cerrando luego, y acaba por perseguir a quien la perseguía.

695. Entonces se endereza sobre los pies, levanta su pesada hacha, y a pesar de las súplicas dolientes del varón, la deja caer a la vez sobre sus armas y su cráneo; los sesos le saltan humeantes por la espantosa herida y le manchan el rostro.

700. Un guerrero nuevo se ofrece a su paso, y de pronto, horrible también en su aspecto, se detiene inmóvil: es el hijo de Auno, habitante del Apenino, y el primero de los ligures en el arte de engañar, mientras los hados se lo

---

[712] Hijo de Hipotas.

[713] Es decir, inusitadas o poco corrientes.

[714] De Yapigia, región de la Italia meridional. No falta quien toma a Yapigo por nombre propio de aquel caballo determinado.

[715] Pugnador, es decir, habituado a luchar, o salvaje.

permitían[716]. Viendo, pues, que no puede librarse del combate con la fuga, ni sustraerse a la persecución de la reina, apela al engaño y a la astucia, y le dice:

705. "Poco mérito es para una mujer confiarse a la rapidez de un corcel vigoroso. Renuncia a correr, echa pie a tierra y atrévete a medirte conmigo, y así verás cuál de nosotros dos vive una falsa gloria." Furiosa Camila al oír estas palabras y encendida por un amargo resentimiento, confía el caballo a una de sus compañeras, y, a pie, desnuda la espada y cubierta con ligero escudo...,

710. ...apréstase con armas iguales al combate. Mas entonces el joven guerrero, triunfante en su astucia, tira de las riendas y escapa presuroso, hiriendo con el hierro de sus talones al rápido caballo. "¡Ah, pérfido ligur, pecho inflamado de inútil arrogancia!

715. "En vano tratas de huir de mis manos, empleando los artificios de tu país; tu engaño no ha de devolverte vivo a tu padre Auno." Así dice la virgen y, rápida como el viento, monta a caballo, lo lanza en su persecución, suelto el freno, y ataca al enemigo de frente, y sacia en su sangre su venganza.

720. No de otro modo el gavilán sagrado[717] persigue con alas desplegadas a la paloma que se elevaba hasta la nube, y, alcanzada, la estrecha y desgarra sus entrañas con las uñas picudas; y de lo alto parecen llover en los aires las plumas y la sangre.

725. Entretanto, contempla desde lo alto de los cielos esta escena horrible el padre de los hombres y de los dioses, sentado en el excelso Olimpo. Así suscita para los crueles combates al tirreno Tarcón, y despierta en él, con poderosos aguijones, su furor guerrero. Precipítase, pues, con su caballo por entre los muertos y las filas deshechas.

730. Dirige una encendida arenga a los combatientes que vacilaban, llama por su nombre a cada soldado y logra que los fugitivos vuelvan a la carga. "¡Oh tirrenos sin honor y sin valentía! ¿Qué miedo, qué cobardía indigna ha podido apoderarse de vuestros corazones?

735. "Pero ¿es posible que pueda una mujer poneros en fuga y dispersaros? ¿Para qué tenéis en vuestras manos el hierro? ¿Para qué las flechas inútiles? ¡Ah!, menos indolentes sois para los combates nocturnos de Venus, o cuando la corva flauta os llama a los coros de Baco, y asaltáis las copas y atacáis los sabrosos manjares de que rebosan vuestras mesas.

740. "He ahí vuestro amor y vuestros placeres, sin pedir más que el auspicio favorable de los sacrificios, y que la pingüe víctima os llame a lo intrincado de los bosques." Dice así y, desafiando él primero la muerte, lanza su corcel contra la multitud, cae como el rayo sobre Vénulo, le coge, lo arranca de su bruto y estrechándolo contra sí con todas sus fuerzas se lo lleva.

---

[716] Los ligures tenían, en efecto, fama de falaces.
[717] Ave de la que se deducían presagios. Estaba consagrada a Marte.

745. Un clamor elévase hasta el cielo, y las miradas todas de los latinos se vuelven hacia ellos. Tarcón, en tanto, vuela a través de la llanura, llevándose al guerrero y sus armas. Rompe a la vez la lanza de su enemigo, y busca los vacíos de su armadura para darle el golpe mortal.

750. Vénulo se debate furioso, separa de su garganta el cuchillo homicida, y opone la fuerza a la fuerza. Semejan a la rojiza águila y al arrebatado dragón, éste en las garras de aquélla volando ambos por los aires; eriza el reptil sus temibles anillos y su piel escamosa; endereza silbante su amenazadora cabeza.

755. Mas todo en vano, porque el pájaro de Júpiter le estrecha más cada vez, lo desgarra con el pico recurvo y sigue remontándolo en los aires. De ese modo se lleva su presa el triunfador Tarcón hasta el centro de los escuadrones tiburtinos. Inflamados por el ejemplo y la hazaña de su jefe, vuelven al combate los meónidas.

760. Entonces Arrunte, cuyo día fatal ha llegado, pónese a dar vueltas detrás de Camila, buscando con astucia, dardo en mano, una ocasión favorable para herirla. Silencioso camina tras las huellas de la virgen, doquiera que ésta va y viene por el campo de lucha. ¿Que vuelve ella victoriosa o se aleja de la matanza? Arrunte tira furtivamente de las riendas a su corcel y la sigue.

765. No pierde movimiento suyo, vaga en todos los sentidos tras ella, y blande en su mano cruel la jabalina que le arrojará en el momento propicio. De pronto, a lo lejos, destácase Cloreo, consagrado a Cibeles y antiguo sacerdote suyo; muéstrase rutilante, bajo su armadura frigia.

770. Monta un corcel espumeante, cubierto con una piel en la que el oro y el bronce, en brillantes escamas, semejan plumaje abigarrado. En cuanto a él, viste púrpura extranjera y lanza con su arco licio flechas gortinias. Cuelga de sus hombros un carcaj de oro, y un casco, de oro también, cubre su cabeza sagrada.

775. Lleva recogida en nudo la azafranada clámide y los pliegues crujientes del corbaso[718], habiéndose pintado con aguja la túnica[719] y las cubiertas extranjeras de sus piernas[720]. Entonces la virgen guerrera, bien sea para colgar de las bóvedas de un templo las armas troyanas, o ya porque quiera exhibirse con el oro tomado al enemigo...,

780. ... sigue ávidamente y sin precaución a Cloreo, por todo el campo de batalla, y codicia con ardor de mujer los ricos despojos de su presa. Arrunte, desde su escondite, cree llegado el momento y prepara su jabalina, mientras dirige al cielo esta plegaria:

---

[718] Vestido de lino bordado en oro.
[719] Pintar con aguja, es decir, bordar.
[720] Calzas o grebas al uso extranjero.

785. "¡Oh tú, sublime guardián de las sagradas alturas de Soracte![721] ¡Oh Apolo, el mayor de los dioses, y a quien rendimos nuestros primeros cultos![722] . ¡Oh, tú, por quien quemamos montones de pino, y por quien detenemos nuestros pasos en el fuego de las ardientes hogueras[723] , en ti confiados y de ti celosos!

790. "¡Oh dios todopoderoso!, concédeme el que pueda borrar el deshonor que ha caído sobre nuestras armas. No pido como trofeo los despojos de esa mujer vencida, porque ya otras hazañas anteriores hicieron mi fama. ¡Con qué gusto volveré a los muros que me vieron nacer, aunque sea sin gloria, si consigo doblegar bajo mis golpes a ese azote cruel!"

795. Óyele Apolo, y le concede la mitad de su voto, dejando que la otra mitad se pierda en los aires. Así complace el dios al suplicante guerrero en que Camila halle súbita muerte, mas no le permite que vuelva a ver las altas murallas de su patria, puesto que los vientos huracanados se llevaron sus palabras últimas.

800. Cuando el dardo lanzado por su mano silba en el aire, todos los espíritus se conturban y los ojos todos se vuelven hacia la reina de los volscos. Ella es la única que no oye el trémulo silbido del hierro, ni ve la flecha rápida que en el mismo instante alcanza su pecho descubierto, y se hunde en él profundamente y abreva en su sangre virginal.

805. Asustados los compañeros, corren a sostener en sus brazos a la reina, que cae. Arrunte, más tembloroso aún que los otros, huye de allí con una alegría mezclada de terror, no atreviéndose ya a confiar en su lanza, ni a entregarse a los dardos de la joven guerrera.

810. Tal le ocurre al lobo, que, en acabando de devorar a un pastor o a un ternero, corre a ocultarse en las profundidades inaccesibles de la montaña. Asustado de la propia audacia, y con la temblorosa cola entre las patas, se apresura a ganar los bosques. Así se oculta Arrunte a todos los ojos, y, contento de escapar, confúndese con la muchedumbre de los combatientes.

815. Entretanto, moribunda Camila, trata de arrancar el dardo por su mano; pero la aguda punta del hierro, que le ha penetrado en los huesos, se halla profundamente enterrada entre las costillas. Cae, pues, agotada en su sangre, y las pupilas se le bajan por el peso de la muerte, y pierde su tez el rojo color.

820. Entonces, antes de expirar, dirige estas palabras a Aca, una de sus compañeras, la más fiel de todas, y que en todos los secretos de su corazón ha participado: "¡Oh Aca, amiga mía!, hasta aquí ha servido la fuerza a mi

---

[721] Monte de Etruria, en el que había un templo consagrado a Apolo. Hoy. se llama Monterosi.

[722] Apolo era el mayor de los dioses para los etruscos. Lo de "rendir primeros cultos" significa "rendírselos a Apolo antes que a toda otra divinidad."

[723] Una de las prácticas del culto que se rendía a Apolo.

valor, mas ahora una cruel herida me mata, y todo se llena en mi derredor de espesas tinieblas.

825. "Corre, pues, vuela y lleva a Turno mis últimos avisos. Dile que me reemplace en el combate, y que rechace a los troyanos de nuestros muros. Y ahora, adiós." Dichas estas palabras, suelta las riendas y se desploma en el suelo. El frío de la muerte desata poco a poco las ligaduras de su cuerpo; inclina sobre su seno el cuello languideciente...,

830. ... siente pesada la cabeza, deja escapar las armas, y huye su alma indignada y gimiente a la mansión de las sombras. Después de esto, álzase un gran clamor, que llega hasta el radiante Olimpo. La muerte de Camila reaviva el furor del combate. Los espesos batallones troyanos, los jefes etruscos y las gentes de Evandro, todos ellos, unidos, lánzanse a la vez contra el enemigo.

835. Entretanto, Opis, custodia de Diana y dócil a sus órdenes[724], lleva algún tiempo en las cumbres de los montes vecinos contemplando con mirada tranquila los sangrientos combates, y ve de pronto, entre los clamores de los furiosos soldados, la figura de Camila, herida de muerte. Gime al verla, y deja escapar de lo hondo de su corazón estas palabras:

840. "¡Ay virgen infortunada!, ¡qué cruelmente castigada te ves por haber provocado a combate a los troyanos! ¿De qué te sirvió consagrarte a Diana en lo profundo de nuestros bosques, y llevar a la espalda un carcaj como nosotras? Tu reina, sin embargo, no te ha abandonado sin honor en el supremo momento.

845. "Tu nombre y tu hazaña, cubiertos de gloria, quedarán entre las naciones, y no sufrirás la afrenta de haber perecido sin venganza. Quienquiera que sea el que tu cuerpo profanó con una herida, pagará con su sangre esa profanación." Había al pie de un elevado monte un gran sepulcro, en el que estaba enterrado el rey laurente Derceno.

850. Todo él formaba un tétrico montón, cubierto por los ramajes de una encina sombría. Y fue allí adonde la ninfa voló, pronunciadas sus palabras. Desde esa altura, una vez en ella, busca con la mirada a Arrunte. Así que le ve, ornado de brillantes armas y henchido de inútil orgullo, le dice:

855. "¿Por qué te alejas? Dirige hacia aquí tus pasos. Ven a perecer aquí, recibiendo de ese modo el justo premio a tu acción de matar a Camila. ¡Es necesario que un cobarde como tú muera a su vez bajo las flechas de Diana!" Dice esto y, cual una amazona tracia, saca la ninfa de su carcaj una ligera flecha; tiende furiosa el arco; lo encorva con fuerza al mismo tiempo...

860. ... hasta que se acercan y tocan los dos extremos de madera, y mientras la mano izquierda sostiene la punta de la flecha, lleva con la derecha la cuerda hasta su seno. Arrunte oye silbar el dardo en el aire, al cruzarlo, y siente al mismo tiempo que se le clava en el corazón.

[724] Es decir, encargada de ejecutar la venganza por la muerte de Camila.

865. Al momento expira. Indiferentes, sus compañeros le dejan exhalar el último gemido, tendido sin honor sobre el polvo. Opis, entretanto, con sus ligeras alas, remóntase hasta el alto Olimpo. Perdida su reina, el veloz escuadrón de Camila emprende la fuga; los rútulos escapan en desorden; hasta el propio Atinos les sigue.

870. Dispersos los jefes, los atónitos soldados sólo piensan en ponerse a salvo, y vuelven sus corceles hacia las murallas de la ciudad. Empujados por los troyanos, que llevan doquiera la muerte, ninguno de ellos les espera o hace uso de los dardos; todos se han echado los arcos a las encorvadas espaldas, mientras sus espoleados caballos hienden la llanura polvorienta.

875. Con ellos se ve rodar hacia la ciudad un negro torbellino de polvo. Cuando las mujeres los divisan desde lo alto de los muros, golpéanse el pecho y elevan hasta los cielos sus lamentos desgarrados. Los que en más veloz carrera llegan primero a las puertas abiertas vense empujados por el propio enemigo, que se les viene encima.

880. Forman así todos un confuso y revuelto montón en el que la muerte es inevitable. Y expiran muchos de ellos en el propio umbral de la patria, bajo los mismos muros que les vieron nacer, casi al abrigo tutelar de sus techos domésticos. Algunos, entretanto, cierran las puertas, no atreviéndose a abrir una retirada a sus compañeros, ni a recibirlos en las murallas comunes, a pesar de sus súplicas.

885. Entonces comienza una horrible matanza entre los que, hierro en mano, defienden la entrada, y los que se lanzan a la misma, desesperados, con los cuchillos vueltos contra ellos[725] . Rechazados de los muros, y bajo la propicia mirada de sus deudos, ruedan unos a los profundos fosos, mientras otros, en su ciego furor y sueltas las riendas, lanzan a sus caballos contra las puertas...

890. ... y las golpean, como arietes, batiendo así las barreras inexorables. Las propias mujeres, en lo alto de los muros, llevadas por su ardiente amor a la patria, que les hace ver todavía a Camila peleando por ellas, lanzan dardos con sus propias manos débiles contra el enemigo acosador.

895. Otras, a falta de hierro, se arman de nudosos troncos y de palos endurecidos al fuego, y apréstanse también al combate, ardiendo en deseo de morir las primeras por la defensa de sus muros. Entretanto ha llevado Aca a Turno la triste nueva de estos desastres, y llena el alma del joven guerrero de turbación y espanto.

900. La derrota de los volscos, la muerte de Camila, el furioso ataque de los enemigos, dueños de todo por la protección de Marte, y el terror llenando los muros laurentinos. Al oír esto Turno, transportado de cólera, porque así lo quieren los númenes de Júpiter, desciende las gargantas de las montañas y abandona sus bosques impenetrables.

---

[725] Quiere significarse "matanza entre ellos mismos."

905. Apenas los deja para volar por la llanura, cuando Eneas entra en el desfiladero, que ha quedado libre, franquea la altura y sale de la espesura de los bosques. Seguido de sus batallones, dirígense todos con rápido paso a la ciudad laurentina, de la que ya les separa corto espacio.

910. Ve de pronto Eneas la llanura toda humeante de polvo, y descubre a los batallones enemigos. También Turno reconoce al temible Eneas bajo sus armas, y oye el caminar de su infantería y el soplo jadeante de sus caballos.

915. Y en el mismo instante habrían venido ambos a las manos, tentando así al destino de los combates, de no haber hundido Febo el de rosada tez[726] sus fatigados corceles en los mares de Iberia[727] , y si la caída del día no hubiese provocado la noche. Conjuntamente acampan los ejércitos ante la ciudad, y vallan sus refugios.

---

[726] Febo, en la mitología, es el sol. Se le presenta bajo el aspecto de un joven de dorada cabellera, con la cabeza ceñida por brillantes rayos, subido a un rápido carro del que tiran cuatro caballos fogosos. Sale de paseo al alba todos los días, y traza una curva inmensa que parte de Oriente, llega al cenit y termina en Occidente. Los diferentes puntos por donde pasa van marcando los momentos diversos de la jornada.

[727] Eran estos mares los de España, remoto Occidente para los naturales de Italia.

LIBRO XII

ARGUMENTO

Viendo Turno descorazonados a los latinos por haber perdido dos batallas, ofrécese para un combate singular con Eneas, que ya propuso el desafío. Dirígese, pues, al encuentro del rey Latinó para hacerle saber que acepta dicho duelo, y le dice que sea él mismo quién extienda el tratado en virtud del cual el vencedor quedará convertido en sucesor y yerno.

El rey le da prudentes consejos, y le habla como padre y amigo. ¿Para qué exponerse a perder la vida, si ha de cumplirse lo que prescribieron los hados? ¿Por qué no conservar la de un príncipe como él, de ilustre sangre, al que quiere como a hijo? Pero Turno no atiende las razones del rey, ni tampoco las súplicas de la reina, que promete unir su suerte a la suya propia, y perder la vida antes de consentir que el príncipe teucro se case con Lavinia, su hija. Nada conturba el ánimo del intrépido rútulo, ni le disuade de su propósito: contra todo y contra todos, afila sus armas para el combate.

Entretanto, las tropas de uno y otro bando se disponen en orden de batalla, como si ellas fueran realmente a luchar. Álzanse los altares de costumbre entre los dos campos, y el rey se coloca, según el rito, entre ambos príncipes. El pueblo todo de Laurento se halla en lo alto de las murallas y de las torres de la ciudad, para ser testigo del recíproco juramento que debe preceder al combate. Eneas presta este juramento el primero, fijando las condiciones de la pelea. El rey, por su parte, jura que entregará su hija al vencedor.

Mas hay alguien en las altas moradas del Olimpo que quiere desbaratar estos intentos y romper ese pacto: es Juturna, hermana de Turno, aconsejada por la diosa Juno. Recorre las filas latinas, bajo la figura del famoso capitán Camertes, y les inculca la idea de ser vergonzoso que el príncipe arriesgue su vida en un combate desigual para salvar la de todos. Al mismo tiempo aparece en los aires un prodigio que acaba de levantar los espíritus, y es el augur Tolumnio, quien de ese prodigio deduce que los latinos triunfarán contra su enemigo, y lanza la primera flecha, que mata a un troyano.

Pronto se encienden el furor y la venganza, se toman las armas, se derriban los altares y la lucha se hace cruel y general. En vano adelanta Eneas para calmar los espíritus y conseguir que depongan las armas unos y otros: una flecha lanzada por mano desconocida viene a herir al héroe. Retírase Eneas, para atender a su herida, y Turno aprovecha el momento para llevar a cabo una gran matanza entre los troyanos.

Pero Venus cura la herida de su hijo, con misteriosas hierbas, y Eneas vuelve al campo de batalla, retando una vez más a su adversario Turno. Iba éste a aceptar el desafío, cuando su hermana Juturna, bajo la apariencia ahora de Metisco, auriga del príncipe, hostiga a los caballos de su carro de guerra y le aleja más cada vez de Eneas, hasta el punto de no poder darle alcance el valiente troyano.

Viendo éste que no se le acepta el desafío y, buen estratega al fin, decide, mientras el otro huye, asaltar la ciudad de Laurento. No tardan en arder sus primeras casas. La reina Amata, horrorizada por este ataque, y creyendo que Turno sucumbió y que todo se ha perdido, cuélgase de uno de los arcos de su palacio. Y la noticia de estos desastres llega a oídos del fugitivo, que vuelve entonces, para celebrar el combate con Eneas.

Mientras todo esto ocurre, allá en lo alto pesa Júpiter en su balanza los destinos de ambos príncipes, y consuela a Juno de la victoria de los troyanos, prometiéndola que los descendientes de esa nación, cuya sangre se ha de mezclar con la de los latinos, formarán, a lo largo de los tiempos, el primer pueblo de la tierra.

Y el combate entre Turno y Eneas tiene, por fin, lugar. Aquél es herido y pide gracia, que el generoso troyano se dispone a concederle, cuando ve colgar de su hombro el tahalí de Palante, al que Turno había dado muerte y despojado. A la vista de ese tahalí, Eneas recuerda cuánto debe al desdichado Evandro y a los manes de su hijo, y da a Turno el golpe mortal, que termina la guerra y que, conforme las condiciones del tratado, le hace esposo de Lavinia y heredero del trono de Latino.

TEXTO

Viendo Turno que los latinos languidecen en su fuerza y su coraje por las derrotas sufridas, y oyéndoles reclamar lo prometido, vueltos todos los ojos hacia él, siente reavivarse su furor implacable y crecer desmesuradamente su fiereza y su orgullo. No se conduce de otro modo el fiero león de los campos de Cartago...,

5. ... que, herido en el pecho, hace ostentación de su fuerza, agita la melena, rompe impávido el dardo que le traspasó y ruge con sangrienta boca. Así se muestran la rabia y el coraje de Turno. Agitado éste por tan fuerte conmoción, preséntase al rey y le dice:

10. "Turno está pronto; y ya no tendrán pretexto los cobardes troyanos para echarse atrás en sus promesas y violar sus palabras. Voy al combate. Levanta, pues, el altar del sacrificio y dicta los pactos sagrados, ¡oh padre augusto de los latinos! Mi mano ha de precipitar en el Tártaro a ese frigio desertor del Asia.

15. "Y con sólo mi hierro, a la vista de los latinos, inmóviles espectadores del combate, vengaré con su sangre la común injuria, o, de no ser así, la victoria le dará a él nuestros pueblos por súbditos y a Lavinia por esposa." Latino le responde, con el ánimo tranquilo y sereno: "¡Oh héroe magnánimo!, cuánto más ofreces a mis ojos el noble valor que te anima, más debo oír por ti los consejos de la prudencia...

20. "... y pesar con temor todos los azares de esta lucha. Tienes por herencia los Estados de tu padre Dauno; hay ciudades numerosas por tu valor conquistadas; y no han de faltarte nunca el oro ni la adhesión de los latinos. Mas hay todavía en el Lacio y en los campos laurentes otras muchas bellezas.

25. "Todas ellas están libres de las leyes del himeneo y son de ilustre estirpe. Deja que, sin rebozo alguno, te exponga todo mi pensamiento, y acoge en tu corazón mis severas verdades. Me estaba prohibido entregar mi hija a ninguno de los que hasta ahora solicitaron su mano. Así me lo anunciaron los dioses y los hombres.

30. "Sin embargo, vencido por mi ternura hacia ti, por los lazos de la sangre[728] y por las lágrimas de una esposa desolada, rompí mis sagradas promesas, arranqué a un yerno la doncella ofrecida, y me alcé contra él en armas sacrílegas. Ya has visto desde ese día, ¡oh Turno!, qué calamidades y guerras me persiguen, y a qué terribles peligros te has expuesto tú mismo.

35. "Vencidos en dos crueles combates, apenas podemos defendernos en esta ciudad, última esperanza de toda Italia. Está el Tíber tibio de la sangre de nuestros guerreros, y blanquean sus huesos a lo lejos de los campos. ¿Por qué tantas vueltas en torno a mí mismo?[729]. ¿Por qué se apodera de mi mente tal insania? Si cuando Turno ya no exista debo asociar a los troyanos a mi imperio, ¿por qué no poner término a la guerra en vida suya?[730].

40. "¿Qué dirán los rútulos, mis aliados, y el resto todo de Italia si, lo que el cielo no quiera, te entrego a la muerte por haber pedido la mano de mi hija y mi alianza? Piensa en lo incierto de los combates; apiádate de tu viejo padre, al que en Ardea, su patria, aflige la distancia que le separa de ti."

45. Pero ni siquiera estas palabras calman la violencia de Turno, que se exacerba más aún, y al que el remedio a su mal empeora[731]. Y así que le es posible hablar, se expresa de este modo: "Yo te ruego, ¡oh el mejor de los príncipes!, que depongas la tierna amistad que sientes por mí, y dejes que cubra de gloria mis días.

50. "Yo también, ¡oh padre mío!, sé manejar el hierro, y lanzar los dardos con la mano, a la que no le falta vigor, y conseguir que siga la sangre a la herida hecha con ellos. No siempre va a tener Eneas junto a sí a su madre, pronta a cubrirle con sombras su vergonzosa fuga." Entretanto, asustada por los peligros del nuevo combate que se avecina, la reina se abandona a las lágrimas.

---

[728] La madre de Turno, Venilia, y Amata, esposa del rey Latino, eran, en efecto, hermanas.

[729] O lo que es igual: ¿por qué esta indecisión?

[730] Viviendo Turno.

[731] O sea que le irrita más o pone peor el bálsamo de palabras que había de curarle.

55. Desvanecida de dolor, trata ella también de contener al impetuoso guerrero. "¡Oh Turno! —le grita—, por este llanto, por la gloria de Amata, si algún cariño guardas en tu corazón para ella, no arrebates a mi vejez la sola esperanza que le queda. He aquí a lo que te conjuro y la gracia que te pido...,

60. "... ¡oh tú, que serás en adelante mi único consuelo, sostén de los latinos, de su imperio y su gloria!, ¡oh tú, en fin, sobre quien pesa toda nuestra inclinada casa!; renuncia a tu designio de luchar contra el troyano. Cualquiera que sea la suerte que a Turno espere después de ese combate, será la misma que yo espero. Si mueres, yo también abandonaré al mismo tiempo una vida odiosa...

65. "... y no veré, cautiva, que Eneas se convierte en mi yerno." A estas palabras de una madre, inúndanse de lágrimas los brillantes ojos de Lavinia. Colorea su rostro el fuego de un vivo rubor, y todo él se extiende por sus rasgos. Como cuando alguien tiñe de violado el indio marfil con sangrienta púrpura, o cuando se enrojecen los lirios de tanto mezclarse con las rosas...,

70. ... no de otro modo cubren los rubores la frente de la pura doncella. Trasportado de amor, dirige Turno sus miradas a Lavinia, y siente enardecer aún más su ardor guerrero. Luego dirige estas pocas palabras a la reina: "Yo te suplico, ¡oh madre mía!, que dejes de angustiarme con tu llanto, y que él no sea presagio que me acompañe cuando vuele a las terribles luchas de Marte.

75. No debo demorar la partida, aunque me espere la muerte. Corre, pues, ¡oh Idmón, mensajero fiel!, y lleva al rey frigio estas palabras, que acaso no gusten a su corazón cobarde: "Cuando mañana la Aurora, montada en su carro, tiña el cielo de rojo con sus fuegos, que no haga marchar[732] a sus troyanos contra mis rútulos.

80. "Que rútulos y troyanos depongan las armas; que su sangre[733] o la mía den fin a la guerra, y que la mano de Lavinia sea conquistada en el campo de batalla." Dichas estas palabras, vuela al palacio, pide sus caballos y se complace en mirar los nobles brutos, más blancos que la nieve y más rápidos que el viento, que Pilumno recibió en otro tiempo como regalo de la hermosa Oritia[734].

85. Vense en torno a ellos los diligentes aurigas, que pasean por su pecho una mano acariciadora y peinan a la vez su flotante crin. El propio Turno se viste la escamada loriga de brillante oro y de blanco oricalco; y, a la vez, se arma de escudo, cubre su frente con el casco adornado de penachos rojos y se ciñe la espada.

---

[732] Eneas, se entiende.

[733] La del caudillo troyano, por supuesto.

[734] Oritia era hija de Erecteo, rey de Atenas. Fue robada por Bóreas, que se la llevó a Tracia. Lo que no puede precisarse, ni comentarista alguno llega a consignarlo, en qué ocasión hizo Oritia a Pilumno el presente de que se habla.

90. Es la propia espada que el dios del fuego había forjado para su padre Dauno, y que templó en las aguas estigias. Después de esto, desata de una alta columna de su palacio una enorme jabalina, despojo del aurunco Actor, la coge con vigorosa mano, y, blandiéndola con fuerza incontenible, grita:

95. "Ha llegado ya el día, ¡oh jabalina mía!, ¡oh tú, que nunca frustraste mi llamada! Ayer te llevó la mano del gran Actor y hoy te lleva la mano de Turno. Haz que abata ese frigio afeminado, que mi mano poderosa desgarre y despedace su coraza, y que frote contra el polvo sus cabellos húmedos de perfumes, a los que un hierro caliente peinó en ondas."

100. Así es como Turno se abandona a sus trasportes. Su rostro arde encendido y una pequeña luz chispea en sus ojos. No de otro modo el soberbio toro, disponiéndose para el primer combate, da terribles mugidos, prueba su cólera y sus cuernos contra el tronco de un árbol, cornea el viento con furiosos golpes y preludia la lucha levantando nubes de polvo.

105. Eneas, por su parte, imponente también bajo la armadura que le entregó su madre, enciéndese en ira, holgándose de que la guerra se dirima con el propuesto desafío. Tranquiliza a sus compañeros y calma los temores de Iulo, que no cesa de apelar a los oráculos del destino.

110. Y al propio tiempo hace llevar su última respuesta al rey Latino[735], con las condiciones del pacto. A la mañana siguiente, apenas el naciente día siembra de claridades las cimas de las montañas, y los caballos del Sol, soplando por sus grandes narices torrentes de luz, emergen del agujero profundo de los mares...,

115. ... troyanos y rútulos, bajo los altos muros de la ciudad, miden y disponen el campo de batalla. Se colocan en el centro de la arena los hogares sagrados, y se erigen altares de césped a los dioses comunes de laurentinos y troyanos. Vestidos los sacerdotes con velos de lino[736], y ceñidas sus frentes con verbena...[737],

120. ... llevan ya el agua y el fuego del sacrificio. Avanzan las tropas ausonias y derrámanse por la llanura sus batallones, erizados de lanzas. Salen a la vez de sus baluartes troyanos y etruscos, que se distinguen por la armadura; todos ellos van cubiertos de hierro, como llamados por Marte a las ásperas luchas.

125. A través de esta doble multitud, van y vienen los jefes de los dos ejércitos, brillantes de oro y de púrpura. Allí está Mnesteo, de la estirpe de Asáraco; y el anciano Asilas; y Mesapo, el hijo de Neptuno, domador de caballos. Así que se da la señal, cada tropa se repliega a sus límites.

---

[735] Eneas, claro.

[736] "Lino" o "limo", según algunos. Dábase este nombre (*cinetus*) a una especie de faldellín oblicuo que se llevaba atado a la cintura.

[737] La verbena era entre los antiguos símbolo de buena comprensión y amistad.

130. Y cada guerrero planta en el suelo su lanza, y deja en él su escudo. Todos se acercan a presenciar semejante espectáculo: las mujeres, el pueblo inerme, los débiles ancianos. Se les ve cubrir las torres y las techumbres de las casas, o bien mantenerse en pie sobre las altas puertas de la ciudad.

135. Juno, entretanto, desde las alturas del monte que hoy se llama Albano, y que entonces carecía de nombre, como también de fama y de gloria, dirige sus miradas a la llanura y contempla los dos ejércitos rivales y la ciudad de Latino. En seguida la diosa aborda a la divina hermana de Turno que preside los estanques y los sonoros ríos.

140. Y dice así a la tal diosa, que recibiera ese imperio del poderoso rey del Olimpo, Júpiter, en premio a los favores de su virginidad: "¡Oh ninfa, ornato de ríos y objeto de mi mayor ternura! —exprésase Juno—. Bien sabes que de todas las beldades del Lacio que subieron al lecho infiel del sublime Júpiter eres tú la única que ha distinguido mi bondad.

145. "La única a quien me plugo querer en estas celestes mansiones. Conoce, pues, tu desgracia, ¡oh Juturna!, para que no me acuses. Mientras la Fortuna pareció consentirlo, y los hados presidieron las prosperidades del Lacio, yo he protegido a Turno y a tus murallas. Mas veo ahora que este joven guerrero acude a una lucha desigual.

150. "Se aproxima su fatal momento, y la enemiga fuerza de los hados va a precipitarse sobre él. No podré presenciar este combate último, ni ver con mis ojos un final tan funesto. Pero tú debes partir, por ser tu deber, si el amor de hermana te inspira todavía el intentar algún esfuerzo útil. Acaso suceda a nuestro infortunio algo más favorable." Oyendo estas palabras, un torrente de lágrimas inunda los ojos de Juturna.

155. Por tres o cuatro veces llega a golpearse el bello seno. Mas la hija de Saturno le dice: "No es momento de llorar; date prisa, y si hubiere algún medio, arranca a tu hermano a la muerte; o bien, enciende la guerra y rompe así un odioso pacto. Es Juno quien te aconseja que te atrevas a todo." Así exhorta a la vacilante ninfa, y la deja en seguida con su turbación.

160. Vese, abajo, cómo avanzan los dos reyes. Va Latino, con pomposo aparato, en un carro que arrastran cuatro corceles; brilla en sus sienes una corona con doce rayos de oro, símbolo de su abuelo el Sol[738]. Y va Turno tras él, llevado por dos caballos blancos, y blandiendo en su mano dos jabalinas de aguda punta.

165. En el otro campo avanza, a su vez, el padre y fundador de la raza romana, Eneas, con el brillo estelar de su escudo y sus armas divinas. A su lado aparece el joven Ascanio, otra esperanza de la soberbia Roma. El gran sacerdote, que viste el lino inmaculado, lleva un lechoncillo y una oveja no esquilada al pie de las aras flagrantes[739].

---

[738] Dícese que Latino era hijo de Circe, hija del Sol.

[739] Es decir, recién levantadas.

170. Los reyes, con religiosa mano, y vueltos los ojos al sol naciente, presentan la harina y la sal, cortan el pelo de la frente de las víctimas y vierten sobre los altares la copa de las libaciones. Entonces Eneas, con la espada desnuda, dirige esta plegaria: "¡Oh Sol!, y tú, ¡oh tierra del Lacio, por la que he llegado a pasar tantas penalidades!

175. "¡Oh tú, hija de Saturno, oh Juno, diosa a la que pido que en adelante me seas más propicia! ¡Oh tú, Marte, que en tus manos tienes la suerte de las batallas! ¡Y vosotros, oh ríos y fuentes! ¡Y vosotras, oh divinidades, que llenáis la celeste mansión o los mares azules! A todos os pongo por testigos de mi juramento.

180. "Si la fortuna y la victoria favorecen a Turno, los vencidos se retirarán a la ciudad de Evandro; Iulo abandonará las campiñas latinas, y jamás en lo sucesivo los troyanos perjuros[740] volverán a tomar las armas, ni vendrán a turbar con el hierro la paz de este imperio.

185. "Pero si Marte y la victoria se pronuncian por nosotros (ésa es mi esperanza; confirmadla, ¡oh dioses!), tampoco pretendo que Italia sirva a los troyanos, ni he de reclamar este imperio para mí. Que ambos pueblos entonces, sometidos a unas mismas leyes y ambos invencibles, vivan unidos en eterna alianza.

190. "Yo estableceré en el Lacio nuestros dioses y nuestro culto. Latino, convertido en mi suegro, conservará sus armas y el poder soberano. Los troyanos levantarán para mí unas murallas, y Lavinia dará su nombre a la nueva ciudad." Éstas son las palabras que Eneas dice el primero.

195. Por su parte, Latino, con los ojos puestos en el cielo y la mano extendida hacia la bóveda estrellada, exprésase de este modo: "Yo también, como tú, ¡oh Eneas!, pongo por testigos a esta misma tierra, al mar, a los astros, a los dos niños de Latona[741], a Jano el de la doble frente, a la fuerza infernal de los dioses y a los sagrarios del duro Dite.

200. "¡Ojalá me oiga Júpiter! Júpiter, cuyo rayo sanciona los tratados. Pongo también por testigos a estos altares que toco, a esos fuegos sagrados y a los dioses todos del cielo. Y digo que jamás, suceda lo que suceda, se verá a los latinos romper esta paz ni esta alianza. No habrá fuerza ninguna que me obligue a ello, aunque la tierra desaparezca bajo un diluvio, o el Olimpo se desplome en el fondo del Tártaro.

205. "Como este cetro —llevaba el cetro en la mano— no verá ya renacer ni sus tallos, ni sus ramitas, ni su débil sombra, una vez arrancado al tronco del árbol que le diera vida; el hierro le separó del seno maternal y le despojó de sus ramas y su cabellera.

---

[740] Perjuros se entiende no ahora, sino en el caso de que hicieran lo que luego presume Eneas.

[741] Apolo y Diana.

210. "Fue antes un verde retoño de arbolillo, mas luego el arte y la industria lo revistieron de un brillante anillo de bronce, y es ahora en mi mano el símbolo del poder supremo del rey del Lacio." De este modo, con recíprocos juramentos, confirman ambos el tratado ante los jefes que les rodean. Luego, conforme a los ritos, degüéllase a las víctimas consagradas, que las llamas devoran.

215. Se les arrancan las palpitantes entrañas, y se llenan con ellas las que cubren los altares. Mas ya hace tiempo que los rútulos temen este combate desigual, y se ven agitados sus pechos por emociones distintas; cuanto más observan a los dos rivales, más advierten la disparidad de sus fuerzas.

220. Su temor aumenta todavía ante el aspecto de Turno, cuando le ven avanzar con paso silencioso, e inclinarse suplicante al pie de los altares que implora; cuando ven sus ojos bajos, sus mejillas hundidas y la palidez que cubre su frente joven. Ve esto Juturna, su hermana, dase cuenta de los murmullos que corren, así como de la duda y desconfianza de la multitud.

225. Y en seguida se desliza hasta el centro de las filas rútulas, bajo la figura de Camertes, guerrero salido de noble raza, ilustre por las hazañas de su padre y por su propio alto valor. Conocedora de la disposición de los soldados, mézclase entre ellos y siembra otros mil rumores. Así, les dice:

230. "¿No os da vergüenza, ¡oh rútulos!, de que un hombre solo exponga aquí su vida por todos vosotros? ¿Somos acaso nosotros menos numerosos o menos valientes que nuestros enemigos? Vedlos ahí a todos, troyanos y árcades, y esas fatales tropas etruscas, ensañándose en Turno. Si llegásemos a las manos, apenas cada uno de nosotros tendría un adversario con quien combatir.

235. "¡Ah!, sin duda elevaron hasta el cielo los dioses la gloria de ese héroe que, ante los altares, se sacrifica, por su pueblo, y su nombre inmortal volará de boca en boca; pero nosotros, ya en adelante sin patria, nos veremos obligados a obedecer a soberbios dueños, por ser ahora espectadores inmóviles en nuestras llanuras invadidas."

240. Estas palabras van inflamando cada vez más el corazón de los jóvenes guerreros, y pronto circula de fila en fila un fuerte murmullo. Cambian los sentimientos. Si hasta ahora laurentinos y latinos no querían más que reposo, y sólo en el fin de los combates veían su salvación, ahora sólo respiran por las armas, piden la ruptura del tratado y lamentan la triste suerte de Turno.

245. Juturna, para su fin, pone en juego un resorte más poderoso: hace aparecer en lo alto de los aires un prodigio que levanta la turbación en el espíritu de los ítalos y los asombra: el águila de Júpiter desciende del éter y se pone a perseguir a los pájaros de la ribera, apresando su enjambre de brillantes alas.

250. Luego, y abatiéndose sobre las aguas, el dorado raptor coge entre sus garras ganchudas un cisne de deslumbrante belleza. A la vista de esto, los

ítalos redoblan su atención. De pronto, ¡oh prodigio!, los pájaros todos lanzan gritos agudos, oscurecen el cielo con sus alas, y, reunidos en espesa nube, persiguen a través de los aires a su enemigo.

255. Vencido éste por el número, y fatigado por la carga que lleva, deja caer la presa de sus uñas en el río, y piérdese en la profundidad de las nubes. Entonces los rútulos saludan con aclamaciones este presagio y toman de nuevo las armas. El augur Tolumnio es quien primero les alienta, diciéndoles:

260. "He aquí el augurio que mis votos han implorado tanto. Yo lo acepto. Yo reconozco en él a los dioses. Seguidme, armaos como yo, ¡oh desgraciados rútulos, a los que un insolente extranjero asusta como débiles pájaros, llevando la guerra y la devastación a vuestras riberas! Mas él a su vez va a emprender la huída, desplegando sus alas hacia los mares profundos.

265. "¡Apretad, pues, vuestras filas con un mismo coraje, y defended, hierro en mano, a vuestro rey, que os quieren arrebatar!" Dice así, y, adelantando unos pasos, hace volar una flecha contra el bando enemigo. La flecha, lanzada por mano segura, hiende los aires silbando. Súbitamente se eleva un gran clamor. Los batallones todos se remueven y el tumulto enciende los ánimos.

270. El dardo ha dirigido su vuelo hacia un grupo de nueve hermanos, hijos del árcade Gilipo y de una tirrena, su esposa fiel, y todos ellos de una gran hermosura. Y alcanza a uno por el medio[742] , en el lugar donde el sutil talabarte es frotado por el vientre y la hebilla muerde los extremos de ambos lados[743] .

275. Tiene el joven, tan brillante bajo sus armas, atravesados uno y otro costado, y se desploma sobre la arena. Sus hermanos, intrépida falange de dolor transida, toman ya las espadas, ya las lanzas, y se precipitan con la cabeza baja contra el enemigo. Corren entonces a su encuentro los batallones laurentinos.

280. Desbórdanse luego, en oleadas espesas, los troyanos, los etruscos y los árcades, de pintadas armas. Todos ellos se inflaman en el ardor del combate. Son derribados los altares, y una horrible nube de dardos oscurece el cielo y echa sobre la tierra una lluvia de hierro. Vense levantados los fuegos sagrados y las copas de los sacrificios.

285. El propio Latino huye, llevándose sus dioses, ultrajados por la ruptura del convenio. Unos frenan su carro, otros saltan sobre sus corceles, sacando las espadas para el combate. Impaciente Mesapo por romper el tratado, echa su caballo sobre Aulestes, rey de los tirrenos, ceñido por la banda real[744] .

---

[742] Del cuerpo, se entiende.

[743] Del cinto o talabarte.

[744] Este Aulestes, al que aquí se llama rey de los tirrenos, era uno de los llamados lucomones. Los pueblos tan pronto dichos tirrenos como etruscos

290. Retrocede violentamente el infortunado, y es despedido de su montura, cayendo de espaldas contra los altares que tiene tras de sí. Acude entonces el intrépido Mesapo, armado de jabalina, y sordo a las súplicas de Aulestes, hiérele con ella desde lo alto del caballo, gritando: "¡Muere! ¡Esta víctima noble será grata a los dioses inmortales!"

295. Preséntanse los latinos y despojan el cadáver, palpitante aún. Corineo retira del altar un tizón encendido, y golpea con él la cara de Ebyso, que le venía al encuentro. El fuego prende en la larga barba del rútulo, y un acre olor a quemado se expande hasta lo lejos.

300. El troyano cae entonces sobre su azorado enemigo, le coge la cabellera con la mano izquierda, e inmovilizándole en el suelo con su rodilla vigorosa, húndele con la derecha el agudo cuchillo en un costado. Hállase en las primeras filas, y por en medio de los dardos, el pastor Also; Podalirio, que le sigue de cerca, espada en mano, viénesele encima y va ya a herirle.

305. Mas Also, viéndolo, de un revés de su hacha le parte en dos la cabeza, y tiñe las armas con su sangre, que salta a lo lejos. En seguida cae sobre sus ojos un duro reposo, como la pesadumbre de un sueño, y sus pupilas se cubren con la noche eterna.

310. Entretanto, Eneas tiende sus manos desarmadas, y, con la frente descubierta, llama así a los suyos, a grandes gritos: "¿Adónde vais? ¿De dónde nace esta discordia súbita? Reprimid vuestro furor. Está concertado el pacto y se hallan todas sus condiciones en regla. Yo solo debo combatir.

315. "Dejadme ese cuidado, y desechad vuestros temores. Mi brazo sabrá ratificar el pacto. Me debe Turno su cabeza; de ello son garantía estos altares." Así está diciendo, cuando una alada flecha silba en los aires y le alcanza. ¿De qué mano ha partido? ¿Qué impulso la lanzó? Se ignora.

320. ¿Fue un dios? ¿Fue el azar, acudiendo en favor de los rútulos? La gloria de este rudo golpe enterrada quedó en la sombra, y nadie se envanece de la herida del héroe. Turno se enciende en súbita esperanza, viendo a Eneas alejarse del campo de batalla, y a los jefes teucros consternados.

325. En seguida pide sus caballos y armas, y subiendo, altanero, de un salto a su carro, él mismo gobierna las riendas. Vuela, da muerte a una multitud de valientes, hace rodar a los moribundos por el polvo, aplasta a los

---

hallábanse entre los montes Apeninos del lado norte y poniente y con el Tíber a oriente. Eran doce, sus reyes se llamaban lucumones y cada lucumón era jefe de los demás por riguroso turno. Así fueron también lucumones Mecenzio y Porsena. Hablando de estos pueblos, dice Tito Livio que franquearon el Apenino y se extendieron hacia el Po y hasta los Alpes, estableciendo así numerosas colonias y viéndose luego rechazados por otros pueblos, que los encerraron en sus primitivas fronteras. Mantua era la capital de toda esa nación etrusca o toscana, como dice Virgilio; nación que estaba compuesta de tres tribus, y cada tribu formada por cuatro pueblos.

batallones bajo sus ruedas inflamadas, y lanza contra los fugitivos cuantos dardos puede.

330. Semeja al sangriento Mavors[745] , cuando en las heladas orillas del Hebro[746] resuena con su escudo, y, desencadenando la guerra, lanza sus furiosos corceles, que, más ligeros que el Noto y el Céfiro, recorren las llanuras inmensas; Tracia toda gime entonces bajo el impulso de sus pies, mientras escolta su carro un horrible cortejo de dioses:

335. El Espanto, de frente pálida; la Cólera y la Astucia sanguinaria. Así salta, por encima de la carnicería, el impetuoso Turno, presa de cruel delirio, y lanza sobre el montón humano sus corceles humeantes de sudor. Estos pisotean la arena, roja por la matanza, y esparcen doquiera sangrientos rocíos.

340. Así es como hace sucumbir a Estenelo, Tamiro y Folo, abordando al primero desde lejos; y de igual manera a los dos imbrásidas, Glauco y Lades. Su padre los había criado por sí propio en Licia, les había dado iguales armas y habíales instruido en lo mismo: ya en combatir a pie firme, ya en cabalgar sobre corceles más ligeros que el viento.

345. En otro extremo del campo, Eumedes se precipita contra la turbamulta de guerreros enemigos. Eumedes descendía del antiguo Dolón[747] . Revivían en él el nombre de su abuelo, y el alma y el brazo de su padre, que se ofreció para entrar como espía en el campamento griego y osó pedir en recompensa los carros del Pélida[748] .

350. Diomedes le remuneró de otro modo, haciéndole perder para siempre su deseo de los caballos de Aquiles. Cuando ahora Turno ve a Eumedes en la llanura, empieza por lanzarle una ligera jabalina, que le sigue y alcanza a gran distancia.

355. Luego detiene su carro, salta a tierra, se lanza sobre su abatido enemigo, casi exánime, y poniéndole el pie en el cuello, le arranca la espada y se la hunde en la garganta, mientras dice: "Éstos son los campos, ¡oh troyano!, y ésta la Hesperia que pedías a la guerra. Mide ahora esta tierra con tu cadáver extendido.

360. "Éste es el premio para los que con su hierro provocaron a Turno; así es como ellos levantan sus ciudades." Dice así, y, al momento, los nuevos dardos que lanza dan por compañeros del hijo de Dolón a Asbites, a Cloreo, a Sibaris, a Dares, a Tersíloco y a Timetes, despedido por su caballo, que se desploma.

---

[745] Desde los tiempos más remotos adorábase en todas las razas de la Italia central a Marspiter (padre Marte) o Mavors, que llevaba el antiguo sobrenombre de Gradivus (dios pesado y malo).

[746] Río de Tracia, hoy Maritza.

[747] Guerrero troyano, al que dieron muerte Ulises y Diómedes.

[748] Hijo de Peleo.

365. Semeja[749] al edono[750] Bóreas cuando, escapado del fondo de Tracia, resuena en el mar Egeo y por doquiera lanza su aliento poderoso: entonces las olas corren hacia la costa, y las nubes huyen y se dispersan. Así al paso de Turno, lanzado en su carrera, los batallones flaquean y se precipitan en la fuga.

370. Forja él mismo su ímpetu y, yendo en el carro contra el aire, flota en él hacia atrás su airoso penacho. Fegeo se indigna ante tanta matanza y tan desatado furor, y opónese al carro de Turno, cogiéndose al freno espumeante de los caballos y desviándolos. Mientras éstos le arrastran, colgado del yugo, Turno le da por detrás una lanzada.

375. Atraviésale así la coraza y la doble malla, y roza su cuerpo con una leve herida. Fegeo entonces se revuelve contra su enemigo, y, cubierto con el escudo, marcha hacia él espada en mano, a la vez que llama en su auxilio a los suyos. Pero en el mismo momento le alcanzan las ruedas, en una vuelta rápida, y lo derriban en tierra.

380. Turno, que le sigue, hunde en él su hierro, entre los bordes superiores de la coraza y la parte inferior del casco, y le corta así la cabeza, dejando tendido en el suelo su tronco ensangrentado. Mientras Turno, así vencedor, siembra la muerte en el campo de batalla, Mnesteo, el fiel Acates y el joven Ascanio llevan lentamente a su tienda al herido Eneas.

385. El héroe apoya sus pasos alternados[751] en la larga lanza. Gime de impaciencia, y se esfuerza en arrancar el dardo, todavía en la herida. Implora los más prontos socorros. Quiere que al instante hurgue en la herida una espada larga y sondee los profundos donde el hierro se alojó, para poder volver al combate.

390. Ha acudido a él Iapix el iásida[752], el más querido de los favoritos de Apolo[753]. El dios, que por él sintiera la más viva ternura, le colmó de los dones más preciados, dándole los secretos de su arte, su ciencia augural, su lira y sus rápidas flechas.

395. Para prolongar los días de su padre, deseó conocer las virtudes de las plantas con que curar a los mortales, y practicar sin gloria un arte útil. Eneas, entretanto, en pie y temblando de cólera, apóyase en su fuerte lanza. Le rodean gran número de guerreros, está a su lado Iulo, desolado y a quien tienen mudo las lágrimas.

---

[749] Turno, desde luego.

[750] De los edones, pueblo de Tracia. Extensivamente, tracio, que procede de Tracia, o sea del Norte, que es de donde soplaba el viento Bóreas.

[751] Es decir, los pasos que daba con la pierna herida y con la sana, o sea, pasos de cojo.

[752] Hijo de Iasio.

[753] Esto es, el mejor de los médicos.

400. El viejo[754], con las ropas levantadas y echadas para atrás, conforme al uso antiguo de los discípulos de Apolo, despliega en vano toda la destreza de sus manos sabias, y aplica inútilmente las mil virtudes de las poderosas hierbas de Febo. En vano, con mordientes tenazas, le conmueve y agita. Ningún esfuerzo abre paso a la punta rebelde, y en nada le ayuda su maestro Apolo.

405. Entretanto, crece cada vez más en la llanura el belicoso horror; y el peligro se agrava de momento en momento para los troyanos. Vese el cielo oscurecido por el polvo; aproxímanse los batallones enemigos y una granizada de dardos cae en medio del campo, mientras pueblan el aire los gritos dolorosos de los guerreros que caen víctimas de la furia de Marte.

410. Entonces Venus, emocionada por el intenso sufrir de su hijo, coge del creteo Ida el díctamo, tallo cabelludo con sus hojas púberes y su purpúrea flor. Las cabras salvajes saben encontrar esta planta, cuando las saetas del cazador alcanzaron sus flancos.

415. Coge, pues, Venus esta flor, envuelta en una nube que la cubre, a los ojos de todos[755], y la mezcla en esplendentes vasos con agua y con los jugos bienhechores de la ambrosía y la odorífera panacea. Y el viejo Iapix lava la herida con esta agua cuya virtud ignora.

420. Súbitamente desaparece el dolor, la sangre se contiene, y sin esfuerzo saca la mano la flecha por sí misma. Siente al punto el héroe renacer su vigor habitual. "¡Las armas a un guerrero! ¿Qué esperáis, troyanos?", clama Iapix, primero que excita el coraje de Eneas contra el enemigo.

425. "No es ningún socorro humano, ni siquiera mi arte mortal, lo que ha hecho este prodigio, ¡oh Eneas! —añade—; no es tampoco mi mano quien te salva. Lo ha querido así un dios poderoso; un dios que te llama a las más grandes empresas." Ya el guerrero[756], ávido de lucha, ha encerrado sus piernas en el oro[757].

430. Odia los retrasos, y en su mano resplandece ya la jabalina. Coge su pesado escudo, se pone la coraza, estrecha a Ascanio entre sus brazos enteramente armados, y, a través de la abertura del casco, recibe parcamente[758] un beso de los labios de su hijo, al que dice:

435. "Aprende de mí la virtud y el ánimo, ¡oh niño! Otros te enseñarán el camino que lleva a la dicha. Mi brazo va a defenderte hoy en las batallas, y a preparar, para el porvenir, los frutos de la victoria. Cuando tú hayas llegado a la madurez de la edad, conserva estos recuerdos, y llamando sin cesar a tu

---

[754] Iapix.

[755] Venus, claro.

[756] Eneas.

[757] Quiere decir, en las piezas de oro de su armadura.

[758] O sea con dificultad.

espíritu los ejemplos de tu raza, inflámate en virtud, y reconózcase en ti al hijo de Eneas y al sobrino de Héctor."

440. Dichas estas palabras, lánzase fieramente fuera de las puertas, agitando en su mano la lanza enorme. Con él van, a grandes pasos, a la cabeza de sus cerrados batallones, Anteo y Mnesteo. Toda una muchedumbre de soldados invade el campo, en tumultuosas oleadas. Una espesa nube de polvo cubre la llanura, y la tierra tiembla bajo todos los pasos.

445. Desde la colina opuesta ve Turno cómo se acercan los troyanos. También ven a éstos los ausonios, y un estremecimiento de miedo les hiela la sangre y les encoge los huesos. Juturna es la primera que oye sus pasos y huye espantada. Vuela Eneas y lleva tras sí un apiñado escuadrón por el campo espacioso.

450. Semejaba nube que, parida por un astro funesto, se escapa y franquea los vastos mares y rueda hacia la tierra; los desgraciados campesinos, viendo de lejos sus destrozos, tiemblan de temor; la nube, entretanto, desarraiga los árboles, devasta las cosechas y abátelo todo a su paso; los vientos vuelan ante ella, y sus silbidos lo estremecen todo.

455. Así el jefe reteyo[759] lanza contra el enemigo las apretadas filas de sus soldados amontonados en columnas. En seguida hiere Timbreo con su espada al temible Osiris; Mnesteo sacrifica a Arcado; Acates mata a Epulón; Gías abate a Ufente; y cae el propio augur Tolumnio, el primero que lanzara un dardo contra los troyanos.

460. Un gran clamor se eleva hasta el cielo. Rechazados ahora a su vez los rútulos, vuelven la espalda, y huyen llano adelante, a través de nubes de polvo. Eneas desdeña sacrificar a tales fugitivos, y aun castigar a los que le provocaron de cerca, y a los que de lejos le lanzaron sus dardos.

465. A través de la nube de polvo que cubre a la multitud, sus ojos no buscan más que a Turno, y es sólo a él a quien llama a combate. Espantada por el peligro que corre su hermano, la heroica Juturna suelta el timón y deja caer entre las riendas a Metisco, abandonándole en el suelo.

470. La virgen le sustituye entonces, y toma esas riendas en su mano, semejante en todo a Metisco, del que adopta la voz, la figura y las armas. Semejante a la negra golondrina, que revoloteando por la vasta morada de un opulento señor recorre con sus rápidas alas los elevados pórticos, y mientras busca la parvedad de alimento para sus locuaces nidos...[760] ,

475. ... llena con sus gritos lo mismo el peristilo desierto que los húmedos bordes de los estanques, así lanza sus corceles Juturna por entre los enemigos, y vuela con su rápido carro entre todas las filas. No hace más que

---

[759] Del promontorio Reteo, cercano a Troya. Por extensión se llamaba troyanos a sus habitantes.

[760] Los nidos, por las avecillas que se crían en ellos; es decir, el continente por el contenido: figura retórica que se llama sinécdoque.

mostrar aquí y allá a su hermano triunfante, sin consentir que luche[761] , y, de vuelta en vuelta, se lo lleva más lejos cada vez.

480. Pero Eneas, que arde en deseos de combatir con su rival, sigue su huella tortuosa y le llama a grandes gritos, a través de los deshechos batallones de los latinos. Cada vez que sus ojos descubren a Turno, y que tiene a su alcance los corceles de alados pies, la ninfa vuelve el carro en sentido contrario.

485. ¡Ay! ¿Qué hacer, pues? En vano le sacuden mil agitaciones diversas; en vano se juntan en su pensamiento mil pensamientos encontrados. De pronto, corre hacia él Mesapo con paso, rápido, llevando en la mano dos jabalinas de aguda punta. Hace volar una de ellas contra Eneas, con segura mano. El héroe se detiene y, doblando la rodilla, encógese bajo su armadura.

490. La jabalina, lanzada fuertemente, ha rozado la cimera de su casco y le abate el engreído airón. La cólera hierve entonces en el pecho de Eneas. Irritado por tanta perfidia, y viendo que los caballos y el carro de Turno se alejan de él más y más cada vez, pone mil veces por testigos a Júpiter y a los altares que respondían del tratado violado...,

495. ... y precipitándose en medio de la gente enemiga, secundado y alentado por Marte, se entrega a una matanza espantosa, cayendo ante él cuantos se ofrecen a sus golpes, sueltas ya las riendas de su furor. ¿Qué dios ahora me dejará exponer tantos casos acerbos?

500. ¿Qué dios permitirá que describa en mis versos matanzas tan distintas, la carnicería alternada que tan ilustres jefes, Turno y el héroe troyano, llevaron a cabo entonces en la llanura? ¡Oh Júpiter! ¿Cómo pudiste consentir tan terrible lucha entre dos naciones a las que debía unir una paz eterna?

505. Eneas empieza, en efecto, por herir al rútulo Sucrón, rehaciendo este primer combate a los troyanos; le alcanza en el flanco, y le hunde la espada en las costillas, en el lugar donde éstas se juntan con el pecho, y por donde la muerte entra siempre segura. Turno, por su parte, ya a pie, hiere a Amico, caído del caballo, y a su hermano Diores.

510. A uno, que venía hacia él, le abate con su larga jabalina; al otro le inmola con su espada; y cortadas las cabezas de ambos, las pasea colgadas de su carro, chorreantes de sangre. Eneas, entretanto, mata a Talón, a Tanais, al valiente Cetego y al triste Onites, nacido en Tebas e hijo de Peridia.

515. Turno envía con los muertos a los hermanos venidos de Licia y de los campos de Apolo, y al joven árcade Menetes, al que no pudo salvar su aversión por la guerra. Era un sencillo pescador, que ejercitaba su arte en las

[761] Con Eneas, se entiende.

orillas del Lerna, pródigo en peces[762]; vivía en humilde cabaña y jamás había pisado el umbral de los poderosos.

520. Su padre sembraba las tierras que otro poseía. Como las llamas, que surgen de diversos sitios, invaden un árido bosque, donde los laureles crepitan al soplo de los vientos, o como los torrentes espumosos, que desde lo alto de los montes se precipitan en el llano, destrozando cuanto encuentran, mientras se abren paso hacia los abismos del mar...,

525. ... así Eneas y Turno se lanzan, con ímpetu no menor, a través de los combatientes. Los pechos de ambos hierven en cólera, y su indomable espíritu parece escapárseles de sí, mientras uno y otro van sembrando la matanza. Murrano, que tan alto puso el nombre de sus antepasados, la gloria de su antigua raza y la larga serie de reyes latinos de que descendía, es abatido por Eneas.

530. Un enorme peñasco, que vuela tumultuosamente, le ha derribado de su carro, tendiéndole en tierra. Así caído bajo el timón, y embarazado por las riendas, arrástranle las rápidas ruedas, y los caballos, que ya no conocen a su amo, le pisotean mil y mil veces.

535. Turno ve llegar sobre sí a Hilo, trémulo de ira, y marcha a su encuentro, atravesándole con un dardo las sienes. Agujerea el hierro su casco de oro y le penetra profundamente en los sesos. Ni siquiera el vigor de tu brazo, ¡oh Creteo, el más valiente de los griegos!, puede resistir a Turno.

540. Tampoco salvarán los dioses a Cupeneo del choque con Eneas, que hunde el hierro en su pecho descubierto, sin que el escudo de bronce pueda retrasar un momento la muerte del infeliz. También a ti, ¡oh Eolo!, te ven sucumbir los campos laurentinos, y cubrir a lo lejos la tierra con tu inmenso cuerpo. Cae así el que no pudo ser abatido por las falanges griegas...,

545. ...Ni por Aquiles, que derribó el imperio de Príamo. Te esperaban aquí, ¡oh Eolo!, los límites de la vida. Tenías un palacio soberbio al pie del monte Ida, y otro palacio, no menos magnífico, en Limeso; pero tu tumba estaba en los campos laurentinos. Parecen encendidos los dos ejércitos: los troyanos todos, todos los latinos, Mnesteo, el ruidoso Seresto...,

550. ... Mesapo el domador de caballos, el intrépido Asilas, las falanges toscanas, los escuadrones árcades de Evandro, todos ellos se precipitan en la lucha, desplegando su coraje y sus fuerzas. No hay tregua ni cansancio, y el combate hácese terrible en todas partes. En este momento, la hermosa Venus, madre de Eneas, inspira a su hijo que se dirija a las murallas.

555. Que se aproxime rápidamente con sus tropas a Laurento, y que caiga sobre los latinos con imprevisto ataque. Mientras el héroe pasea sus miradas por la multitud, en busca de Turno, ve la ciudad libre de los horrores de la

---

[762] El Lerna era un lago situado en las fronteras de Argólida y Laconia. De él fluía un río con su mismo nombre, que es el que supone Virgilio pródigo en peces.

guerra, y sola e impunemente tranquila. Enciéndese de súbito ante la imagen de un triunfo mayor.

560. En seguida llama a sus guerreros, a Mnesteo, a Sergesto y al valeroso Seresto, a la vez que se sube a un altozano, adonde acude en muchedumbre el resto de su ejército, sin abandonar escudos ni lanzas. Ya allí, y en medio de todos, hablales de esta suerte: "¡Cúmplanse sin demora mis órdenes!

565. "Está Júpiter con nosotros, y mi proyecto, por difícil que parezca, no debe ser discutido por nadie. Hoy mismo voy a destruir esa ciudad, causa de la guerra y sede del imperio de Latino, si se niega a obedecerme, y a aceptar el yugo del vencedor; hoy mismo dejaré al nivel del suelo sus techos humeantes.

570. "¿Pues qué? ¿Tendré que esperar a que a Turna le plazca aceptar mi desafío, y que, vencido y todo, quiera renovar el combate? ¡Compañeros, he ahí el origen, he ahí la fuente de esta guerra abominable! Armaos pronto de antorchas encendidas, y, llama en mano, reclamad la fe de los tratados." Dicho esto, todos sus guerreros, rivalizando en ardor, se agrupan en columnas y avanzan hacia las murallas.

575. Súbitamente son aplicadas las escalas, mientras fulgen los fuegos. Unos corren a las puertas y matan a sus guardianes; otros lanzan el hierro, y se oscurecen pronto los espacios con la granizada de las flechas. A la cabeza de todos, Eneas, con las manos tendidas hacia la ciudad, acusa en voz alta a Latino.

580. Pone a los dioses por testigos de que se ve obligado a luchar por segunda vez, ya que por segunda vez le han provocado los latinos, y dos veces asimismo fueron violados los tratados. La discordia se enciende entonces entre los habitantes de Laurento.

585. Piden unos que se abran las puertas, y que se entregue la ciudad a los troyanos; al mismo rey le arrastran hasta las torres; otros, en cambio, arma en mano, persisten en defender las murallas. Como cuando un pastor ha descubierto abejas en roca llena de escondrijos, y las llena de amargo humo, discurren ellas por sus céreos campamentos, desatando su ira en zumbidos.

590. Un negro vapor se cierne sobre sus techos, bajo los cuales se oye sordo murmullo, y se remonta luego en los aires. Así les sucede a los latinos, a los que viene a unirse una nueva desgracia, que sume a la ciudad entera en duelo profundo.

595. La reina ha visto desde su palacio acercarse al enemigo y asaltar los baluartes. También ha visto volar las llamas sobre las techumbres, sin que por parte alguna se muestren, para la defensa, ni los batallones rútulos, ni las falanges de Turno. Cree la infortunada que el joven guerrero perdió la vida en el combate, y trastornada su razón por el dolor, acúsase a sí misma.

600. Grita ser ella la causa de la guerra, la fuente de tantos males, la única culpable. Durante largo tiempo habla por ella su delirante desesperación. Resuelta a morir, rasga con sus propias manos sus vestidos de púrpura; y

acaba colgando de un elevado arco del palacio la cuerda de la que pende ignominiosamente su vida.

605. Pronto se enteran las desgraciadas mujeres de los latinos de esta horrible desgracia. La joven Lavinia es la primera en arrancarse los rubios cabellos y en arañarse con las manos sus sonrosadas mejillas. En torno a ella, sus compañeras todas se abandonan a la desesperación. El palacio resuena hasta lo lejos de lúgubres gemidos.

610. La nueva funesta se expande por toda la ciudad. Abátense los espíritus. Latino, abrumado por el trágico fin de su esposa y por la ruina de la ciudad, rasga sus vestiduras, llena sus blancos cabellos de inmundo polvo, y se acusa mil veces de no haber acogido en un principio al jefe dárdano y no haberle adoptado por yerno.

615. Turno, entretanto, al otro extremo de la llanura, va persiguiendo aún a enemigos dispersos; pero ya su ardor se ha enfriado, y no ve con igual alegría la velocidad de sus corceles. De pronto, llevan los vientos hasta él los gritos tumultuosos de una sombra espantosa: el doloroso murmullo y el clamor siniestro de la ciudad en desorden llegan hasta su oído atento.

620. "¿Qué horrible desastre —se pregunta— asalta nuestras murallas? ¿Qué lamentable clamor se eleva de todos los puntos de Laurento?" Y, diciéndose esto, contrae hacia sí las riendas de su carro, y se detiene asombrado. Su hermana, que, bajo el aspecto de Metisco, gobierna carro, caballos y guías, le previene y le dice:

625. "Es por aquí, ¡oh Turno!, por donde hay que perseguir a los troyanos. Sigamos la ruta que nos abre la victoria. Otros guerreros hay cuyo brazo sabrá defender nuestras murallas. ¿Ataca Eneas a los ítalos, entregándose por doquier a la matanza? Pues llevemos también nosotros, con mano despiadada, el terror y la muerte a las filas de los troyanos.

630. "Este combate no te producirá menos víctimas ni menos gloria." Turno dice a esto: "Bien te reconocí, ¡oh hermana!, desde el momento en que con tu artificio rompiste el primer tratado, y te mezclaste en nuestras sangrientas luchas. En vano, ¡oh diosa!, tratas de engañar mis ojos bajo tu nuevo aspecto.

635. "Mas ¿por orden de quién bajaste del Olimpo para tomar parte en tan grandes trabajos? ¿No sería para ver morir de muerte cruel a tu desgraciado hermano? Porque ¿qué puedo ahora yo?, ¿qué esperanza de salvación puede haber para mí? He visto caer ante mí, llamándome con su expirante voz, a Murrano, el más querido de los amigos que me quedaban, gran guerrero abatido por fuerte golpe.

640. "El infortunado Ufente ha buscado la muerte para no presenciar mi deshonor, y su cuerpo y sus armas han quedado en poder de los troyanos. ¿Deberé, pues, sufrir lo único que falta para nuestra ignominia, que se destruyan nuestros hogares? ¿No deberá mi brazo dar un mentís a Drances? ¿Cómo retroceder, y que vea esta tierra a Turno emprender la fuga?

645. "¿Es acaso tan triste morir? Sedme propicios vosotros, ¡oh Manes!, puesto que los dioses de lo alto se han apartado de mí. Mi alma irá pura a vosotros, limpia de toda cobardía y digna siempre de mis nobles antepasados." Apenas acaba de decir esto, cuando aparece Soces a través de las filas enemigas sobre un caballo blanco de espuma.

650. Viene herido en la cara por una flecha, llega a Turno, al que llama por su nombre y le implora: "Tú eres, ¡oh Turno!, nuestra última esperanza. Ten piedad de los tuyos. Eneas está asaltando nuestros baluartes, amenazando con destruir todas las ciudades ítalas y con arrancarlas de sus propios cimientos.

655. "Ya las teas ardientes vuelan sobre nuestras casas. Y eres tú a quien llaman los latinos y a quien sus miradas buscan por todas partes. El propio rey duda sobre qué yerno elegir, y no sabe a qué alianza inclinarse. La reina, que era tu apoyo fiel, se ha dado muerte con sus propias manos; ha huido, asustada, de la luz.

660. "Mesapo y el valiente Atinas sostienen ellos solos el combate ante las puertas; pero les rodean espesas falanges de teucros, y en torno suyo se alzan puñados de hierro y de espadas desnudas. ¡Y tú, entretanto, paseas tu carro por esta llanura desierta!"

665. Inmóvil queda Turno, herido por la siniestra exposición de tantas desgracias, y guarda un profundo silencio. Hierven a la vez en su pecho la vergüenza, la ciega desesperación, el furioso amor y el altivo sentimiento de su valentía. Mas pronto la sombría noche abatida sobre su alma empieza a disiparse.

670. Y así que un rayo de luz aclara su espíritu, vuélvese trémulo y con ojos centelleantes hacia los muros de Laurento, y mira así desde lo alto de su carro a la gran ciudad. Un torbellino de ondeantes llamas elévase en este momento hasta los cielos, rodando de piso en piso a lo largo de una torre que él mismo construyera sobre ruedas y altos puentes.

675. "No debo vacilar, ¡oh hermana mía! —dice—. Los hados lo disponen. Cesa, pues, de retenerme. Corro adonde me llaman los dioses y la suerte implacable. Resuelto estoy a luchar con Eneas y a sufrir cuanto la muerte tenga de más horrible. No me verás más tiempo deshonrado. Te conjuro, por tanto, a que antes de morir me dejes dar rienda suelta a mi furor."

680. Dice así, y de un salto se planta con su carro en la llanura, lanzándose a través de enemigos y flechas, y dejando desolada a su hermana, mientras su rápida carrera rompe y penetra los batallones adversarios. Semeja la roca arrancada de los altos montes, por la fuerza de los vientos o las lluvias huracanadas, o simplemente por el desgaste de los años.

685. La enorme masa, impulsada de modo irresistible por las escarpadas pendientes, rueda y salta sobre el suelo, arrastrando consigo árboles, rebaños

y hombres. No de otro modo vuela Turno a las murallas de Laurento, a los lugares donde la tierra está enrojecida por oleadas de sangre...

690. ... o el aire gime con silbidos de jabalinas. "Deteneos ya, ¡oh rútulos! —grita—. Retén tú también los dardos, ¡oh Latino! Cualquiera que sea la suerte de la lucha, sólo a mí atañe. Es, pues, justo que caiga sólo sobre mí la pena por el tratado violado, y que con el hierro se dirima la querella.

695. A estas palabras, apártanse los dos ejércitos, y se forma entre ambos un amplio espacio. Eneas, entretanto, al solo nombre de Turno, deja los muros, abandona las altas torres de Laurento, se arranca a todos los obstáculos, interrumpe todos los trabajos, y acude presuroso.

700. El corazón le salta de alegría, y truena bajo su terrible armadura. Parece tener la majestad del Atos o el Erix, o también del Apenino, cuándo resuenan con el murmullo de sus encinas y se enorgullecen de haber elevado hasta las nubes sus cimas cubiertas de nieve[763].

705. Rútulos, troyanos y latinos, todos ellos dirigen ya sólo sus miradas a los dos rivales. Todos han depuesto las armas: los que coronaban ya en su asalto las murallas, y los que atacaban su pie con los arietes. El propio Latino contempla asombrado a los dos grandes guerreros, nacidos tan lejos uno de otro, y unidos ahora por la suerte para medir sus fuerzas hierro en mano.

710. Los dos, apenas el campo queda libre; hacen volar lejos sus jabalinas, y lanzándose a una rápida carrera, atácanse de cerca, y vienen a las manos, chocando sus escudos resonantes. La misma tierra tiembla, bajo el espanto de este choque. Van armados de espada y se acometen con golpes redoblados; destreza y coraje se confunden en ambos.

715. Parecen dos toros que, doblada la frente salvaje, enzárzanse en terrible lucha, en el ingente Sila[764], o en el altísimo Taburno[765]. Los pastores se alejan de ellos temerosos, y el rebaño, muerto de miedo, permanece a lo lejos inmóvil, mientras las terneras, inquietas, esperan ver quién quedará dueño de los pastos y se pondrá a la cabeza de todos.

720. Los dos combatientes chocan con furor mil veces, se hieren con los cuernos e inundan de oleadas de sangre su cuello y sus anchas espaldas. El bosque entero resuena bajo sus mugidos. Así es como se acometen el troyano Eneas y el hijo del héroe daunio, entre el chocar de sus escudos y el estrépito de sus armas, que pueblan los aires.

725. Júpiter, entretanto, mantiene en justo equilibrio sus balanzas inmortales y coloca en ellas los destinos diversos de ambos héroes, para saber a cuál de los dos condena el combate, y de qué lado pesa más la suerte.

---

[763] El Atos es una alta montaña de Macedonia, que avanza en el Mar Egeo, en forma de península; el Erix, otra montaña, también elevada, de Sicilia; y el Apenino, una cadena de montañas que se extiende casi a todo lo largo de Italia.

[764] Monte del Brucio, cubierto de bosques, en la Italia meridional.

[765] Monte de Campania, en la Italia central.

Turno se lanza de pronto, creyendo propicio el momento, y, levantando su espada a toda la altura de su cuerpo, la deja caer.

730. Troyanos y latinos dejan escapar sus gritos. Los dos ejércitos se yerguen atentos. Pero la pérfida espada se rompe y traiciona el ardor del guerrero en lo mejor de su esfuerzo. No le queda más remedio que huir, y huye rápido como el viento, así que ve la ignota empuñadura[766] y su mano inerme.

735. Dícese que al saltar a su carro para los primeros combates, en su ciego apresuramiento, había Turno dejado la espada de su padre, tomando por error la de su auriga Metisco. Le había servido esa espada para que los dispersos troyanos huyeran ante él; mas cuando dicho hierro, obra de mortal, encontróse con las armas divinas forjadas por Vulcano...,

740. ... se rompió al choque, como una hoja frágil, y sus dispersos resplandores quedaron brillando en la amarilla arena. Huye Turno, enloquecido, a través de la llanura, y yendo ahora hacia aquí y luego hacia allá, describe mil vueltas inciertas. Vese, de una parte, cerrado entre las espesas filas de los teucros; y de otra contenido por los vastos pantanos y las altas murallas de Laurento.

745. Eneas, entretanto, por más que se halle debilitado por la herida, y aunque advierta que la rodilla no responde a su ardor, persigue a Turno, y ya sus alados pies van alcanzando los del adversario fugitivo. Así le ocurre al perro cazador cuando, al hallar a un ciervo detenido por la corriente de un río, le acosa con sus ladridos.

750. O bien cuando le halla asaltado por el temor de la roja pluma. Aterrado el animal por el espanto que esto le produce y por las escarpas de la orilla, va y viene, dando cien vueltas; pero el vívido umbrío[767] salta hacia su presa, con la boca abierta, y rechina sus mandíbulas como si entre ellas la tuviese, engañándola con vana mordedura.

755. Grandes gritos se elevan del seno de los dos ejércitos, repetidos luego por las riberas y los lagos del contorno, y el cielo puéblase de tumulto. Turno, en su huida, sin detenerse, increpa a los rútulos, llama a cada uno por su nombre y les pide a todos su espada.

760. Eneas, por su parte, amenaza con la muerte a quien acuda en socorro de Turno, asusta a los rútulos, ya trémulos, diciéndoles que derruirá su ciudad, y sigue persiguiendo a su adversario, a pesar de la herida. Cinco veces dan vuelta, en su carrera, al campo de batalla, y otras tantas se les ve volver sobre sus pasos.

765. Porque no se trata de un premio mediocre, ni de un juego frívolo, sino de la vida y la sangre de Turno. Se había mantenido allí por acaso un

---

[766] "Ignota", es decir, "para él desconocida", o sea, "una espada que de pronto advertía no ser la suya".

[767] El famoso perro de Umbría.

olivo salvaje de amargas hojas, consagrado a Fauno, y árbol en todo tiempo reverenciado por los navegantes. Los que se salvaban del furor de las olas solían llevarle sus ofrendas...

770. ... y colgar de él las prometidas prendas, como votos, en honor del dios de los laurentinos. Pero los troyanos, sin respeto alguno al sagrado árbol, habíanlo arrasado para despejar el campo de batalla. Allí estaba detenida la jabalina de Eneas, clavada en el añoso tronco cuando él la tiró con toda su fuerza.

775. Encorvándose el héroe, se esfuerza en arrancarla; quiere esperar al enemigo con este hierro, cuando pueda alcanzarle en su carrera. Turno grita entonces, helado de espanto: "¡Oh Fauno!, yo te suplico que te apiades de mí. Y tú, ¡oh tierra protectora!, retén esa lanza homicida, ya que yo siempre guardé tu santo culto, profanado por los teucros con esta impía guerra."

780. Dice así, sin más invocación con votos estériles al apoyo del dios, porque Eneas lucha desde hace rato, inútilmente, contra el obstinado tronco. Su vigor se consume entero, sin que el leño deje libre el hierro que ha mordido. Mientras así redobla sus esfuerzos el héroe, Juturna toma de nuevo la figura de Metisco.

785. Y, presentándose en la arena, da a su hermano la espada de Dauno. Venus se indigna entonces por semejante audacia de la ninfa, y arranca por sí misma la lanza del añoso tronco. Entonces los dos guerreros encuentran en sus armas nuevo ardor, y recomienzan el duro combate, confiando uno en su espada, y el otro, impetuoso y terrible, en su jabalina.

790. Entretanto, el omnipotente rey del Olimpo se dirige a Juno, que contempla los combates desde lo alto de una nube de oro, y le dice: "¿Cuál será el término de esta guerra, oh querida esposa? ¿Y qué te resta que hacer? Bien sabes, y tú misma has confesado saberlo, que Eneas debe tener el cielo por residencia, y que los hados lo traerán a las mansiones estrelladas.

795. "¿Por qué, pues, meditas y qué esperanza puede quedarte bajo estas frías nubes? ¿Podrá ser un dios herido por mano mortal? ¿A qué se debe que Juturna (nada podría ella sin ti) haya devuelto a Turno la espada de que se viera privado, avivando así la audacia de los vencidos?

800. "Cesa, pues, en tu agitación y doblégate a mis ruegos; no nutras con sombrío silencio la pena que te consume, y confíeme en adelante, más bien, tu amada voz sus secretos pesares. Ha llegado el momento fatal. Hasta ahora pudiste perseguir a los troyanos en la tierra y el mar, encender una guerra cruel, desolar una regia morada y mezclar el duelo con las pompas de un himeneo.

805. "Pero, a partir de ahora, te prohíbo que sigas intentando nada más." Así habla Júpiter, al que la hija de Saturno contesta, bajando los ojos: "Tu voluntad me era conocida, ¡oh gran Júpiter!, y por eso, bien a mi pesar, abandoné la tierra y a Turno.

810. "Sin mi respeto a tus órdenes, no me vería tan sola ahora, contemplando desde esta nube toda suerte de indignidades y ultrajes; me hubiese provisto de llamas vengadoras, me hubiera mezclado con la multitud humana y habría arrastrado a los troyanos a combates funestos. Confieso haber aconsejado a Juturna que auxiliase a su hermano, y hasta que empleara toda audacia para salvar su vida.

815. "Pero no que lanzase flechas y tendiera el arco homicida; lo juro por la implacable fuente estigia, único poder por el que atestiguan con temor religioso los dioses del Olimpo. Y, por fin, he cedido, abandonando los aborrecibles combates. Mas yo te pido por el Lacio y por el honor de los reyes salidos de tu sangre una gracia a la que no se opone ninguna ley de los hados.

820. "Así que esos dos pueblos, puesto que es preciso, firmen la paz con un himeneo venturoso, y cuando unidos queden por un último y solemne tratado y leyes comunes, no permitas que pierdan su nombre los niños latinos de esas comarcas, al hacerse troyanos, ni que troyanos se llamen, ni que adopten lenguaje y vestidos extranjeros.

825. "Quiero que sobreviva el Lacio que los reyes albanos subsistan de siglo en siglo, y que el romano poderío se extienda y perpetúe, para siempre por el valor de los latinos. Troya pereció; permite, pues, que también su nombre perezca con ella." El creador de los hombres y de las cosas le dice así:

830. "¿Por qué, ¡oh hermana de Júpiter!, ¡oh hija de Saturno!, se agitan en tu pecho las olas de tal cólera? Calma esos transportes y modera tus iras inútiles. Te concedo de buen grado lo que me pides y, rendido a tus súplicas, me rindo a tus deseos. Los ausonios conservarán la lengua y las costumbres de sus mayores, y su nombre quedará.

835. "Desaparecerán los teucros, con ese gran cuerpo mezclados. Daré a ambos pueblos el mismo culto y los mismos sagrados ritos, y las dos naciones, con una misma lengua, formarán el pueblo latino. De esa mezcla de sangre troyana y sangre ausonia deberá salir una raza que se eleve, por sus virtudes, por encima de los hombres y aun de los dioses; y no habrá pueblo alguno que reciba honores tan magníficos."

840. Juno aplaude estas palabras, inclinando la cabeza, y de su corazón se aleja todo resentimiento, ocupándolo la alegría. En seguida abandona la nube y se remonta a los cielos. Apenas ha desaparecido, surge en el ánimo del padre de los dioses otro proyecto: alejar a Juturna del campo donde combate su hermano.

845. Dícense dos divinidades funestas, de sobrenombre Diras, monstruos a los que puso en el mundo la sombría Noche en un mismo alumbramiento con la infernal Megera, a la vez que las enlazó con parecidas espirales de

serpientes y les agregó ventosas alas[768]. Aparecen[769] junto al trono de Júpiter y en el mismo umbral de este temible rey.

850. Hállanse siempre dispuestas a llevar el espanto a los míseros mortales, cuando el rey de los dioses les envía, en su cólera, enfermedades y muerte, o enciende la guerra en las ciudades culpables. Pues bien: Júpiter despacha, desde las cimas del éter, a una de estas Furias, ordenándole que se presente a Juturna como un mal presagio.

855. La Dira vuela y baja a la tierra, envuelta en un torbellino impetuoso. Parece envenenada saeta de las que arrojan los partos o los cretenses, y que vuela, silbante, a través de las sombras, haciendo de súbito una mortal herida. Así se presenta en la tierra la hija de la Noche.

860. Tan pronto como descubre las falanges de Ilión y los batallones de Turno, adopta la forma de ese avechucho que, inclinado de noche sobre las tumbas o las moradas desiertas, prolonga en las tinieblas su siniestro canto. Disfrazado así, el monstruo pasa y vuelve a pasar ante los ojos de Turno, con rumor inquietante.

865. Y hasta llega a rozarle el escudo, y aún la cara, con sus alas abiertas. El guerrero se estremece de espanto, y una inesperada torpeza se apodera de sus miembros. Erízansele de horror los cabellos sobre la frente, y la voz expira en sus labios. Cuando Juturna reconoce desde lejos el vuelo y el silbido de la Dira...,

870. ... arráncase la infeliz sus espaciados cabellos y se desgarra con las uñas el rostro y el seno. "¡Oh Turno! —grita—, ¿qué podrá ya hacer tu hermana por ti?, ¿qué esperanza me queda ya en mi infortunio? ¿Con qué artificio prolongaré tus días? ¿Está acaso en mi poder resistir al monstruo que te asalta?

875. "Todo está perdido. Abandono el campo de combate. Dejad de acrecentar mis terrores, ¡oh pájaros funestos! Conozco bien el rumor de vuestras alas y vuestro grito de muerte. Y comprendo asimismo las crueles órdenes del gran Júpiter. ¡He aquí cómo se recompensa mi acendrada virginidad! ¿Por qué se me dio una vida eterna?

880. "¿Por qué se me ha puesto fuera de la ley de la muerte? De no ser así, podrían hoy acabar mis crueles dolores, y acompañar yo a las sombras a mi infeliz hermano. Pero ¡soy inmortal! ¿Y qué dulzura podré ya gozar sin ti, oh hermano mío? ¡Que un abismo profundo me devore, por diosa que sea, llevándome a la mansión de los Manes!"

---

[768] "Ventosas", es decir, "rápidas como el viento." Las Furias, hijas del río Aqueronte y de la Noche, eran las diosas infernales de la venganza y de la justicia. Los griegos las llamaban Erinias y Euménides. Eran tres: Megera, Alecto y Tisifone.

[769] Es decir, prestan servicio.

885. Dicho esto, cubre la ninfa su cabeza con un manto glauco y se precipita gimiendo en el río[770] . Entretanto, alcanza Eneas a su adversario, hace brillar ante él su larga y fuerte jabalina, y le dice con voz de trueno: "¿Qué demora puede ya haber, oh Turno? ¿Eludirás también ahora el combate?

890. "No hemos aquí de luchar con la carrera, sino con armas crueles. Toma a voluntad todas las formas. Intenta cuanto te aconsejen el valor o la astucia. Pide alas para volar hasta los astros, o escóndete en los profundos de la tierra." Sacude Turno la cabeza y le responde:

895. "No me asustan tus palabras amenazadoras, ¡oh bárbaro![771] Lo que me espanta son los dioses y la irritación de Júpiter." No dice más que esto, y mirando en su derredor descubre una enorme piedra que había rodado hasta la llanura, bloque antiguo y monstruoso, que servía de límite a los campos vecinos y marcaba las zonas litigiosas.

900. Apenas doce hombres de los más robustos, como los que la tierra ahora produce, hubieran podido llevar tal masa sobre sus espaldas. Turno podía levantarla con su nervuda mano, subirla a toda su altura[772] y arrojarla contra su enemigo. Mas no encontraba ahora su vigor de siempre, y avanza y retrocede con ella, balanceado bajo su peso.

905. Se doblan sus rodillas, un súbito estremecimiento hiela su sangre, y la piedra se niega a rodar por el aire, a cubrir su carrera y a dar el golpe meditado. Sucede como cuando, en nuestros sueños, abate nuestros párpados un fuerte reposo y nos sentimos ávidos de lanzarnos a una gran carrera.

910. Acabamos por sucumbir agotados ante nuestro inútil esfuerzo; queda muda nuestra lengua, sin vigor nuestro cuerpo, y ni la voz ni las palabras nos obedecen. De igual modo, todo cuanto intenta el valor de Turno vese anulado por la diosa infernal que se opone a su triunfo. Entonces se elevan mil sentimientos diversos en su corazón.

915. Mira alternativamente a los rútulos y a Laurento; está como encadenado por el temor, y ve ya tembloroso el dardo que le amenaza. No sabe cómo huir, ni cómo resistir a su rival. No ve ya el carro ni a su hermana que pueda guiarlo.

920. Mientras flota en esta incertidumbre, blande Eneas su fatal jabalina, busca con los ojos un lugar para su golpe, y la hace volar desde lejos con

---

[770] No parece tratarse aquí de un río determinado, propiamente dicho, sino de cualquier corriente de agua, una de las varias fuentes, por ejemplo, que presidía Juturna.

[771] "Ferox" en el original; no tiene, pues, aquí la voz "bárbaro" el significado de "extranjero", corriente entre los romanos, sino el estricto sentido de ferocidad o brutalidad que le da nuestro idioma.

[772] O sea, a todo cuanto el brazo le permite.

todo su esfuerzo. Jamás crujieron así las piedras de los muros batidas por los arietes, ni resonaron con tanto estrépito los estampidos del rayo. Cual negro torbellino que lleva la muerte vuela la lanza.

925. Hiere los bordes del escudo, que forman siete láminas de bronce, atraviesa el extremo de la coraza y, silbante, va a hundirse en el muslo enemigo. El gran Turno dobla las rodillas y se desploma en tierra. Los rútulos dejan escapar un agudo lamento; retiemblan con él los montes del contorno, y el eco se pierde en lo profundo de los bosques en diversos murmullos.

930. Humilde y suplicante, habla aún Turno a Eneas, con la mirada y el ademán: "He merecido la muerte —dice— y no quiero alejarla con mis ruegos. Usa de tu fortuna. Pero si el dolor de un padre desgraciado puede conmoverte (también el tuyo, Anquises, estuvo encorvado bajo el peso de los años), ten piedad, yo te lo pido, de la vejez de Dauno.

935. "Devuélvele a su hijo o, si prefieres, devuélvele mi cuerpo privado de la vida. He sido vencido, y los ausonios vieron a Turno tender hacia el vencedor sus manos desarmadas. Sea Lavinia tu esposa, y no lleves ya más lejos tu odio." Detiénese Eneas en sus armas, revolviendo los ojos[773] .

940, Y ya las palabras de Turno empezaban a conmoverle, cuando descubre en el hombro del rútulo el luminoso y conocido tahalí de Palante, de aquel joven Palante a quien Turno venció, abatiéndole con golpe mortal, y con cuyos despojos adornose luego.

945. Fija Eneas un momento sus miradas en tan triste trofeo, recuerdo de un amargo dolor, y dice de pronto, encendido en furor y trémulo de ira: "¿Pues qué? ¿Pretenderás todavía escapar adornado con esos despojos de los míos? Es Palante quien va a darte este golpe; Palante quien te inmola y venga su muerte en tu sangre homicida."

950. Dicho esto, y rugiendo de cólera, hunde el hierro en el pecho de su rival. Súbitamente el frío de la muerte hiela los miembros del guerrero, y su alma indigna huye gimiendo a la mansión de las sombras.

FIN

---

[773] Parece darse a entender en señal de ira.

EL CRÍTICO Y EDITOR - JUAN BAUTISTA BERGUA

Juan Bautista Bergua nació en España en 1892. Ya desde joven sobresalió por su capacidad para el estudio y su determinación para el trabajo. A los 16 años empezó la universidad y obtuvo el título de abogado en tan sólo dos años. Fascinado por los idiomas, en especial los clásicos, latín y griego, llegó a convertirse en un célebre crítico literario, traductor de una gran colección de obras de la literatura clásica y en un especialista en filosofía y religiones del mundo. A lo largo de su extraordinaria vida tradujo por primera vez al español las más importantes obras de la antigüedad, además de ser autor de numerosos títulos propios.

Su librería, la editorial y la "Generación del 27"

Juan B. Bergua fundó la Librería-Editorial Bergua en 1927, luego Ediciones Ibéricas y Clásicos Bergua. Quiso que la lectura de España dejara de ser una afición elitista. Publicó títulos importantes a precios asequibles a todos, entre otros, los diálogos de Platón, las obras de Darwin, Sócrates, Pitágoras, Séneca, Descartes, Voltaire, Erasmo de Rotterdam, Nietzsche, Kant y los poemas épicos de La Ilíada, La Odisea y La Eneida. Se atrevió con colecciones de las grandes obras eróticas, filosóficas, políticas, y la literatura y poesía castellana. Su librería fue un epicentro cultural para los aficionados a literatura, y sus compañeros fueron conocidos autores y poetas como Valle-Inclán, Machado y los de la Generación del 27.

El Partido Comunista Libre Español
y las amenazas de la izquierda

Poco antes de la Guerra Civil Española, en los años 30, Juan B. Bergua publicó varios títulos sobre el comunismo. El éxito, mucho mayor de lo esperado, le llevó a fundar el Partido Comunista Libre Español que llegaría a tener más de 12.000 afiliados, superando en número al Partido Comunista prosoviético oficial existente. Su carrera política no duró mucho después que estos últimos le amenazaran de muerte viéndose obligado a esconderse en Getafe.

La Censura, quema de libros
y sentencia de muerte de la derecha

Juan B. Bergua ofreció a la sociedad española la oportunidad de conocer otras culturas, la literatura universal y las religiones del mundo, algo peligrosamente progresivo durante esta época en España.

En el 1936 el ejército nacionalista de General Franco llegó hasta Getafe, donde Bergua tenía los almacenes de la editorial. Fue capturado, encarcelado y sentenciado a muerte por los Falangistas, la extrema derecha.

Mientras estuvo en la cárcel temiendo su fusilamiento, los falangistas quemaron miles de libros de sus almacenes por encontrarlos contradictorios a la Censura, todas las existencias de las colecciones de la Historia de Las Religiones y la Mitología Universal, los libros sagrados de los muertos de los Egipcios y Tibetanos, las traducciones de El Corán, El Avesta de Zoroastrismo, Las Vedas (hinduismo), las enseñanzas de Confucio y El Mito de Jesús de Georg Brandes, entre otros.

Aparte de los libros religiosos y políticos, los falangistas quemaron otras colecciones como Los Grandes Hitos del Pensamiento. Ardieron 40.000 ejemplares de La Crítica de la Razón Pura de Kant, y miles de libros más de la filosofía y la literatura clásica universal. La pérdida de su negocio fue un golpe tremendo, el fin de tantos esfuerzos y el sustento para él y su familia... fue una gran pérdida también para el pueblo español.

PROTEGIDO POR GENERAL MOLA Y EXILIADO A FRANCIA

Cuando General Emilio Mola, jefe del Ejército del Norte nacionalista y gran amigo de Bergua, recibe el telegrama de su detención en Getafe, intercede inmediatamente para evitar su fusilamiento. Le fue alternando en cárceles según el peligro en cada momento. No hay que olvidar que durante la guerra civil, los falangistas iban a buscar a los "rojos peligrosos" a las cárceles, o a sus casas, y los llevaban en camiones a las afueras de las ciudades para fusilarlos.

–El General y "El Rojo"– Su amistad venía de cuando Mola había sido Director General de Seguridad antes de la guerra civil. En 1931, tras la proclamación de la Segunda República, Mola se refugió durante casi tres meses en casa de Bergua, y para solventar sus dificultades económicas, Bergua publicó sus memorias. Mola fue encarcelado, pero en 1934 regresó al ejército nacionalista y en 1936 encabezó el golpe de estado contra la República que dio origen a la Guerra Civil Española. Mola fue nombrado jefe del Ejército del Norte de España, mientras Franco controlaba el Sur.

Tras la muerte de Mola en 1937, su coronel ayudante dio a Bergua un salvoconducto, con el que pudo escapar a Francia. Allí siguió traduciendo y escribiendo sus libros y comentarios. En 1959, después de 22 años de exilio, el escritor regresó a España y a sus 65 años comenzó a publicar de nuevo hasta su fallecimiento en 1991. Juan Bautista Bergua llegó a su fin casi centenario.

Escritor, traductor y maestro de la literatura clásica, todas sus traducciones están acompañadas de extensas y exhaustivas anotaciones referentes a la obra original. Gracias a su dedicado esfuerzo y su cuidado en los detalles, nos sumerge con su prosa clara y su perspicaz sentido del humor en las grandes obras de la literatura universal con prólogos y notas fundamentales para su entendimiento y disfrute.

Cultura unde abiit, libertas nunquam redit.
Donde no hay cultura, la libertad no existe.

LA CRÍTICA LITERARIA

TODO SOBRE LITERATURA CLÁSICA, RELIGIÓN, MITOLOGÍA, POESÍA, FILOSOFÍA...

La Crítica Literaria es la librería y distribuidor oficial de Ediciones Ibéricas, Clásicos Bergua y la Librería-Editorial Bergua fundada en 1927 por Juan Bautista Bergua, crítico literario y célebre autor de una gran colección de obras de la literatura clásica.

Nuestra página web, LaCriticaLiteraria.com, es el portal al mundo de la literatura clásica, la religión, la mitología, la poesía y la filosofía. Ofrecemos al lector libros de calidad de las editoriales más competentes.

LEER LOS LIBROS GRATIS ONLINE
www.LaCriticaLiteraria.com

La Crítica Literaria no sólo está dedicada a la venta de libros nacional e internacional, también permite al lector la oportunidad de leer la colección de Ediciones Ibéricas gratis online, acceso gratuito a más que 100.000 páginas de estas obras literarias.

LaCriticaLiteraria.com ofrece al lector un importante fondo cultural y un mayor conocimiento de la literatura clásica universal con experto análisis y crítica. También permite leer y conocer nuestros libros antes de la adquisición, y tener la facilidad de compra online en forma de libros tradicionales y libros digitales (ebooks).

COLECCIÓN LA CRÍTICA LITERARIA

Nuestra nueva **"Colección La Crítica Literaria"** ofrece lo mejor de los clásicos y análisis de la literatura universal con traducciones, prólogos, resúmenes y anotaciones originales, fundamentales para el entendimiento de las obras más importantes de la antigüedad.

Disfrute de su experiencia con nosotros.

www.LaCriticaLiteraria.com